DEVOCIONALES PARA CADA DÍA

Tiempos de Refrigerio

PABLO GIOVANINI

EI EDICIONES ICRE

Devocionales diarios "Tiempos de refrigerio"
Copyright © 2023 Pablo Giovanini
Derechos reservados
ISBN 979-8-9895068-1-1

Ediciones ICRE. P.O. Box 104 - Lynn, MA 01905 - USA
Las regalías de esta edición han sido donadas a ICRE Fundraising.
www.iglesiacristianarenacer.org
Fotografía de portada: Agustín Giovanini

Todas las citas de las Escrituras en esta publicación son de la Reina Valera 1960. El texto Bíblico ha sido tomado de la versión Reina-Valera © 1960 Sociedades Bíblicas en América Latina; © renovado 1988 Sociedades Bíblicas Unidas. Utilizado con permiso. Reina-Valera 1960™ es una marca registrada de la American Bible Society, y puede usarse solamente bajo licencia.

Tiempos de Refrigerio

Agradecimientos

*A Alexandra, mi incansable compañera de vida con quien
comparto mis sentimientos, pensamientos y planes de Dios
y aun así sigue a mi lado. Te veo y sigo aprendiendo
que el amor no tiene límites. Gracias por toda
tu ayuda para que este libro viera la luz.*

*A Agustín, mi hijo, ayuda constante en las áreas
de tecnología, soporte informático y producción.
Veo al Señor en todos tus actos.*

*A la Iglesia Cristiana Renacer, parte del inmenso
pueblo de Dios que se mantiene firme en la
Verdad y sigue siendo formada como la
Iglesia que Cristo viene a buscar.*

Tiempos de Refrigerio

Introducción

La pandemia que inició en marzo de 2020 cambió el mundo. Fueron muchos los retos que tuvimos que enfrentar, y uno de ellos fue cómo seguir comunicados y creciendo como iglesia cuando no podíamos estar físicamente juntos. Fue entonces que nacieron estos devocionales.

La idea de publicarlos en un libro ha sido idea de los lectores, no solo con el propósito de volver a leerlos, sino también de compartirlos con otros.

Ir a la Palabra de Dios diariamente fue y seguirá siendo siempre nuestra fuente de crecimiento, dirección, fortaleza, esperanza y paz.

Un devocional es solo un medio que nos permite acercarnos a Dios para recibir de su misma presencia todo lo que anhelamos y necesitamos. Él ha prometido hablarle a todo el que le busca (ver Jeremías 29:13).

Mi deseo es que estas lecturas sigan despertando tu pasión por buscar y conocer más a Dios, y no quieras vivir ni un solo día sin escuchar su voz.

El primer día del mes primero

Y sucedió que en el año seiscientos uno de Noé, en el mes primero, el día primero del mes,
las aguas se secaron sobre la tierra; y quitó Noé la cubierta del arca,
y miró, y he aquí que la faz de la tierra estaba seca.
Génesis 8:13

Encontramos en la Biblia que muchos inicios tuvieron lugar el primer día del año. Más allá de las diferencias entre nuestro calendario y el usado en la antigüedad, tenemos algo en común: "El mes primero, el día primero del mes". ¡Esto significa ni más ni menos que el 1 de enero!

Ya conocemos la historia del diluvio, pero no estoy seguro de que hayamos reparado en que la tierra se secó ¡el primer día del año! A partir de ese momento se dio inicio a una nueva etapa. Dios hizo un pacto de no destrucción por agua, otra evidencia de su misericordia con nosotros. ¡Cómo no iba a celebrar Noé el año nuevo de su vida!

La salida de Israel de la esclavitud de Egipto también dio inicio a una nueva etapa; y para conmemorar ese día ¡Dios les hizo cambiar el calendario! El éxodo señala el primer día del mes primero. En Éxodo 12:2 Dios les dice que ese mes sería el principio de los meses y que ese día sería el primero en los meses del año.

¿Sabes qué día fue levantado el tabernáculo de Moisés? Sí, acertaste. El día primero del primer mes (ver Éxodo 40:17). Otro dato muy importante es la nueva etapa marcada por la vuelta de los deportados de Babilonia a Jerusalén que fue el primer día del año (ver Esdras 7:9). No voy a abrumarte con más ejemplos, tú puedes buscarlos en una concordancia.

Dios siempre tiene para sus hijos nuevos comienzos. Hoy puede ser para ti el inicio de una nueva etapa. Comienza una nueva agenda, un diario, un cuaderno, una página de notas en tu celular. Escribe cuáles serán tus prioridades. ¿A qué personas vas a influenciar? ¿Qué vas a hacer con los talentos que Dios te dio? ¿Cómo vas a administrar el tiempo y los recursos que el Señor te regaló? El Espíritu Santo está listo para guiarte y ayudarte en este nuevo comienzo.

¡Estás en el mes primero, el primer día del mes! Toma la decisión de vivir siguiendo la dirección del Señor. Él te sorprenderá a lo largo del camino haciendo más de lo que puedas imaginar.

Señor, pongo mi vida, mis sueños, mis planes en tus manos;
que hoy sea el comienzo de una nueva etapa contigo.

Tiempos de refrigerio

Así que, arrepentíos y convertíos, para que sean borrados vuestros pecados;
para que vengan de la presencia del Señor tiempos de refrigerio.
Hechos 3:19

El apóstol Pedro, fiel a su estilo, nos recuerda que todos somos pecadores, que la culpa y sus consecuencias nos abruman tanto como la vida bajo la esclavitud de la ley. Pero hay una salida: Aceptar el sacrificio de Cristo en la cruz a nuestro favor. Así es como nuestros pecados son borrados, somos justificados por Dios y comenzamos una nueva vida.

Además del perdón y la justificación, Pedro también nos anima a experimentar los "tiempos de refrigerio". La palabra "refrigerio" en griego es *anápsyxis*, que significa recuperar el aliento o revivir. También se traduce como confortar, refrescar, aliviar, ser alentado, consolado o entrar en reposo. Cuando nuestro espíritu, alma y cuerpo parecen agotados, Dios nos envía de su misma presencia el descanso oportuno, y no solo una vez, porque dice "tiempos", eso significa que su refrigerio llegará cada vez que lo necesitemos.

En la vida cristiana, muchas veces pasamos por situaciones que nos agobian, llevamos cargas demasiado pesadas, y se hace aún más difícil cuando las sobrellevamos solos. Dios tiene otra cosa en mente. Él promete estar a nuestro lado siempre para ayudarnos.

Habrás escuchado más de una vez que el mismo Jesús dice a todos los que están cansados y llevan cargas pesadas, que vengan a Él para tener descanso (ver Mateo 11:28). ¡Con el Señor recuperamos el aliento!

Otras veces necesitamos un refrigerio de amor, sentirnos amados, consolados como menciona Filipenses 2:1. El Espíritu Santo que mora en nosotros nos recuerda que somos hijos amados de Dios, que nada ni nadie nos puede separar de su amor (ver Romanos 8:39).

David decía que el Señor era su Pastor y que su alma sería siempre confortada (ver Salmo 23:3). ¡Él sabía cómo encontrar el refrigerio oportuno!

Cuando te sientas agotado, recuerda que tu Buen Pastor está listo para darte el descanso y el aliento que puedas necesitar. ¡Hay refrigerio en su presencia!

Señor, conoces todo de mí, y sabes cuáles son mis debilidades.
¡Gracias por darme tu refrigerio cuando más lo necesito!

Bendita insatisfacción

Y sucedió que un etíope, eunuco, funcionario de Candace reina de los etíopes,
el cual estaba sobre todos sus tesoros, y había venido a Jerusalén para
adorar, volvía sentado en su carro, y leyendo al profeta Isaías.
Hechos 8:27-28

Volvía, no iba. El prominente funcionario de la reina de Etiopía había ido a Jerusalén. No había viajado por cuestiones diplomáticas, acuerdos políticos o tratados comerciales; su propósito era adorar a Dios. Y lo hizo en el maravilloso templo de Herodes, siempre admirado por su arquitectura y esplendor. Estuvo rodeado de toda la parafernalia religiosa, pero nada de eso suplió su necesidad espiritual, su corazón seguía vacío.

Cuando alguien se siente espiritualmente insatisfecho, suele preguntarse: "¿Esto es todo? ¿Hay algo más en la vida cristiana? ¿Y qué tal si...?" ¡Bendita insatisfacción! La única manera de experimentar todo lo que Él nos ha prometido es decirle: "Estoy listo Señor, dame más de ti".

De regreso a su país, mientras este funcionario iba leyendo el pasaje de Isaías 53, alguien se acercó a su carruaje. Era el diácono Felipe que había sido guiado por el Espíritu Santo hasta ese lugar. Cuando le preguntó si sabía lo que estaba leyendo, la respuesta fue negativa. Claro, ningún judío le iba a decir que ese pasaje se refería a los sufrimientos de Jesús, pero Felipe estaba allí con el propósito de explicarle lo que Cristo había hecho. El impacto que produjo esa conversación en el eunuco fue tal, que allí mismo aceptó a Jesús como su Salvador, y al encontrar agua en el camino fue bautizado. ¡Había encontrado lo que necesitaba!

Hay mucha gente que se siente como este funcionario etíope, vacíos espiritualmente, pero interiormente saben que debe haber algo más, y que no se trata de lo que ellos puedan hacer. La única respuesta a esa necesidad es Cristo, pero no a través de un encuentro ocasional con Él, sino de una relación personal, profunda y experimental.

Y tú, ¿te preguntaste alguna vez si hay más? ¿Has pensado de qué se trata la vida abundante que el Señor te prometió? ¿Crees que la estás experimentando? Si eres de los que quieren más del Señor, entonces no te conformes, no te detengas, quita todas las barreras y comienza a buscarle sinceramente. Él te sorprenderá.

Señor, quiero más. No me conformo con lo que he recibido y experimentado ayer.
Hoy dispongo mi corazón para recibir todo lo que tengas para mí.

Altares robados

Y le dijo: Tráeme una becerra de tres años, y una cabra de tres años, y un carnero de tres años, una tórtola también, y un palomino. Y descendían aves de rapiña sobre los cuerpos muertos, y Abram las ahuyentaba.
Génesis 15:9, 11

Nunca podré olvidar el encuentro que tuve con una gaviota. Me encontraba en un parque cercano al mar haciendo un asado (barbacoa o parrillada). Vi algunas gaviotas revoloteando por ahí, pero no me percaté de una en particular que había puesto su mirada en una pata de pollo que se estaba asando. Cuando me descuidé tan solo un segundo, voló en picada, tomó su presa rápidamente y nunca logré que me devolviera lo que me pertenecía. Era la primera vez que una vil gaviota me robaba descaradamente…

Abraham estuvo en una situación parecida. El Señor le estaba haciendo importantes promesas: un hijo con Sara, una gran descendencia y toda la tierra de Canaán. Para confirmar ese pacto le dijo que preparara un altar y pusiera sobre él una becerra, una cabra, un carnero, una tórtola y un palomino. Mientras disponía todo con mucho cuidado, empezaron a aparecer aves de rapiña (estoy seguro que eran más peligrosas que una gaviota hambrienta), y sabiendo lo que podía pasar, comenzó a espantarlas para que no le robaran los animales que servirían para corroborar el pacto y las promesas divinas.

Después del sacrificio perfecto de Cristo en la cruz cesaron los sacrificios. Tampoco se necesitan más pactos. Dios ya ha establecido un Nuevo Pacto definitivo y perfecto que incluye todas las bendiciones que determinó para sus hijos. Hoy nuestra vida es un altar de adoración, pero tenemos un enemigo que quiere impedir nuestra alabanza.

Satanás vino para "hurtar", robarnos sin que nos demos cuenta. Puede ser que empecemos nuestro día con gozo, confiados en el cuidado de Dios, pero en algún momento se produce el robo… y en vez de adorar terminamos quejosos y malhumorados.

Satanás usará circunstancias y personas para hurtarnos en el momento menos pensado. Debemos estar alertas y cuidar nuestro altar.

Aleja de tu vida todo lo que te impida alabar al Señor como se lo merece, y disfruta la libertad de poder entrar hoy a su presencia.

Señor, quiero adorarte cada día con entendimiento y con todo mi corazón.

Guerreros sin el ojo derecho

Y Nahas amonita les respondió: Con esta condición haré alianza con vosotros,
que a cada uno de todos vosotros saque el ojo derecho,
y ponga esta afrenta sobre todo Israel.
1 Samuel 11:2

Israel estaba sitiado por los amonitas y el pueblo creyó que no podrían vencerlos; entonces le dijeron a Nahas, el líder enemigo, que se rendirían si hacían una alianza pacífica con ellos. ¡Qué escena tan triste! Sus enemigos establecieron los términos de esa alianza: Quitarle a cada uno su ojo derecho.

¿Qué quería lograr con esto el enemigo? Por un lado, era una forma de humillar a Israel. Esa marca sería una señal para toda la vida de debilidad, vulnerabilidad y derrota. Por otro lado, los haría incapaces de pelear cualquier otra batalla cuerpo a cuerpo porque perderían visión y percepción de profundidad. Los guerreros siempre llevaban la espada en la mano derecha y el escudo en la izquierda. Durante un combate, al protegerse con el escudo se cubrían también el ojo izquierdo y veían a su enemigo con el derecho; así que si les faltaba el ojo derecho, al cubrirse con el escudo no verían nada.

Hay mucho simbolismo entre los adversarios de Israel y Satanás, el enemigo de Dios y de su pueblo. Es interesante notar que el nombre "Nahas" en el original hebreo significa "serpiente o víbora". El diablo quiere avergonzarnos, que nos sintamos débiles y vulnerables, que seamos incapaces de pelear las batallas espirituales. Satanás tratará siempre de quitarnos la visión espiritual, que no veamos la manera en la que él se mueve. Por eso es importante mantener nuestros ojos puestos en Cristo (ver Hebreos 12:2).

Satanás es muy astuto y usará a personas para intimidarnos, avergonzarnos y desalentarnos. Manipulará todo lo que tenga a su alcance para que perdamos la fe. Pero sabiendo esto, debemos levantarnos y resistirle. El Espíritu Santo nos da poder para desarticular cada una de sus artimañas. En el v. 11 leemos que el pueblo rechazó la propuesta, tomó las armas y derrotaron a los amonitas contundentemente. ¡Hay victoria en el Señor! ¡Aleluya!

Señor, ayúdame a mantener mi mirada en ti y a recordar
que me has dado poder para ser más que vencedor.

El propósito de su espera

Mas luego que fue puesto en angustias, oró a Jehová su Dios, humillado grandemente en la presencia del Dios de sus padres. Y habiendo orado a él, fue atendido; pues Dios oyó su oración y lo restauró a Jerusalén, a su reino. Entonces reconoció Manasés que Jehová era Dios.
2 Crónicas 33:12-13

Nunca deja de sorprenderme este pasaje cada vez que lo leo. El rey que más años duró en el trono de Israel fue el peor rey que tuvo en toda su historia. ¡Qué paradoja! Manasés reinó 55 años y Dios dice que no hubo otro rey tan pecador como él. Sin embargo, ¡le permitió vivir más años que a otros reyes que fueron fieles, respetados y consagrados! ¿Por qué? La respuesta está en el corazón de Dios. Él no quería que este hombre se perdiera eternamente en el infierno y le estaba dando más oportunidades para arrepentirse.

Además de hablarle al corazón, Dios le envió mensajeros y profetas a los que despreció, rechazó y enjuició injustamente. Pero finalmente, el Señor permitió que los asirios lo llevaran cautivo por un tiempo a Babilonia, y recién en ese momento reconoció todos sus pecados, le pidió perdón a Dios y pudo volver a Jerusalén para corregir todo el mal que había hecho.

¡Qué maravillosa es la misericordia de Dios! Mientras nosotros lo hubiéramos ajusticiado en los primeros años de su reinado, Dios siguió dándole oportunidades para que se arrepintiera. En la eternidad, cuando todos los hijos de Dios estemos reunidos en su presencia, allí estará Manasés.

El corazón del Señor sigue siendo el mismo, no cambia, su amor y misericordia no tienen fin. Si todavía no ha venido a buscar a su Iglesia es porque está esperando que muchos se arrepientan. Si todavía la persona que más dolor te causa sigue viva y aparentemente feliz, es porque Dios no quiere que se pierda (ver 2 Pedro 3:9). Sin embargo, su justicia sigue activa; el Señor está buscando arrepentimiento o evidencias para el día del juicio.

¿Cómo estás viendo a las personas que no buscan tu bien? ¿Y a tus parientes que se burlan porque eres cristiano? ¿O a los compañeros de trabajo que "te hacen la guerra"? El deseo de Dios es que sean salvos.

Señor, qué tremenda es tu misericordia y paciencia. Ayúdame a sentir lo mismo que tú por las personas que te rechazan, porque sé que en tus planes eso es temporal.

La Palabra de Dios no es negociable

*Pues no somos como muchos, que medran falsificando la palabra
de Dios, sino que con sinceridad, como de parte de Dios,
y delante de Dios, hablamos en Cristo.*
2 Corintios 2:17

La palabra "medrar" en griego es *kapeleuo* y hace referencia al que se dedica a la reventa o a traficar; un comerciante al por menor de bagatelas; o un vendedor de cosas de poco valor. Esta palabra se usaba para referirse a la persona que trataba de conseguir ganancias por medios deshonestos. Además Pablo usa la palabra "falsificar", que significa una burda imitación o una copia falsa, para referirse a los que adulteran la Palabra de Dios para obtener beneficios.

Los que medraban la Palabra no eran solo grandes predicadores, sino cualquier persona que había recibido el evangelio y lo había cambiado. No siempre el beneficio que se quería obtener era monetario, muchas veces buscaban tener una mejor posición social, laboral o ministerial. Otras para evitar burlas y desprecios de ciertos sectores sociales. Incluso para no ser expulsados de la familia por ir en contra de sus tradiciones. Así que, fuera cual fuera la motivación, quien parcializaba la verdad la estaba adulterando.

En contraste, los que seguimos fielmente el evangelio hablamos de Cristo con sinceridad. La palabra "sinceridad" está ligada a lo que es puro y libre de mezclas. Así es el creyente fiel, habla la verdad sin adulterarla.

Hoy somos presionados por la filosofía de esta cultura a modificar la verdad. Somos presionados por amigos y familiares para dejar de lado los principios cristianos y cambiar nuestra ética y moral. Compañeros de trabajo o de estudios muchas veces tratan de intimidarnos a través de burlas, amenazas y confrontaciones para que dejemos pasar muchas cosas que sabemos que a Dios no le agradan.

Sin embargo, somos llamados a ser la sal de la tierra y la luz del mundo. Aunque muchos cambien la verdad para su propio beneficio, nosotros no lo haremos. Hablaremos siempre con sinceridad, conscientes de que un día daremos cuenta de nuestras acciones y palabras.

---

*Señor, el mundo necesita saber la Verdad. Tú eres el único
que puede hacerlos libres de la esclavitud del pecado.
Úsame como un instrumento para que te conozcan.*

⁓ 8 de enero ⁓

¡Quédate conmigo!

Pero tú quédate aquí conmigo…
Deuteronomio 5:31

Cerca de tres millones de israelitas salieron de Egipto rumbo a Canaán. Cuando Dios se manifestó en Sinaí, el pueblo se llenó de espanto, a tal punto, que le dijeron a Moisés que ellos no querían hablar con Dios directamente porque tenían miedo de morir. Pensaban que no debían exponerse a ser consumidos por ese terrible fuego; preferían que Moisés escuchara todo lo que el Señor tenía que decirles y que luego él se los transmitiera.

Moisés tenía temor santo y reverente por Dios, pero nunca sintió terror al punto de querer huir de su presencia por miedo a perder la vida. Él llegó a construir una relación tan estrecha con el Señor que sus diálogos eran como los de verdaderos amigos.

Cuando el pueblo prefirió tener un "intermediario" en lugar de relacionarse directamente con Dios, Él le dijo a Moisés que deseaba que ellos estuviesen siempre dispuestos a obedecerle para que les vaya bien (ver Deuteronomio 5:29-30).

Después de despedir al pueblo, el Señor habló al corazón de Moisés y le dijo: "Pero tú quédate conmigo". Casi puedo escuchar a Dios diciéndole: "Todos los demás se han retirado a hacer sus cosas, nadie quiere pasar tiempo conmigo. ¿Quieres quedarte Moisés? Tengo mucho que decirte…".

Cada mañana cuando despertamos, ¿podemos escuchar a Dios diciéndonos lo mismo? "¡Quédate conmigo, tengo mucho que decirte!" Pero nuestra agenda está tan llena, vivimos tan apurados… que finalmente el Señor nos dice: "Bueno, sigue con tus cosas… Tal vez mañana sea el día de un encuentro real…"

La mayoría vuelve a sus múltiples ocupaciones, pero hay un grupo que escoge la buena parte que nunca les será quitada: una experiencia maravillosa con el Padre Celestial que transforma sus vidas.

¿Eres de los que se "vuelven a su tienda" o buscas con anhelo pasar tiempo en la presencia del Señor?

Señor, quiero estar contigo, escuchándote. No quiero perder mi tiempo en trivialidades cuando en tu presencia hallo verdadero descanso y gozo.

14

Plata afinada

Porque tú nos probaste, oh Dios; nos ensayaste como se afina la plata.
Salmo 66:10

Muchas veces Dios considera necesario hacernos pasar por diversas pruebas para cumplir algunos propósitos en nuestra vida. La palabra probar en hebreo es *bajan* y hace referencia a testear metales, investigar, escudriñar o examinar. Si lo pensamos bien, Dios no necesita una prueba para saber cómo estamos, pero nosotros sí.

Dice su Palabra que Él nos afina como a la plata. La palabra "afinar" en hebreo también significa fundir, acrisolar, limpiar; describe el proceso de purificación que lleva a cabo un refinador, calentando el metal y sacando las impurezas que tuviera. En el caso de la plata, cuando se extrae de las minas está llena de escoria que hay que purificar (ver Proverbios 25:4).

La plata es preciada y tiene mayor valor cuanto más se purifica. Los antiguos herreros que trabajaban este metal, decían que la plata estaba purificada y lista para ser sacada del crisol cuando podían ver su rostro reflejado en ella. Creo que ya sabes hacia dónde va la aplicación de esta enseñanza. ¡Exacto! Hasta que nuestro carácter no refleje a Cristo no pasamos la prueba.

Entonces, si al atravesar la primera prueba dejamos de lado la fe en el Señor, hemos fallado el test. Seguramente, y por la misericordia de Dios, nos conceda una segunda oportunidad para terminar la obra que había empezado.

Si hay impurezas que sacar, habrá pruebas que atravesar. Pero debemos saber que Dios nunca nos deja solos en medio de esas presiones. Él está a nuestro lado mientras nos capacita para ser vencedores.

En cada prueba somos transformados para parecernos más a Cristo. Pablo dice en 2 Corintios 3:18 que miramos al Señor con la cara descubierta para ser transformados de gloria en gloria.

¿Estás pasando por una prueba severa? ¿Todavía no sabes cuándo terminará? No te concentres solo en las circunstancias, sino en el proceso. El Señor ya preparó la salida y tú podrás honrarle con la transformación que se lleve a cabo en tu vida.

Gracias Señor por esta prueba, porque estoy seguro de que estás añadiendo gloria en esta vasija de barro.

15

Tomado de su mano

Entonces se alegró el rey en gran manera a causa de él, y mandó sacar a Daniel del foso… y ninguna lesión se halló en él, porque había confiado en su Dios.
Daniel 6:23

Este hombre de Dios ya anciano, tal vez tenía unos 80 años, tuvo que pasar por una prueba muy dura: la acusación de sus compañeros de trabajo. Tú sabes, no todos los que parecen amigos realmente lo son. Quisieron quitarse a Daniel de en medio porque les molestaba su sabiduría, integridad y forma de trabajar. Cuando todos holgazaneaban, Daniel daba lo mejor de sí. Mientras los demás contaban sus andanzas del fin de semana, él se tomaba un recreo para orar. Claro, las diferencias eran notables, entonces les pareció que lo mejor que podían hacer era deshacerse de él. Lo que no sabían sus enemigos era que si se metían con Daniel, realmente se estaban metiendo con el mismo Señor.

Daniel había "confiado" en su Dios. Esta palabra en hebreo es *amán*, y significa rendirse, estar firme, ser fiel, permanecer, estar quieto, ir a mano derecha del ayo o llevado por la nodriza. Se aplica a un niño que es llevado de la mano por su tutor. ¡Qué linda imagen para un hijo de Dios! No importa lo difícil que sea el camino, siempre podemos ir tomados de la mano del Señor.

Daniel bajó al foso de los leones agarrado de la mano de Dios, como un niño pequeño agarrado de la mano de su padre. Su confianza en el Señor le daba seguridad. No era la primera vez que lo libraba de una situación peligrosa. La historia bíblica nos dice que Daniel fue salvado y sus enemigos devorados por los leones.

Dios se encarga de hacer justicia en su tiempo y levantar la cabeza de sus hijos cuando han decidido mantenerse firmes y confiando en Él bajo cualquier circunstancia.

Difícilmente pasemos por una situación como la de Daniel, pero las presiones que sufrimos por la envidia y los celos de otros todavía existen. No tengas temor de las amenazas e intimidaciones; sigue actuando con responsabilidad y da lo mejor de ti. Dios siempre estará de tu parte.

Daniel conocía la Palabra de Dios. Seguramente habría leído muchas veces el Salmo 91:11-14. ¡Tenemos al mismo Dios Protector!

Señor, me tomo de tu mano para atravesar mis pruebas.
Sé que estás conmigo en todo tiempo.

Tocar a Jesús

Sus discípulos le dijeron: Ves que la multitud
te aprieta, y dices: ¿Quién me ha tocado?
Marcos 5:31

Jesús estaba siendo apretado por la multitud, a tal punto que ya era asfixiante. Todos querían estar al lado del Maestro, abrazarlo, mirarlo a la cara, comprobar quién era realmente. Cualquiera podía apretar al Jesús humano, pero muy pocos podían tocar al Cristo divino.

Una mujer enferma por muchos años, decidió acercarse con fe al Jesús divino. Creía que si solo podía tocar el borde de su manto sería sana. La cultura discriminaba a quienes sufrían su enfermedad y se suponía que no debía estar entre la multitud, pero corrió el riesgo y arrastrándose hasta Jesús, tocó el borde de su manto e inmediatamente fue sana. El Señor se dio cuenta en su espíritu y se detuvo. En medio de una multitud que le "apretaba", alguien había "tocado" sus vestiduras y poder salió de Él.

La palabra tocar en griego es *hapto*, que significa conectar, manejar o encender un fuego. Tocamos las perillas de la cocina (estufa) para que se encienda, tocamos el timbre de una casa para que alguien nos abra la puerta, tocamos el ícono de una app en nuestro celular para abrir un mundo de posibilidades. Eso es "tocar", es actuar sabiendo que algo sucederá.

Jesús no se quejó porque la multitud lo apretaba. Él no tenía problemas de que alguien quisiera comprobar su naturaleza, pero su poder solo se manifestó cuando alguien se acercó a Él con fe.

Hoy, obviamente, no se trata de tocar físicamente al Señor, sino de experimentar lo sobrenatural por fe. Así como la mujer de la historia se propuso llegar a Jesús a pesar de todo, también nosotros debemos movernos con fe hacia Él diariamente. Quizás también debamos superar algunos obstáculos, pero el deseo de encontrarnos con el Señor y experimentarlo debe animarnos a avanzar con determinación.

El poder de Jesús está disponible para sanar nuestro cuerpo y nuestra alma, para restaurar relaciones, para darnos sabiduría, para transformar nuestro carácter. Su poder se manifiesta cuando ponemos en marcha la fe y le permitimos tomar el control de la situación.

Señor, hoy quiero tener un encuentro transformador,
poder tocarte por fe sabiendo que harás algo maravilloso en mí.

17

¿Tienes la espada pegada a tu mano?

*Eleazar… uno de los tres valientes que estaban con David… se levantó e hirió
a los filisteos hasta que su mano se cansó, y quedó pegada su mano
a la espada. Aquel día Jehová dio una gran victoria…*
2 Samuel 23:9-10

¡Qué tremendo fue este valiente general de David! Durante una batalla su mano se cansó, pero no por eso se detuvo, sabía que debía seguir peleando. Al terminar el combate, Eleazar no podía quitarse la espada de la mano… ¡la tenía pegada!

Nosotros somos llamados diariamente a pelear la buena batalla de la fe (ver 1 Timoteo 6:12), y nuestra pelea no es contra nuestro cónyuge, nuestros hijos, nuestro jefe, un hermano, ni el pastor. Nuestro enemigo es el diablo. Todos los días está listo para lanzar ataques contra nuestra fe. Él sabe que si logra debilitarla nos tendrá en sus garras.

En Efesios 6:17 leemos que Dios nos ha dado una armadura espiritual para ser vencedores, y el arma que debemos usar para hacerle frente al enemigo es la espada del Espíritu, la Palabra de Dios. El Señor Jesús nos dio una clase magistral sobre cómo usarla cuando enfrentó la tentación del diablo en el desierto. Su respuesta al ataque del diablo fueron tres versículos, y la batalla terminó.

El problema se presenta cuando no tenemos ni un solo texto en mente. El Espíritu Santo no nos puede recordar lo que no hemos leído todavía. Por eso es vital alimentarnos de la Palabra de Dios cada día. Debes incorporar las Escrituras de manera que queden "pegadas" a tu vida. No puedes ni debes soltar la espada en medio de la batalla.

Pablo le dijo a Timoteo que se ocupara de la lectura (ver 1 Timoteo 4:13), refiriéndose a leer la Palabra; y el mismo consejo aplica para nosotros hoy. Necesitamos leer toda la Biblia, desde Génesis hasta Apocalipsis, porque según el Salmo 119:160, la suma de toda su Palabra es la verdad.

Si no eres un lector asiduo de la Biblia, te animo a leerla a diario. Comienza por Génesis o un evangelio, pero asegúrate de equiparte bien para la batalla, solo así podrás salir victorioso.

---

*Señor, que la lectura y la obediencia a tu Palabra
me hagan más fuerte cada día.*

Siempre pastoreados

Jehová te pastoreará siempre, y en las sequías saciará tu alma, y dará
vigor a tus huesos; y serás como huerto de riego, y como manantial
de aguas, cuyas aguas nunca faltan.
Isaías 58:11

¡Cuántas bendiciones contiene este versículo! Isaías comienza diciendo que el Señor es nuestro Pastor y que siempre estará a nuestro lado para cuidarnos. Luego continúa diciendo que Él "sacia el alma". La palabra "saciar" en hebreo es *saba* y significa llenarse de satisfacción, tener abundancia, estar colmado. Todo lo que nuestro ser interior necesite lo provee el Señor ¡y en abundancia!

Nuestra alma se puede fatigar, entristecer, quebrantar, llenar de ansiedad, pero nuestro Pastor sabe atender cada necesidad y darnos protección, paz, consuelo, esperanza y gozo.

El Señor se encargará de nuestros tiempos de sequía. Cuántas veces hemos atravesado desiertos de los que pensamos que nunca saldríamos. Sin embargo, nuestras vidas recuperaron el verdor original y volvieron a ser fructíferas luego de ser tocadas por Dios.

Dará vigor a tus huesos. Él nos promete renovar nuestra vitalidad, recibir nuevas fuerzas para mantenernos firmes.

Seremos como un huerto regado y como un manantial al que nunca le faltará agua. Aquel que es refrescado por Dios tiene la capacidad de entender al que necesita el agua fresca y sabe guiar a la Fuente que puede saciar su vida.

Aprópiate de estas bendiciones. Aunque las fuerzas no estén de tu lado en este momento, di desde lo más profundo de tu ser: "¡Jehová me pastoreará siempre, y en las sequías saciará mi alma, y dará vigor a mis huesos; y seré como huerto de riego, y como manantial de aguas, cuyas aguas nunca faltan!"

Ser una de las ovejas de Cristo es la condición más segura y alentadora que existe. Él nos conoce a cada uno de manera personal, nos llama por nuestro nombre, nos cuida y guía nuestros pasos a través de cada circunstancia que tengamos que pasar.

¡Gracias Señor por ser mi Buen Pastor! En tus brazos estoy protegido,
confiado y seguro. ¡Nada me faltará!

Los que tiemblan ante su Palabra

Mi mano hizo todas estas cosas, y así todas estas cosas fueron,
dice Jehová; pero miraré a aquel que es pobre y humilde
de espíritu, y que tiembla a mi palabra.
Isaías 66:2

Dios pone su mirada en los humildes, en los que reconocen su necesidad espiritual y están dispuestos a satisfacerla en su presencia. Los pobres en espíritu son los que tienen sed de Dios, hambre de Cristo, los que saben que sin Él no pueden hacer nada.

Jesús dijo que los pobres en espíritu son "bienaventurados" porque de ellos es el Reino de los Cielos (ver Mateo 5:3), es decir, son los que tienen un corazón dispuesto para que el Rey de reyes gobierne sus corazones, ahora y en la eternidad.

Cuando Dios habla a una persona pobre y humilde de espíritu la hace "temblar". Esta palabra en hebreo es *jared* que significa temer, asombrar, sobresaltar. El significado que más se aplica en este contexto es "estremecer". La persona que depende de Dios no tiene miedo ni se atemoriza cuando Él habla, sino que en su corazón hay un sentimiento de admiración, reverencia y deseo de obedecerle inmediatamente.

Necesitamos ser sensibles a la Palabra de Dios. Las corrientes liberales actuales han desplazado al Creador de todo escenario posible y creen que la Biblia es un libro obsoleto porque no han creído y experimentado al Dios vivo. En contraste, la Iglesia verdadera y fiel al Señor guarda su Palabra, la oye y la pone en práctica.

Dios sigue hablando, y cuando lo hace, estremece a sus hijos para movilizarles a hacer su voluntad. Ellos son los que marcan la diferencia. En tiempos de crisis, pandemia, revueltas políticas y sociales, quienes han sido estremecidos por la Palabra tienen paz y proclaman un mensaje de esperanza a todo aquel que quiera refugiarse en el verdadero Dios.

Los que tiemblan ante la Palabra de Dios son los que preservan este mundo, los que interceden por los que se pierden, los que sirven al necesitado, los que hablan de Cristo y predican su salvación a toda criatura.

¡Señor, quiero ser uno de ellos! Prepárame, alístame,
y úsame para tu gloria.

¡Aleluya!

Y oí como la voz de una gran multitud, como el estruendo de muchas aguas,
y como la voz de grandes truenos, que decía: ¡Aleluya, porque
el Señor nuestro Dios Todopoderoso reina!
Apocalipsis 19:6

¿Sabías que la Biblia te menciona a ti? Aunque tu nombre no aparezca específicamente, estás entre la gran multitud de los salvos por Jesucristo que dirán ¡Aleluya!, y alabarán eternamente al único Redentor de la humanidad.

"Aleluya" es una palabra compuesta por dos palabras hebreas: *Halal*, que significa hablar elogiosamente, celebrar, gritar, glorificar grandemente; y *Yah* que es una abreviatura o contracción de la palabra Jehová.

La palabra aleluya estaba asociada con las personas que servían en el tabernáculo alabando a Dios por la mañana y por la tarde (ver 1 Crónicas 23:30). Los salmistas la usaban para movilizar y animar a toda la creación a alabar al Señor, incluyendo también instrumentos musicales. Exhortaban al pueblo a alabar al Señor al son de bocina, con salterio y arpa, con pandero y danza, con címbalos resonantes, con cuerdas y flautas, con címbalos de júbilo. Porque todo lo que respira debe alabar a Jehová (ver Salmo 150:3-6). Así es como durante toda la historia de Israel y de la Iglesia de Cristo, la palabra aleluya ha sido la expresión más significativa para alabar a Dios.

Cuando estemos por la eternidad con Cristo, según Apocalipsis 19, la vamos a seguir usando, sobre todo porque veremos que sus eternos propósitos se cumplieron a la perfección y porque Él estuvo y siempre estará sentado en su trono reinando (ver Salmo 146:10).

Cada vez que veas a Dios obrar, glorifícale, celebra, di: ¡Aleluya! El Señor merece ser alabado por cada intervención en nuestras vidas. Dios es bueno y siempre actúa con misericordia. Su fidelidad es infinita y su gracia desbordante (ver Salmo 106:1).

Comienza a ensayar la canción que todos los que hemos recibido a Cristo como Salvador vamos a entonar al unísono por la eternidad: "¡Aleluya, porque el Señor nuestro Dios Todopoderoso reina!"

¡Aleluya! Me uno al coro celestial para exaltarte y alabarte
porque solo tú mereces adoración.

Gracia para cada prueba

En lo cual vosotros os alegráis, aunque ahora por un poco de tiempo,
si es necesario, tengáis que ser afligidos en diversas pruebas.
1 Pedro 1:6

Pedro mencionó que nos produce gozo saber que tenemos una herencia en los cielos, pero mientras tanto, y si es necesario, debemos aceptar que podemos pasar por diversas pruebas.

La palabra griega para "diversas" es *poikilos* y significa algo que es multicolor, variado, que tiene diversas formas. La raíz de la primera sílaba es *pik*, de donde deriva la palabra "pictórico" en español; de ahí que signifique diverso o multicolor. Pedro está usando esta palabra para decirnos que los creyentes en Cristo podemos pasar por *diferentes* pruebas.

A veces tenemos la idea de que toda prueba es un castigo, una disciplina o consecuencia de algo que hicimos mal. Pero Pedro nos dice que no debemos sorprendernos por atravesar alguna prueba como si algo extraño nos estuviera sucediendo (ver 1 Pedro 4:12-13), sino que debemos alegrarnos porque estamos pasando por lo mismo que Cristo experimentó y también saldremos victoriosos.

Para cada prueba hay una manifestación especial de la gracia de Dios. Es muy interesante notar que Pedro en su primera carta solo usa dos veces la palabra *poikilos*. La primera para describir la variedad de pruebas, y la segunda para expresar que la gracia de Dios también es muy diversa, multicolor: la *multiforme gracia* (ver 1 Pedro 4:10). ¡Hay una manifestación de la gracia de Dios que se ajusta al tipo de prueba que estemos pasando!

El Señor no siempre actúa de la misma manera en cada tribulación. A veces nos da una salida rápida, otras veces nos capacita con fortaleza para soportarla. En algunas pruebas sabemos exactamente lo que Dios quiere hacer, en otras no. A veces nos envía ayuda, y en otras ocasiones solo contaremos con su presencia. Nuestras pruebas pueden ser muy variadas, pero la gracia de Dios también lo es.

Pedro, al final de su primera carta, nos dice que el propósito por el cual el Señor aplica su multiforme gracia a nuestras pruebas es para perfeccionarnos, afirmarnos, fortalecernos y establecernos.

Hoy el Señor quiere recordarte que Él siempre prepara una salida. Su gracia es abundante y te ayudará a salir victorioso una vez más.

¡Gracias Señor porque en esta prueba también tendré tu ayuda!

¡Maranata!

El que no amare al Señor Jesucristo,
sea anatema. El Señor viene.
1 Corintios 16:22

La expresión "el Señor viene" en el original griego es una palabra traducida directamente de un vocablo en arameo, el idioma familiar de los judíos del tiempo del Nuevo Testamento. La palabra es "maran-atha", que significa "nuestro Señor viene" o "nuestro Señor ha llegado". El contexto indica el deseo de que ocurra de inmediato el retorno de Cristo.

Esta frase era muy usada por los creyentes de los primeros siglos. Hay registros de sus oraciones pidiendo reunirse en el Reino que Él ha preparado y terminan mencionando la palabra Maranata. Este deseo se expresa en Apocalipsis 22:20, justamente al final del libro a modo de último saludo pidiendo que Él venga en breve.

El apóstol Pablo manifiesta en este saludo la esperanza gloriosa de todo creyente en Jesucristo. No tenía miedo alguno de tener que comparecer ante Él, por el contrario, ¡era su ferviente deseo! Este hombre de Dios vivía cada día esperando el regreso del Señor. Sabía que a partir de su venida, la verdadera justicia se impondría en el mundo, el reinado perfecto se le otorgaría a Jesucristo, Rey de reyes y Señor de señores.

El deseo de que Cristo regrese es también el deseo de la verdadera Iglesia, su esposa (ver Apocalipsis 22:17). Si somos parte de ella, debemos tener siempre presente en nuestro espíritu que Jesús regresará otra vez a buscar a su pueblo.

La Palabra de Dios dice que su venida será sorpresiva, como un ladrón que aparece en la noche (ver 1 Tesalonicenses 5:2). Sonará la trompeta, los muertos en Cristo resucitarán primero y luego los que viven serán transformados (ver 1 Tesalonicenses 4:16-17). ¡Aleluya!

Aunque seguimos planificando nuestro futuro, vivimos pendientes del arrebatamiento porque en cualquier momento podemos pasar a la eternidad. El mismo Señor nos dijo que debemos estar preparados, velando, en santidad, siendo luz al mundo como una lámpara encendida. ¿Estás listo si el Señor viniera hoy?

¡Maranata! ¡Amén, sí ven Señor Jesús!
Estoy listo para tu venida.

23

Raíces profundas

Bendito el varón que confía en Jehová, y cuya confianza es Jehová. Porque será como el árbol plantado junto a las aguas, que junto a la corriente echará sus raíces, y no verá cuando viene el calor, sino que su hoja estará verde; y en el año de sequía no se fatigará, ni dejará de dar fruto.
Jeremías 17:7-8

Los expertos en árboles recomiendan estudiar bien los terrenos antes de decidir dónde plantarlos. No es lo mismo un árbol plantado junto al agua que uno plantado en un terreno que depende exclusivamente de la lluvia para crecer. Y si el suelo está compuesto de piedra caliza, las raíces no llegan a tener profundidad y difícilmente el árbol resista vientos fuertes. En cambio, si se planta en un terreno fértil, con suficiente agua, crecerá y desarrollará raíces bien profundas que le permitan resistir hasta vientos huracanados.

Así es el que confía en Dios. Sus raíces llegan a ser tan profundas que nunca le falta el agua que lo alimente. Puede cambiar el clima e incluso atravesar temporadas de sequías, pero él siempre permanece verde.

También es cierto que los árboles que más crecen y que más años viven son los que están junto a otros árboles. Árboles débiles son protegidos por otros más fuertes. ¡Qué buena enseñanza para los cristianos! Crecemos más fuertes y más sanos cuando estamos juntos recibiendo el alimento espiritual que el Señor proporciona a su Iglesia.

Pero si no confiamos en Dios y actuamos con autosuficiencia o dependiendo de lo que nos promete el hombre, Jeremías dice que terminaremos siendo como una "retama" en el desierto, que gira y gira llevada por el viento sin ningún destino certero (vs. 5-6). ¿Has visto en alguna película las retamas secas llevadas por el viento sin dirección alguna? Son inservibles, sin valor.

Dios quiere que crezcamos fuertes, sanos y que demos fruto en todo tiempo. Eso es posible si estamos unidos a Él, alimentando nuestro espíritu diariamente. La oración, la Palabra, la comunión con el Cuerpo de Cristo, el servicio, nutren nuestra alma y nos permiten estar firmes y confiados cuando llegue la hora de la prueba.

¡Señor, quiero ser como un árbol firme, bien alimentado, que traiga mucho fruto para tu gloria!

La estrategia del reemplazo

Al quinto año del rey Roboam subió Sisac rey de Egipto contra Jerusalén, y tomó los tesoros de la casa de Jehová, y los tesoros de la casa real, y lo saqueó todo; también se llevó todos los escudos de oro que Salomón había hecho. Y en lugar de ellos hizo el rey Roboam escudos de bronce, y los dio a los capitanes de la guardia, quienes custodiaban la puerta de la casa real.
1 Reyes 14:25-27

El rey Roboam, hijo de Salomón, no tuvo un corazón perfecto para con Dios. En su reinado, el pueblo abandonó al Señor y cayó en idolatría y perversión sexual, a tal punto que Dios permitió que el rey egipcio invadiera Jerusalén y se llevara los tesoros más preciados. Roboam, al sentirse despojado de la gloria de su reinado, hizo construir 300 escudos, y como no quedaba oro, los mandó a hacer… ¡de bronce! Había que reemplazar lo perdido y que nadie se diera cuenta. Todos los días debían pulir los escudos para que brillaran. Cambiaron lo valioso por algo de menor valor.

Esta es una de las estrategias que usa el diablo para corromper los verdaderos valores cristianos: reemplazarlos por otros y que la gente siga contenta y satisfecha. Reemplaza la misericordia divina por tolerancia humana; el creacionismo bíblico por evolución científica; el amor verdadero por sexo libre; y a Jesús por el sincretismo religioso.

Lo mismo sucede con las fiestas. En Pascua se festeja a un conejo que regala chocolates; en Navidad a Santa; el día de reyes, los regalos que fueron ofrecidos a Cristo ahora los compramos para la familia. El diablo no nos quita las festividades, pero les cambia el significado.

No sé tú, pero yo no voy a cambiar el mensaje más importante para la humanidad. Todos somos pecadores, hemos nacido así y cada día hacemos cosas que no agradan a Dios. Estábamos condenados a la muerte eterna, pero Jesús murió en la cruz para salvarnos, fue nuestro substituto perfecto. Todos los que le reciben tienen vida eterna. El Espíritu Santo mora en ellos y les capacita con poder para ser vencedores diariamente ante las pruebas y tentaciones. ¡Esto trae paz verdadera!

No vamos a reemplazar a Cristo. No vamos a reemplazar el gozo de la salvación. No vamos a reemplazar la Palabra de Dios. No vamos a reemplazar la santidad. No vamos a reemplazar la presencia de Dios. No vamos a reemplazar la comunión diaria con el Señor.

Señor, no voy a reemplazar lo eterno por lo temporal.

Jesús me abrió los ojos

Respondió el hombre, y les dijo: Pues esto es lo maravilloso, que vosotros
no sepáis de dónde sea, y a mí me abrió los ojos.
Juan 9:30

Cuando esté en la eternidad con Cristo y su Iglesia, voy a sentarme al lado de este hombre sanado por Jesús para que me cuente esta historia con lujo de detalles. He leído docenas de veces este pasaje y siempre disfruto el relato. Puedo imaginarme la escena y me gozo por lo que hizo Jesús en él. Admiro su valentía y sagacidad para enfrentarse a los religiosos hipócritas de su época.

El relato de esta historia comienza con una pregunta para Jesús. La gente tenía la idea de que si alguien nacía con alguna discapacidad o enfermedad era por consecuencia del pecado sus padres. Tremendo error que Jesús se encargó de corregir. El Señor dijo que esta enfermedad tenía el propósito de glorificar a Dios. ¡Y vaya si lo hizo!

Creo que este ciego jamás se imaginó los problemas que iba a enfrentar al ser sanado. Los religiosos lo abrumaron con preguntas, investigaron la vida de sus padres, y al final ¡lo expulsaron de la sinagoga! Para mucha gente, su situación era mejor cuando estaba ciego que ahora que había sido sanado por el Mesías. Increíble…

Este hombre confrontó a los religiosos de tal forma que hasta hay detalles de su humor y sarcasmo. "¿Por qué me preguntan tanto? ¿Quieren ustedes también hacerse discípulos de Jesús…?" Uf, eso los enfureció, y siguieron acosándolo: "¡Nosotros no sabemos de dónde es Jesús ni de dónde procede!" "¿En serio? ¿Ustedes los sabelotodo no saben quién es el que me sanó milagrosamente…?" ¡Tenían al Mesías, el Hijo de Dios frente a sus narices y no le conocían!

Hoy hay muchos que hablan de Jesús; conocen sus historias pero no le conocen a Él. En contraste, hay personas que se han acercado con sencillez, humildad, y el Señor les ha dado vista espiritual. Como el ciego sanado, son los que pueden adorarle porque han conocido al Salvador de sus vidas (v. 38).

Que el Señor nos use para guiar hacia Él a los que están ciegos espiritualmente porque es el único que puede darles la vista.

¡Gracias Señor por darme vista espiritual! Úsame para traer a otros hacia ti
y que también puedan ser sanados de su ceguera.

Una vez más, pero en tu Palabra

Respondiendo Simón, le dijo: Maestro, toda la noche hemos estado trabajando,
y nada hemos pescado; mas en tu palabra echaré la red.
Lucas 5:5

Pedro y sus compañeros pasaron toda la noche, tal vez unas ocho horas pescando... bueno, intentando pescar. Ni a la derecha ni a la izquierda, ni cerca de la ribera ni en lo profundo. Los peces parecían estar agazapados en algún rincón del mar de Galilea esperando la señal del Hijo de Dios. Mientras tanto, los pescadores regresaban cansados, frustrados, desanimados y con las manos vacías.

¿Te sientes así? Parece que has agotado todos los recursos para que algunas cosas cambien sin ningún resultado. Tus oraciones han sido intensas, sinceras, persistentes, pero sin aparentes respuestas. Has compartido el evangelio pero nadie abrió su corazón para recibir a Cristo, y ahora te sientes como estos pescadores: cansado, triste, frustrado y desalentado.

Sin embargo, Jesús no se olvidó de ti. Pronto recibirás, como los pescadores, la palabra que estás necesitando. "Boga mar adentro, y echad vuestras redes para pescar..." ¿Otra vez? ¡Si toda la noche lo hemos intentado! ¿Cuántas veces habremos tirado la red? ¿30, 40 veces...? Pero ahora es diferente. Hay una orden directa y precisa del Hijo de Dios. Si el Creador del universo dice ahora, es ahora; y si dice mar adentro, no es en la orilla. Hay que ponerse a trabajar una vez más, como si fuera la primera vez.

¿Por qué Dios permitiría que estos pescadores volvieran sin resultados esa noche? Podemos descubrirlo a través de las palabras de Pedro. Cuando el Hijo de Dios le ordena ir mar adentro y tirar las redes, le responde con la palabra "Maestro". Pero cuando vuelve trayendo la red repleta de peces, lo llama "Señor" (v. 8). Wow, ¡qué cambio!

El próximo pescador de hombres ahora tiene otra percepción de quién es Jesús. Ya no es simplemente el Maestro que enseña y explica la Palabra de Dios como nadie. Para Pedro, ahora Jesús ¡es el Señor de su vida! ¡Qué impacto produce experimentar a Cristo!

Señor, dejo de intentarlo en mis fuerzas. Prefiero esperar hasta tener una
palabra tuya y luego avanzar obedeciendo a lo que me hayas dicho.

Para quienes confían en Dios

Me mostrarás la senda de la vida; en tu presencia hay plenitud de gozo;
delicias a tu diestra para siempre.
Salmo 16:11

Este es mi salmo favorito, no porque sea mejor que otro, sino porque fue con el que Dios me habló en mi adolescencia. En esa etapa de la vida en que tenemos muchas preguntas, dudas y temores, el Señor respondió a todos mis interrogantes con este salmo.

Si lees con atención, encontrarás en el último versículo una síntesis de lo que Dios hará en aquellos que confían en Él.

Cuando ponemos nuestra confianza en el Señor, el primer resultado que veremos es que Él "nos muestra el camino de la vida". Antes de cada batalla, David oraba para saber qué estrategia debía usar y hasta que no escuchaba a Dios no se movía. Este rey pudo experimentar lo que es ser dirigido por la "senda de la vida".

Antes de dar cada paso debemos estar seguros de haber escuchado a Dios. Movernos por emociones, presiones, comentarios, por temor, no manifiesta su guía. Necesitamos depender del Señor siempre.

Lo segundo es que David no "sobrevivía espiritualmente", sino que vivía disfrutando la presencia de Dios. No le resultaba pesado orar, adorar, usar sus instrumentos musicales para cantarle o crear salmos. Estar en su presencia era el tiempo que más disfrutaba. ¡Tenía "plenitud de gozo"! Una relación placentera con Dios trae satisfacción al alma.

Lo último que descubrió David fue que en la mano derecha de Dios había delicias que durarían para siempre. Escuché una ilustración en una reunión de varones que me encantó. El dueño de un mercado le dijo al hijo de un amigo que tomara un puñado de caramelos del frasco que había delante de él. El niño le dio las gracias pero no agarró ningún caramelo. Entonces el hombre sacó un buen puñado de dulces y se los dio al niño quien ahora sí los recibió. Al salir del mercado el padre le preguntó por qué no había tomado los caramelos cuando su amigo se los ofreció la primera vez. El niño le respondió con una sonrisa: "¿Papá, no viste qué manos grandes tenía ese señor…?"

En las manos de Dios están todos los recursos que necesitamos, solo debemos tomarlos.

Señor, quiero vivir continuamente en tu presencia; allí pueda disfrutar tus delicias.

Algo que dejar

Entonces Jesús, deteniéndose, mandó llamarle; y llamaron al ciego, diciéndole: Ten confianza; levántate, te llama. Él entonces, arrojando su capa, se levantó y vino a Jesús.
Marcos 10:49-50

Bartimeo era un hombre ciego conocido por todos. Siempre se sentaba en el mismo lugar, pedía limosna a todo el que pasaba y tal vez conversaría con algunos. Cuando este ciego se enteró de que Jesús estaba cerca, comenzó a llamarle a gritos. La gente hizo todo lo posible para que se callara, pero fue imposible. Él había escuchado sobre los milagros que hacía el Señor y no quería dejar pasar su única oportunidad de ser sanado.

Cuando Jesús se detuvo y mandó llamarle, leemos que Bartimeo "arrojó su capa" y le ayudaron a ir a su encuentro. Es importante notar que no dice que "dejó" su capa, sino que la arrojó lejos. ¿Por qué lo hizo?

La palabra capa en griego es *himation* y era la vestimenta que necesitaba para sobrevivir. Parece ser que en tiempos bíblicos se podía tomar la túnica de una persona como fianza, pero nunca la capa porque era indispensable. Algunos comentaristas han dicho que la capa de Bartimeo incluso tenía una inscripción que decía "ciego" para que los transeúntes lo supieran y estuvieran dispuestos a ayudarle con limosnas.

Bartimeo arrojó lo único que tenía, lo que le identificaba como menesteroso y se dirigió a Jesús. Esa acción nos habla de su fe. Él estaba seguro de que recobraría la vista. El hijo de Timeo fue sano y también salvo. Jesús le dijo que podía irse tranquilo porque su fe le había salvado, pero en vez de irse a su casa, siguió a Jesús en el camino (v. 52).

Y tú, ¿qué tienes que dejar para venir a Jesús? ¿Qué te impide dar ese paso de fe? ¿Qué te mantiene atado? ¿Qué debes "arrojar lejos"?

Puede ser que tu "capa" sea el temor y la duda que no te dejan ver la realidad espiritual. Tal vez sean tus recuerdos. O quizás tu formación familiar o religiosa que te impide creer en lo que te dice Jesús.

Estoy seguro que sabes muy bien los pasos que debes dar para poner toda tu confianza en Él. No tengas temor, "arroja tu capa", levántate y pon tu fe en marcha.

Señor, arrojo todas mis dudas, mis temores, mis fracasos, mis recuerdos, todo lo que me impide avanzar, y te sigo.

Un desayuno restaurador

Y les dijo: Hijitos, ¿tenéis algo de comer? Le respondieron: No... Al descender a tierra, vieron brasas puestas, y un pez encima de ellas, y pan... Vino, pues, Jesús, y tomó el pan y les dio, y asimismo del pescado.
Juan 21:5, 9, 13

Jesús fue abandonado por los discípulos en sus momentos más críticos. Después de que Judas le traicionara, los que habían prometido seguirle hasta la muerte huyeron. Pedro le negó, Tomás estaría dudando sobre qué hacer, Simón el Zelote, que se suponía era el más valiente, no hizo nada a favor de su Maestro.

Para empeorar las cosas, los discípulos volvieron a sus tareas de pescadores olvidando todo lo que les había dicho el Señor. ¿En serio Jesús quería transformar el mundo con estas personas? Sin embargo, Él los fue a buscar al lago donde estaban pescando... bueno, tratando de pescar, e hizo algo inesperado: les preparó un desayuno.

¡Qué amor inquebrantable el de Jesús! ¡Hacerles un desayuno a estos "amigos"! ¿Qué hubiéramos hecho nosotros? Hum... tal vez si cayeran algunos carbones encendidos sobre la barca aprenderían algo... Si soplara el viento Euroclidón podrían despertar. O quizás recapacitarían si un gran pez los retuviera en su vientre por algunos días como a Jonás... Pero no, Jesús tiene otro corazón. Él es perdonador por naturaleza y no puede negarse a sí mismo.

Este desayuno fue restaurador. El Señor compartió la comida y un tiempo íntimo con ellos. Todos podían ver en los ojos de Jesús su perdón. Su mirada desprendía amor y misericordia. Una sola mirada del Maestro era suficiente para recordarles que sus planes seguían en pie. ¡Hasta Pedro fue restaurado después de haberle negado!

Muchas veces no estamos tan lejos de la realidad espiritual de los discípulos. Durante las presiones le abandonamos, no le hemos creído a la hora de actuar con fe, le negamos más de una vez para salvar nuestro pellejo. Sin embargo, su amor nunca cambia. Nos sigue perdonando y levantando. ¡Gracias Jesús!

Hoy el Señor quiere "desayunar" contigo. Quiere recordarte lo valioso que eres. Que no te ha olvidado. Puede ser que te hayas alejado del Señor, sin embargo, Él sigue extendiéndote sus manos para levantarte.

Señor, acepto tu invitación para desayunar contigo y conocerte más.

Plumas en la cabeza

*Huye también de las pasiones juveniles, y sigue la justicia, la fe, el amor
y la paz, con los que de corazón limpio invocan al Señor.*
2 Timoteo 2:22

Timoteo era un joven llamado por Dios para servirle. En sus primeros años, el apóstol Pablo le aconsejó llenarse del Espíritu Santo, dejar de lado la cobardía, la vergüenza, el qué dirán, y avanzar con fe en el ministerio. Pero también sabía que en la ciudad de Éfeso estaría expuesto a un sinnúmero de tentaciones y ataques del diablo para apartarlo de la voluntad de Dios. Por eso Pablo es muy contundente al decirle que no juguetee con las pasiones juveniles, sino que ¡huya!

La expresión "pasiones juveniles" en griego es *epithumía*, y se refiere al intenso anhelo de nuestra baja naturaleza, los malos deseos. Santiago usa esta misma palabra cuando dice que somos tentados por nuestra propia *concupiscencia* (ver Santiago 1:14). Santiago y Pablo no se están enfocando en una tentación en particular, sino en cualquier tentación que enciende nuestros malos deseos.

Si observamos con atención, estamos siendo permanentemente bombardeados a través de los medios de comunicación con una oferta de productos que buscan despertar esas pasiones. El blanco normalmente son los jóvenes, pero esas pasiones también seducen a los adultos, muchos que, dicho sea de paso, ¡manifiestan comportamientos de adolescentes!

Martín Lutero, el padre del protestantismo, dijo en cierta ocasión: "No puedes evitar que los pájaros vuelen sobre tu cabeza, pero puedes evitar que hagan nido en ella", haciendo alusión a las tentaciones.

Un nido no se construye en un día, pero si permaneces demasiado tiempo debajo de una bandada de pájaros, llegará el momento en que habrá suficientes "plumas" sobre tu cabeza para construirlo. Un pequeño desliz lleva a otro, y a otro, hasta que terminamos aceptando lo que es malo como bueno. El diablo no desaprovechará ninguna oportunidad para debilitarnos y que finalmente cedamos a las tentaciones.

Si alguna "pluma" ha quedado en tu cabeza, deja que el viento del Espíritu de Dios sople nuevamente en ti y se lleve aquello que el enemigo puede usar para separarte del Señor.

---

*Espíritu de Dios, santifícame. Filtra mis pensamientos
para que pueda agradarte a ti con mi mente.*

Instrumentos disponibles

Después de Aod fue Samgar, hijo de Anat, quien rescató a Israel. En una ocasión mató a seiscientos filisteos con una aguijada para bueyes.
Jueces 3:31

Después de que murió Josué, el sucesor de Moisés que introdujo a Israel en la tierra prometida, Dios levantó jueces para liberar al pueblo de la opresión de sus enemigos. Samgar fue uno de ellos. Es interesante notar que el significado de su nombre en hebreo es "El que huye". El nombre que le habían puesto sus padres no concordaba con el llamado de Dios para él. Yo le habría cambiado el nombre por ¡"No-más-Samgar"!

Durante una batalla, este campesino mató a 600 enemigos solo con una vara larga con punta de hierro que usaba para arrear a los bueyes. Seiscientas personas son un gran batallón. Si recuerdas, este era el número del ejército de David antes de ser nombrado rey. ¡Una persona puesta en las manos de Dios puede más que un numeroso batallón de soldados adiestrados para la guerra!

Presta atención al instrumento con el que libró esa batalla, una aguijada. Por favor, busca en Google una imagen de este instrumento y podrás decir conmigo: "¿Con esto mató a 600 filisteos…?" ¡Tremendo!

¿Y por qué una aguijada y no una espada? Es que los filisteos siempre les quitaban las armas y hasta se llevaban a los herreros de Israel. Entonces, como no había espadas, había que usar lo que tuvieran a mano. El instrumento que servía para que los bueyes trabajaran ¡se convirtió en un arma mortal!

Cuántas veces nos sentimos como una aguijada cuando el Señor nos llama a hacer algo para Él y decimos: "Yo no sirvo para esto, no soy apto para este trabajo, nunca enfrenté grandes desafíos…". Cuando el Señor nos llama a hacer algo, no se trata de nosotros, sino de Quién nos capacita. No importa el instrumento cuando es Dios quien da el poder.

Cuanto más insignificante es el instrumento, más gloria trae al Señor. Sansón mató a mil con una quijada de burro. Dios habló a Balaam por medio de una burra. Una simple piedra derribó a Goliat. El poder de Dios es el que hace útil a un simple instrumento.

Dios quiere usarte para su gloria. No huyas más de su llamado. Confía, el "Yo Soy está contigo".

¡Aquí estoy Señor, sé que todo lo puedo en ti que me das las fuerzas!

Cuando el enemigo duerme en una cama doble-King

Porque únicamente Og rey de Basán había quedado del resto de los gigantes.
Su cama, una cama de hierro… es de nueve codos, y su anchura
de cuatro codos, según el codo de un hombre.
Deuteronomio 3:11

El rey Og dormía en una cama que medía más de ¡13 pies de largo por 6 pies de ancho! Si estás acostumbrado al sistema métrico, son 4,11 metros de largo por 1,82 m de ancho. La medida americana de la cama "King" tiene 76 x 80 pulgadas. ¡La de este rey media el doble! ¿Puedes hacerte una idea de su tamaño? Comparémoslo con Goliat que medía "solo" 9.3 pies (2.85 m). Este rey intimidaba con solo verlo. ¿Alguien podría tener el valor suficiente para enfrentarlo? Sí, si Dios le prometía la victoria, pero había que creer en la promesa.

La generación de israelitas que salió de Egipto no pasó la prueba y murieron en el desierto. Pero sus hijos, la siguiente generación, creyeron y avanzaron confiando en las promesas de Dios y conquistaron por fe la tierra prometida.

Casi al final de los 40 años de peregrinación por el desierto, el pueblo de Israel se encontraba al este del Jordán, y el rey Og los enfrentó sorpresivamente. Allí mismo Dios le habló a Moisés y le dijo que no tuviera miedo porque le entregaría a este rey y a todo su ejército.

La generación que Dios levantó en el desierto aprendió a tener mentalidad conquistadora, así que arrasaron con Og y con todos los que se les opusieron (ver Deuteronomio 3:13). La tierra de los gigantes de Anac ahora era la tierra de los ¡gigantes de Dios!

¿Estás enfrentando una situación que te parece demasiado compleja, imposible de que tenga solución? Las victorias sobre el enemigo y las circunstancias que parecen más grandes que nuestras posibilidades vienen cuando avanzamos con fe en las promesas de Dios.

Recuerda las veces en las que el Señor intervino y te dio la victoria. ¡Cuántas veces te salvó justo a tiempo!

No mires con miedo a aquello que te está intimidando, mira al Señor. Él es más grande. ¡Dios es el Poderoso Gigante que pelea por ti!

Señor, tú eres mi Poderoso Gigante. No hay nadie que te iguale.
Confío en ti que me darás el valor, la fe y la fortaleza
para vencer a mis gigantes.

¡Houston, tenemos un problema!

Fíate de Jehová de todo tu corazón, y no te apoyes en tu propia prudencia.
Reconócelo en todos tus caminos, y él enderezará tus veredas.
Proverbios 3:5-6

"¡Houston, tenemos un problema...!" ¡Quién no ha repetido alguna vez esta famosa frase del astronauta Jack Swigert durante el viaje accidentado del Apolo 13! Este pedido de ayuda se inmortalizó después de que el astronauta observara una gran cantidad de luces de emergencia encendidas indicando la pérdida de dos de las tres fuentes generadoras de energía. Esto les obligó a tomar varias medidas antes de poder regresar a la Tierra sanos y salvos.

A todos nos pueden sorprender situaciones potencialmente peligrosas en nuestra vida que requieren atención inmediata. Cuando se "encienden esas luces" en nuestro carácter, matrimonio, relaciones con nuestra familia, con amigos, con hermanos en la fe... ¿Qué hacemos?

En primer lugar, actuar antes de que sea demasiado tarde. No hagas como un amigo que cuando se encendió la luz roja que señalaba problemas con el aceite de su auto, le puso una pegatina sobre la luz para que no le molestara... Como te imaginarás, se fundió el motor. Nunca deberíamos ver las advertencias como señales molestas que perturban nuestra comodidad. Si nuestra vida está perdiendo el rumbo, debemos actuar o esperar lo peor.

En segundo lugar, debemos buscar ayuda en el lugar correcto. Los astronautas no llamaron a Home Depot ni al desarmadero de Don Carlos para pedir ayuda. Ellos recurrieron a la torre de control de Houston, los únicos que podían ayudarles en esa situación. Lo mismo sucede con nosotros. Si ante las fuertes señales de peligro solo acudimos a las personas que nos dirán lo que queremos escuchar, estaremos perdidos. Dios es la "Torre de Control" a donde debemos acudir.

En tercer lugar, debemos obedecer la dirección que recibimos de Dios con precisión absoluta. No alcanza con desviar la dirección 1 grado cuando se nos ha dicho 5 grados. No podemos cambiar los manuales de aeronavegación. Dios dispondrá de los recursos que crea necesarios para ayudarnos a enderezar el rumbo y nosotros debemos obedecerlo.

Señor, ayúdame a prestar atención a todas las indicaciones que reciba de ti para no desviarme del rumbo que me has señalado.

Con amigos como estos…

Disputadores son mis amigos; mas ante Dios derramaré mis lágrimas.
Job 16:20

Nadie soportó tantas pruebas en un solo día como Job. Después de haber perdido todos sus bienes, sus criados, sus hijos, su salud, llegaron de visita tres amigos que se suponía venían a apoyarlo en el momento más difícil de su vida.

Elifaz, Bildad y Zofar habían sido muy buenos amigos, llenos de conocimiento, sabiduría y disposición para escuchar; sin embargo, cuando vieron todo lo que le había sucedido a Job perdieron los papeles… No tuvieron discernimiento espiritual para poder entender que algo estaba sucediendo más allá de lo natural. Los amigos de Job comenzaron a analizar los hechos desde sus perspectivas, juzgando, haciendo conjeturas y concluyendo que todo lo que había pasado era consecuencia de algún pecado de Job.

Por supuesto Job se analizó, pero ni su memoria ni su conciencia lo declararon culpable. Todo lo que sabía era que había amado a Dios, había guardado sus mandamientos, había actuado con un corazón generoso y sus pecados habían sido perdonados por Él. Pero sus amigos no le creyeron. Finalmente, Job dice que ellos eran disputadores que solo buscaban tener la razón. ¡Qué amigos…!

La palabra hebrea para "disputadores" es *luts*, y se refiere a hacer muecas, burlarse, mofarse, escarnecer, ridiculizar. ¡Uf, qué terrible el rechazo que percibía Job! Entonces comprendió que si había una respuesta que le ayudara a entender lo que le estaba pasando debía venir del cielo.

A veces pasamos por pruebas que no entendemos. Sabemos que si hacemos cosas malas sufriremos las consecuencias, pero cuando vivimos agradando a Dios, sirviendo al prójimo, y de pronto nos suceden cosas incomprensibles e injustas, nos quedamos perplejos, no sabemos qué pensar o decir. En momentos así, debemos hacer lo que hizo Job: "Ante Dios derramaré mis lágrimas".

Jesús nos entiende perfectamente. ¡Vaya si sabe de pruebas y cómo soportarlas! ¿Que si sabe sobre la reacción de aquellos que dicen ser tus amigos? ¡También! Así que podemos ir a Él seguros de que en su presencia encontraremos descanso, paz, consuelo y esperanza.

Señor, tú eres mi amigo fiel. En ti confío.

La palabra renovadora de Dios

Y aquel que tenía semejanza de hombre me tocó otra vez, y me fortaleció,
y me dijo: Muy amado, no temas; la paz sea contigo; esfuérzate
y aliéntate. Y mientras él me hablaba, recobré las fuerzas,
y dije: Hable mi señor, porque me has fortalecido.
Daniel 10:18-19

Después de haber leído y escudriñado los escritos del profeta Jeremías, Daniel sabía que estaba cerca el tiempo de la restauración de Israel. Después de setenta años, el pueblo de Dios volvería a su tierra y se levantaría otra vez como nación. Pero, ¿estaban preparados para enfrentar esta nueva etapa?

El profeta Daniel había buscado a Dios por espacio de tres semanas para tener respuestas y estaba exhausto, a tal punto que no podía ponerse en pie. Ya no era el adolescente que había sido traído a Babilonia.

¡Pero Dios siempre interviene a tiempo y envió un ángel para darle nuevas fuerzas! Con cada palabra que escuchaba, Daniel sentía que estaba siendo renovado. Veamos con atención cuáles fueron esas palabras:

"Muy amado": Todo hijo de Dios debe saber que es muy amado por el Padre Celestial. La Biblia dice que Él no hace diferencias, el amor que te tiene a ti es el mismo que le tuvo a Daniel. Cuando recordamos cuánto nos ama y experimentamos ese amor aun en los pequeños detalles de nuestro día a día, aumenta nuestra motivación para seguir adelante.

"No temas, la paz sea contigo": Cuando la paz del Señor llena nuestra mente y corazón los temores se van. ¡Su paz nos da seguridad, firmeza y confianza!

"Esfuérzate y aliéntate": Hay una parte que debemos hacer nosotros. Dios renueva nuestras fuerzas, pero nosotros debemos decidir seguir adelante. Si nos dice que debemos levantarnos, eso es lo que tenemos que hacer. Si nos dice "esfuérzate", significa que debemos emplear esas fuerzas en lo que nos pida. Si nos dice "aliéntate", debemos creer que el Espíritu Santo nos dará el apoyo necesario para avanzar.

"Mientras él hablaba recobré las fuerzas". No necesitas que venga literalmente un ángel del cielo a fortalecerte porque Dios ya te ha dado las palabras que renovarán tu vida como la de Daniel. Sólo cree en lo que te ha dicho en su Palabra.

¡Señor, recibo de ti la fortaleza y las fuerzas para este día!

Zarandeados...

Dijo también el Señor: Simón, Simón, he aquí Satanás os ha pedido para zarandearos como a trigo; pero yo he rogado por ti, que tu fe no falte; y tú, una vez vuelto, confirma a tus hermanos.
Lucas 22:31-32

La palabra zarandeo en griego es *siniazo* que significa apalear, aventar o cernir. Pedro tenía en su mente la imagen del trigo siendo sacudido en el tamiz para quitar la paja y dejar la semilla limpia. Más de una vez habría leído en Amós 9:9 lo que Dios iba a hacer con el pueblo de Israel para que volvieran a Él: Iba a zarandearlos fuertemente.

Pedro habrá pensado: "¿Zarandeados Señor... en serio?". Y como no era de los que primero pensaba y después hablaba, le dijo al Señor que estaba dispuesto a seguirlo no sólo a la cárcel, ¡sino también a la muerte! (v. 33). ¡Wow! Qué tremenda confianza... en sí mismo. Pocas horas después, el segundo canto de un simple gallo lo volvió a la realidad.

¿Por qué el Señor permitió que el diablo zarandeara a sus discípulos? Si el Señor los amaba tanto, ¿por qué meterlos en presiones tan grandes? Si hubiéramos estado ahí, quizás le habríamos dicho al Señor: "Mira a estos pobres muchachos... ¡No permitas que un fiel seguidor te niegue! ¿En serio quieres que todos te dejen solo en la cruz...?" Pero Jesús sabía que el zarandeo era necesario para que la fe de ellos creciera. De hecho, le dijo a Pedro que una vez que superara esa prueba ¡él ayudaría a sus hermanos a permanecer fieles al Señor!

Algo pasó en Pedro después de haber negado a Jesús. ¡Su fe en Cristo fue mucho más fuerte! Lleno del Espíritu Santo se atrevió a lo imposible. Fue usado con poder para sanar paralíticos, resucitar muertos, ¡hasta su sombra sanaba enfermos! Incluso dice la historia que murió crucificado cabeza abajo porque no se sentía digno de morir como su Maestro.

No todos los zarandeos son iguales, tampoco son eternos. Él sabe lo que permite en nuestras vidas porque no hace nada sin tener un propósito en mente. Es necesario que el orgullo y la autosuficiencia salgan fuera del tamiz; es paja inservible. Necesitamos depender de Él para todo.

Cuando te parezca que el tamiz se mueve demasiado, recuerda esta promesa: "Yo ruego por ti para que no te falte la fe".

¡Señor, mantenme de tu mano en medio de cualquier zarandeo!

せ 1 de febrero ✎

Todo coordinado desde el cielo

Y mientras él estaba contando al rey cómo había hecho vivir a un muerto, he aquí
que la mujer, a cuyo hijo él había hecho vivir, vino para implorar al rey por
su casa y por sus tierras. Entonces dijo Giezi: Rey señor mío, esta es
la mujer, y este es su hijo, al cual Eliseo hizo vivir.
2 Reyes 8:5

Dios iba a enviar siete años de hambruna al pueblo de Israel con la intención de que se arrepintiera de la idolatría, corrupción y violencia. Antes de esto, el profeta Eliseo le dijo a la mujer sunamita que se fuera con su familia temporalmente a otro lugar para salvar su vida. Ella obedeció y se fue a la tierra de los filisteos. Al finalizar el tiempo estipulado regresó a Sunem y descubrió que habían tomado sus tierras, sus bienes, su casa, y no tenía dónde vivir. ¿Qué haría ahora? Lo había perdido todo.

Pero esta mujer no se iba a quedar llorando y con los brazos cruzados. Fue hasta el rey a pedirle que le devolvieran lo que le pertenecía. Quizás pensó mientras iba de camino: "¿Realmente habrá sido una palabra de Dios que me fuera de mi tierra…? ¡Sí! Conozco a Dios y al profeta. Algo va a hacer el Señor".

La mujer y su hijo se presentaron ante el rey, y al ingresar escucha: "¡Esta es la mujer! ¡Justamente de ella te estaba hablando; y su hijo resucitado es este!" El rey quedó maravillado. El testimonio de Giezi se estaba corroborando en ese preciso instante. Entonces el rey dio la orden de que le devolvieran todas sus cosas, sus tierras e incluso los frutos que recogieron durante ese tiempo (v. 7). ¡Aleluya! ¡No perdió nada! ¡Qué gozo para esta mujer y su familia!

La providencia de nuestro Dios es maravillosa. Tiene todo coordinado, sus planes son perfectos. Cuando da una palabra, la cumple al pie de la letra. Él inquietó al rey para pedirle a Giezi que le contara sobre los milagros que había hecho Eliseo. Eran muchos, pero el Señor hizo coincidir el relato de la mujer y su hijo resucitado justo cuando ella se presentó en ese lugar. ¡Dios tiene el control de la vida de los justos!

¿Estás preocupado porque hay planes que parecen retrasados o detenidos? ¿Obedeciste una palabra de Dios y sientes que fue un error? ¿Alguien te ha quitado algo que Dios te dio? Toma el ejemplo de la sunamita. Haz tu parte y espera la respuesta en el tiempo del Señor.

¡Qué tremenda es tu providencia! Este día se hará tu voluntad en mi vida.

Jehová Rafa

…Yo soy Jehová tu sanador.
Éxodo 15:26.

Los nombres de Dios en hebreo reflejan su carácter y sus obras. Uno de ellos es Jehová Rafa, que se traduce en nuestra Biblia como "Tu Sanador". Sin embargo, la palabra hebrea *rafa* tiene un significado más amplio. Puede traducirse curar, sanar, remendar con puntadas y restaurar.

Al leer toda la Biblia, aprendemos que la enfermedad es producto del pecado original. Desde Adán y Eva la enfermedad está entre nosotros y solo será erradicada totalmente cuando Jesucristo venga a reinar y restaure todas las cosas.

Cualquier creyente en Cristo puede enfermarse más allá de su condición espiritual. El apóstol Pablo se refirió a esto en 2 Corintios 11:29 y Gálatas 4:13-14 cuando dijo que por causa de una enfermedad del cuerpo les había anunciado el evangelio. Incluso grandes hombres de Dios que fueron usados para sanar enfermos padecieron enfermedades. Todos somos vulnerables.

Sin embargo, a menos que Dios tenga algún propósito especial con una enfermedad, Él es nuestro Sanador. Cuando Jesús murió en la cruz se llevó nuestros dolores y enfermedades (ver Isaías 53:4-5). Jesús mismo durante su ministerio terrenal sanó a muchos. Incluso nos ha delegado su poder y autoridad para orar por los enfermos para que sean sanados. Si Jesucristo sigue siendo el mismo ayer, hoy, y por los siglos (ver Hebreos 13:8), entonces hoy también tiene poder para sanar nuestro cuerpo de enfermedades y dolencias.

La palabra *rafa* también se aplica a la sanidad del alma. Las heridas emocionales pueden doler como una enfermedad del cuerpo, pero Jesús sabe cómo sanar un corazón herido y cambiar la tristeza por gozo y esperanza.

¿Está enfermo tu cuerpo? ¿Está herida tu alma? Dios puede obrar a través de la oración de fe o puede usar a profesionales de la salud; puede hacerlo instantáneamente o progresivamente como lo hizo con el ciego de Betsaida (ver Marcos 8:22-26). Él no pasa por alto tus necesidades.

Cuando pidas al Señor que restaure tu salud, ora con fe y con confianza en su voluntad perfecta.

En mis enfermedades físicas y emocionales, dependo de ti. Tú sigues siendo el mismo.

Reino inconmovible

Así que, recibiendo nosotros un reino inconmovible, tengamos gratitud, y mediante ella sirvamos a Dios agradándole con temor y reverencia.
Hebreos 12:28

Cuando Jesús comenzó su ministerio, su primer mensaje fue: "Arrepentíos porque el reino de los cielos se ha acercado". Reino, se refiere al gobierno de Dios, su soberanía sobre todo lo creado.

Cuando aceptamos a Cristo como Salvador, inseparablemente lo aceptamos como Rey. Él es el que gobierna nuestra vida, el Señor a quien obedecemos en todo.

Aunque actualmente su reino es invisible a los ojos humanos, se manifiesta en nuestra vida de manera evidente. Cristo nos guía, nos habla, nos alienta, pero también nos ama, nos protege, nos llena de gozo y paz inalterables.

Muchas veces nos levantamos pensando en los problemas que parecen imposibles de resolver, olvidándonos quién es Dios. Su reino, gobierno y poder son inconmovibles. La palabra "inconmovible" en griego es *asaleutos* y significa algo que no puede ser movido, que no puede ser sacudido. ¿Habrá algo o alguien que mínimamente pueda mover el fundamento del Reino de Dios? ¡Imposible!

Nada ni nadie puede mover a Dios de su trono. Él es el Soberano del universo. Nuestras vidas descansan en las manos de Aquel que reina por la eternidad.

Nunca olvides que Él tiene el poder para ayudarte a resolver cualquier problema. Puede encargarse de cada situación de nuestra vida. Pero hay un principio que rige esta verdad, y Jesús lo dijo claramente a todos sus seguidores: Debemos buscar primero su reino, y todas las demás cosas (sí, dice "todas") serán añadidas (ver Mateo 6:33). ¡Aquí está el secreto! Si buscamos primeramente que Él reine en nuestro corazón, entonces vamos a verlo en acción más allá de lo que podamos pedir o entender porque actuará según su buena voluntad.

No te preocupes por las añadiduras, de eso se encarga nuestro Dios. Ocúpate de que hoy Cristo sea el Rey de tu vida, y manifiéstalo a través de todo lo que digas y hagas.

Señor, eres mi Rey Soberano, me rindo a ti y te doy el primer lugar en mi vida.
Confío que tú añadirás todo lo demás.

Sobrellevando cargas

Sobrellevad los unos las cargas de los otros, y cumplid así la ley de Cristo.
Gálatas 6:2

¡Cuántas cargas sobre nuestros hombros pueden producir agotamiento! Responsabilidades espirituales, laborales, ministeriales, educativas, sociales, familiares, y tantas otras que se añaden diariamente a nuestra vida.

En griego hay dos palabras diferentes para referirse a una "carga". Una de ellas es *fortion*, que significa algo que se puede transportar, algo que tiene que ser llevado sin importar el peso. Esta palabra se usaba para hablar de la mochila que un soldado debía cargar todo el tiempo. Simbólicamente hace referencia a la propia responsabilidad. Es el peso que todos podemos y debemos llevar diariamente, como por ejemplo, el laboral. El mismo apóstol Pablo nos dice que cada uno debe llevar su propia *carga* o responsabilidad personal (ver Gálatas 6:5).

La otra palabra es *barós*, que alude a un peso exagerado, aquello que nos oprime físicamente, que nos demanda fuerzas que sobrepasan nuestras energías, algo que es muy gravoso. Esta palabra se usaba para referirse a una carga que era tan pesada que solo se podía mover con la ayuda de otra persona. Justamente de este tipo de carga está hablando el pasaje. Una carga que es muy difícil de llevarla solo.

Ayudarnos unos a otros a sobrellevar las cargas es algo que el Señor nos ha encomendado. Así como nos gusta recibir ayuda, también debemos ofrecerla a los demás. El amor de Cristo nos mueve a ayudar a otros, aunque nosotros también estemos llevando algunas cargas.

Podemos suplir necesidades materiales de muchas maneras, pero hay otras cargas que solo se suplen con una palabra de aliento, de esperanza, de consuelo, de fortaleza, apartando tiempo para escuchar y orar.

La respuesta de Dios a nuestras necesidades es siempre una clara demostración de cuán importante es ayudar a otros. Toma un momento ahora mismo y piensa en tres personas a las que puedes bendecir antes de que termine esta semana. Ahora, da el paso.

Señor, quiero ser un instrumento de bendición. Espíritu Santo capacítame
y guíame hacia aquellos que necesitan ser tocados por ti.

Emanuel

…Llamarás su nombre Emanuel, que traducido es: Dios con nosotros.
Mateo 1:23

El Único Dios verdadero trazó el camino para que pudiéramos tener una relación con Él. En el Antiguo Testamento nos demostró que no éramos capaces de satisfacer sus demandas porque nadie pudo cumplir la Ley (bueno, hoy… tampoco). Así que después de cuatrocientos años de silencio desde la última profecía de Malaquías, repentinamente un ángel aparece y anuncia que Dios ha enviado a su Hijo Unigénito para hacer realidad su presencia continua en nosotros.

Ya había sido profetizado mucho tiempo atrás por el profeta Isaías cuando dijo que la virgen concebiría y daría a luz un hijo que se llamaría Emanuel (ver Isaías 7:14), que significa "Dios con nosotros".

El Hijo de Dios se hizo hombre para sentir como nosotros sentimos. Jesús se ensució, se golpeó, se lastimó, se cansó, lloró, rio, se entristeció, de tal modo que nadie puede decir que no puede entendernos.

A Jesús le pasaron las cosas que nos pasan a nosotros. Él sabe lo que es perder un amigo, que te traicionen, que te maldigan, que te desprecien, que te echen de un lugar, que se burlen de ti. Jesús pasó por las situaciones que cualquier ser humano puede pasar. Incluso pasó por algo que tú y yo todavía no hemos experimentado, la muerte, ¡y salió victorioso!

El Señor, no solo puede identificarse completamente con nosotros, sino que ha prometido estar siempre a nuestro lado. Es más, nos ha dicho que aunque nosotros fuéramos infieles, Él seguirá siendo fiel y amándonos hasta el fin (ver 2 Timoteo 2:13). Nunca nos va a desamparar ni a olvidar (ver Hebreos 13:5b). ¡Wow, Señor, qué amor!

Jesús, que nunca dejó de ser divino ni por un momento, tomó la naturaleza humana y se convirtió en Emanuel, Dios con nosotros, para siempre. Así que no importa cuántas personas puedan estar a nuestro lado, podemos estar seguros de que no estaremos solos. Jesús dijo que estaría con nosotros todos los días, hasta el fin del mundo (ver Mateo 28:20). Él está contigo ahora mismo a tu lado. ¿Qué le dirías?

Señor Jesús, te despojaste de tu gloria y te hiciste como uno de nosotros para darnos salvación. Aunque no lo merezco, me salvas por pura gracia y misericordia. Nunca serán suficientes las palabras para decirte gracias por amarme tanto.

Aguarda con paciencia

Porque como desciende de los cielos la lluvia y la nieve, y no vuelve allá, sino que
riega la tierra, y la hace germinar y producir, y da semilla al que siembra,
y pan al que come, así será mi palabra que sale de mi boca;
no volverá a mí vacía, sino que hará lo que yo quiero,
y será prosperada en aquello para que la envié.
Isaías 55:10-11

Aquí está hablando Dios directamente. No es un sueño que hay que interpretar ni una mano que escribe en la pared palabras que hay que traducir. El Señor le dice a su pueblo que así como Él tiene el control de la vida en la tierra, también tiene en sus manos el destino de su Palabra. Esto significa que Dios no es "puro hablar." Cuando Él habla, sus palabras cumplen el propósito que ya estableció.

No siempre entendemos por qué Dios actúa de la manera en que lo hace, pero podemos estar seguros de que cada suceso en nuestra vida está bajo su control, y siempre obra para cumplir su perfecta voluntad en nosotros y por medio nuestro.

Tenemos muchos ejemplos en la Biblia para afirmar nuestra fe en sus promesas. Observa las vidas de Abraham, Jacob, sus doce hijos, David, Salomón, Jonás, Sansón, Jefté, Pedro, Tomás. A pesar de los errores humanos, debilidades, equivocaciones e incluso pecados, Dios siempre cumplió su Palabra.

¿Recibiste una Palabra de Dios que sacudió tu espíritu? Él la hará prosperar. Así como debemos esperar que una semilla crezca, madure y produzca frutos, también debemos esperar el tiempo dispuesto por Dios para el cumplimiento de sus promesas. Lee el Salmo 40:1-3 para afirmar tu fe.

Siempre que te sientas invadido por una sensación de urgencia o incertidumbre, recuerda quién es Dios. Aunque es posible que no todo se resuelva como nosotros quisiéramos o según nuestras formas de hacer las cosas, se hará de acuerdo con la sabiduría perfecta de Dios, en su tiempo y pensando en nuestro bien.

Alguien dijo: "Dios hace una promesa, la fe la cree, la esperanza la aguarda y la paciencia espera tranquilamente su cumplimiento".

Señor, creo y espero con paciencia el cumplimiento
de las promesas que me has hecho.

Gracias Señor por las Déboras

Entonces Débora dijo a Barac: Levántate, porque este es el día en que Jehová ha entregado a Sísara en tus manos. ¿No ha salido Jehová delante de ti?
Jueces 4:14

En los tiempos de los jueces, Israel había entrado en un círculo vicioso. Servían a Dios mientras gozaban de cierta estabilidad y prosperidad, pero luego se volvían a los ídolos. Dios permitía que naciones vecinas los oprimieran para que se arrepintieran, clamaban a Él y les enviaba un juez libertador. Pero con el paso del tiempo volvían nuevamente a los ídolos. Así se repetía una y otra vez la misma historia.

En este pasaje vemos que quien lideraba espiritualmente a Israel era Débora, una profetisa que Dios había levantado para restaurar a su pueblo. En ese momento estaban clamando por liberación de Jabín, rey de Canaán, y el Señor usó a Débora para nombrar capitán del ejército israelí a Barac. Sin embargo, él no se sentía seguro de poder llevar adelante esta tarea, entonces le pidió a la profetisa que lo acompañara a la guerra, de otro modo no iría, y ella aceptó. Gracias a Dios por las "Déboras" que Dios pone a nuestro lado. Yo tengo la mía, mi esposa Alexandra.

El ejército enemigo era muy superior en número y esto acobardó a Barac, pero Débora le animó con estas palabras: ¡Levántate, porque este es el día en que Jehová te da la victoria! Entonces Barac salió a pelear y Dios le dio una victoria aplastante. No quedó ni un solo hombre vivo del ejército enemigo. Lee toda la historia para conocer los detalles de esta victoria.

¿Te sientes hoy como Barac? Quizás este devocional encierre palabras de aliento como las de Débora para animarte a confiar en Dios.

Quizás estés enfrentando un gran desafío y tu alma se sienta desfallecer porque no sabes cómo solucionar esa situación. Si pones tu confianza en tus recursos o habilidades puede ser que las cosas empeoren, pero si te apoyas en el Señor y crees que "Jehová ha salido delante de ti" para ayudarte en tu necesidad, Él te dará la victoria.

El Señor se goza en dar evidencias de su poder por medio de la vida de sus hijos. La clave es mirar más allá de nuestras limitaciones y confiar en la suficiencia perfecta de Jesucristo. El Señor ha prometido estar contigo y ayudarte en todo (ver Isaías 41:10).

Señor, tomo la decisión de levantarme en tu Nombre.
Confío que me haces más que vencedor.

Nostalgia o resurrección

Levantándose entonces Pedro, fue con ellos; y cuando llegó, le llevaron a la sala donde le rodearon todas las viudas, llorando… Entonces, sacando a todos, Pedro se puso de rodillas y oró; y volviéndose al cuerpo, dijo: Tabita, levántate. Y ella abrió los ojos, y al ver a Pedro, se incorporó.
Hechos 9:39-40

La gente de Jope estaba de duelo. Había muerto Tabita, en griego Dorcas. Había sido una discípula maravillosa, servicial, bondadosa, alegre. Todos testificaban de sus buenas obras. No podían resignarse a su ausencia. Su pérdida les provocaba una inmensa tristeza.

La nostalgia es ese sentimiento de pena y melancolía provocado por la ausencia o pérdida de seres queridos o simplemente por recuerdos del pasado. Creo que sabes de qué se trata.

Esto también nos puede suceder a nivel espiritual. Podemos vivir de recuerdos o añorando lo que Dios hizo en el pasado: El canal de bendición que fuimos para muchos, el ministerio que el Señor nos había encomendado, las oportunidades de llevar a varios a los pies de Cristo. Pero hoy todo parece muerto, estático, sin vida… Sin embargo, Dios es el que tiene la última palabra, y cuando Él dice que algo volverá a la vida, así será.

Cuando Pedro se encontró con ese cuadro desgarrador, les pidió a todos que salieran del cuarto. Él necesitaba escuchar solo una voz, la del Señor. Así que comenzó a clamar con fe y Dios le mostró lo que debía hacer. Entonces se acercó a Dorcas y le dijo: "¡Levántate!", y la muerte dio paso a la vida. ¡Aleluya!

Hay algo que el Señor quiere resucitar en ti. Comienza por tu fe. Hoy el Señor te está dando convicción de que Él quiere traer vida nueva. Cuando la fe resucita, se apodera de nuestro corazón la seguridad de que no hay nada difícil para Dios.

El Señor quiere hacer mucho más de lo que la mayoría está dispuesta a permitirle. No aceptes la nostalgia como forma de vida. No importa cómo se vean las cosas, cuando el Señor dice que algo volverá a la vida, lo hará. ¡Permítele a Dios ser Dios!

Señor, tú eres la resurrección y la vida, yo creo en ti, y lo que parece estar muerto, vivirá.

¿Burros profetas o profetas burros?

*…Balaam hijo de Beor, el cual amó el premio de la maldad, y fue reprendido
por su iniquidad; pues una muda bestia de carga, hablando
con voz de hombre, refrenó la locura del profeta.*
2 Pedro 2:15-16

Toda idea, deseo o ambición fuera de la voluntad de Dios que no detenemos a tiempo, contaminará todo nuestro ser. Le pasó al profeta Balaam. Se suponía que estaría conectado con Dios para escucharle y hacer su voluntad, pero prefirió el "premio de la maldad".

Había mucho dinero en juego. Era tentadora la propuesta, pero venía directamente del infierno. "Maldice a Israel, eso es todo" –le dijo el rey moabita–. "Es la única manera en que los podré derrotar". Balaam le dio una respuesta proféticamente correcta: "Lo que me diga Dios diré". ¡Pero Balaam ya sabía de antemano que Él nunca iba a maldecir a su pueblo!

Balaam preparó su asna con entusiasmo y quizás comenzó su viaje pensando que había alguna posibilidad de que Dios maldijera a Israel… ¡Le habían fallado tantas veces…! De pronto su burra se salió del camino. "¿A dónde vas animal?". No avanzaba ni con azotes.

Lee la historia completa en Números 22:1-35. ¿Puedes imaginarte la escena? Dios abrió la boca del animal y comenzó a hablar. "Yo soy la misma burra que has montado toda tu vida. Hellooooo… ¿Por qué me azotas? ¿Alguna vez he actuado así?". Y aunque resulte increíble, ¡Balaam le respondió! Ni siquiera se dio cuenta de lo que estaba haciendo hasta que Dios le abrió los ojos y vio al ángel que estaba en el camino (ver Números 22:30-31). ¡La burra tuvo más visión espiritual que el profeta!

Pedro usó esta historia para advertirnos sobre los engañadores que se levantarán con la intención de desviarnos de la verdad. Hoy por hoy, hay muchos que actúan con "locura" como menciona el apóstol. Son voces que hablan sin el respaldo del Espíritu Santo; capaces de torcer la verdad si con eso satisfacen sus deseos más bajos.

Nos urge ser hombres y mujeres que estén dispuestos a obedecer a Dios. Voces que se alcen para proclamar la verdad y exponer el engaño.

No sé tú, pero yo prefiero pertenecer al grupo de los "burros que profetizan" y no al de los "profetas burros".

Señor, quiero ser sensible a tu voz siempre y solo hablar la Verdad, cueste lo que cueste.

En la encrucijada de los caminos

Entonces dijo a sus siervos: Las bodas a la verdad están preparadas;
mas los que fueron convidados no eran dignos. Id, pues, a las salidas
de los caminos, y llamad a las bodas a cuantos halléis.
Mateo 22:8-9

Un rey se encontraba preparando la boda de su hijo y envió tres veces invitaciones a los que se suponían eran dignos de asistir, pero no solo declinaron la invitación sino que también mataron a los mensajeros. Entonces el rey decidió invitar a todos los que quisieran participar usando una frase que llama la atención: "Vayan a las salidas de los caminos". La frase griega para "salida de los caminos" es *diéxodos jodos* y se traduce exactamente como encrucijadas de los caminos.

En una oportunidad, el profeta Elías vio al pueblo de Israel en esta clase de encrucijada: Servir a Dios o a Baal, el dios de la cultura pagana de su época. El profeta se paró en medio de la congregación y los retó a no claudicar más entre dos pensamientos: O seguían a Baal o a Jehová (ver 1 Reyes 18:21). Debían hacer una elección.

Las cosas no han cambiado mucho. Miles de personas siguen confundidas, detenidas, sin una dirección clara. ¡Hay tantos "caminos" que parecen llevar a la vida eterna! Pero la verdad es que solo hay uno, y ese es Cristo. El mismo Señor dijo que Él es el camino, la verdad, y la vida, y que nadie puede venir al Padre sino por Él (ver Juan 14:6).

Hoy el Señor nos envía a los que se encuentran en esas encrucijadas para que les mostremos cuál es el verdadero Camino. Deben saber que el Señor, no solo los librará de condenación, sino que los está invitando a una fiesta eterna, las bodas del Hijo de Dios y su esposa, la Iglesia.

Cuando veas a alguien en una encrucijada pregúntale a dónde se dirige, cuán seguro está de su destino, si sabe a dónde termina el camino que ha elegido.

Recuerda que el camino que conduce a la vida es angosto (ver Mateo 7:14) y la mayoría no transita por él, pero quienes lo hacen, disfrutan de una relación con Cristo que durará por siempre.

Señor, quiero ser un portavoz de tu mensaje a los que están en una encrucijada.
Dame sabiduría y valor para hacerlo. Confío en los recursos que me darás.

Que no se apague el fuego

*Y el fuego encendido sobre el altar no se apagará, sino que
el sacerdote pondrá en él leña cada mañana...*
Levítico 6:12

La inauguración del tabernáculo fue una celebración maravillosa. Todo estaba en orden. Los utensilios relucían, los sacerdotes estrenaban vestiduras, el sumo sacerdote con el efod de oro y sus piedras preciosas. El holocausto estaba listo... solo faltaba el fuego. Hasta que Dios irrumpió con su presencia y poder enviando fuego del cielo sobre el altar (ver Levítico 9:24). Imagínate la escena. Fue un momento inolvidable.

El altar del holocausto tenía el fuego de Dios, pero a partir de ese momento el pueblo tenía como ley ineludible mantenerlo encendido continuamente. No importaba en qué lugar del desierto se encontrara el tabernáculo, los sacerdotes debían mantener el fuego encendido.

Dios les dijo que debían reponer la leña cada mañana. No era al mediodía, ni en la merienda ni a la noche. Lo primero que debían hacer al comenzar el día era añadir leña al fuego, después podían seguir con el resto de sus obligaciones.

Gracias al sacrificio perfecto de Cristo en la cruz ya no debemos presentar más sacrificios de animales. Todo eso fue temporal. Incluso el fuego de ese altar un día se extinguió, pero nunca dejó de arder el fuego santo de Dios. Todavía envía su fuego a quienes se rinden a Él.

Juan el Bautista le dijo a todos los que le seguían que detrás suyo venía alguien más poderoso que él que los bautizaría en Espíritu Santo y fuego (ver Lucas 3:16). Jesucristo enviaría al Espíritu de Dios simbolizado con el fuego. Fue muy evidente el día de su cumplimiento en el aposento alto cuando a los discípulos se les aparecieron lenguas repartidas como de fuego sobre cada uno de ellos (ver Hechos 2:3). A partir de allí, la Iglesia de Cristo recibió el poder para cumplir con la misión que se le encomendó.

Si has recibido a Cristo como Salvador, el Espíritu Santo ha venido a morar en ti, pero su fuego debe ser avivado cada día.

¿Cómo está tu fuego? ¿Arde con intensidad o solo es una pequeña llama que se está extinguiendo? ¡Aviva el fuego del Espíritu! Incluso si parece que solo quedan cenizas, ¡Dios lo puede volver a encender! ¡Comienza poniendo leña a tu corazón para avivar el fuego de Dios!

¡Espíritu de Dios, enciende mi vida! Que tu fuego no se extinga en mí.

¡Qué Padre amoroso!

Y cuando aún estaba lejos, lo vio su padre, y fue movido a misericordia,
y corrió, y se echó sobre su cuello, y le besó.
Lucas 15:20

Si eres un padre o una madre que siempre ha tenido una buena relación con sus hijos, te sorprendería y te causaría un enorme dolor si uno de ellos decidiera irse de la casa de manera abrupta y cortara toda comunicación contigo. Tú sabes que no hiciste nada para que las cosas resultaran así y lo único que deseas es que Dios lo traiga de vuelta. Oras, intercedes por él, pero sigues sin tener noticias. Hasta que un día golpean la puerta de tu casa y es tu hijo. Allí está, sucio, delgado, demacrado, y llorando te dice: "Perdóname…" ¿Qué es lo primero que harías? El padre del hijo prodigo "se echó sobre su cuello y lo besó".

En este versículo, la palabra besar en el original griego no es la palabra que se usa normalmente para hablar de un saludo de bienvenida o despedida. En este caso es *katafileo* que significa besar fervientemente o besar tiernamente. Esta misma palabra se usa en Lucas 7:38 cuando una mujer ungió con perfume los pies de Jesús y los besaba. O cuando los ancianos de Éfeso se despedían del apóstol Pablo abrazándolo y besándolo porque les había dicho que ya no lo volverían a ver más (Hechos 20:37-38).

Mientras escribo este devocional no puedo contener las lágrimas al pensar en el Señor. No hay Padre como Él. Nadie ama como el Señor. Su perdón no es como el mío. En su amor no hay lugar para los reproches. Su misericordia y gracia son infinitas. Es increíble que la rebeldía y el orgullo puedan hacerle creer a alguien que es mejor alejarse de Dios. ¡Qué necedad!

Aunque lo hayamos abandonado, actuado con ingratitud o malgastado todo lo que nos dio, cuando recapacitamos y vemos lo miserable que puede ser nuestra vida lejos de Él, el Señor está listo para recibirnos nuevamente; y no de cualquier manera, sino que irrumpe con su amor, perdón y gracia, nos abraza y ¡besa tiernamente como a un hijo amado!

No hay nada mejor que vivir unidos al Señor y experimentar su presencia, amor y fidelidad cada día.

Gracias Señor por tu amor incondicional.
Quisiera amarte cada día como tú me amas a mí.

No te preocupes por las asnas

Y Samuel respondió a Saúl, diciendo… sube delante de mí al lugar alto… y te descubriré todo lo que está en tu corazón. Y de las asnas que se te perdieron hace ya tres días, pierde cuidado de ellas, porque se han hallado.
1 Samuel 9:19-20

¡Dios es asombroso! Cuanto te detienes en los detalles de cada historia bíblica, puedes ver cómo se manifiesta su providencia.

Cis, el padre de Saúl, extrañamente… perdió unas asnas. Si lees todo el capítulo 9 verás que las buscaron en las regiones de Efraín, Salisa, Saalim, Benjamín y en Zuf, pero no las hallaron. Desaparecidas. Como si "Alguien" las hubiera ocultado. Cuando Saúl decidió volver a su casa, su criado le dijo: "En este pueblo hay un profeta a quien todos respetan porque todo lo que anuncia sucede sin falta. ¡Vamos a verlo! A lo mejor nos dice dónde están las asnas".

Cuando subían por la cuesta de la ciudad, se encontraron con unas jóvenes y les preguntaron por Samuel. Increíblemente… le dijeron que ese día se encontraba allí. Imagino a los ángeles frotándose las manos y diciendo: "Perfecto. Todo marcha de acuerdo al plan".

Un día antes de que llegara Saúl, Dios le había dicho a Samuel que al otro día a esa misma hora le enviaría un varón de la tierra de Benjamín, a quien debía ungir por príncipe sobre el pueblo Israel (ver 1 Samuel 9:19). ¡Instrucciones clarísimas! Durante ese encuentro, y antes de darle a Saúl el mensaje de parte de Dios, Samuel le dijo: "¡Ah! Y sobre las asnas… no te preocupes que ya las encontraron". Estos animales habían sido el señuelo para llevar a Saúl al lugar en donde recibiría un llamado divino. Fue el comienzo del plan de Dios con Saúl e Israel.

¿Te han sucedido cosas que no son fáciles de explicar pero que te colocan justo en el centro de la voluntad de Dios para ti? ¿Has podido ver la providencia del Señor en tu vida? ¿De dónde te sacó Dios, a dónde te llevó, con qué personas te has encontrado, qué tipo de provisión milagrosa llegó en el momento que más lo necesitabas? Dios tiene el control de los que ponen sus vidas en sus manos y les guía según sus propósitos eternos.

¿Tienes algunas "asnas perdidas"? Pregúntale a Dios qué tiene entre manos. Te puede sorprender con algo que ni siquiera sospechas.

Señor, mi vida está en tus manos.
Confío en los planes que diseñaste para mi vida.

Expresiones de alabanza

Aclamad a Dios con alegría, toda la tierra. Cantad la gloria de su
nombre; poned gloria en su alabanza. Decid a Dios:
¡Cuán asombrosas son tus obras!
Salmo 66:1-3

Cuando alabamos a Dios estamos reconociendo su grandeza, su majestad, su poder, sus maravillas y todo lo que hace por nosotros. ¡Cómo no expresar lo que sentimos por Él! Pero la Palabra también nos exhorta a alabarle incluso antes de que haga algo a nuestro favor, como una declaración de fe. Así que la alabanza no es una reacción, sino una acción proactiva.

Hay muchas formas de alabar a Dios. David en los primeros versículos de este salmo usa tres palabras hebreas diferentes para expresar nuestra devoción al Señor.

"Aclamar". En hebreo es *rua* que significa romper el silencio, gritar por gozo, alzar la voz o hacer un fuerte sonido. Hay momentos en que estallamos de gozo y queremos expresarlo a viva voz. Por supuesto que las formas dependen del carácter de la persona, del tiempo y el lugar, pero debe hacerse con júbilo (ver Salmo 47:1).

"Cantad". Es la palabra *zamar* que significa tocar las cuerdas, interpretar un instrumento musical, hacer música acompañada con la voz, cantar con acompañamiento musical. ¿Sabes tocar algún instrumento? ¡Úsalo para alabar a Dios! Y si no es tu caso, usa tus cuerdas vocales. ¡Ellas van contigo a todas partes! (ver Salmo 96:2).

"Decid" (a Dios). Es la palabra *hamar* que significa hacer una declaración, anunciar, contar, expresar algo verbalmente. Esta palabra alude primeramente a lo que sentimos interiormente para después manifestarlo externamente. Eso significa que tu alabanza comienza en tu mente y corazón. Tal vez estés en un lugar o momento de silencio obligado, pero puedes alabar internamente.

¿Es la alabanza parte de tu vida? Cuando le damos lugar al Señor en nuestro espíritu, en nuestros pensamientos y en nuestro corazón, la alabanza se convierte en una acción sincera y natural. ¡Exaltamos al Señor Todopoderoso!

Te alabo Señor, porque no hay nadie como tú.
Has hecho maravillas en mi vida y no puedo quedarme callado.

Invertir en la eternidad

Porque nada hemos traído a este mundo, y sin duda nada podremos sacar.
1 Timoteo 6:7

Si hay algo que puede frustrarnos después de un largo viaje en avión es descubrir que nuestras maletas se extraviaron. Esto le sucedió a un pastor que era el orador principal de una conferencia. Debía buscar una solución rápida porque esa noche predicaba y solo tenía su maletín de mano. Entonces el pastor anfitrión le dijo que no se preocupara, que se encargaría de hacerle llegar un traje. Y así fue. Ya en la reunión, el pastor quiso guardar algo en uno de los bolsillos del saco y se dio cuenta que no tenía bolsillos, entonces intentó en los bolsillos del pantalón y descubrió que ¡el traje no tenía ningún bolsillo! Al finalizar el servicio, se acercó al pastor amigo y le preguntó por qué le había mandado un traje sin bolsillos. Para su sorpresa, la respuesta fue: "Es que el traje me lo envió un hermano que tiene una funeraria…"

Es verdad, no vamos a necesitar bolsillos para ir a la eternidad. El apóstol Pablo fue claro al decir que no vamos a poder sacar nada de esta tierra para llevar al cielo. Sin duda esto nos debería hacer reflexionar sobre nuestras prioridades.

Jesús usó una parábola para hablar acerca de la eternidad. En cierta ocasión dijo a los que le escuchaban que se cuidaran de la avaricia, porque nuestra vida no consiste en tener bienes en abundancia (ver Lucas 12:15). Inmediatamente les relató la parábola de un hombre rico que había ocupado toda su vida en acumular riquezas. Cuando parecía que estaba listo para disfrutar de una maravillosa jubilación, Dios le dijo que esa misma noche debía partir hacia la eternidad (ver Lucas 12:20). Este hombre equivocó sus prioridades y al fin perdió lo más importante, la salvación.

Debemos tener cuidado de no caer en el error de proveer solo para nosotros ignorando a los demás, o enfocarnos solo en lo que es temporal olvidándonos de la vida eterna.

¿Es la eternidad una prioridad en nuestra vida? Si queremos saber la respuesta, solo observemos en qué invertimos nuestro tiempo. Piensa siempre en el valor eterno de tus planes y objetivos. Asegúrate de que estén alineados con los deseos de Dios para tu vida.

Señor, ayúdame a no perder de vista la eternidad.
Prefiero hacer tesoros en el cielo que ser absorbido por las cosas materiales.

El Dios que me pastorea

*Y bendijo a José, diciendo: El Dios en cuya presencia anduvieron
mis padres Abraham e Isaac, el Dios que me mantiene
desde que yo soy hasta este día.*
Génesis 48:15

Jacob se encontraba en sus últimos días de vida y antes de partir a la presencia de Dios llamó a los hijos de José para bendecirlos. Con sentido profético coloca su mano derecha sobre Efraín, el menor, y su mano izquierda sobre Manases dándoles su bendición.

Cuando un hombre o una mujer de Dios oran, sus palabras dicen mucho acerca de su relación con el Señor. Y hay una frase en este versículo que me llama poderosamente la atención: "El Dios que *me mantiene* desde que existo hasta hoy". La palabra "mantener" en hebreo es *raah* que significa cuidar, pastorear, gobernar, alimentar y nutrir. Jacob estaba diciendo que Dios fue quien le había sustentado hasta ese día.

Esta palabra se aplica a todas las áreas de nuestra vida. En primer lugar, Dios es el "sustentador" de nuestro espíritu. ¡Cuántas veces nos hemos sentido débiles o abatidos y el Señor nos ha levantado con su poder! Él siempre nos extiende su mano y nos dice: "No temas, yo te ayudo".

Dios también "nutre" diariamente nuestra alma. Cuando nos sentimos emocionalmente vulnerables, el Espíritu Santo es nuestro Ayudador. La tarea del Espíritu incluye abrir nuestra mente a la verdad de Dios, darnos fuerzas sobrenaturales, reconfortarnos durante el dolor y afirmar nuestra fe.

Además, Dios "suple" nuestras necesidades materiales. ¿Acaso no tienes algún testimonio de su provisión? Si nuestra situación económica es difícil, el Señor utilizará los recursos que sean necesarios para suplir nuestras necesidades. David escribió el Salmo 37:25 siendo anciano y allí testifica que nunca había visto una persona justificada por Dios que haya estado desamparada ni que su descendencia mendigara pan. ¡El Señor siempre provee!

Cuando descubras que todo lo que necesitas hoy y cada día de tu vida viene del Señor, podrás descansar en su fidelidad. Permítele que te pastoree confiando en su provisión y cuidado.

---

*Sí Señor, tú eres la fuente de mi provisión y sé que suplirás
todo lo que me falta de acuerdo a las riquezas que tienes en gloria.*

Rumbo a Canaán, pero con Egipto en el espejo retrovisor

...Nuestros padres no quisieron obedecer, sino que le desecharon,
y en sus corazones se volvieron a Egipto.
Hechos 7:39

Cuando el diácono Esteban estaba siendo interrogado por los judíos religiosos acerca de su fe en Cristo, con mucha sabiduría y elocuencia les habló sobre la dureza del corazón de Israel para obedecer a Dios con estas palabras: "En su corazón se volvieron a Egipto".

Los israelitas iban rumbo a Canaán, pero mirando siempre por el espejo retrovisor a Egipto. La mirada la tenían puesta en lo que habían dejado en lugar de pensar en lo que iban a alcanzar. Preferían los ajos y las cebollas en esclavitud que el maná en libertad. Siempre recordaban el pescado que comían en Egipto, los pepinos, los melones, los puerros, quejándose del pan que Dios les daba del cielo (ver Números 11:5-6).

Como hijos de Dios, cada vez que deseamos volver a lo que dejamos por seguir a Cristo, nos detenemos e incluso podemos retroceder. Cuando pensamos: "Antes no teníamos ataques del diablo", "me divertía más", "tenía más amigos", "todo el mundo me amaba", "mentía más, pero tenía más dinero...", nuestro corazón se vuelve al mundo aunque sigamos realizando algunas prácticas cristianas.

En Gálatas 5:1 Pablo exhorta a sus destinatarios a vivir día a día en la libertad con que Jesucristo les hizo libres, pero a la vez les hace un llamamiento a mantenerse firmes en la posición que el Señor les dio, no sometiéndose nuevamente al yugo de la esclavitud.

Para que esto suceda debemos experimentar un cambio radical de mentalidad, dejar de pensar como esclavos y aceptar de verdad la libertad que Cristo puso a nuestra disposición.

¡Cuántas oportunidades de ser bendecidos podemos perder si seguimos mirando por el "espejo retrovisor"! Cada vez que elegimos la "seguridad de las cebollas y los ajos" que nos ofrece el mundo, cerramos nuestras manos a las bendiciones del Señor.

Lo que Cristo vino a ofrecernos no está en el lugar de donde nos rescató, sino adelante. ¡Avanza con libertad!

Gracias Señor por haberme rescatado de la perdición eterna.
Enséñame cada día a caminar mirando hacia adelante.

Huéspedes de Dios

La tierra no se venderá a perpetuidad, porque la tierra mía es;
pues vosotros forasteros y extranjeros sois para conmigo.
Levítico 25:23

Dios estableció leyes de propiedad muy interesantes para Israel, pero el punto central de ellas es que la tierra le pertenece y Él es quien establece cómo debe administrarse. Dios es el Dueño y su pueblo era extranjero en su tierra.

La palabra "extranjero" en este versículo es *ger* en el original hebreo y hace alusión a un invitado, un forastero, alguien que mora en tierra ajena, a personas que eran habitantes temporales o recién llegados. La raíz hebrea de esta palabra da la idea de volverse a un lado del camino para hospedarse, residir como invitado, ser un huésped.

Dios le estaba diciendo a su pueblo: "La tierra es mía, y ustedes son mis huéspedes". ¡Qué hermosa expresión del Señor! Aunque nada nos pertenece, decidió compartirlo con nosotros y nuestra responsabilidad es ser buenos administradores de todo lo que el Señor ponga en nuestras manos.

Siempre hemos escuchado decir que "en esta vida estamos de paso", y eso es exactamente lo que nos enseña la Biblia. El tiempo es corto y enfocarnos únicamente en obtener riquezas o bienes materiales descuidando lo espiritual es cosa de insensatos. No olvidemos la parábola del hombre rico y necio. Dios le dijo que esa noche vendrían a buscar su alma y ni siquiera sabía para quién sería todo lo que había acumulado (ver Lucas 12:20).

Mientras estemos en este mundo no debemos olvidar que somos huéspedes de Dios. Si vivimos bajo su hospitalidad, Él se encargará de suplir nuestras necesidades. Dios prometió ser el Proveedor de su pueblo (ver Salmo 34:9).

Además tenemos la promesa de vida eterna. Pronto ya no seremos más huéspedes sino coherederos con Cristo de todas las cosas bajo su reinado eterno.

Decide depender de la hospitalidad de Dios en el lugar donde te ha tocado vivir, pero con la mirada puesta en la eternidad.

Señor, todo lo que tengo es tuyo. Gracias por cada bendición recibida.
Ayúdame a ser un buen administrador de lo que pusiste en mis manos.

Alza tus ojos y mira

Y alzó Lot sus ojos, y vio toda la llanura del Jordán, que toda ella era de riego,
como el huerto de Jehová, como la tierra de Egipto en la dirección de Zoar,
antes que destruyese Jehová a Sodoma y a Gomorra.
Génesis 13:10

A veces nuestros ojos están más conectados con nuestro corazón que con nuestro cerebro... Realmente vemos lo que queremos ver y lo obvio no lo vemos. Le pasó a Lot, sobrino de Abraham.

Ambos tenían muchos animales y tiendas, a tal punto que la tierra no era suficiente para los dos. Entonces Abraham le dijo a Lot que escogiera la tierra donde quería vivir y él iría en la dirección opuesta.

Subieron entonces a un monte para ver bien la tierra y Lot se dejó llevar por su corazón egoísta, ambicioso y materialista eligiendo la llanura del Jordán cerca de la ciudad de Sodoma. Según el pasaje, Lot "alzó sus ojos" y lo que vio le pareció ¡"el huerto de Jehová"! Ay...

Abraham hizo lo contrario a Lot. Según el v. 14, Dios le dijo que "alzara su mirada". El patriarca recién fijó su mirada en la tierra cuando Dios le dio la orden, y recibió una promesa maravillosa. El Señor le dijo que desde el lugar donde estaba hacia el norte y el sur, al oriente y al occidente, toda esa tierra se la daría a él y a su descendencia para siempre (vs. 14-15).

¿Conoces el final de Lot? Este hombre terminó huyendo de Sodoma y perdiendo absolutamente todo lo que había adquirido, incluso su esposa quedó convertida en estatua de sal al mirar hacia atrás. El hombre que creyó que había visto el huerto de Dios, terminó viendo un infierno en su ciudad. Sí que necesitamos buena vista espiritual...

¡Qué diferente fue el final de Abraham! Este hombre supo confiar en Dios y finalmente recibió en herencia todo ese territorio, incluyendo el que había elegido Lot. Dios recompensó su fe y obediencia a su Palabra.

Cada día tenemos muchas decisiones que tomar. Podemos actuar como Lot o como Abraham. Sigamos el ejemplo del padre de la fe. Escuchemos primero a Dios y avancemos según su dirección. ¡Hay un final dichoso para el que pone su confianza en Él!

Señor, dame vista espiritual. Que no me deje seducir por lo que me ofrece el mundo,
sino que mi corazón esté centrado en ti y en hacer tu voluntad cada día.

Mi ayuda viene del Señor

*Oh Dios, sálvame por tu nombre, y con tu poder defiéndeme. He aquí, Dios
es el que me ayuda; el Señor está con los que sostienen mi vida.*
Salmo 54:1, 4

Increíblemente, un ungido de Jehová perseguía a otro ungido para matarlo. ¡Dios mío, hasta dónde nos pueden llevar los celos! Saúl había sido desechado por el Señor como rey por haberle desobedecido dos veces, pero creyó que si eliminaba a su sucesor, la profecía no se cumpliría. Además de celoso, ¡necio! En serio, piénsalo bien, ¿quién puede torcer los planes de Dios?

David parecía no tener escapatoria porque Saúl y su ejército lo habían encerrado. David iba por un lado del monte y Saúl por el otro, presintiendo un desenlace desastroso (ver 1 Samuel 23:26). Parecía ser el fin, pero David clamó a Dios en ese mismo momento y su oración quedó registrada en el Salmo 54.

"¡Sálvame por tu nombre!", oró en su desesperación. Dios actuó inmediatamente en su favor levantando al ejército filisteo, obligando a Saúl y a sus hombres a pelear contra ellos (ver 1 Samuel 23:27-28). ¡Justo a tiempo! ¿Te imaginas el alivio de David al verlos retroceder? Una vez más, Dios respondió a la oración de su siervo.

Muchas veces nosotros también nos encontramos atrapados en situaciones que parecen no tener solución. Nos sentimos como David, "entre la espada y la pared", y hasta podemos escuchar al enemigo susurrándonos: "De esta no saldrás". ¿Qué hacemos entonces? ¿Actuamos por nuestra cuenta, nos dejamos vencer, o clamamos por su ayuda?

El Señor Todopoderoso nunca se olvida de su pueblo. Él gobierna soberanamente sobre cada situación que enfrentamos, conoce cada paso que damos y también lo que necesitamos.

El Padre está atento a cada uno de sus hijos. Sabe lo que necesitan y cómo suplir lo que les falta. Siempre hay una salida a los que esperan en Él.

Cuando la vida se vuelva difícil y te preguntes de dónde vendrá tu ayuda, recuerda que viene del Señor, el que hizo el cielo y la tierra (ver Salmo 121:2-3, 5, 8).

---

*Señor, ayúdame a recordar durante cada prueba que no
te olvidas de mí y que sostienes mi vida.*

La Palabra en casa

Al día siguiente, salimos y nos dirigimos a Cesarea; allí nos hospedamos en casa de Felipe el evangelista… que tenía cuatro hijas doncellas que profetizaban.
Hechos 21:8-9

Felipe el evangelista y diácono de la iglesia primitiva era tan hospitalario que su casa siempre estaba abierta para los que quisieran escuchar el mensaje de Cristo. La vida espiritual en ese lugar era muy especial. Él tenía cuatro hijas que profetizaban. ¡Qué privilegio hubiera sido pasar tiempo en ese hogar!

La palabra "profetizar" en griego es *profeuo* y significa proclamar la mente y consejo de Dios, hablar por inspiración directa del Señor, declarar algo que sólo puede ser conocido por revelación espiritual. Para que esto sea posible debe haber una relación íntima y profunda con Dios reconociendo su voz. ¡Estas chicas sin duda estaban llenas del Espíritu Santo!

Esto no fue producto de la casualidad. Las cuatro doncellas habían visto a su padre orar y buscar a Dios, servirle con alegría, pero sobre todo, vieron al Señor actuar. Ellas recibieron a Cristo como su Salvador desde temprana edad, lo experimentaron y se consagraron a Dios para servirle. Felipe llevó a muchas personas a los pies de Jesús, incluyendo al funcionario etíope, a Simón el mago, a gente de Azoto, de Cesarea, de Jerusalén, pero su gozo más grande era ver a sus propias hijas rendidas al Señor. Podemos ganar a muchos, pero los primeros que necesitan salvación son los de nuestra casa.

Estamos viviendo tiempos peligrosos. Necesitamos sabiduría, valor y autoridad espiritual para transmitir la Palabra de Dios en nuestro hogar. Nunca es tarde para comenzar. Lo que recibas del Señor, transmítelo. Comparte devocionales y tiempo de oración con tu familia. Y si tus hijos ya son adultos, de todas maneras tus acciones y tus palabras siguen teniendo un gran impacto sobre sus vidas.

No hay alegría mayor que ver a nuestros hijos amando y obedeciendo al Señor, no solo mientras son pequeños, sino cada día de sus vidas. ¡Sigue sembrando!

Señor, deseo que mi casa y yo te sirvamos para siempre.
Oro para que afirmes la fe de mis familiares y que alcancen
salvación los que todavía no lo han hecho.

Verdaderos adoradores

Mas la hora viene, y ahora es, cuando los verdaderos adoradores adorarán
al Padre en espíritu y en verdad; porque también el Padre
tales adoradores busca que le adoren.
Juan 4:23

Cuando Jesús estuvo evangelizando en Samaria, les compartió un principio nuevo acerca de la adoración. Cuando le preguntaron al Señor a dónde debían ir a adorar, su respuesta les sorprendió. Ahora la adoración no tenía que ver con un lugar geográfico sino con el corazón. De nada serviría ir al templo una hora por semana y las siguientes horas vivirlas para adorarse a sí mismo o a alguna otra cosa. La adoración debía ser diaria e ininterrumpida.

Para Jesús hay dos aspectos básicos en la adoración: debe ser en espíritu y en verdad. No es una cuestión del alma ni del cuerpo. Para que esto sea posible es necesaria una regeneración, una nueva naturaleza. Esto lo hace el Espíritu Santo cuando viene a habitar en nuestra vida.

Debemos adorar considerando la verdad de Dios. No podemos hacerlo según nuestras preferencias sino bajo los requerimientos de su Palabra: santidad, rectitud, integridad, fidelidad. La verdad de Dios es inalterable y no puede ser condicionada por mandamientos de hombres o nuestras propias ideas.

La palabra "adorar", en griego es *proskyneo,* y significa hacer reverencia, dar obediencia a alguien o rendir homenaje. La adoración no está limitada a la música, sino que honramos a Dios con todo nuestro ser.

Adoramos con nuestros pensamientos. Desde que nos levantamos hasta que nos acostamos, ellos deben estar centrados siempre en el Señor. Pongamos atención a lo que dejamos que entre en nuestra mente ya que afectará nuestra manera de pensar (ver Filipenses 4:8).

Adoramos con nuestras palabras. En la medida que nuestra mente esté llena de las verdades de Dios, adoraremos con oraciones y cánticos.

Adoramos con nuestras acciones. Un verdadero adorador no debe tener la actitud de un fariseo (ver Mateo 23:3). Nuestras motivaciones, intenciones y propósitos se manifestarán a través de nuestra conducta.

Toma tiempo para pensar si el Señor está recibiendo la adoración que merece a través de tu vida.

Señor, rindo mi vida a ti para honrarte con mis pensamientos y conducta cada día.

Nuevas historias

Por la fe Rahab la ramera no pereció juntamente con los desobedientes,
habiendo recibido a los espías en paz.
Hebreos 11:31

Rahab era famosa en Jericó, pero no por sus virtudes sino por sus pecados. Vivía en un rincón de la ciudad, exactamente en una casa refugio dentro del muro. No había esperanzas de que su situación mejorara. Día tras día su historia se repetía, más desilusiones, más vergüenza y más abatimiento.

Pero un día escuchó que el pueblo hebreo estaba entrando al territorio de Canaán para apoderarse de la tierra y que los respaldaba el Dios más poderoso. Los había librado de la esclavitud de los egipcios haciendo grandes milagros, y recientemente les había abierto el río Jordán para que pasaran por tierra seca.

Un día golpearon a su puerta dos desconocidos. Rahab no lo podía creer. ¡Hebreos protegidos por el Dios Todopoderoso estaban en su casa! Ella los refugió y les hizo prometer que así como había protegido sus vidas, ellos debían proteger la suya y la de su familia.

Siguiendo las indicaciones de Dios, el pueblo dio trece vueltas alrededor de la ciudad y en la última ¡se derrumbó el muro! Bueno... todo no. La parte donde vivía Rahab y su familia quedó intacta. Como le habían prometido, la rescataron y a partir de ese día pasó a formar parte del pueblo de Dios.

Esta mujer abandonó una vida de pecado, se aferró al Señor y vivió como el resto de los israelitas. Salmón, de la tribu de Judá, se enamoró de ella, se casaron y tuvieron un hijo que se llamó Booz (¡esposo de Rut!) y entre sus descendientes está el rey David. ¡Qué cambio de vida! ¡Aleluya!

Somos propensos a nombrar a Rahab "la ramera", pero Dios no. En el único lugar de la Biblia en donde su nombre es dignificado y reivindicado es... ¡en la genealogía de Jesús! Lee Mateo 1:5.

Todos tenemos una historia que contar sobre nuestra vieja vida, pero una vez que aceptamos a Cristo como nuestro Salvador, dice su Palabra que nos hace nuevas criaturas, las cosas viejas pasaron y todas son hechas nuevas (ver 2 Corintios 5:17). ¡Tremenda gracia de Dios!

Gracias Señor por tu salvación, por haber perdonado mis pecados
y por el futuro glorioso que me has prometido.

Niveles de relación con Dios

Y salió el varón hacia el oriente, llevando un cordel en su mano; y midió mil codos, y me hizo pasar por las aguas hasta los tobillos. Midió otros mil, y me hizo pasar por las aguas hasta las rodillas. Midió luego otros mil, y me hizo pasar por las aguas hasta los lomos. Midió otros mil, y era ya un río que yo no podía pasar, porque las aguas habían crecido de manera que el río no se podía pasar sino a nado. Y me dijo: ¿Has visto, hijo de hombre?
Ezequiel 47:3-6

¿Qué respuesta darías a esa pregunta? El Señor nos invita cada día a profundizar nuestra relación con Él, pero depende de nosotros hasta donde decidamos "sumergirnos". Aquí se mencionan varios niveles:

1. "Hasta los tobillos". Muchos tienen una relación con Dios de dos pulgadas de profundidad. Son inconstantes en su fe porque hay momentos que quieren comenzar a caminar sobre las aguas, pero en otros, vuelven hacia atrás. No hay madurez espiritual si nos estancamos en este nivel. Santiago los describe como hombres de doble ánimo, inconstantes en todos sus caminos.

2. "Hasta las rodillas". Es un nivel que requiere compromiso, ya no es tan fácil volver atrás. Empezamos a sentir la fuerza del agua. Dios empieza a tomar control de nuestra vida. Nos dirigimos hacia la madurez.

3. "Hasta los lomos". En este nivel estamos experimentando el control del agua, sentimos la corriente, incluso podemos comenzar a zambullirnos, pero aún tocamos el fondo con nuestros pies. En este punto nuestra relación es más profunda, pero todavía nos cuesta depender completamente de Él.

4. "A nado". Aquí ya estamos en el nivel de la dependencia total. Nos hemos entregado a su dirección. Dejamos de luchar contra el agua y nos dejamos llevar por el río de Dios. Nuestra fe ya es total y nuestras experiencias con el Señor son mayores y más profundas.

¿En qué nivel te encuentras? Dios quiere que lo experimentes más profundamente. Que tomes el compromiso de encontrarte con Él cada día. No necesitas pasar por todos esos niveles para experimentar a Dios, puedes zambullirte de una vez por la fe en lo más profundo y dejar que el Espíritu Santo tome el control de tu vida.

Señor, quiero conocerte profundamente cada día más. Me atrevo a dejar mi seguridad y a lanzarme por la fe para nadar en el río de tu Espíritu.

61

Investidos de poder

Entonces Pedro, poniéndose en pie con los once, alzó la voz y les habló diciendo: Varones judíos… oíd mis palabras. Porque estos no están ebrios, como vosotros suponéis… Mas esto es lo dicho por el profeta Joel: Y en los postreros días, dice Dios, derramaré de mi Espíritu sobre toda carne…
Hechos 2:14-17

Algo extraordinario había sucedido en el aposento alto. Después de estar allí diez días, ciento veinte discípulos fueron llenos del Espíritu Santo de manera maravillosa. La promesa del Padre desde los tiempos de Joel se había cumplido.

Pedro fue claro en decir que los acontecimientos que acababan de presenciar eran sobrenaturales. Los discípulos no eran hombres y mujeres de letras como para aprender instantáneamente otros idiomas, el viento recio no lo provocó un gran ventilador, y las lenguas como de fuego sobre sus cabezas no era un holograma. ¿Con qué propósito estaba sucediendo todo esto? Está muy claro en Hechos 1:8: capacitarlos para ser testigos.

La manifestación de este poder fue evidente en Pedro enseguida. El discípulo sanguíneo, que había negado al Señor y huido con los demás discípulos cuando le apresaron, se paró delante de una multitud e hizo una exposición maravillosa de la Palabra de Dios y ¡cinco mil personas recibieron a Jesús como su Salvador! ¡Era el mismo Espíritu Santo obrando a través del discípulo! Vemos a un Pedro antes de la venida del Espíritu y otro después.

La Iglesia no existiría como tal si no fuese por el poder del Espíritu. Este poder no fue solo para los apóstoles, los ciento veinte en el aposento, los de la casa de Cornelio, los de Éfeso, ¡es para todos los creyentes en Cristo! Recordemos que en su mensaje, Pedro dijo que es para todos los que el Señor llamare (ver Hechos 2:39).

Sí, este poder es para ti. No te conformes con ser solo un miembro de iglesia. Él tiene planes que quiere llevar a cabo a través de tu vida y ha prometido capacitarte con su Espíritu para hacerlo. Ya no se trata de cuánto puedas hacer tú, sino de cuánto le dejes hacer a Él a través de ti. Tenemos acceso al poder más asombroso que el mundo ha conocido: el poder del Espíritu Santo.

Capacítame Señor con tu Espíritu Santo.
Que pueda ser un instrumento útil en tus manos.

Hay que pisar el Jordán

Y cuando las plantas de los pies de los sacerdotes que llevan el arca de Jehová, Señor de toda la tierra, se asienten en las aguas del Jordán, las aguas del Jordán se dividirán; porque las aguas que vienen de arriba se detendrán en un montón.
Josué 3:13

Para conquistar la tierra prometida primero había que cruzar un río muy real que incluso desbordaba en esa época del año (ver Josué 3:15). Imagínate un pueblo de casi tres millones de personas pasando por allí. Era algo que parecía imposible.

Dios les dijo que abriría las aguas y pasarían en seco, pero el milagro sucedería cuando las plantas de los pies de los sacerdotes pisaran el agua.

¿Por qué no abrir el río antes de pisarlo? ¿Y si los sacerdotes se resbalaban? ¿Y si justo pisaban un pozo y se hundían? ¿Y si la corriente los arrastraba antes de que se abriera el Jordán? ¿Por qué había que pisar el agua primero…?

Sin duda Dios estaba probando su fe en lo que Él había dicho. Fe es confiar, creer que sucederá lo que prometió. Si Él dijo que iba a abrir las aguas… entonces se abrirían.

Nuestra fe también será probada. Para que hoy se abran nuestros "Jordanes" es necesario que demos el primer paso; pero no en "las aguas" donde el Señor nunca dijo que haría un milagro. Cuidado que hay muchos que en otros tiempos se ahogaron en el Jordán. Por eso necesitamos su Palabra como base de nuestra fe. No se trata de movernos guiados por nuestros propios deseos y caprichos, debemos avanzar en la voluntad de Dios.

Para recibir lo mejor del Señor, muchas veces hay que abandonar lo bueno. Para ver un milagro hay que dar pasos de fe. Para que una puerta se abra, hay que golpear. Para que nos atiendan, hay que llamar. Para encontrar, hay que buscar (ver Mateo 7:8).

Podemos quedarnos parados por años del lado este del Jordán, lamentándonos al pensar en lo linda que hubiera sido la vida del otro lado. O podemos dejar a un lado los miedos y pisar el agua en el nombre de Jesús. ¡Anímate a mojarte los pies y verás sus milagros!

Sí Señor, avanzo creyendo en ti. Prefiero correr riesgos que quedarme paralizado en el lado equivocado.

El gozo de Dios es nuestra fuerza

...No os entristezcáis, porque el gozo de Jehová es vuestra fuerza.
Nehemías 8:10

Nehemías y Esdras tuvieron mucho trabajo durante el retorno de Judá a Jerusalén después de haber vivido muchos años en Babilonia. Habían terminado de reparar el muro de la ciudad, los enemigos ya no los dominaban, pero ahora había que afirmar la relación con Dios. Entonces se reunieron en la plaza pública y Esdras comenzó a leer la Palabra de Dios (v.9). ¡Qué nostalgia sintió el pueblo!

Muchos recordaban lo que había sido su país antes de la devastación y lo que habían perdido por haberse alejado de Dios. Ante el llanto de arrepentimiento y quebranto de corazón, Esdras y Nehemías le dijeron al pueblo que no debían sentirse tristes sino gozarse en lo que Dios iba a hacer. Era un nuevo tiempo. El pasado quedaba atrás y había que mirar hacia adelante con fe.

El gozo es el resultado de la obra de Dios en nuestra alma. No se trata de un sentimiento sino de un estilo de vida. El gozo genuino es posible por el Espíritu Santo que vive en nosotros y produce su fruto (ver Gálatas 5:22).

Cuando leemos acerca del estado de ánimo de los creyentes de la iglesia de Hechos, vemos que tenían gozo y estaban llenos del Espíritu Santo (ver Hechos 13:52). Era una característica que identificaba a cada discípulo.

El gozo no viene como resultado de que todo marche bien en nuestra vida, sino por el contrario, el gozo del Señor es el ingrediente necesario para poder atravesar cada situación diaria.

El gozo es nuestra "fuerza". Esta palabra en hebreo es *maóz* que da la idea de un lugar fortificado, una fortaleza, un gran peñasco o un refugio. Proviene de otra palabra que significa ser resistente. El gozo que viene del Espíritu Santo nos hace más resistentes a la hora de enfrentar pruebas y tribulaciones.

Permítele al Espíritu Santo que te llene de gozo y experimentarás una fortaleza sobrenatural para enfrentar las circunstancias que debas atravesar. Cuando te sorprenda alguna situación difícil, recuerda: "¡El gozo del Señor es tu fortaleza!"

Señor, que el gozo en mi vida sea el resultado de la obra de tu Espíritu Santo.

El gozo del regreso

Y cuando la encuentra, gozoso la pone sobre sus hombros; y al llegar a casa,
reúne a sus amigos y vecinos, diciéndoles: Gozaos conmigo, porque
he encontrado mi oveja que se había perdido.
Lucas 15:5-6

Hay de todo en el rebaño del Señor. Hay ovejas mansas y obedientes, siempre atentas al Buen Pastor y disfrutando de su cuidado. Hay otras que siempre están listas para probar pastos de otros campos y cuando se alejan del perímetro de protección, terminan enredadas en algún arbusto. Hay ovejas sordas, que nunca escuchan los llamados de atención ni la voz del Pastor. También hay ovejas distraídas que muchas veces pierden de vista al rebaño. Pero también hay ovejas testarudas y egoístas que son capaces de ensuciar el pasto y el agua para que otras no coman, y hasta pueden empujar a otras para sacarlas del camino (Ezequiel 34:18-21).

La Biblia nos compara con ovejas, animales muy fáciles de extraviar. Todos nos descarriamos como ovejas siguiendo nuestros propios caminos (ver Isaías 53:6). En sentido espiritual, todos hemos nacido en pecado, apartados de Dios, bajo la potestad de las tinieblas, pero también muchos han conocido el evangelio y se han alejado del camino por diferentes causas.

La persona que trabaja en el pastoreo de ovejas, cuando tiene una rebelde es de las primeras que se quiere desprender. ¿Qué haríamos nosotros con una oveja así? Tal vez la traeríamos arrastrándola o del cuello, usando la vara y el cayado para que aprenda… Pero el Señor no es así. Él la busca y si la encuentra lastimada, venda sus heridas y ¡la lleva en sus brazos! ¡Cuánto amor!

Si te has alejado del Señor, este devocional es para ti. Dios te viene mostrando su amor de muchas maneras. El Buen Pastor está buscándote, te rescatará del lugar en donde hayas caído, sanará tus heridas y te devolverá tu dignidad como hijo de Dios.

Jesús sigue restaurando vidas que se arrepienten de sus pecados y se dejan pastorear por Él. En el Señor no hay reproches ni venganza. Su perdón es absoluto. Su restauración es perfecta, tanto que te hace sentir como si nunca te hubieras ido de su lado.

Gracias Señor por pastorearme. Usa tu vara y tu cayado para
que no me aparte de ti. Gracias por tu protección y cuidado.

En el amor no hay temor

En el amor no hay temor, sino que el perfecto amor echa fuera el temor;
porque el temor lleva en sí castigo. De donde el que teme,
no ha sido perfeccionado en el amor.
1 Juan 4:18

¿Qué nos mueve a leer un devocional y pasar tiempo en la presencia de Dios? ¿Por qué oramos, leemos la Biblia, cantamos, servimos, ofrendamos? ¿Cuáles son nuestras verdaderas motivaciones para seguir a Jesús? Estas preguntas son para los creyentes sinceros.

Muchas veces, y hasta sin darnos cuenta, nos mueve el temor a las consecuencias que podríamos experimentar si no hacemos algo espiritual. Muchas personas piensan que si no oran por la comida tendrán una mala digestión, si no leen un versículo al levantarse tendrán el peor día de sus vidas, o si en la semana no hablaron de Cristo a cinco personas, su propia entrada al cielo está en peligro. ¿No oramos por los alimentos porque estamos agradecidos por las bendiciones de Dios? ¿No leemos la Biblia para conocer más al Señor? ¿No hablamos a las personas de Cristo porque anhelamos que sean salvos?

Quizás actuamos por temor mucho más de lo que podamos reconocer. Tal vez hayamos conocido únicamente un aspecto de la persona de Dios: Su justicia, y el pasaje que primero nos enseñaron fue "Dios es fuego consumidor". Tal vez así nos relacionábamos con nuestros padres también, de quienes nunca recibimos un halago o reconocimiento porque solo esperaban que los obedeciéramos. Los hispanos sabemos mucho de actuar movidos por el temor.

¡Pero qué diferente es cuando conocemos profundamente a Cristo! Hasta el concepto de temor a Dios cambia. Ya no es miedo al castigo ni a ser rechazados, sino que el temor a Dios es reverencia, respeto, honra y obediencia por amor. Juan lo expresó claramente en este pasaje.

Necesitamos conocer a Cristo en plenitud. Cuando descubrimos cuánto nos ama y todo lo que ha hecho para salvarnos, nuestras motivaciones cambian y todo lo que hagamos será por amor. El verdadero temor a Dios fortalece nuestro compromiso con Él y nos mueve a amarle más.

Señor, quita mis temores y enséñame a relacionarme contigo a través de tu amor.
Hoy quiero sentir tu abrazo, tu amor y cuidado en mi vida.

Habla Señor que tu siervo oye

Y vino Jehová y se paró, y llamó como las otras veces: ¡Samuel, Samuel!
Entonces Samuel dijo: Habla, porque tu siervo oye.
1 Samuel 3:10

Eran tiempos oscuros para Israel, espiritualmente hablando. El liderazgo de la nación estaba corrompido, la gente buscaba dirección a través de los ídolos, y el tiempo histórico era llamado "tiempo de los Jueces", caracterizado por lo que dice el último versículo de ese libro: "Cada uno hacía lo que bien le parecía". Leemos que la palabra de Jehová escaseaba y no había visión con frecuencia en esos días.

Pero de pronto Dios, siempre Dios, rompe el silencio y llama a Samuel. Su voz era tan familiar que el niño creyó que era Elí, el viejo sacerdote que ministraba por aquellos días con pereza e indolencia. Dios se estaba revelando de manera directa y fácil de entender. Claro, Samuel nunca había escuchado al Señor, por eso pensó que era el sacerdote. A la tercera vez que Dios llamó a Samuel, Elí se dio cuenta y lo preparó para ese encuentro. Cuando escuches esa voz, responde: "Habla que tu siervo oye".

Hoy también Dios está llamando nuestra atención de muchas maneras para que escuchemos su voz. El Señor quiere hablarnos, ha provisto los canales para que le escuchemos y está esperándonos para compartir un tiempo maravilloso con nosotros. Lo que hace falta es un siervo, una sierva que quiera escuchar, que disponga el tiempo para prestar atención a lo que Dios quiere decirle. Por supuesto, de nada serviría escuchar al Señor si no obedecemos lo que nos dice. La aplicación de su palabra a nuestra vida es la evidencia de que hemos escuchado su voz.

Dios puede hablarte por un pasaje de la Biblia, a través del Espíritu Santo a tu corazón, por el consejo de una persona madura espiritualmente, por sueños y visiones sobrenaturales, incluso podría hablarte en voz audible si fuera su voluntad. Pero primero debe hallar a quien quiera escuchar, como un Samuel, o un Agustín.

Comienza tu semana a los pies de Jesús. Él quiere recordarte cuánto te ama, lo que significa su obra perfecta en la cruz por ti, los beneficios de su perdón, el poder que ha puesto en tu vida a través de su Espíritu Santo, y también quiere darte dirección.

Señor, habla que tu siervo oye. Recibo tu palabra para ponerla en práctica.

Increíble provisión

Sin embargo, para no ofenderles, ve al mar… y el primer pez que saques, tómalo,
y al abrirle la boca, hallarás un estatero… dáselo por mí y por ti.
Mateo 17:27

Los religiosos hipócritas que buscaban alguna ocasión para condenar a Jesús le preguntaron a Pedro si el Maestro pagaba los impuestos del templo. Tal vez con orgullo mezclado con un poco de miedo, rápidamente respondió: ¡Por supuesto que los paga!

¿El Rey del universo pagando un impuesto al templo, a su propio templo? Aunque no debía pagarlo, decidió hacerlo, pero Pedro sí era responsable de pagar ese impuesto.

El problema es que ninguno de los dos tenía dinero. ¿Qué haría Jesús? ¿Levantaba una ofrenda? ¿Pedía un préstamo? No, el Maestro envió a Pedro a pescar… Le dijo que dentro de la boca del primer pez que sacara habría una moneda del valor suficiente para pagar el impuesto de los dos.

Solo puedo imaginar lo que Pedro debió haber pensado: "¿Dinero en la boca de un pez? Esto tengo que verlo. He sido pescador toda mi vida y he visto muchas cosas dentro de los peces, pero nunca una moneda". Sin embargo, cuando Pedro jaló el anzuelo y sacó el primer pez, en la boca encontró una moneda, tal como Jesús le había dicho.

Sí, yo sé que tú también tienes algunas cuentas que pagar y tu fe está creciendo, pero no puedo asegurarte que dentro de la boca de alguno de los pescados que compres en el mercado habrá una moneda, pero puedo decirte con total seguridad que Jesús sigue haciendo milagros, ¡no lo dudes!

Por supuesto que trabajamos para ganarnos el pan de cada día, pero a veces surgen situaciones inesperadas, cosas que no teníamos previstas en nuestros gastos, y Jesús que conoce nuestras necesidades, siempre llega a tiempo para ayudarnos.

El cuidado del Padre Celestial por nosotros no se limita a lo espiritual, también está interesado en los detalles de nuestra vida diaria. Los medios que utilice para suplir nuestras necesidades pueden variar, pero el Señor siempre responde al que pone su confianza en Él. ¡No hay nada imposible para Dios!

Señor, sé que tú puedes proveer para toda necesidad, pero quiero ser
responsable siempre en aquello que me encomendaste.

El velo sigue rasgado

Y he aquí, el velo del templo se rasgó en dos, de arriba abajo;
y la tierra tembló, y las rocas se partieron.
Mateo 27:51

Presta atención a lo que dice este versículo. El velo del templo no se rasgó por el terremoto, sino que el terremoto vino después de haberse rasgado el velo. ¿Por qué es tan importante esto? Humanamente el velo no se podía romper. Según los eruditos bíblicos, esta cortina del templo de Herodes tenía un espesor de ¡4 pulgadas, unos 10 centímetros! Debía ser así de gruesa porque era como una pared de tela impidiendo el paso al Lugar Santísimo, la habitación de la presencia de Dios.

Nadie podía atravesar ese velo, excepto el sumo sacerdote y solo una vez al año. Para entrar debía atarse una cuerda en uno de sus tobillos y sus vestiduras debían tener campanitas. Si luego de entrar, las campanitas dejaban de sonar, había que tirar de la cuerda para sacarlo porque significaba que Dios le había quitado la vida por no santificarse según sus órdenes. Estoy seguro que ningún sumo sacerdote entró al Lugar Santísimo tranquilo, relajado y silbando algún coro. Era aterrador, y a la vez obligatorio, porque era la única manera en la que Dios perdonaba los pecados del pueblo.

Al morir, cuando Jesús entregó su espíritu al Padre, en ese preciso instante el velo se rasgó ¡de arriba a abajo! Dios hizo esto como una señal de que ya no habría ninguna barrera que impidiera el acceso a su presencia. ¡Jesús quitó la separación entre Dios y nosotros! ¡Aleluya! El camino está abierto por el sacrificio de Cristo (ver Hebreos 10:19-22).

Por favor, no "repares" el velo, alegóricamente hablando. Muchas veces con nuestros sentimientos de indignidad, vergüenza, temor y culpa reconstruimos el velo y comenzamos a alejarnos lentamente de la presencia de Dios.

¡El velo está roto y debe quedarse así! Ya no hay barreras que puedan separarte de Dios. ¡En Cristo hay perdón de pecados y libre acceso a su presencia! Acércate a Él con confianza que siempre está gozoso de recibirte.

Gracias Señor por ser tu hijo y tener libertad de estar en tu presencia continuamente.
Sé que allí hay delicias para disfrutar eternamente.

☙ 4 de marzo ❧

Recuerda quién es tu Dios

Dije: Enfermedad mía es esta; traeré, pues, a la memoria los años de la
diestra del Altísimo. Me acordaré de las obras de Jehová; sí, haré
yo memoria de tus maravillas antiguas. Meditaré en
todas tus obras, y hablaré de tus hechos.
Salmo 77:10-12

Cuando atravesamos tiempos difíciles y no vemos la salida, empezamos a desesperarnos. Le pasó al salmista Asaf, un hombre de Dios acostumbrado a estar en su presencia dirigiendo la alabanza y la adoración del pueblo, pero tan humano como nosotros. Leemos en este salmo que se encontraba en "angustia" (v. 2), su espíritu "desmayaba" (v. 3), estaba "quebrantado" y sin saber qué decir (v. 4).

Cuando en las noches no podía conciliar el sueño se hacía preguntas tales como: ¿Será que el Señor me abandonó para siempre? ¿Se habrá acabado su misericordia y por eso sus promesas no se cumplen? ¿Se habrá terminado la piedad del Señor…? El salmista no hallaba respuestas, hasta que en un momento se dio cuenta de que el problema no era Dios (v. 10).

Asaf salió de su depresión espiritual haciendo memoria de lo que Dios había hecho en el pasado. Al recordar esas historias, su fe empezó a despertar. Los testimonios sobre las intervenciones poderosas del Señor comenzaron a animar su espíritu para alabarle. Asaf pudo exaltar a Dios diciendo que era poderoso e incomparable (v. 13). ¡Aleluya! ¡Si hoy estoy vivo es por su poder! ¡Si estoy en medio de un problema, Él me mostrará una vez más cuán grande es! ¡No hay nadie como Dios!

Asaf también expresó en otro salmo que la diferencia la hace Dios que está en los cielos. Como humanos podemos desmayar, pero la Roca de nuestra confianza es Él (ver Salmo 73:25-26).

Si te encuentras en una situación parecida a la Asaf, ¡recuerda quién es tu Dios! Tu vida misma es un testimonio de su existencia, intervención y poder. Si el Señor actuó anteriormente, ¿no lo hará otra vez? ¡Nuestro Dios no cambia y su fidelidad es para siempre!

Señor, tú eres mi Dios en quien confío. Esperaré la respuesta en ti,
porque tú eres mi Roca de seguridad.

Renovado y reanimado

Y teniendo gran sed, clamó luego a Jehová, y dijo: Tú has dado esta grande salvación por mano de tu siervo; ¿y moriré yo ahora de sed, y caeré en mano de los incircuncisos? Entonces abrió Dios la cuenca que hay en Lehi; y salió de allí agua, y él bebió, y recobró su espíritu, y se reanimó. Por esto llamó el nombre de aquel lugar, En-hacore...
Jueces 15:18-19

Cuando las circunstancias lo requerían, venía sobre Sansón el Espíritu de Dios dándole fuerzas sobrenaturales. En cierta ocasión se enfrentó a un batallón enemigo solo con una quijada de asno que encontró en el suelo y mató a ¡mil filisteos! Tremenda fuerza divina.

Pero Sansón no era un superhéroe, era humano. Después de esa victoria empezó a sentir una profunda sed, a tal punto que creyó que moriría. Estaba completamente solo, nadie del pueblo estaba a su lado para ayudarlo. Su sed iba en aumento y también su preocupación; si seguía debilitándose no podría enfrentar a sus enemigos.

En su desesperación clamó a Dios y el Señor abrió una cuenca de donde comenzó a fluir agua a chorros para satisfacer su sed. ¡Qué provisión maravillosa! Él no solo fue renovado físicamente, sino que recobró su espíritu y fue reanimado. ¡Un refrigerio divino! Dios le fortaleció espiritual y emocionalmente.

En ciertas ocasiones podemos llegar a sentirnos como Sansón. Después de haber experimentado alguna victoria espiritual, algún logro para la gloria de Dios o recibir respuestas extraordinarias, nos empezamos a sentir débiles, sin fuerzas, con un vacío interior difícil de explicar. ¿Qué hacemos en ese momento? ¿A quién recurrimos por ayuda?

A veces dependemos demasiado de otras personas para sentirnos bien o estar espiritualmente fuertes. Si es así, Dios permitirá situaciones que nos enseñen a confiar solo en Él para la renovación de nuestro espíritu, alma y cuerpo.

Sansón llamó al lugar en donde fue renovado "En-hacore", que significa "manantial del que clamó" como un memorial permanente de la respuesta de Dios al que clama.

Hoy, el Señor quiere darte nuevas fuerzas, satisfacer tu necesidad espiritual y apagar tu sed interior, solo debes ir a Él (ver Apocalipsis 22:17).

Señor, dame tu agua viva y suple las necesidades de mi alma.

Viendo al Invisible

Por la fe dejó a Egipto, no temiendo la ira del rey;
porque se sostuvo como viendo al Invisible.
Hebreos 11:27

La huida a Egipto fue la etapa más difícil en la vida de Moisés. Tuvo que dejar a su familia, a su pueblo, sus comodidades y vivir en el desierto, en la región del Sinaí, pero a pesar de la situación y de no saber lo que le depararía el futuro, "se sostuvo como viendo al Invisible".

"Invisible" en griego es la palabra *ahoratos* que significa imposible de ver o incapaz de ser visto. Nadie pudo ver el rostro de Jehová, ni siquiera el mismo Moisés en aquella gran revelación de su gloria. La Biblia dice que nadie puede ver al Padre, excepto a través de Jesucristo, la imagen del Dios invisible (ver Colosenses 1:15).

El escritor de Hebreos usa un juego de palabras y nos llama la atención con una paradoja. La palabra "viendo" en griego es *horáo* y significa fijarse, discernir claramente, mirar, experimentar. Moisés se sostuvo "viendo lo imposible de ver", pero ¡posible de experimentar! Aunque nunca pudo ver su rostro, lo pudo sentir, escuchar, vivir bajo su presencia. Sus experiencias fueron el resultado de su fe.

La fe es la convicción de lo que no se ve (Hebreos 11:1). Cuántas veces se ha usado e interpretado este versículo de manera incorrecta, sugiriendo que podemos obtener lo que queremos de Dios si tan solo lo "visualizamos". Pero no es lo que tenía en mente el Espíritu Santo en esta declaración. La convicción de lo que no se ve comienza con nuestra relación con el Señor. ¡Bienaventurados los que no vieron y creyeron!

Moisés es puesto aquí como un ejemplo de verdadera fe. Aunque no lo podía ver, podía creer que caminaba bajo su presencia continua, que tenía de Él las fuerzas para seguir adelante, la sabiduría para tomar decisiones, la esperanza para mantenerse firme.

Cuando todo parece ir en sentido contrario, cuando la esperanza parece desvanecerse, cuando la soledad nos empieza a embargar el corazón, cuando una oración todavía no es contestada, debemos poner nuestra mirada en Dios, entonces nos daremos cuenta de que no estamos solos. ¡Estamos mirando al Invisible!

Señor, aunque no te puedo ver, por fe creo
que estás conmigo en todo tiempo.

Andar en el Espíritu

Si vivimos por el Espíritu, andemos también por el Espíritu.
Gálatas 5:25

De acuerdo con la Palabra de Dios, andar en el Espíritu significa abrirnos a la experiencia de ser guiados por el Espíritu Santo en todo momento. El apóstol Pablo nos está diciendo en términos sencillos: "Si el Espíritu Santo está viviendo dentro de ti, dale el control de tu vida."

Para tener unidad de pensamiento y acción con el Espíritu Santo debemos:

Aprender a oír su voz. ¿Sigue hablando el Padre celestial a sus hijos? Es una pregunta que puede estar en tu mente ahora mismo. Todos tenemos esta necesidad de saber que el Señor todavía se comunica con nosotros. Desde el momento en que aceptaste a Jesús como tu Salvador, el Espíritu Santo vino a morar a tu vida, entonces, si él vive en ti, ¡deja que te dirija! Dile que estás listo para oír su voz y después escucha. Él tiene muchas formas de hablar, solo espera que quieran escucharle.

Rendirnos a Él. El profeta Daniel dispuso su corazón para humillarse ante Dios y a entender sus planes. Por eso Él le respondió (ver Daniel 10:12). El Espíritu Santo no podrá guiar a aquel que no esté dispuesto a aceptar su dirección. Tenemos que comprometernos a obedecerle.

Poner la fe en marcha. Hebreos 11:6 dice que si nos acercamos a Dios debemos creer que Él se acercará a nosotros. La fe abre todos nuestros sentidos espirituales. Con ellos somos dirigidos por el Espíritu Santo, como dijo un predicador, para poder ver lo invisible, escuchar lo inaudible, tocar lo impalpable, y creer lo imposible.

Si tú no andas en el Espíritu, entonces andas en confusión. Hoy en día muchos están haciendo decisiones sin consultar al Espíritu Santo. Simplemente deciden lo que van a hacer basados en lo que piensan que es mejor o en sus preferencias. ¿Cuál es el resultado? ¿Qué pasa cuando rehusamos someternos a su guía? Solo podemos esperar dolor y derrota.

Andar en el Espíritu debe ser algo normal y esencial en la vida de cada hijo de Dios. Por eso, confía en Él para que te acompañe a cada paso del camino. El Espíritu Santo siempre estará allí para ayudarte.

Espíritu Santo, condúceme a la verdad, guíame en el camino correcto,
impúlsame para llevar a cabo los planes que tienes para mí.

Verdadero discernimiento

Pero el alimento sólido es para los que han alcanzado madurez,
para los que por el uso tienen los sentidos ejercitados
en el discernimiento del bien y del mal.
Hebreos 5:14

La palabra "discernir", en griego *diakrino*, significa separar, discriminar, distinguir, determinar y hacer un juicio para luego decidir.

Para discernir correctamente necesitamos hacerlo sobre una base sólida, objetiva e imparcial y esa es la Palabra de Dios. Hebreos 4:12 nos dice que la Palabra de Dios es viva y eficaz, como una espada de dos filos que parte el alma y el espíritu, con el propósito de discernir los pensamientos y las intenciones del corazón.

También necesitamos la guía del Espíritu Santo. En lo natural, nosotros solo podemos confiar en lo que vemos, escuchamos, sentimos y sabemos, pero cuando el Espíritu Santo abre nuestro entendimiento de manera sobrenatural, podemos ver las cosas desde la perspectiva de Dios. Él nos hace saber lo que no está de acuerdo a su voluntad. Los asuntos espirituales se disciernen espiritualmente y solo el Espíritu Santo lo hace en nuestro ser (ver 1 Corintios 2:14).

Necesitamos la comunión con el Cuerpo de Cristo. Al estar en contacto con personas maduras espiritualmente, tenemos la oportunidad de recibir consejos respaldados por la Palabra de Dios que nos pueden ayudar a actuar con sabiduría. Hay un proverbio que nos asegura que si andamos con sabios, nos volveremos sabios (ver Proverbios 13:20).

Si podemos discernir correctamente, también debemos ser valientes para obedecer. De nada sirve saber lo que es correcto y no hacer lo correcto.

Necesitamos aprender a escuchar al Señor, ser sensibles y obedientes a su dirección; esto dará lugar a un caminar íntimo con Él que nos permitirá recibir diariamente lo mejor que tiene para nosotros.

¿Quieres terminar tu día satisfecho de haber hecho lo correcto bajo la dirección del Espíritu Santo? Busca que tu discernimiento espiritual esté activo y discrimina lo que no le agrada a Dios. Según Proverbios 3:21-24 te acostarás y tendrás un sueño grato.

Señor, ayúdame a discernir siempre lo que está de acuerdo con tu voluntad.
Que no apague nunca la voz de tu Espíritu.

Gracias Señor por tu gracia

Entonces Jesús le dijo: De cierto te digo que hoy estarás conmigo en el paraíso.
Lucas 23:43

Jesús se encontraba en la cruz perdiendo mucha sangre, sediento, sufriendo una terrible agonía y en esa condición, uno de los malhechores que había sido crucificado junto a él le pidió que lo acepte en su reino. El Señor, dejando a un lado su sufrimiento, se enfocó en este pecador y le respondió con amor y misericordia: "Hoy estarás conmigo en el paraíso".

¡Qué tremendo es el amor del Señor! El primer fruto de su sacrificio en la cruz... ¡fue un ladrón! No sé si nosotros le daríamos a este malhechor otra oportunidad, y mucho menos absolverlo de todas sus culpas e incluir un pasaporte al cielo... Pero Jesús sí. ¡Incomprensible gracia de Dios!

Esta frase de Jesús incomoda. Sí, molesta, perturba, desafía. Pero Lucas fue muy valiente y la escribió inspirado por el Espíritu Santo. Allí está y no la podemos quitar porque es Palabra de Dios.

¿Por qué Jesús salvó a alguien que hizo tanto mal? ¿Cómo es que este sinvergüenza va al cielo si nunca se bautizó, no dio ofrendas, no sirvió en ningún ministerio, y nunca cumplió con la ley? Ufff... ¿Será que podemos interpretar este pasaje de otra manera? No, Él dijo lo que dijo.

La gracia de Dios nos desconcierta, anula todo argumento legalista y nos recuerda que todos somos pecadores, que no hay justo ni aun uno. Todos hemos pecado y solo la gracia de Dios nos puede salvar. No hay lugar para ninguna obra que acompañe al sacrificio de Cristo. Somos justificados gratuitamente por su gracia y no hay nada más que añadir. El apóstol Pablo lo afirma y reafirma en sus escritos: Justificados gratuitamente por su gracia (ver Romanos 3:24).

El ladrón en la cruz no tuvo tiempo de hacer obras dignas de un hijo de Dios, pero creo que si hubiera vivido más tiempo, las habría hecho. Es imposible no amar y servir a Aquel que dio todo para salvarnos.

¿Eres capaz de reconocer la gracia de Dios en tu propia vida? Si es así, estoy seguro que querrás contarles a otros que Cristo sigue ofreciendo el perdón de pecados y una relación con Él a todos los que le aceptan como su Salvador.

Gracias Señor por tu gracia inmerecida. No puedo pagarte lo que hiciste por mí, solo quiero amarte y serte fiel hasta el fin.

Un nuevo comienzo

A los ocho años de su reinado, siendo aún muchacho, comenzó a buscar al
Dios de David su padre; y a los doce años comenzó a limpiar a Judá
y a Jerusalén de los lugares altos, imágenes de Asera,
esculturas, e imágenes fundidas.
2 Crónicas 34:3

Si has leído la historia de Josías, sabes que su padre Amón y su abuelo Manasés fueron los peores reyes de Judá. Sin embargo, y a pesar del terrible ejemplo de su familia, Josías no siguió sus pasos. Él comenzó a buscar al Señor desde temprana edad y se rodeó de personas que amaban con sinceridad a Dios y tenían celo por su Palabra.

Con apenas doce años comenzó a limpiar a Jerusalén de la idolatría. Había que ser muy valiente para derribar lo que habían hecho sus antepasados. Si hubiera habido una "Comisión de Conservación" en esa época lo habrían llevado a juicio por destrucción del tesoro nacional. Pero Josías estaba determinado a agradar a Dios y actuó en consecuencia.

Al cumplir 18 años podríamos esperar que se volviera rebelde y comenzara a disfrutar de la vida de manera desordenada. Pero no, Josías comenzó a reparar el Templo, el lugar de adoración al verdadero Dios que hacía años estaba abandonado. La sorpresa fue mayúscula cuando encontraron uno de los libros de la ley mientras trabajaban. Al oír el rey lo que estaba escrito, rasgó su ropa en señal de desesperación. Luego ordenó que fueran al templo y que consultaran a Dios por él y por todo el remanente del pueblo, para saber qué hacer en relación con el rollo que se había encontrado (ver 2 Crónicas 34:19-21).

Dios le dio una palabra a través de la profetisa Hulda, diciéndole que por haber oído las palabras del libro y porque su corazón se conmovió y se humilló delante de Dios al oír sus palabras, Él le había oído (vs. 26-27).

Una auténtica renovación no llega solo trasmitiendo información, sino cuando regresamos a Dios de corazón y ponemos su Palabra por obra. Necesitamos rendirnos a Él y dejar que su Espíritu Santo trabaje en nuestras vidas. Llevemos a la práctica lo que Dios nos haya hablado.

Señor, dame mayor sensibilidad al oír tu Palabra y ponerla por obra.
Estoy dispuesto a obedecerte y acepar tu voluntad.

Poderoso Gigante

Mas Jehová está conmigo como poderoso gigante; por tanto, los que me persiguen tropezarán, y no prevalecerán; serán avergonzados en gran manera, porque no prosperarán; tendrán perpetua confusión que jamás será olvidada.
Jeremías 20:11

Jeremías había sido llamado por Dios desde niño para hacer una tarea difícil. Su oficio era sacerdote, pero su ministerio profeta. El Señor le pidió que denunciara el pecado del pueblo. Ya no soportaba más la idolatría, el adulterio, la corrupción, la violencia y el abuso. Lo que les esperaba era un juicio severo a través de la deportación a Babilonia.

Jeremías le rogaba diariamente a la gente que se arrepintiera de sus pecados sin resultados. No solo eran indiferentes a la Palabra de Dios sino que conspiraban contra él para matarlo. Lee el versículo 10 y verás que murmuraban para denunciarlo, intimidarlo y hacerle daño. Los enemigos pensaban que la única manera de deshacerse del mensaje profético era matando al profeta.

Jeremías estaba rodeado de personas, pero estaba solo. Creo que sabes la diferencia. Nadie tenía su mismo corazón, nadie quería buscar a Dios y obedecerle. Los que antes se llamaban "amigos" ahora solo estaban allí para ver si claudicaba. En medio de su angustia, Jeremías levantó sus ojos al cielo y exclamó: "¡Mas Jehová está conmigo como poderoso gigante!" ¡Aleluya!

La palabra "gigante" en hebreo es *guibbor* y significa guerrero, esforzado, de gran vigor, poderoso y valiente. No hace alusión al tamaño sino a la capacidad de crecerse en las batallas, ser un héroe invencible. Es la misma palabra que menciona Isaías 42:13 cuando dice que Jehová saldrá como gigante y como hombre de guerra a favor de su pueblo.

Muchas veces nosotros pasamos por momentos de incertidumbre, soledad, somos el centro de rumores, injurias, chismes y nos sentimos peleando batallas que no hemos escogido. En medio de esas situaciones es donde podemos clamar a Dios por su ayuda, pero debemos hacerlo con fe, sabiendo quién es realmente nuestro Dios, el que se "engrandece en las batallas".

¡Señor, tú eres mi Poderoso Gigante! Mis batallas son tuyas.
Tú nunca dejas a tus hijos en vergüenza.

Tengo que conocer a Jesús

Y corriendo delante, subió a un árbol sicómoro para verle; porque había de pasar
por allí. Cuando Jesús llegó a aquel lugar… le vio y le dijo: Zaqueo, date
prisa, desciende, porque hoy es necesario que pose yo en tu casa.
Lucas 19:4-5

Zaqueo era muy conocido en Jericó. No solo era recaudador de impuestos para el gobierno romano (puesto despreciable para cualquier judío) sino que además era el jefe de los publicanos y muy rico. ¡Todo el mundo sabía que había conseguido su dinero por medios deshonestos! Aborrecido por los buenos, envidiado por los malos, se había enfocado en el ídolo más común de todas las épocas: el dinero.

¿Me creerías si te digo que el nombre Zaqueo en hebreo significa "puro"? Así es. Los judíos elegían los nombres para sus hijos pensando en su futuro. Imagino que los padres de Zaqueo habrán pensando que su hijo sería un hombre honesto, de buena reputación y comprometido con Dios. Pero algo pasó en su juventud que terminó manchando su buen nombre.

¡La gran noticia era que Jesús estaba en la ciudad! A Zaqueo le habían contado historias maravillosas de Él y quería conocerlo. Había un vacío en su interior que ni siquiera las riquezas habían podido llenar. ¿Y si Jesús fuera el Mesías…?

El Maestro iba rodeado por una gran multitud y era imposible verlo, así que Zaqueo decidió subirse a un árbol para ver mejor. Para su sorpresa, al pasar por donde él se encontraba, el Señor lo llamó por su nombre y le ofreció ir a su casa. Desde ese momento, jamás volvió a ser el mismo.

Todos tenemos la oportunidad de encontrarnos con Jesús y recibir lo que desea compartir con nosotros, pero primero debemos sacar cualquier ídolo de nuestro corazón. Pueden ser personas, el trabajo, un ministerio, el dinero, posición social, popularidad, poder, placeres, todo aquello que nos aleje de Dios.

Para conocer profundamente al Señor debemos darle el primer lugar en nuestra vida. A partir de ese momento todo cambia. Podemos tener gozo, recibir su paz, tener esperanza, tranquilidad de espíritu y un corazón entendido de su voluntad.

Señor, que siempre ocupes el primer lugar en mi vida.
Ayúdame a rendirlo todo a ti.

No niegues a Jesús

Respondiendo Pedro, le dijo: Aunque todos se escandalicen de ti, yo nunca me escandalizaré. Jesús le dijo: De cierto te digo que esta noche, antes que el gallo cante, me negarás tres veces.
Mateo 26:33-34

¿Puede ser que alguien diga que está dispuesto a dar su vida por Jesús y finalmente termine negándolo rotundamente? Pues sí. En Mateo 26:70, 72, 74 leemos que Pedro lo negó delante de todos, con juramento, e incluso maldiciendo.

El gallo cantó. ¡Siempre hay alguien que nos hace recordar nuestros fallos! El ave parecía cantarle directamente a Pedro... y ya no pudo más. Salió afuera y lloró amargamente (v. 75). "¡Cómo pude haber sido tan cobarde! ¿Qué me pasó? ¡Creí que estaba preparado para esto! Jesús me lo había dicho. ¿Y ahora?"

Para Pedro los días que pasaron entre la captura, juicio, crucifixión y sepultura de Jesús fueron los más largos de su vida. Por tres días, Pedro estuvo sumergido en la culpa, hasta que repentinamente María entró corriendo en su casa y con poco aliento dijo: "Jesús...resucitó... unos ángeles..." "¡¿Qué?! ¡No puede ser!" Entonces el discípulo salió corriendo al sepulcro. Y allí estaban los lienzos y el sudario, evidencia de su resurrección. Más tarde Jesús se le apareció personalmente a Pedro para restaurarlo y comisionarlo para servirle. El cobarde discípulo fue totalmente transformado.

El apóstol Pedro en una de sus cartas dice que en los últimos tiempos vendrán falsos profetas, falsos maestros, falsos hermanos, que no solo introducirán herejías, sino algo peor que eso... ¡negarán al Señor! (ver 2 Pedro 2:1). Pedro sabe lo que está diciendo, en un momento podemos sentirnos fuertes y al siguiente negarlo despiadadamente, pero también sabe que hay perdón y restauración en Jesús.

Recuerda lo que Jesús dijo: "Os digo que todo aquel que me confesare delante de los hombres, también el Hijo del Hombre le confesará delante de los ángeles de Dios; mas el que me negare delante de los hombres, será negado delante de los ángeles de Dios" (ver Lucas 12:8-9).

¡Señor, te confieso como mi Señor y Salvador, no solamente en mis oraciones, sino en mi andar diario. Quiero ser un verdadero discípulo.

El día en que temo

En el día que temo, yo en ti confío.
Salmo 56:3

David era un guerrero temible, pero hubo muchos días en los que sintió verdadero temor.

Escribió este salmo en uno de los momentos más críticos de su vida. Saúl lo estaba persiguiendo, y esta vez parecía que no quedaban más lugares a donde esconderse. Entonces huyó a territorio de los filisteos en donde lo apresaron y lo llevaron ante el rey de Gat. Para librarse de esta situación, David decidió hacerse pasar por loco (ver 1 Samuel 21:13-15) y el rey terminó echándolo. Así escapó de una muerte segura.

Es interesante la palabra hebrea que usa David para mencionar su temor. Es la palabra *yaqosh* que se refiere a ser cazado, atrapado, enredado o enlazado. La palabra hace alusión a la captura de animales, principalmente de aves, pero se usa en sentido figurado para expresar cómo se siente una persona cuando es "capturada" por una situación no deseada.

Si lees la introducción de este salmo dice: "Al músico principal; sobre la paloma silenciosa en paraje muy distante. Mictam de David cuando los filisteos le prendieron en Gat". Parece que David se sentía como una paloma mensajera cazada a mitad de camino en un paraje distante sin saber lo que le iba a suceder.

Aparentemente David escribió este salmo antes de comparecer ante el rey, pidiendo auxilio y protección a Dios. Él confesó sinceramente su debilidad al Señor y lo dejó registrado, como si supiese que muchos, después de él, íbamos a pasar por esos días de temor. Sin embargo, también dejó claro que tenía puesta su confianza en el Señor.

Mucho más interesante es la palabra hebrea que usa David para expresar que en Dios "confía". Es la palabra *batah* que significa literalmente apurarse a buscar refugio. Expresa seguridad y protección. Cuando David comenzó a sentirse atrapado y sin salida, rápidamente corrió a la presencia de Dios para refugiarse.

Tal vez hoy sea uno de esos días. El día en que temes, que pareces sentirte atrapado sin saber qué hacer. Corre al Señor y recuerda que ha prometido cuidar de ti y estar a tu lado siempre.

Señor, en el día que temo, yo en ti confío. Sé que tú me guardas.

Morir para dar fruto

De cierto, de cierto os digo, que si el grano de trigo no cae en la tierra y muere,
queda solo; pero si muere, lleva mucho fruto.
Juan 12:24

No hace muchos años atrás, al explorar un cementerio aborigen en Argentina, encontraron diversos materiales a los que científicamente se les asignó una antigüedad de 4.400 años. Entre esas cosas, había diversas semillas y granos de frijoles, calabazas y maíz que al parecer formaban parte de las ofrendas funerarias. Entonces los científicos decidieron colocar una de las semillas en un germinador, y para sorpresas de muchos germinó, se desarrolló, creció lo suficiente como para ser trasplantada a la tierra ¡después de 4.400 años!

Claramente una semilla puede permanecer miles de años con vida latente, pero solo producirá mucho fruto cuando sea enterrada.

En este pasaje, el Señor Jesús estaba hablando en primer lugar de Él. Estaba a pocas horas de ir a la cruz a morir por nuestros pecados. Debía morir, no había otra opción; era la única manera de conseguir la victoria sobre la muerte y abrir el camino al Padre. ¡El domingo siguiente a esta declaración se estaba cumpliendo esta palabra!

Pero también es una enseñanza para nosotros. Para nacer a una vida nueva primero hay que morir definitivamente y sin condiciones a la vieja vida. Hay que tener la fe del sembrador, que suelta la semilla en la tierra para verla transformada en poco tiempo en una planta. Hay que creer, hay que entregar, hay que sembrar.

Tu vida es como un grano de trigo, está en tus manos, mientras sigas reteniéndola, no sucederá nada, pero si la sueltas en las manos del Señor, algo nuevo va a nacer (ver 1 Corintios 15:36-37). Es muriendo a nosotros mismos que llegamos a ser fructíferos y útiles para el Señor.

Cuántos hermosos proyectos habrán dando vueltas en tu cabeza... y siguen ahí, sin cobrar vida, siendo solo ideas. La semilla que no se planta nunca producirá fruto.

Abre tu mano. ¿Aún está tu semilla allí? Déjala caer en la tierra. Confía en el Señor. Espera el tiempo de Dios y Él la multiplicará. Siembra tu vida por fe y Dios te dará una cosecha abundante.

Señor, te entrego mi vida. Muero a mí mismo para
dar frutos que honren tu Nombre.

Jesús y el desamparo

Cerca de la hora novena, Jesús clamó a gran voz, diciendo: Elí, Elí, ¿lama sabactani? Esto es: Dios mío, Dios mío, ¿por qué me has desamparado?
Mateo 27:46

Jesús debía ir a la cruz solo y sin ayuda sobrenatural. La salvación que Dios iba a ofrecerle al mundo debía ser obra exclusiva de un humano sin pecado, en condiciones de ser el sacrificio perfecto y único por el pecado de la humanidad.

Jesús llevaba seis horas en la cruz y durante las últimas tres horas hubo tinieblas en la tierra. El Padre no quería ver sufrir a su Hijo amado. En medio de esa angustia, dolor, burlas e insultos, el Señor sintió en su propia alma el desamparo.

La palabra desamparado en griego es *enkataleipo* que significa ser dejado atrás, totalmente abandonado, dejado en apuros e indefenso. Cuando Jesús fue a la cruz, todos sus discípulos le abandonaron. Él ya sabía que esto iba a pasar, pero ahora estaba experimentando una emoción diferente, única y muy fuerte, sentirse desamparado por el Padre. Nunca antes le había pasado. Nunca había experimentado algo así.

Todo lo que el Señor experimentó en su cuerpo, en su mente y en su espíritu, le permite entendernos, puede identificarse con nosotros, incluso en el sentimiento de desamparo.

Podemos sentirnos desamparados, pero esto no significa que el Señor nos haya abandonado. Es verdad que aun conociendo todas las promesas que nos hizo podemos sentirlo lejano, ausente, como si no nos escuchara, pero no importa lo que nos digan nuestras emociones, si el Señor dijo que nunca nos desamparará, así es y será. Solo es cuestión de creer que siempre estamos bajo el amparo protector del Padre Celestial (ver Salmo 91:1-2).

El Señor sabe cómo ayudarnos a pasar por esos tiempos. Siempre nos recordará que permanece a nuestro lado, lo sintamos o no. Recuerda que Dios es fiel y omnipresente. ¡Es imposible para Él olvidarse de ti o desampararte! Tú tienes a Alguien en esta vida que nunca te abandonará (ver Mateo 28:20).

Gracias Señor porque estás conmigo en todo tiempo. Aunque mis sentimientos me jueguen una mala pasada, yo confío en lo que dice tu Palabra. Eres mi Protector y mi Ayudador.

De la humillación a la exaltación

Y estando en la condición de hombre, se humilló a sí mismo, haciéndose obediente hasta la muerte, y muerte de cruz. Por lo cual Dios también le exaltó hasta lo sumo, y le dio un nombre que es sobre todo nombre, para que en el nombre de Jesús se doble toda rodilla de los que están en los cielos, y en la tierra, y debajo de la tierra; y toda lengua confiese que Jesucristo es el Señor, para gloria de Dios Padre.
Filipenses 2:8-11

Jesús decidió voluntariamente dejar su gloria para venir a este mundo perdido para darle salvación. El Hijo de Dios no necesitaba venir, nosotros necesitábamos que Él viniera. Nadie le pidió a Dios que hiciera algo para librarnos de la muerte y del pecado. Él tomó la iniciativa por amor y mandó a su Hijo Unigénito para que tú y yo tengamos vida por medio de su sacrificio.

Lo que Cristo pasó en la cruz fue terrible. A veces vemos películas que han intentado recrear ese momento y nos cuesta mantener la mirada en imágenes de tanto dolor y sufrimiento. Jesús sabía lo que iba a pasar y aun así fue a la cruz por amor a nosotros.

Su sufrimiento se llevó el nuestro, su muerte cambió nuestra muerte espiritual por vida eterna. El precio del rescate ya se pagó y no hay deudas pendientes. El sacrificio fue completo y perfecto, no hay nada más que agregar. La justicia divina está satisfecha y nuestra condenación está cancelada.

Pero su obra no terminó en la cruz ni en el sepulcro. El domingo temprano logró la victoria sobre la muerte física resucitando con poder. Los arqueólogos podrán seguir buscando sus huesos, pero nunca los van a encontrar. ¡Ahora Jesús está sentado en su trono reinando eternamente y para siempre!

Dios lo exaltó. Esta palabra en griego es *hyperypsóo* y significa elevarse por sobre otros, subir al cargo más alto o exaltar a lo sumo. ¡No hay nadie más alto que Jesucristo!

Los que le hemos recibido como Salvador y Señor de nuestras vidas, hoy le adoramos, pero un día todo el mundo comparecerá ante su Trono y allí ¡toda rodilla se doblará y toda lengua confesará que Él es el Señor! ¡Aleluya!

¡Te exalto Señor, porque vives para siempre
y me ha dado vida para adorarte eternamente!

¡Permanece!

*Permaneced en mí, y yo en vosotros. Como el pámpano no puede llevar fruto por sí
mismo si no permanece en la vid, así tampoco vosotros si no permanecéis en mí.
Yo soy la vid, vosotros los pámpanos; el que permanece en mí, y yo en él,
éste lleva mucho fruto; porque separados de mí nada podéis hacer.*
Juan 15:4-5

Parece que las virtudes de la paciencia, la perseverancia y la permanencia, han pasado de moda. En nuestra cultura todo parece ir de la mano con lo instantáneo. Nos cuesta esperar en el teléfono, en una fila, en una sala de espera. Cuando estamos apurados, hasta nos parece que el microondas se toma demasiado tiempo para calentar una taza de café. ¿Todavía hay alguien que calienta el motor del automóvil antes de salir?

Pero el verdadero problema viene cuando trasladamos nuestros apuros a Dios. Queremos respuestas rápidas, calabaceras que crezcan en una noche, transformaciones instantáneas, y que los ángeles despejen nuestra ruta al trabajo para que podamos conducir solos. Pero Dios no está sujeto a nuestro tiempo.

Anhelamos que Dios obre en nuestra vida, que nuestro carácter sea transformado, que nuestras palabras edifiquen, y para que esto suceda hace falta tiempo. Jesús lo explicó claramente a través del ejemplo de la vid. Si pensamos que un pequeño brote es un fruto y lo cortamos antes de tiempo, lo hemos perdido. Al cortar el proceso, el fruto se pierde. Por eso es tan importante permanecer, para que Dios complete su obra.

Tampoco somos arboles de plástico que podemos colgar frutos artificiales para demostrar que somos fructíferos. Debemos ser árboles llenos de vida, y para eso, debemos tener la Vida misma en nuestro ser. Sin Jesús nada somos, nada podemos hacer.

Si Dios comenzó una obra en ti, la perfeccionará día a día (ver Filipenses 1:6). No te dejará hasta que la haya terminado, pero tu parte es permanecer unido a Él.

No desmayes, espera en Dios. Él te está formando, pensando en la eternidad, donde el tiempo no importa. ¡Permanece fiel y verás el fruto de su obra en ti!

---

*Señor, dependo de ti como el aire que respiro. Dame la fortaleza para
permanecer y la fe para avanzar. Yo sé que contigo todo lo puedo.*

No te vistas de luto tan rápido

¿Por qué andaré yo enlutado por la opresión del enemigo?
Salmo 42:9

Este salmo lo escribió uno de los descendientes del levita Coré. Por sus palabras podemos saber que se encontraba deprimido. Leemos que sus lágrimas fueron su pan de día y de noche, y que su alma estaba abatida, pero con muchos deseos de experimentar a Dios. Sin duda, este salmista era como uno de nosotros.

En esos tiempos, una persona se vestía de luto cuando había perdido un ser querido, sus posesiones, su tierra, su libertad. Era una manera de exteriorizar su tristeza. Pero el salmista reflexiona: ¿Por qué voy a andar enlutado como si lo hubiera perdido todo cuando solo es el enemigo oprimiéndome? ¡Todavía no hay nada perdido!

La palabra opresión en hebreo es *lakjats*, y significa aflicción, angustia, estar bajo presión, acosado, en aprietos, impedido. Una de las estrategias de batalla era sitiar la ciudad que se pretendía tomar y obstruir sus accesos con el fin de que se rinda. Sin embargo, se podía contraatacar esa opresión, siempre y cuando el ejército tuviera las fuerzas, la motivación y los recursos para hacerlo.

Muchas veces nosotros pasamos por situaciones que debilitan nuestra fe y solo podemos anticipar una derrota. Pensamos que estamos perdidos incluso sin haber peleado. Así se sentía el hijo de Coré, hasta que reaccionó y se dijo así mismo: "No voy a vestirme tan rápido de luto cuando todavía no he peleado. No terminó la batalla. Voy a enfrentar al enemigo".

No des por perdida ninguna batalla antes de que termine. La historia nos dice que muchas veces el que parecía vencido se levantó con fuerzas nuevas y terminó siendo el vencedor. ¿Te acuerdas de la opresión de Goliat? Ya sabes quién rio último.

Tal vez hoy tu tanque de esperanza y valentía se encuentre vacío. Vuelve a recordar las promesas de Dios, piensa Quién está a tu lado en todas las batallas. Recupera tu confianza en el Todopoderoso que te sostiene en cada lucha que tengas. ¡Levántate en el nombre del Señor y deja a un lado la ropa de luto!

Señor, hoy me levanto confiando en tu poder.
Voy a pelear todas mis batallas porque tú me darás la victoria.

Entrada a la gracia

Justificados, pues, por la fe, tenemos paz para con Dios por medio de nuestro Señor Jesucristo; por quien también tenemos entrada por la fe a esta gracia en la cual estamos firmes, y nos gloriamos en la esperanza de la gloria de Dios.
Romanos 5:1-2

¡Qué obra tan maravillosa y perfecta hizo Jesús en la cruz! Al recibirle como nuestro Salvador y Señor, aceptamos que su muerte hizo posible el perdón de nuestros pecados. Estábamos condenados y ahora somos libres. Él ya no se acuerda de nuestros pecados. ¡Maravillosa gracia!

El apóstol Pablo nos dice que tenemos "entrada" por la fe a esta gracia. Esta palabra en griego es *prosagoge* que tiene connotaciones interesantes. Significa llevar o traer a la presencia de alguien, conducirlo. Se traduce también como acceso, con el que se asocia la idea de libertad para entrar mediante la ayuda de otro o por su favor. Jesús es el único que puede llevarnos delante del Padre Celestial y eximirnos de culpa y cargo haciéndonos justos delante de Él.

Prosagoge se usaba también en la antigüedad para hacer referencia a la entrada que tenía una persona a la presencia del rey. Después de escuchar las trompetas y la presentación oficial del vocero real, la persona podía comparecer ante el supremo para pedir justicia, ayuda o un beneficio especial. Por medio de su obra en la cruz del calvario, Cristo logró para nosotros esa entrada ante la presencia del Rey, no solo para pedir un favor, sino para relacionarnos como hijos.

Prosagoge también estaba relacionada con la navegación. Era el nombre que se le daba al muelle o lugar del puerto en donde los barcos podían permanecer cuando había tormentas fuertes. Cristo nos dio protección permanente a través de su sacrificio. Cuando atravesamos tormentas podemos estar confiados en su cuidado. ¡Él es nuestro puerto seguro!

Dado que nuestra posición como hijos de Dios está basada en su gracia, realmente podemos estar firmes y en paz. La puerta de entrada a su presencia está permanentemente abierta, no para tener una entrevista circunstancial, sino para permanecer a su lado.

¡Gracias Señor por tener entrada a tu presencia! Me siento gozoso al saber que en ti hay salvación, y me siento seguro bajo tu protección.

No pierdas la fe

Pero cuando venga el Hijo del Hombre, ¿hallará fe en la tierra?
Lucas 18:8

Esta declaración aparece al final de la parábola de la viuda y el juez injusto. El propósito de este relato fue animar a sus oyentes a orar siempre y no desmayar. La oración es fundamental para mantenernos firmes en la fe.

La pregunta que hace el Señor en este versículo cobra mucho más sentido en la medida que nos acercamos a los últimos tiempos. Una de las señales es que "el amor de muchos se enfriará" y otros tantos "apostatarán de la fe". ¿No estamos siendo testigos de esto? Si el Señor viniera hoy, ¿hallaría verdadera fe en la tierra?

Si nuestra fe está basada en la inmediatez de las respuestas a nuestras peticiones, podemos perderla en cualquier momento. La verdadera fe sabe esperar en Dios hasta las últimas consecuencias.

Si amoldamos nuestra fe al sistema, comenzamos a perderla. El mundo, regido por Satanás, tiene principios contrarios a los del Señor. El enemigo es el padre de mentira, y su objetivo es que rechacemos la verdad de Dios. Por eso el apóstol Pablo nos aconseja en Romanos 12:2 a no imitar las conductas ni las costumbres de este mundo, por el contrario, debemos permitir que Dios nos transforme.

También la Biblia dice que en los últimos tiempos habrá muchos falsos profetas y falsos maestros que harán apartar a la gente de la verdad y la fe. La misma Iglesia de Cristo de los últimos tiempos simbolizada con la iglesia de Laodicea se volverá tibia en su relación con Dios.

Judas, el hermano de Jesús, nos exhorta a contender por la fe ardientemente (ver Judas 1:3). No es solo cuidarnos de no ser permisivos con las falsas doctrinas, sino también es tener una actitud activa para no permitir que alguien cambie la Verdad.

Sólo la fe verdadera persevera a pesar de las dificultades, los obstáculos y la oposición. Te pregunto: ¿Cómo está tu fe?

Que todos los que esperamos confiados la venida del Señor, seamos hallados con una fe viva y arraigada en su Palabra.

Señor, ayúdame a perseverar fiel en tu Verdad.
Cuando busques fe verdadera, encuéntrala siempre en mí.

Sigue sentado en su trono

Y el que estaba sentado en el trono dijo: He aquí, yo hago nuevas todas las cosas.
Me dijo: Escribe, porque estas palabras son fieles y verdaderas. Y me dijo:
Hecho está. Yo soy el Alfa y la Omega, el principio y el fin.
Apocalipsis 21:5-6

Dios no está sujeto a tiempo y espacio. En su mente eterna todo su plan está consumado. Mientras tanto, aquí en la tierra, sujetos a tiempo y espacio, esperamos que se complete ese plan. Y, ¡gloria a Dios!, nadie podrá cambiarlo ni interrumpirlo jamás.

¡Cuánta seguridad nos produce saber que estos versículos se cumplirán al pie de la letra porque lo dice "el que está sentado en el trono"! ¡Cristo tiene el dominio absoluto de todo! El universo se pone en funcionamiento a la mínima palabra que sale de su boca. Su reinado cubre todo lo que sucede en el cielo y en la tierra.

El que hará nuevas todas las cosas, incluyendo el cielo y la tierra, es el mismo que hoy controla tu vida desde su trono. No eres producto del azar ni de la mera voluntad de tus progenitores. No naciste en un país determinado por casualidad. Tus rasgos, tu temperamento, todo estaba en la mente de Dios. También conoce todas las decisiones que hiciste y que harás, sin embargo, nunca te ha quitado el libre albedrío. Tienes en tu mano la decisión de seguir su camino o el tuyo propio. Las consecuencias serán el resultado de tu decisión.

A Dios no lo toma por sorpresa lo que puede estar sucediéndonos hoy, y si entendemos que Él permite ciertas situaciones es porque espera cumplir varios propósitos. Algunos de ellos son personales, otros más generales, y tal vez el mayor propósito en una prueba sea evaluar nuestro corazón para saber cuánto confiamos en Él.

Si Dios es perfecto, también lo son sus propósitos. Perfecto no siempre significa comprensible, pero la fe en Él nos permite descansar en su soberanía, sabiduría y poder.

¿Quién es el verdadero Rey de tu vida en este momento? ¿Quién guía tus decisiones y dirige tu camino? Dios tiene un plan y propósitos para ti que solo podrás descubrir si vives bajo la autoridad de Aquel que reina desde su trono.

Señor, así como reinas desde tu trono celestial, reina también en mi vida.
Que mis acciones y palabras reflejen tu amor, gracia y misericordia.

El maravilloso hermano José

*Y llamó José a su hijo mayor Manasés, porque dijo: Dios me hizo olvidar
todos mis sufrimientos y a todos los de la casa de mi padre.*
Génesis 41:51

La historia de José es impactante. Fue vendido por sus hermanos,
terminó como esclavo de Potifar, luego fue a parar a la cárcel por falsas
acusaciones, y después de trece años de sufrimiento, al fin Dios lo reivindica
y termina siendo gobernador de Egipto. En medio de esta etapa de
restauración, de recompensa, de retribución divina, nació su primer hijo y
lo llamó Manasés, que en hebreo significa hacer olvidar.

La palabra olvidar en hebreo es *nashá* que significa echar al olvido,
remitir, remover. José no perdió la memoria, lo que perdió fue el dolor. Él
siempre recordó a su padre y a sus hermanos, jamás pudo olvidarlos. Su
amor por su familia era tan profundo y constante que los perdonó de
manera sobrenatural.

José dijo que fue Dios, y solo Él, quien lo ayudó a perdonar de esa
manera. "Dios me hizo olvidar" y "removió el resentimiento" de mi
corazón. Esto fue evidente cuando se reencontró con sus hermanos, y
después de probarlos, les dio abrigo, vivienda y alimento en Egipto. Me
imagino lo feliz que se sentiría José cuando les presentó a su hijo Manasés.
Seguramente toda la familia supo enseguida lo que significaba su nombre.

Dios es el que sana nuestras heridas y las transforma en cicatrices.
Tal vez tengamos muchas marcas físicas de accidentes o golpes. Incluso
podemos tener otras en el corazón producidas por personas o situaciones
que nos lastimaron, pero Dios es nuestro Sanador.

Dios nunca dijo que obraría en nuestra memoria al punto de
hacernos olvidar toda circunstancia difícil. Lo que sí nos prometió es
quitarnos el dolor. Las cicatrices que nos queden serán testimonios de su
obra restauradora. ¡Gracias José por tu vida!

¿Cómo está tu corazón? ¿Hay recuerdos que todavía te duelen?
¿Hay personas, lugares o situaciones que al recordarlas te producen cierta
angustia? Puede ser difícil traer a la luz esas situaciones desgarradoras, pero
vale la pena si sigues el ejemplo de José: entregarle a Dios el dolor que no
puedes manejar y permitirle hacer un milagro en tu corazón.

---

*Señor, te entrego todo aquello que me hirió. Transforma mis heridas
en cicatrices. Que ellas testifiquen de tu sanidad en mi vida.*

Los que trastornan el mundo

Pero no hallándolos, trajeron a Jasón y a algunos hermanos ante las
autoridades de la ciudad, gritando: Estos que trastornan
el mundo entero también han venido acá.
Hechos 17:6

¿Te hubiera gustado acompañar al apóstol Pablo en algunos de sus viajes misioneros? Sí, ya sé, el del naufragio no cuenta, no creo que a nadie le guste nadar en un mar frio y tempestuoso. ¿Y qué tal acompañarlo a Filipos? No... tampoco, eso de ser azotado y estar preso no parece muy emocionante. ¡Acompañémoslo entonces a Listra, el pueblo donde nació Timoteo! Hummm, allí te apedrean... ¡Sí que es difícil promocionar un tour misionero con Pablo!

Durante su segundo viaje se dirigió con sus ayudantes a la ciudad de Tesalónica. Allí predicó un mensaje sencillo pero a la vez profundo: Jesús es el Cristo y ha resucitado. Muchos judíos y gentiles creyeron, y nació una poderosa iglesia en ese lugar. Pero los judíos incrédulos se llenaron de celos y fueron a las autoridades del pueblo con una acusación llamativa: "Estos que *trastornan el mundo entero* también han venido acá".

La palabra "trastornar" en griego es *anastatóo*, y significa agitar, perturbar, inquietar, dar vuelta. Hoy diríamos "poner todo patas para arriba". Pablo perturbaba el statu quo espiritual de todo el que se encontraba con él al mostrarles el camino que les permitiría alcanzar salvación.

Observa que ni el llamado de Pablo ni el nuestro tiene que ver con provocar una revolución política, social o cultural, sino espiritual. Nuestra misión es predicar a Jesucristo como el único camino de salvación.

Déjame decirte que si estás viviendo de acuerdo con la voluntad de Dios, tu estilo de vida trastornará inevitablemente el statu quo de aquellos que viven en tinieblas. Puedes ser amable, benigno, solidario y misericordioso, pero aun así inquietarás a muchos. El mensaje que se te ha confiado pondrá al descubierto el corazón de todo el que te escuche.

Hoy, en el lugar donde estás, eres una luz imposible de esconder (ver Mateo 5:14). Tú vida debe convertirse en una expresión de la vida de Cristo dondequiera que te encuentres.

Señor, permíteme inquietar a los que me rodean con tu Palabra
para que puedan encontrar en ti el único camino de salvación.

El gozo de la restauración

En aquel tiempo se dirá a Jerusalén: No temas, Sion, no se debiliten tus manos.
Jehová está en medio de ti, poderoso, él salvará; se gozará sobre ti con
alegría, callará de amor, se regocijará sobre ti con cánticos.
Sofonías 3:16-17

Esta es una profecía que Dios le dio a su pueblo para que supiese que los restauraría. A pesar de haberse apartado de sus caminos, ellos volverían a Él después de afrontar las consecuencias de sus decisiones. En medio de las situaciones difíciles que estaban sobrellevando, Dios les dijo que no debían temer. Parece que el desánimo, las frustraciones y el cansancio habían debilitado sus manos y debían tomar un nuevo impulso. Esta Palabra los animó a seguir adelante.

El Señor sabe cómo motivar a sus hijos, cómo darles esperanza cuando se sienten desanimados y cómo afirmar su fe. Vemos los puntos de apoyo que se mencionan en los versículos de Sofonías:

"Jehová está en medio de ti, poderoso, él salvará". La salvación y la restauración dependían del poder de Dios. Lo que ellos debían hacer era seguir confiando en Él.

"Se gozará sobre ti con alegría". Imagínate el gozo de Dios por tener a sus hijos constantemente bajo su amparo y su presencia. En su visión eterna, ¡tú ya estabas incluido!

"Callará de amor". En algunas versiones antiguas se lee "te renovará en su amor". La realidad del amor de Dios calma nuestro espíritu y podemos reconocer que Él provee para nuestro cuidado y seguridad.

"Se regocijará sobre ti con cánticos". ¿Prestaste atención a esta frase? ¡Es Dios el que canta! A veces lo imaginamos en su trono organizando, aplicando su justicia, enviando ángeles a todas partes, pero nunca lo imaginamos cantando. ¡Sí, Dios canta sobre su pueblo!

Si lees la Biblia completa, no verás que Dios haya cantado mientras creaba todas las cosas. Tampoco dice que cantó cuando creó a Adán y Eva, o cuando se levantó el templo de Jerusalén… La vez que se menciona a Dios cantando es cuando habla de la restauración de su pueblo. Dios se goza y canta cuando puede ver a millones de sus hijos salvados por el sacrificio de su Hijo Jesucristo en la cruz.

Señor, qué gozo es ser tu hijo y poder conocerte cada día más.

Comunión íntima

La comunión íntima de Jehová es con los que le temen,
y a ellos hará conocer su pacto.
Salmos 25:14

Todos podemos *saber* acerca de Dios por lo que dice la Biblia, por lo que han investigado los teólogos o a través de las experiencias de otros. Pero no todas las personas tienen *intimidad* con Dios. Esto está reservado para los que le temen y le obedecen.

La expresión "comunión íntima" en hebreo es la palabra *sod* que significa compañía de dos o más personas en unidad estrecha, que comparten secretos, que se sientan juntos, que se comunican íntimamente. Es mucho más que "saber algo del otro".

Las relaciones humanas se construyen, entre otras cosas, dentro de un marco en donde ambas partes deben ser flexibles a los deseos del otro para dar lugar a la armonía y la estabilidad. Pero la comunión íntima con Dios es diferente. No es una relación donde el Señor baja sus expectativas y demandas para satisfacer nuestros deseos, sino que nosotros nos elevamos a sus estándares para tener una relación con Él.

La comunión íntima con Dios comienza a construirse aquí y ahora. La puerta de entrada es Cristo, nuestro Salvador, el Creador de un Nuevo Pacto a través de su sacrificio y el Espíritu Santo que nos enseña a construirla día a día.

Jesús nos dio un consejo bien práctico para compartir comunión íntima con Dios: Busca un lugar donde puedas estar en silencio y ora en secreto al Padre (ver Mateo 6:6).

Deja lo que estás haciendo, enciérrate en un lugar privado, y acércate a su presencia. Comparte tus sentimientos con Él. Escucha lo que quiere decirte. Deja que te hable acerca de sus planes. Y si te comparte un secreto, no siempre es para que lo hagas público.

Cuando comienzas a compartir comunión íntima con Él, tu alma encuentra todo lo que necesita. David en el Salmo 63:5, menciona de manera muy gráfica que al estar en su presencia, su alma quedaba tan satisfecha, como si hubiera comido los platos más deliciosos.

Señor, quiero conocerte más, enamorarme más de ti, y estar tan lleno de tu presencia que pueda contagiar a los que están a mi alrededor.

Alábalo antes del milagro

Jehová es mi fortaleza y mi cántico, y ha sido mi salvación. Este es mi Dios,
y lo alabaré… Echó en el mar los carros de Faraón y su ejército;
y sus capitanes escogidos fueron hundidos en el Mar Rojo.
Éxodo 15:2,4

Los israelitas estaban entre la espada y la pared… de agua. Enfrente tenían el Mar Rojo y atrás venía el poderoso ejército de Faraón. Los expertos en estrategias de guerra dirían que era momento de rendirse, pero Dios había preparado una salida.

Aunque no podían ver con sus ojos físicos a Dios, vieron los efectos de su poder. De pronto comenzó a soplar un viento recio, las aguas se dividieron en dos y ahora había un camino por donde cruzar al otro lado. Una vez que el pueblo estuvo a salvo, las aguas volvieron a su cauce normal y sepultaron al ejército egipcio ¡Qué momento extraordinario! Las mujeres de Israel, dirigidas por María, desempolvaron los panderos y comenzaron a cantar a Dios por su proeza. ¡Qué celebración!

La alabanza surgió después de haber experimentado la victoria. Claro, es más fácil alabar después de la intervención del Señor que cuando solo estamos esperando en sus promesas. Como escuché decir a un querido pastor: "Los israelitas cantaron en el lado equivocado", refiriéndose a que el pueblo alabó después de que cruzaron y no antes.

Es en los momentos límite que se manifestará lo que hay en nuestro corazón. Cuando realmente confiamos en Dios, podemos alabarlo antes de ver su intervención divina. Esto no significa que ignoremos los desafíos que tenemos por delante, pero por la fe sabemos que nunca llega tarde cuando lo necesitamos.

Cuando Pablo y Silas fueron azotados y encarcelados en Filipos (ver Hechos 16:25-26) empezaron a cantarle a Dios en voz alta a la medianoche. Entonces vino de pronto un gran terremoto, y ¡todas las puertas se abrieron y las cadenas se soltaron! Fíjate que primero fue la alabanza y después la liberación. Cuando ellos cantaron, Dios intervino.

Tal vez hoy te sientas en una encrucijada como los israelitas. ¡Comienza a cantar! La alabanza enfoca nuestra atención en Dios y nos hace conscientes de que está con nosotros e intervendrá con su poder.

Gracias Señor porque cambias mi temor por seguridad.
Tú puedes dar soluciones a situaciones sin esperanza.

Oración bajo presión

Entonces Jesús les dijo: Mi alma está muy triste, hasta la muerte; quedaos aquí,
y velad conmigo. Yendo un poco adelante, se postró sobre su rostro,
orando y diciendo: Padre mío, si es posible, pase de mí esta
copa; pero no sea como yo quiero, sino como tú.
Mateo 26:38-39

El día jueves antes de ir a la cruz, Jesús fue a Getsemaní a orar. Intentó tener el apoyo de tres intercesores en su hora más crítica, pero se quedaron dormidos. El Hijo de Dios empezó a tener sentimientos como los que hemos experimentado nosotros más de una vez: Tristeza, angustia, dolor, soledad. Jesús sabía lo que iba a enfrentar. Estaba sobre sus hombros la presión de la inminente traición de un amigo, las burlas y sarcasmos de los judíos religiosos, los latigazos, la corona de espinas, la crucifixión, la muerte. Demasiada carga para sobrellevar.

La oración en Getsemaní fue la más difícil de hacer. Jesús todavía tenía la opción de evitar el sufrimiento y el dolor. Sin embargo, le dijo al Padre que se sometería a su voluntad. El Señor había predicado y enseñado muchas veces que el que quería ser su discípulo debía negarse a sí mismo, tomar la cruz y seguirle. Ahora había llegado su hora, debía renunciar voluntariamente a conservar su vida e ir hacia la cruz con el propósito de traer salvación a la humanidad.

Jesús no oró pidiendo que la muerte fuera rápida, que los soldados se olvidaran la corona de espinas, que Pilato no lo mandara a azotar. No, sabía que debía pasar por todo eso para que la Escritura se cumpliese. El Padre no lo libró, pero le envió ayuda (ver Lucas 22:43).

Nunca vamos a sufrir lo que sufrió Jesús, pero su oración probablemente la tengamos que hacer muchas veces. Como humanos nuestra voluntad puede jugarnos una mala pasada. En nuestra mente sabemos lo que Dios quiere, pero muchas veces decidimos lo contrario.

En momentos en que nos debatimos entre obedecer a Dios o seguir nuestros deseos, debemos hacer la oración que hizo el Señor: "Padre, que se haga tu voluntad y no la mía".

Dios promete ayudarnos a elegir el camino de la obediencia. Tal vez no veas un ángel descender del cielo, pero el Espíritu Santo te recordará que eres más que vencedor por medio de Aquel que te ama.

Señor, que hoy y siempre sea hecha tu voluntad en mi vida.

Beneficios de la obra de Cristo

El que no escatimó ni a su propio Hijo, sino que lo entregó por todos nosotros,
¿cómo no nos dará también con él todas las cosas?
Romanos 8:32

El perdón de pecados y la justificación son concedidos por gracia y gratuitamente. Pero requiere arrepentimiento de pecados y fe en el sacrificio de Cristo para que Dios nos declare justos, como si nunca hubiésemos pecado. De esta manera ya no somos más pecadores para Dios sino hijos adoptados con los mismos derechos de hijos que Jesucristo. ¡Qué amor incomparable el de Dios hacia nosotros! Merecíamos la muerte y Él nos concede vida por su amor y misericordia.

Sin embargo, el amor de Dios no termina allí. El apóstol Pablo nos lleva a reflexionar a través de la pregunta: Si Dios envió a su amado Hijo por nosotros, ¿acaso no nos dará también cualquier cosa que necesitemos? Si lo más complicado fue resuelto, ¿cuán difícil sería para Dios resolver lo que te preocupa hoy? ¿Hay algo que sea imposible para Él?

Por favor, lee todo el capítulo 8 de Romanos y recuerda los beneficios que te otorgó el sacrificio de Cristo en la cruz al haberle aceptado como tu Salvador:

✓ Nada ni nadie puede contra ti porque Dios está a tu lado. V. 31.
✓ El Padre se ocupa de tus necesidades y te dará lo que te haga falta. V. 32.
✓ Dios te absuelve de cargo y culpa. V. 33. Ya no tienes que sentir el peso de tus pecados pasados. Metafóricamente hablando, ¡los ha arrojado al fondo del mar! (ver Miqueas 7:19).
✓ Eres libre de la condenación. V. 34. La salvación que has recibido por fe te da seguridad eterna.
✓ Nada ni nadie te puede separar del amor de Cristo. Vs. 35, 38, 39. Dios está determinado por la eternidad a amarte y nada lo hará cambiar de parecer. Él permanece siempre fiel.
✓ Dios dice que tú eres más que vencedor. V. 37. ¡Aleluya!

No importa cómo te sientas. A veces podemos experimentar sentimientos de derrota, frustración, fracaso… Pero por la fe debes seguir creyendo en la victoria que el Señor te ha otorgado en la cruz.

¡Gracias Señor por los beneficios que me concediste
a través de tu sacrificio en la cruz!

Silencios con propósito

Era día de la preparación, y estaba para comenzar el día de reposo. Y las mujeres que habían venido con él desde Galilea… vieron el sepulcro, y cómo fue puesto su cuerpo. Y vueltas, prepararon especias aromáticas y ungüentos; y descansaron el día de reposo, conforme al mandamiento.
Lucas 23:54-56

En la vida de Cristo, siempre "era necesario que se cumpliese la Escritura". Se había profetizado que Jesús resucitaría al tercer día… y había que esperar hasta el domingo. ¡Qué difícil habrá sido ese sábado para todos los discípulos! Sus corazones estaban destrozados, habían perdido toda esperanza. Puedo imaginarme alguna de las preguntas que deben haber cruzado por sus cabezas: "¿Por qué Jesús tuvo que morir de esa manera?" "¿Y ahora qué hacemos?" "Si Jesús no es el Mesías con todo lo que hemos visto y oído de Él, entonces ya no podemos creer en nada más…".

Por lo que leemos en los evangelios, nadie mencionó la posibilidad de su resurrección… ¡excepto los enemigos religiosos que decidieron poner una guardia romana frente a la tumba!

No podemos condenar a los discípulos. Muchas veces nosotros pasamos por situaciones en donde nos hacemos las mismas preguntas. Sentimos a Dios tan distante que olvidamos todas sus promesas. No escuchamos su voz, solo hay silencio. La posibilidad de que Dios haga un milagro en una situación sobre la que ya nadie tiene esperanza nos parece imposible.

Si vamos a la Escritura, recordaremos que cada vez que Dios guardó silencio siempre fue con un propósito. Esos silencios divinos se asemejan a los silencios musicales. En toda ejecución musical hay silencios y esto no significa que la obra se detiene. Durante los silencios de Dios sus propósitos se siguen cumpliendo y pueden ser útiles para llamar nuestra atención.

Tal vez tú te encuentres atravesando un "sábado silencioso", sin respuestas, sin fe ni esperanza. Tienes que saber que Dios está preparando algo con lo que quiere sorprenderte. Recuerda que Jesús le dijo a Marta que si creía iba a ver la gloria de Dios.

Tienes promesas latentes que se harán realidad si puedes creer.

Señor, aunque ahora estés en silencio, espero tu respuesta. Tú cumples tus promesas.

La aparición del Cristo resucitado

Y que fue sepultado, y que resucitó al tercer día, conforme a las Escrituras; y que aparectó a Cefas, y después a los doce. Después apareció a más de quinientos hermanos a la vez, de los cuales muchos viven aún, y otros ya duermen. Después apareció a Jacobo; después a todos los apóstoles; y al último de todos, como a un abortivo, me apareció a mí.
1 Corintios 15:4-8

Si lees todo el Nuevo Testamento, no vas a encontrar ningún versículo que diga que Jesús se le apareció resucitado a alguien que no había creído en Él. En el pasaje que acabas de leer, el apóstol Pablo lo confirma. Después que Jesús resucitó, se les apareció solo a los creyentes. Luego ascendió a los cielos y los que lo vieron por última vez fueron sus discípulos. Solo Pablo tuvo una experiencia posterior porque sería uno de los apóstoles enviado a los gentiles.

Ahora, si yo hubiera sido el resucitado, a los primeros que me hubiera manifestado sería a los religiosos que me condenaron: "A ver… ¿qué dicen ahora?". "Ustedes que me mandaron a crucificar, ¿qué van a hacer?". Me presentaría a los soldados romanos con un clavo y un martillo y les diría: "¿Les gustaría saber cuánto duele?". Haría un tour visitando a Pilato, Herodes, a cada persona que me hubiera insultado, escupido, por lo menos para darles un buen susto... Bueno, el Señor no es como yo, tiene otro corazón y otros propósitos.

Jesús sabía que a sus propios discípulos les iba a costar creer en su resurrección, por eso se les presentó en diferentes momentos. Se le apareció a María y a las demás mujeres, a Pedro, a los que iban camino a Emaús, después a los once reunidos, a su hermano Jacobo. Incluso al escéptico Tomás. Jesús siempre se revela a los que quieren creer.

Si el Señor hubiera querido, desde su resurrección en adelante se habría aparecido cada año en algún lugar determinado para que lo veamos y comprobemos que ha resucitado. Pero no funciona así para Dios. Las experiencias maravillosas con el Resucitado solo son para los que creen en Él sin haberle visto (ver Juan 20:29).

Hoy podemos tener encuentros maravillosos con Jesús porque Él vive. No ponemos nuestra fe en una persona que se ha quedado en el sepulcro. ¡Cristo vive y nosotros somos la evidencia de su obra salvadora!

¡Gloria al Rey de reyes y Señor de señores! Yo fui rescatado por tu gracia.

Paz en un mundo en crisis

La paz os dejo, mi paz os doy; yo no os la doy como el mundo la da.
No se turbe vuestro corazón, ni tenga miedo.
Juan 14:27

Por las profecías bíblicas sabemos que en los últimos tiempos va a faltar la paz. Habrá guerras, hambre, terremotos, y pestilencias (¡sabemos de qué se trata!). Los gobiernos del mundo saben que deben mantener informado al pueblo con noticias que no sean demasiado perturbadoras para evitar el pánico. Pero la "paz" que intentan ofrecer, no produce los resultados de la paz que ofrece Cristo. Por eso Él dice que no la da como el mundo la da.

La paz que da Jesús es permanente. Observa que dijo "os dejo", "os doy" sin reproche. Es permanente porque viene como resultado de una relación con Dios. Al ser justificados tenemos paz para con Dios (ver Romanos 5:1). Necesitamos primero restaurar nuestra comunión con Él, ser hijos suyos, para luego recibir la paz que viene de esa relación. No podemos saltarnos este paso.

La paz de Jesús nos quita la turbación. Turbación significa agitación, estar alborotado o conmovido. En el Salmo 43:5 leemos que no hay razón para inquietarnos o estar temerosos porque Dios es nuestra salvación

Jesús dijo que la falta de paz sería una señal de su venida (ver Marcos 13:7). Cuanto mayor turbación haya en el mundo, más esperanza de salvación habrá en los corazones de los que esperan a Cristo.

La paz de Jesús nos quita los miedos. La palabra miedo en griego, *deiliao*, nos da la idea de alguien que está amedrentado, que tiene terror. La paz de Cristo llena nuestro corazón hasta desalojar el miedo y vivir con quietud en el alma.

El Espíritu Santo que habita en el corazón de los hijos de Dios nos capacita con poder, amor y dominio propio (ver 2 Timoteo 1:7). Nos da poder para hacer lo que naturalmente parece imposible; nos da amor para relacionarnos correctamente con el prójimo, y nos da dominio propio para estar quietos, controlados, y no permitir que nada ni nadie nos quite la paz que nos dio.

Señor, a pesar de los tiempos difíciles que estamos viviendo,
que tu paz gobierne siempre mi mente y corazón.

Límites a las presiones

Pero tenemos este tesoro en vasos de barro, para que la excelencia del poder sea de Dios, y no de nosotros, que estamos atribulados en todo, mas no angustiados; en apuros, mas no desesperados; perseguidos, mas no desamparados; derribados, pero no destruidos.
2 Corintios 4:7-9

Podemos vivir presionados externamente, pero no vamos a dejar que esas presiones nos afecten interiormente. Según este pasaje, hay cuatro formas de presión a las que hay que ponerles límites.

1. Podemos estar "atribulados". Esta palabra significa sufrir aflicción, estar presionados por las circunstancias o por personas. Podemos tener presiones externas, pero no vamos a "angustiarnos". Estar angustiado es sentirse oprimido, como si nos faltara el aire. Ponle límites a las tribulaciones. No permitas que las situaciones difíciles te paralicen y te ahoguen. Echa toda tu ansiedad sobre Jesús (ver 1 Pedro 5:8).

2. Podemos estar en "apuros". Esto es cuando las circunstancias que nos rodean nos dejan perplejos, confundidos, desorientados, sin saber qué hacer. Pero no vamos a caer en la "desesperación". La palabra griega para desesperado significa estar fuera del camino, sin rumbo, sin recursos, hundido, creyendo que no hay salida. No aceptes esto porque siempre hay una salida en el Señor (ver 1 Corintios 10:13). Ponle límite a los apuros.

3. Podemos ser "perseguidos" por situaciones o personas que nos inquietan, que nos quieren desanimar, alejarnos del amor de Dios, aislarnos. Pero nunca estaremos "desamparados" porque nuestro Padre Celestial jamás nos dejará desprotegidos, sin amparo ni ayuda. Ponle límite al sentimiento de abandono. Jamás Dios nos deja solos. Vencemos el miedo a la soledad a través del amor de Dios (ver 1 Juan 4:18).

4. Podemos estar "derribados". Puede ser que alguna situación parezca habernos arrojado al suelo o sentir que hemos caído a lo más bajo, sin embargo, dice la Palabra que nunca estaremos "destruidos". Esta palabra significa que no podrán reducirnos a pedazos, no podrán deshacer nuestra vida. ¡Nunca lo harán!

Si estás sintiéndote angustiado, desesperado, desamparado o destruido, Dios te recuerda que en todas estas cosas eres más que vencedor en Cristo.

Señor, aunque resbale, sé que tú me levantarás
porque nunca dejas caídos a tus hijos.

El Shaddai, Dios Todo Suficiente

*Y dijo a José: El Dios Omnipotente me apareció en Luz
en la tierra de Canaán, y me bendijo.*
Génesis 48:3

Cada uno de los nombres de Dios describe un aspecto diferente de su carácter y su obra. Uno de ellos es El Shaddai que significa alguien que nutre, suple y satisface. Esta palabra es traducida en nuestras Biblias como "Dios Todopoderoso", "Dios Omnipotente" o "Dios que es más que suficiente". Los teólogos concluyen que el significado completo de este nombre es el "Dios todo suficiente para las necesidades de su pueblo".

El Señor comenzó a revelarse con este nombre en la vida de Abraham. El Shaddai fue todo suficiente para sus necesidades, proveyendo esperanza, paciencia, fuerza, sabiduría y recursos materiales.

Dios continuó revelándose como El Shaddai a su descendencia. Isaac, el hijo de Abraham, usó este nombre para bendecir a su hijo (ver Génesis 28:3-4).

Dios vuelve a utilizar este nombre cuando se encontró con Jacob en Betel. Otra vez, el Dios Omnipotente (ver Génesis 35:11).

Jacob se lo mencionó a José, refiriéndose al Señor como el Dios Omnipotente que se le había aparecido en Luz en la tierra de Canaán, y lo bendijo (ver Génesis 48:3). Moisés lo vuelve a repetir a la próxima generación… ¡y cantando! Dijo que antes que naciesen los montes y formase la tierra y el mundo, Dios ya era El Shaddai (ver Salmo 90:2).

La revelación de este maravilloso nombre también es para nosotros. Dios es Todo Suficiente para salvarnos a través de la obra completa y perfecta de Jesucristo. Dios es Todo Suficiente para suplir nuestras necesidades emocionales (ver 1 Pedro 5:7). Dios es Todo Suficiente para librarnos de nuestros temores. Un salmista dijo que después de haber buscado al Señor, había sido librado de todos sus temores (ver Salmo 34:4). Dios es Todo Suficiente para suplir necesidades materiales. Pablo dijo que Dios es el que provee y multiplica los recursos que necesitamos (ver 2 Corintios 9:10).

En tiempos difíciles, Dios quiere mostrarse como El Shaddai, el Todo Suficiente que sabe cuidar de cada uno de sus hijos.

---

*Señor, te reconozco como el Dios Todo Suficiente para mis necesidades,
tanto físicas como emocionales y espirituales.*

Punto de apoyo

Y clamó Asa a Jehová su Dios, y dijo: ¡Oh Jehová, para ti no hay diferencia
alguna en dar ayuda al poderoso o al que no tiene fuerzas! Ayúdanos,
oh Jehová Dios nuestro, porque en ti nos apoyamos...
2 Crónicas 14:11

La palabra "apoyo" significa hacer descansar, reposar, lo que sirve de sostén, ayuda, protección, respaldo, amparo, defensa, auxilio. Creo que todos lo necesitamos constantemente.

¿Estamos apoyándonos completamente en el Señor en tiempos de crisis? Él siempre envía su ayuda a los que pueden descansar en su cuidado. Cuando nos apoyamos en el Señor tenemos asegurada nuestra victoria.

Los puntos de apoyo de nuestra fe son las promesas de Dios. Había un viejo himno que comenzaba diciendo: "Todas las promesas del Señor Jesús son apoyo poderoso de mi fe". Cuando más conozco y creo en esas promesas, más confiado estaré.

Dios promete librarnos cuando nos apoyamos en Él. En los salmos encontramos múltiples declaraciones que confirman esto. Los salmistas reconocían permanentemente que Dios era su apoyo constante, que sabía librarlos de las situaciones más difíciles (ver Salmo 18:18-19). ¡Siempre ha sido maravillosa la intervención oportuna del Señor!

Cuando nos apoyamos en el Señor tenemos paz. Hay alivio, reposo y descanso cuando entregamos nuestras cargas a Dios. Salomón mencionó en Proverbios 3:24-26 que cuando nos acostemos, no tendremos temor, sino que nuestro sueño será grato y siempre seremos librados de los temores. Él pudo experimentar esto al apoyarse en Dios. ¡Hay descanso para el espíritu, el alma y el cuerpo!

Cuando nos apoyamos en el Señor vemos sus maravillas. El rey Asa se apoyó en Dios, Él le dio la victoria sobre sus enemigos y la tierra tuvo paz. El Dios Todopoderoso fue engrandecido por su pueblo al ver sus tremendas obras.

Dios promete obrar maravillas a favor de los que lo tienen como su punto de apoyo. Nunca permitirá que sea avergonzado aquel que confía en Él. Que hoy las promesas del Señor sean el apoyo poderoso de tu fe.

Señor, aunque otros confíen en sus riquezas, su poder, su seguridad material, yo confiaré
en ti. Tú eres mi punto de apoyo y jamás me desamparas.

Cinco chicas audaces

Y Zelofehad hijo de Hefer no tuvo hijos sino hijas; y los nombres de las hijas de Zelofehad fueron Maala, Noa, Hogla, Milca y Tirsa.
Números 26:33

En la cultura hebrea era muy importante el nacimiento de varones en un hogar para perpetuar el nombre de la familia y heredar las tierras que Dios les había dado en posesión. Pero Zelofehad no tuvo hijos varones, sino que Dios le regaló cinco hijas. Probablemente este hombre se habrá sentido preocupado por el futuro de su familia, sin embargo, estas cinco jóvenes hicieron historia en Israel.

La ley de Dios decía que los primogénitos varones eran los únicos que podían heredar las tierras, pero estas hermanas fueron a Moisés, al sacerdote Eleazar, a los jefes de las tribus y a toda la comunidad para discutir su caso. Su padre había muerto en el desierto, pero no por estar entre los seguidores de Coré que se rebelaron contra Dios, y no había tenido hijos varones. La pregunta fue: ¿Por qué debería desaparecer el nombre de su padre de entre su clan solo por no tener hijos varones? Acto seguido, pidieron una porción de terreno entre el resto de sus parientes (ver Números 27:3-4).

Entonces Moisés fue a Dios por consejo y le respondió diciendo que la petición de las hijas de Zelofehad era legítima, y que les diera una porción de terreno junto con los parientes de su padre. Además, debía decirle al pueblo de Israel que de ahora en adelante, si un hombre moría sin dejar hijo varón, entonces se le daría su herencia a sus hijas (ver Números 27:7-8). ¡Tremendo! ¡Dios no solo les concedió su petición sino que cambió la ley en Israel por la audacia de estas cinco mujeres!

Esta historia nos enseña que Dios obra a través de aquellos que tienen una fe osada y están dispuestos a enfrentar desafíos para recibir lo que el Señor les prometió.

Dios hace caminos donde no los hay, abre puertas que parecen imposibles de abrirse. Él se encarga de los obstáculos que se presentan en el camino de aquellos que quieren avanzar.

Todavía sigue vigente Mateo 7:7-8. Debemos pedir para que se nos dé, debemos buscar para hallar, y debemos llamar para que nos abran.

Señor, ayúdame a asumir nuevos desafíos sin intimidarme; que actúe con valentía sobre mis miedos y que mi fe supere mis preguntas.

Dios es la Fuente

Porque Jehová Dios de Israel ha dicho así: La harina de la tinaja no escaseará,
ni el aceite de la vasija disminuirá, hasta el día en que Jehová
haga llover sobre la faz de la tierra.
1 Reyes 17:14

Elías fue un profeta de Dios que vivió en medio de una de las peores crisis de Israel. En el momento que dio esta palabra, había una sequía tremenda y los alimentos escaseaban. Todo el pueblo estaba muy preocupado, pero Elías no. Este hombre de Dios estaba viendo la diferencia entre los que confiaban en el Señor y los que le habían abandonado.

Dios le había dicho que debía esconderse en una cueva, beber de un arroyo y que dos veces al día llegaría el "servicio de mensajería urgente" (sí, los cuervos) con el pan y la carne necesarios para alimentarse. ¿No es tremenda la manera en la que Dios actúa? Dos aves carroñeras no se iban a alimentar a sí mismas, sino que iban a ser el medio de transporte del alimento para el profeta.

Sin embargo, cuando el profeta comenzó a estar cómodo en esa situación, el arroyo se secó y los cuervos desaparecieron, pero nunca le faltó una palabra de Dios. Ahora la orden era ir a refugiarse en la casa de una viuda a punto de morir de hambre para que lo sustente... Si antes debió confiar en una provisión extraña, ahora debía hacerlo en una persona que no tenía asegurada ni siquiera su propia vida.

Durante ese encuentro, Elías le profetizó a esta mujer que milagrosamente los pocos recursos que tenía se iban a multiplicar hasta que terminara la crisis. Así fue, porque no escaseó la harina de la tinaja ni el aceite de la vasija, de acuerdo a lo que había dicho Elías (ver 1 Reyes 17:16).

Lo poco en las manos de Dios se hace mucho, si no me crees, preguntémosle al niño que entregó los cinco panes y dos peces a Jesús.

Dios siempre sustenta a sus hijos. A Elías, a la viuda, a ti y a mí. Podemos pasar por las crisis más severas, pero sus promesas no cambian. Hay provisión en tiempos de necesidad porque Él es la Fuente de nuestro sustento.

Señor, tú eres mi Proveedor. Sé que lo poco en tus manos se multiplica.
Todo lo que necesito está en ti.

Nuestro Escudo

Nuestra alma espera a Jehová; nuestra ayuda y nuestro escudo es él. Por tanto, en él se alegrará nuestro corazón, porque en su santo nombre hemos confiado. Sea tu misericordia, oh Jehová, sobre nosotros, según esperamos en ti.
Salmo 33:20-22

Al final del versículo 20 hay una declaración de protección que no cambia con el tiempo ni las circunstancias: "Es nuestro escudo". Los escudos en la antigüedad servían de protección a corta distancia, cuando los ataques eran cuerpo a cuerpo, pero también a larga distancia, si un ejército enemigo arrojaba flechas sobre los soldados, generalmente cuando sitiaban una ciudad.

Efesios 6:10-18 dice que debemos permanecer firmes en nuestra confianza en Dios y que debemos tener la armadura espiritual puesta en todo tiempo, principalmente en los días malos. Una parte vital de esa armadura es el escudo de la fe con el que podemos apagar todos los dardos de fuego del maligno.

En tiempos de prueba, el diablo sabe qué "dardos" dispararnos. Hay dardos de duda que nos quieren generar incertidumbre acerca de nuestro futuro. Hay dardos de malos pensamientos, porque Satanás no dejará de tentarnos. Hay dardos de palabras envenenadas que pueden venir contra nosotros de parte de personas que tienen el corazón lleno de amargura. Hay dardos de mala comunicación que intentan tergiversar nuestras palabras y cambiar el sentido de lo que decimos.

Sin el escudo de la fe, estos dardos pueden destruir nuestra relación con Dios y con los que nos rodean. El diablo ya sabe qué pensamientos son más destructivos para cada persona y la exhortación bíblica es que debemos estar alertas en todo tiempo.

El resultado de que Dios sea nuestro escudo es que nuestro corazón "se alegrará" en el Señor (v. 21), confiaremos en su ayuda oportuna y veremos su misericordia derramada sobre nuestras vidas cada día (v. 22).

Que podamos decir como el salmista David que Dios es nuestra fortaleza, nuestra roca, nuestro castillo, pero sobre todo nuestro escudo de salvación (ver Salmo 18:1-2).

Tú eres mi escudo protector. Cuando el diablo quiera lanzarme sus dardos de fuego, mi fe en ti me mantendrá seguro y confiado.

Relax para el alma

Mi presencia irá contigo, y te daré descanso.
Éxodo 33:14

Durante uno de los tramos del viaje Egipto-Canaán, el nivel de estrés de Moisés se elevó al máximo. El pueblo se había desenfrenado adorando y celebrando a un becerro de oro que había hecho Aarón, y seguían con sus murmuraciones por la falta de agua y comida. La presión de mantenerlos en el desierto con vida, de guiarlos a la tierra prometida y que siguieran fieles a los mandamientos de Dios, le llevó al agotamiento.

Además de todo esto, Moisés recibió la peor noticia: Dios ya no iría con el pueblo, sino que enviaría a su ángel. Ante esta declaración, lo único que pudo decir fue que si su presencia no lo iba a acompañar, no los sacara de allí. Moisés sabía que la única forma de poder sobrellevar las presiones, recibir la guía diaria que necesitaba, la protección y provisión necesarias, era caminando bajo la presencia de Dios.

Bajo esas circunstancias, el Señor le dio a Moisés una de las promesas más destacadas de la Biblia: "Mi presencia irá contigo, y te daré descanso".

La palabra hebrea para descanso es *"nuaj"*, básicamente significa resolver y consolar. Es el sentimiento que experimentamos cuando se acaba de solucionar un problema, cuando se llega a un acuerdo en una situación conflictiva, o cuando se termina de pagar una deuda. Es el momento de relax para el alma, cuando decimos: "¡Ahhhhh…!"

Las crisis que podamos estar pasando producen en nosotros estrés y ansiedad por situaciones inesperadas en la familia, cambios de última hora en el trabajo, conflictos interpersonales, la pérdida de un ser querido. Sin embargo, las promesas de Dios para dar descanso a nuestra alma siguen vigentes. Jesús nos dijo que estaría con nosotros hasta el fin del mundo (ver Mateo 28:20). Y el apóstol Pablo mencionó en Romanos 8:31 que si Dios es por nosotros, ¿quién puede estar en contra de nosotros?

¿Has experimentado este sentimiento de relax que viene como resultado de saber que vives bajo la presencia de Dios? Como hijos amados por nuestro Padre Celestial jamás estaremos solos y esto debe traer paz a nuestra alma.

Gracias Señor porque en ti hay reposo espiritual.
En tu presencia es donde encuentro verdadero descanso.

¿Qué perdemos al dejar de orar?

*Así que, hermanos, teniendo libertad para entrar en el Lugar Santísimo por
la sangre de Jesucristo... acerquémonos con corazón sincero, en plena
certidumbre de fe, purificados los corazones de mala conciencia...*
Hebreos 10:19, 22

Toda relación se construye, disfruta y fortalece a través de la
comunicación. Como hijos de Dios tenemos la oración como el recurso más
valioso para acercarnos en todo momento a Él, pero si nuestra vida de
oración se debilita, sufrimos pérdidas importantes.

Pérdidas en nuestra relación con Dios. Cuando dejamos de orar, nuestro
conocimiento de su persona es limitado. La perspectiva espiritual de lo que
sucede a nuestro alrededor se comienza a distorsionar porque empezamos
a ver las cosas desde un punto de vista natural, humano, y entonces nuestra
fe no se desarrolla como debería. Perdemos dirección espiritual. No
olvidemos que la dirección para tomar buenas decisiones viene de Dios (ver
Salmo 32:8).

Pérdidas en nuestra alma. Si dejamos de orar, ya no vamos a
experimentar el amor, la paz y la seguridad de Dios como antes. Para un
niño, el lugar más seguro siempre serán los brazos de sus padres, no importa
cuán fuerte sea la adversidad. La oración produce quietud en nuestra alma
al afirmar nuestra fe en el Dios a quien clamamos. Si dejamos de orar,
también perdemos terreno que habíamos ganado a nuestras debilidades y
flaquezas, ya que la fuerza para vencer la recibimos del Espíritu Santo.

Pérdida de bendiciones. Los suministros espirituales para los tiempos
de prueba están disponibles para los hijos que piden, que buscan y que
llaman. Esto es posible a través de la oración. Cuando no oramos, el cielo
está cerrado. Las bendiciones están listas, pero hay una pausa en la entrega
porque no hay peticiones hechas con fe.

Piensa en las respuestas milagrosas que puedes estar perdiéndote
por no orar. La oración es el camino que Dios usa para acercarnos a Él y
bendecirnos. La oración de fe no ha perdido su poder con el pasar de los
siglos. Jesucristo es el mismo, ayer, hoy y siempre. ¡Acércate con confianza
a Él! La respuesta está en camino.

---

*Señor, ayúdame a perseverar en oración,
no como una obligación sino como un privilegio.*

Luz en los hogares de los hijos de Dios

Mas todos los hijos de Israel tenían luz en sus habitaciones.
Éxodo 10:23

Cuando hay crisis generalizada, Dios siempre hace una diferencia con su pueblo. Esto fue muy notorio para Israel antes de que emprendiera el viaje hacia la tierra prometida. Cuando Faraón se negó a dejarlos partir, Dios envió diez plagas sobre los egipcios.

En la anteúltima plaga, Faraón y su pueblo estuvieron en tinieblas. A Amón-Ra, el dios sol y jefe de los dioses egipcios, le "fallaron sus poderes" porque no pudo detener esta misteriosa oscuridad durante tres días completos. No había luz afuera ni adentro de las casas. Encendían velas, lámparas, fogatas, y nada podía atravesar la oscuridad. Según el registro bíblico, las tinieblas eran tan densas "que se podían palpar".

No encontramos en ningún libro de historia que alguna vez haya pasado algo como esto. Esta plaga paralizó literalmente a todo Egipto. Bueno, a todos no… ¡El pueblo de Dios tenía luz en sus casas!

En Éxodo 10:22-23 leemos que cuando Moisés extendió su mano hacia el cielo, aparecieron unas tinieblas tan densas que nadie pudo ver a su prójimo por tres días, ¡ni siquiera se pudieron levantar de su lugar! Pero… ¡todos los israelitas tenían luz en sus habitaciones!

La Biblia dice que antes de venir a Cristo estábamos en tinieblas, pero eso cambió cuando nos arrepentimos de nuestros pecados y pusimos a Jesús como Señor de nuestra vida. Ahora, como hijos de Dios, debemos dejar que su luz brille en nosotros y aquellos que aún viven en oscuridad sean atraídos a Jesús.

Asegúrate de que la luz se evidencie a través de tus palabras, de tu conducta y de tus decisiones diarias. En medio de tantos temores y preocupaciones, que otros puedan ver la luz del Señor en tu vida de tal manera que ellos también deseen ser iluminados por Jesucristo.

¡Hay luz en el corazón y en el hogar de un hijo de Dios! Ya no pertenecemos a la potestad de las tinieblas, sino al Reino eterno del Hijo de Dios (ver Colosenses 1:13).

¡Aleluya! Nadie puede apagar su luz.

Señor Jesús, ayúdame a ser luz en medio de las tinieblas.
Que tu luz brille en mí en todo lugar.

¿Dónde está el cordero?

Entonces habló Isaac a Abraham su padre… He aquí el fuego
y la leña; mas ¿dónde está el cordero para el holocausto?
Génesis 22:7

Cuando leemos la conocida historia del sacrificio de Isaac, siempre nos enfocamos en Abraham… ¡Qué prueba para un padre! Pero, ¿quién se pone en los zapatos de Isaac? Ya tenía edad suficiente para saber contar: Hay altar, hay leña, hay cuchillo, pero falta algo más… Estaba claro para Isaac que sin cordero no había sacrificio ni adoración. Entonces hizo la pregunta que su padre no quería escuchar.

¿Cómo decirle a su hijo amado que su fe estaba siendo probada y que él sería el sacrificio? ¿Qué palabras usar? Entonces Abraham le dijo que ¡Dios proveería el cordero que necesitaban para el holocausto! (v. 8).

Abraham tenía muy claro que el Señor le había prometido una descendencia innumerable a través de su hijo Isaac. Entonces, si debía entregarlo en sacrificio, Dios mismo lo iba a tener que resucitar porque sus promesas siempre se cumplen. ¡Wow, Abraham, con razón te llaman el padre de la fe!

Mientras Abraham e Isaac seguían caminando hacia la cumbre del monte Moriah, los dos tenían un solo pensamiento: ¿Cómo hará Dios para proveernos el cordero en ese lugar? La caminata fue larga y al llegar, Abraham ató las manos y los pies de Isaac y lo puso sobre el altar. Parece que era un hijo muy obediente y también creía en el Señor como su padre. La Biblia no dice que Isaac huyó y Abraham tardó tres días en encontrarlo. No hay diálogos hasta que el patriarca levanta el cuchillo y un ángel del cielo lo detiene justo a tiempo para decirle que solo era una prueba para saber si temía a Dios sin rehusarle su único hijo.

Isaac respiró aliviado. ¡Solo era una prueba! E inmediatamente vieron un carnero entre los arbustos. ¡Dios proveyó el sacrificio! Imagino a Isaac con la mirada fija en el sacrificio mientras se consumía, pensando: "Ese cordero me sustituyó… Era yo el que iba a ser sacrificado".

Según la ley de Dios, todo pecador debe morir. Pero hubo una sustitución. Jesús se ofreció como el Cordero en nuestro lugar. Su sacrificio nos dio vida eterna y absolución total de nuestros pecados. ¡Aleluya!

Gracias Señor porque tomaste mi lugar y tu sacrificio limpió todos mis pecados.
Mi vida te pertenece a ti.

El cimiento de la fe

Descendió lluvia, y vinieron ríos, y soplaron vientos, y golpearon contra
aquella casa; y no cayó, porque estaba fundada sobre la roca.
Mateo 7:25

Las crisis prueban el fundamento de nuestra fe. Cuando todo va bien, vivimos bajo una fe en Dios "teóricamente" firme. ¡Cómo no adorarlo, darle gracias por las bendiciones, alabarlo por todo lo que hace! Pero cuando las circunstancias cambian, las necesidades aumentan, la salud empieza a deteriorarse y los fondos en la cuenta bancaria disminuyen, entonces sabremos si nuestra fe es viva y práctica.

La Biblia nos enseña a trabajar en el cimiento de nuestra fe desde el mismo momento en que aceptamos al Señor como nuestro Salvador, no se edifica en el momento de la prueba. Nadie construye una casa a prueba de terremotos en el momento en que está sacudiéndose la tierra. Ese es el momento para verificar qué tan bueno fue el trabajo que hicimos antes.

En el desierto de Judea hay un gran valle con lechos de ríos secos llenos de arena que se han abierto paso entre las rocas. Cuando es tiempo de lluvia, sorpresivamente estos lechos secos se llenan de agua rápidamente provocando una inundación. El agua arrastra todo lo que está a su paso. Jesús usó esta situación para ilustrar su conclusión del Sermón del Monte.

El Señor dijo que el que oye sus palabras, y las hace, se parece a un hombre prudente que construyó su casa sobre la roca. Esa casa se mantuvo firme cuando vinieron las intensas lluvias, los ríos, y el fuerte viento. Pero si alguien oye sus palabras y no obedece, entonces será tan insensato como el hombre que edificó su casa sobre la arena. La ruina fue grande porque no pasó la prueba (ver Mateo 7:24-27).

El que establece su fe en lo que dijo Jesús permanecerá cuando vengan los tiempos difíciles; pero los que confían en lo perecedero, transitorio, y no han puesto atención a la forma en que están construyendo sus vidas, son insensatos. Su fe se desmoronará ante la primera llovizna.

Construir nuestra vida espiritual requiere trabajo duro. No se trata de dedicar algo de tiempo o esfuerzos esporádicos. Es necesario una entrega total al Señor, sin reservas. Entonces, podremos estar seguros de que venga lo que venga a nuestras vidas, nos mantendremos firmes.

Señor, sigue edificando mi vida; me aseguraré de hacer siempre mi parte.

Designados para esta hora

…¿Y quién sabe si para esta hora has llegado al reino?
Ester 4:14

Ester, una hermosa doncella judía, fue la ganadora del concurso de belleza Miss Persia. Dice la Biblia que el rey Asuero puso la corona sobre su cabeza y la hizo su esposa y reina. ¿Te imaginas la satisfacción de esta joven? Era el orgullo de todos los hebreos. Puedo escuchar a Mardoqueo decirle a una invitada a la boda: "Esa… es mi ahijada" Si hubieran existido las revistas dedicadas a las noticias sociales uno de sus titulares habría sido: "De esclava a reina". Ester, la joven que llegó a lo más alto… en solo un año.

Todo marchaba fantásticamente bien. Pero Amán, el malo de la película, logró que el rey firmara un documento que sentenciaba a muerte a todos los judíos. La única manera de poder evitar esa tragedia estaba solo en las manos de Ester. Bajo estas circunstancias, su tío Mardoqueo le dijo que no creyera que por estar en el palacio iba a escapar de la muerte. Y luego añade una frase que impactó a la reina: "¿Y quién sabe si para esta hora has llegado al reino? (ver Ester 4:13-14).

Mardoqueo dio en la tecla. Si Dios en su providencia había permitido que Ester ocupara ese lugar, era con un propósito. Ella entendió el mensaje, asumió el riesgo y terminó siendo la heroína de la historia. Por su valor y determinación vino la salvación a su pueblo.

¿Y qué de nosotros? ¿Sabemos cómo nos quiere usar Dios en este momento? La misión más importante que se nos ha encomendado es mostrar el camino de salvación a todos los que nos rodean, y necesitamos hacerlo con el mismo valor que lo hizo Ester.

Como hijos de Dios hemos llegado hasta aquí para ser sus instrumentos en medio del caos. ¿Por qué crees que Dios se ha manifestado tantas veces a tu vida? ¿Con qué propósito Dios te ha sanado? ¿Por qué crees que Dios te puso en contacto con tantas personas?

Muchos necesitan creen en Jesucristo para alcanzar salvación y tú has sido designado por Dios para esta hora.

Señor, hazme tu instrumento. Úsame para mostrarle
a otros que tú eres el único camino a la salvación.

¿Hasta cuándo Señor?

Mi alma también está muy turbada; y tú, Jehová, ¿hasta cuándo?
Salmos 6:3

Cuando leemos los salmos, podemos identificarnos con mucho de lo que dicen los escritores. Ellos fueron tan humanos como nosotros y pasaron por las mismas dificultades aunque en contextos diferentes. Sus alegrías, victorias, declaraciones de confianza se pueden asemejar a las nuestras, pero también sus luchas, angustias, inquietudes y hasta su desesperación.

Una de las preguntas que más se repite en los salmos es: "¿Hasta cuándo Señor?" Podemos encontrarla en Salmos 6:3; 13:1-2; 35:17; 74:10; 79:5; 80:4; 89:46; 90:13. David, Asaf y los hijos de Coré vivieron tiempos muy difíciles y aun sabiendo que Dios les había prometido la victoria, el "mientras tanto" se les hizo complicado de sobrellevar.

Hoy, la pregunta "¿hasta cuándo Señor?" puede estar en nuestras mentes debido a las circunstancias que atravesamos. ¿Hasta cuándo durará esta situación? ¿Cuándo veré cumplida tu promesa? ¿Cuánto más tengo que esperar?

Según Romanos 5:3, cualquier presión que pasemos tiene el potencial de producir paciencia en nosotros. ¿Cómo es posible? El mismo pasaje (v. 5) nos dice que se debe al amor de Dios que ha sido derramado en nuestros corazones por el Espíritu Santo.

La palabra paciencia en el original griego es *hypomone* y significa mucho más que mero aguante. No es una virtud que nosotros podemos fabricar contando hasta diez. Es el resultado de la obra del Espíritu Santo en nuestro carácter desde el momento en que nos sometemos a Dios (ver Gálatas 5:22).

La paciencia es indispensable para obedecer al Señor y recibir lo mejor de Él. Cuando avanzamos siguiendo nuestra agenda y actuamos como si supiéramos manejar los tiempos mejor que Dios, entonces nos meteremos en problemas. Por el contrario, si sabemos esperar en el Señor pacientemente y nos mantenemos confiando en sus tiempos, Él ha prometido oírnos y responder a nuestras oraciones.

Señor, quiero que la paciencia sea un marca distintiva
en mi vida y que los demás la puedan ver.
Confío en tus tiempos perfectos.

Primero a sus pies

Esta tenía una hermana que se llamaba María, la cual,
sentándose a los pies de Jesús, oía su palabra.
Lucas 10:39

En la antigüedad, estar a los pies de alguien significaba rendición. Era típico que después de un combate, el que perdía la batalla era puesto a los pies del vencedor, una actitud humillante y que manifestaba sujeción total a esa persona.

En los Evangelios, siempre encontramos a María, la hermana de Marta y Lázaro, a los pies de Jesús. Pero Marta tenía otra perspectiva acerca de cómo relacionarse con el Señor. Ella le servía, se preocupaba por la comida, que la casa estuviera limpia y ordenada, y que Jesús se sintiera cómodo. Incluso le pareció que su forma de amar al Señor era superior a la de su hermana cuando manifestó: ¡Dile a mi hermana que me ayude! Pero el Maestro tuvo que enseñarle a Marta que en cuestión de prioridades, lo primero era estar a sus pies, alimentando su alma.

Nosotros también debemos tener como prioridad estar a los pies de Jesús para aprender a escuchar su voz. Solo pasando tiempo con Él podemos identificarla y distinguirla de otras voces. Pasando tiempo en su presencia aprendemos a apagar esas voces que nos quieren alejar de Dios.

Necesitamos estar a los pies de Jesús para entregarle nuestras cargas. Cuando María atravesó unos de los momentos más difíciles de su vida, cayó postrada a los pies de Jesús (ver Juan 11:32). La angustia y la tristeza que sentía por la pérdida de su hermano solo podía aliviarla el Señor.

También necesitamos estar a los pies de Jesús para manifestarle nuestra devoción a Él. María tenía puesto todos sus ahorros en un perfume carísimo de nardo puro. Su precio equivalía a todo un año de trabajo; pero se lo ofreció a Jesús, derramándolo… ¡sobre sus pies! Aunque hoy no podamos darle literalmente un perfume a Cristo, el tiempo que pasamos en su presencia reconociendo su grandeza y majestad es perfume para Él.

Tal vez comenzaste tu día muy ocupado y con preocupaciones legítimas, pero recuerda que el mejor lugar para hallar descanso es a los pies de Jesús.

Señor, elijo estar a tus pies para conocerte más
y encontrar en ti todo lo que mi vida necesita.

Dios, nuestro socorro

Alzaré mis ojos a los montes; ¿de dónde vendrá mi socorro?
Salmo 121:1

La palabra socorro tiene el significado de una ayuda que se presta en una situación de peligro o necesidad. Cuando alguien pide socorro es porque no puede valerse por sí mismo y necesita ayuda, de lo contrario puede morir.

¿Cómo está seguro David del socorro de Dios? Observa los puntos de apoyo de su argumento en los siguientes versículos del Salmo 121.

V. 2. *Nuestro socorro viene de Dios.* Nuestra confianza está puesta en el Creador de todo. No hay nada que desconozca o no pueda manejar. Su poder es ilimitado.

V. 3a. *Nuestro pie no resbalará.* Si nuestro fundamento es Cristo, no hay posibilidad de deslizarnos porque el guarda nuestros pasos. No seremos movidos.

Vs. 3b-4. *Dios nunca duerme.* El mismo Dios que puede guardar a toda una nación para cumplir sus propósitos también sabe cómo cuidar a un hijo en dificultades. El Señor nunca se distrae, tampoco se entretiene. El Padre Celestial vela por sus hijos constantemente.

V. 5. *Él es nuestro guardador; es sombra de protección a nuestra mano derecha.* La mano derecha representa la destreza, la sabiduría práctica.

V. 6. *Ni el sol ni la luna nos fatigarán.* No hay diferencia para Dios salvarnos de los peligros del día o de la noche. En el día, mayormente los problemas que enfrentamos son externos; pero por las noches nos encontramos con nuestros pensamientos, somos más conscientes de nuestros temores, revivimos momentos tristes, nos anticipamos a lo que sucederá mañana. Dios promete darnos descanso, quitar la fatiga física y emocional.

V. 7. *Dios nos guardará de todo mal.* Nadie puede tocar tu alma, ni siquiera Satanás (ver 1 Juan 1:18). Cuando Cristo viene a vivir en ti, la seguridad de estar bajo su protección es firme.

V. 8. *"Jehová guardará tu salida y tu entrada desde ahora y para siempre".* ¡Qué tremenda seguridad es saber que Dios estará con nosotros dándonos la ayuda necesaria a tiempo!

Señor, tú eres mi socorro. Confío en tu ayuda providencial para este día.

Fe vs. sentimientos

Aunque ande en valle de sombra de muerte, no temeré mal alguno,
porque tú estarás conmigo.
Salmo 23:4

En cierta ocasión escuché la historia de un extraordinario domador de tigres que hacía funciones diarias en un circo. Durante una de sus presentaciones, mientras se encontraba frente al tigre llevando en una mano un látigo y en la otra una silla, se cortó la luz. Todos los espectadores lanzaron un grito de espanto porque sabían que los tigres pueden ver muy bien en la oscuridad. Los segundos que tardaron en solucionar el problema parecieron horas. Al volver la luz, para sorpresa del público, la escena era la misma, el domador seguía frente al tigre y el felino inmóvil. Todos aplaudieron maravillados… o más bien aliviados.

Después de la función, un espectador se acercó al domador y le preguntó: "¿Cómo hizo para continuar cuando se cortó la luz? Todos sabemos que los tigres pueden ver muy bien en la oscuridad…" El domador respondió: "Es que el tigre no sabe que yo no puedo ver en la oscuridad; así que seguí haciendo la función como si lo estuviera viendo".

A veces nos pasa como a este domador, nuestra fe viene creciendo, nos sentimos victoriosos, parece que todas las preguntas tienen respuestas, las oraciones son contestadas… Pero en un momento, de manera abrupta, "se corta la luz". Parece que espiritualmente no vemos nada. No tenemos respuestas a nuestras peticiones, hay promesas en pausa, y parece que Dios no nos escucha. Entonces la fe empieza a flaquear y empezamos a ser gobernados por nuestros sentimientos.

Hay una gran diferencia entre sentirnos victoriosos y vivir como victoriosos. Romanos 8:37 dice que eres más que vencedor por medio de Cristo. No se trata de lo que sientes sino de lo que Dios dice.

Cuando empieces a detectar que tus sentimientos son mayores que tu fe, recurre inmediatamente a Dios. No hace falta un prólogo, ni ser elocuente para hablar con el Señor, Él nos dice que debemos acercarnos confiadamente al trono de la gracia para hallar socorro.

Abandónate en sus brazos y escucha lo que Él quiere decirte porque tiene dirección para tu vida. Si el camino parece oscuro, si alguien "cortó la luz", sigue adelante por fe.

Gracias Señor porque aun en valles oscuros estarás conmigo.

Dispuestos a todo

Al ver Jesús la fe de ellos, dijo al paralítico:
Hijo, tus pecados te son perdonados.
Marcos 2:5

¿Qué estarías dispuesto a hacer por una respuesta de Dios? ¿Cuál podría ser el obstáculo más complicado que enfrentarías con tal de experimentar el poder de Dios?

Muchos piensan que si el Señor es Todopoderoso, entonces Él es quien debe hacer todo por nosotros; no espera que hagamos nada para que su plan se cumpla en nuestra vida. Pero estos pensamientos no tienen respaldo bíblico.

En cierta ocasión, llegaron cuatro amigos trayendo a un paralítico en una camilla. Jesús estaba enseñando dentro de una casa que estaba abarrotada de gente. Era imposible pasar por la puerta, y mucho menos con una camilla. Pero estos hombres no se iban a quedar allí parados, lamentándose, no llevarían de regreso a su amigo en las mismas condiciones. Como no podían llevarlo hasta Jesús debido a la multitud, entonces abrieron un agujero en el techo, justo encima de donde estaba el Señor. Bajaron al hombre en la camilla, y lo pusieron justo delante de Él. Entonces el Señor perdonó al paralítico sus pecados y restauró su salud. Obra completa.

Jesús espera que demostremos verdadera fe y que nos atrevamos a enfrentar cualquier obstáculo. Que estemos dispuestos a quedarnos después de hora para "reparar el techo". Que prioricemos el milagro antes que detenernos a analizar los comentarios de los críticos que solo quieren estorbarnos. Jesús busca hijos que se atrevan a perseverar hasta obtener la respuesta que necesitan.

Dios dice en Jeremías 29:12-13 que le vamos a hallar porque le buscaremos de todo corazón orando e invocando su Nombre.

¿Realmente estás orando con el máximo interés, buscando que Dios actúe? ¿Cuánto tiempo estás dispuesto a perseverar en oración por una respuesta? ¿Es tu oración solo una alternativa más? El tiempo lo dirá. La oración de fe siempre tiene respuesta.

Señor, voy a orar y esperar en ti porque
cuando te buscamos, te hallamos.

No te canses del maná

Después partieron del monte de Hor, camino del Mar Rojo… y se desanimó el pueblo por el camino. Y habló el pueblo contra Dios y contra Moisés: ¿Por qué nos hiciste subir de Egipto para que muramos en este desierto? Pues no hay pan ni agua, y nuestra alma tiene fastidio de este pan tan liviano.
Números 21:4-5

Israel fue alimentado por Dios con maná, el pan celestial que tenía la apariencia de semilla de culantro, blanco, y con sabor a hojuelas con miel (ver Éxodo 16:31). ¡Este pan era provisto de manera maravillosa, con "entrega a domicilio" cada 24 horas! ¿Quién podría quejarse de este catering celestial? Bueno… después de casi cuarenta años de fiel provisión, llegó un día en que el pueblo se quejó. Pero no se quejó porque las raciones eran más pequeñas o tenían sabor artificial… El pueblo se quejó por desánimo.

La palabra "desanimar" en el original significa angustiarse, desalentarse e impacientarse. Habla de ser corto de espíritu, sin paciencia. Y lo que produce esta impaciencia es el "fastidio". Esta palabra en hebreo significa sentirse fatigado por una situación que provoca ansiedad, angustia, cansancio, al punto del hartazgo. ¡Muchos sentimientos juntos en una sola palabra!

Aunque no estamos en un "desierto" como Israel, puede ser que nos comencemos a sentir como si estuviéramos en uno. Cada día nos parece igual. Abrimos la Biblia y nos "sale" el mismo versículo. Las predicaciones parecen monotemáticas. Recibimos el mismo consejo… Y todavía no hay señal de la "tierra prometida", no vemos ninguna evidencia de cambio. Empezamos a desanimarnos al punto de murmurar porque pensamos que Dios no está haciendo nada.

La solución para esto es la alabanza. Cuando exaltamos a Dios por lo que hace o esperamos pacientemente hasta que Él intervenga, nuestra fe se fortalece. En el Salmo 40:1-3, leemos que David supo esperar en el Señor pacientemente y lo sacó del pozo de la desesperación, del lodo cenagoso; finalmente puso en su boca… ¡un cántico nuevo!

No te canses de alimentarte espiritualmente con lo que Dios tiene para ti. Y aunque la provisión se parezca a la de ayer, el Señor hará que descubras una nueva verdad que necesitas hacer tuya.

Gracias Señor por tu fidelidad diaria. ¡Mi alma te alaba y te adora!

Consolados para consolar

Bendito sea el Dios y Padre de nuestro Señor Jesucristo, Padre de misericordias y Dios de toda consolación, el cual nos consuela en todas nuestras tribulaciones, para que podamos también nosotros consolar a los que están en cualquier tribulación, por medio de la consolación con que nosotros somos consolados por Dios. Porque de la manera que abundan en nosotros las aflicciones de Cristo, así abunda también por el mismo Cristo nuestra consolación.
2 Corintios 1:3-5

No siempre la voluntad de Dios es *librarnos* de las tribulaciones. En muchas oportunidades será *consolarnos* en ellas. Claro, nos encantan los testimonios en donde se ve a Dios como nuestro Libertador, pero también tenemos que testificar de Él como nuestro Consolador.

Consolador en griego es la palabra *paracletos*. En principio, esta palabra tiene el significado de abogado, alguien que se hace cargo del caso de otra persona y que está a su lado para guiarlo y ayudarlo en el proceso. Pero en las cartas de Juan, su uso va más allá de una profesión, y se destaca como el que protege nuestra alma, el que fortalece, el que consuela.

El verbo consolar tiene la misma raíz en griego, *parakaleo*, que significa literalmente llamar aparte a alguien para animarlo, alentarlo, levantarlo o exhortarlo. Esta es la obra que lleva a cabo el Espíritu Santo cuando pasamos por todo tipo de tribulaciones para que podamos experimentar en nuestra alma un consuelo sobrenatural.

¿Has experimentado el consuelo del Espíritu? Yo recuerdo esta obra de Dios en mí durante una pérdida muy difícil de aceptar. El Señor me habló directamente cuando yo anhelaba verlo como Libertador y se reveló a mi vida como mi Consolador. Recibí la paz que sobrepasa todo entendimiento humano, un gozo interno que provenía de saber que Dios es Sabio y Soberano. Ese consuelo fue tan fuerte que hasta el día de hoy puedo compartirlo con los que necesitan experimentarlo también.

Es muy difícil pasar por tiempos de crisis sin la ayuda del Espíritu Santo. Él ha prometido estar contigo en toda situación, conoce tu corazón, sabe de tus temores, ha visto tu ansiedad, pero tiene la ayuda que necesitas. Permite que Él llene tu corazón con su paz.

Espíritu Santo, gracias porque has sido mi Libertador en pruebas severas, pero también mi Consolador en medio de situaciones difíciles.

117

Llamados a interceder

Exhorto ante todo, a que se hagan rogativas, oraciones, peticiones… por todos los hombres; por los reyes y por todos los que están en eminencia, para que vivamos quieta y reposadamente en toda piedad y honestidad.
1 Timoteo 2:1-2

Interceder es algo en lo que debemos estar ejercitados, y este tiempo demanda de hombres y mujeres que estén dispuestos a clamar por su familia, iglesia, comunidad, por las autoridades del gobierno para que Dios les dé sabiduría y dirección en las decisiones que tomen, por los misioneros de todo el mundo para que el Señor los use poderosamente.

A veces podemos pensar que no somos buenos orando, que no sabemos cómo hablar con el Señor, pero déjame recordarte que tenemos ayuda. Romanos 8:26-27 dice que el Espíritu Santo nos ayuda en nuestra debilidad. A veces no sabemos cómo pedir, pero el Espíritu mismo intercede por nosotros con gemidos indecibles porque ora de acuerdo a la voluntad de Dios. Él pone las palabras y también puede guiarnos a hacer oraciones muy específicas.

En varias ocasiones Dios me ha despertado para interceder por ciertas personas. Recuerdo una en particular, ocurrió hace algunos años atrás. Eran las cuatro de la madrugada y escuché la voz del Espíritu Santo mencionándome un nombre y apellido. Comencé a orar por esa persona sin saber absolutamente nada; hacía mucho tiempo que no tenía noticias de él. Después de dos años, nos encontramos por casualidad y le compartí lo que me había sucedido. Le mencioné el día y la hora que había orado por él y me dijo: "Esa noche tuve un ataque al corazón, y Dios me salvó milagrosamente de la muerte…".

Estos tiempos demandan que el pueblo de Dios se levante e interceda para ver su poder manifestado. En el Salmo 3:4 David nos dice que con su voz clamó a Dios, fue oído y ayudado.

Quizás Dios está poniendo en tu corazón orar por alguien en particular. No creas que es solo un sentimiento. Es mejor orar que lamentarse. Cuando oramos, podemos descansar porque hemos puesto todo en las manos de Dios.

Señor, oro a ti a favor de otros con la seguridad de que puedes obrar en cada necesidad.

Nuestra fidelidad no se negocia

No verá hombre alguno de estos, de esta mala generación, la buena tierra que
juré que había de dar a vuestros padres, excepto Caleb hijo de Jefone; él
la verá, y a él le daré la tierra que pisó, y a sus hijos;
porque ha seguido fielmente a Jehová.
Deuteronomio 1:35-36

Caleb tenía un espíritu diferente. Nunca permitió que las presiones de sus parientes, las murmuraciones de sus amigos, las opiniones nefastas de sus compañeros dominaran su entusiasmo por conquistar las promesas divinas. Por eso Dios dijo que él disfrutaría de la tierra prometida, porque "había seguido fielmente a Jehová". Los infieles no llegaron, se quedaron en el camino.

Dios también espera de nosotros que seamos fieles en nuestro andar diario con Él (ver Apocalipsis 2:10b). No es una opción, debemos ser fieles.

En hebreo, fidelidad corresponde a la palabra *aman* que significa tener seguridad, ser duradero, confiar y creer. De este verbo se deriva la palabra "Amén", una palabra que certifica que lo que se ha dicho se cumplirá. Entonces, ser fieles tiene el sentido de permanecer firmes y confiados en Dios a pesar de las circunstancias y el paso del tiempo.

Como hijos amados debemos ser imitadores de la fidelidad de nuestro Padre. Cuando te falten las fuerzas, el Espíritu Santo te las dará. Cuando te sientas cansado y abrumado, te recordará la Palabra para animarte. Cuando la ansiedad y el temor parecen superarte, te recordará que sigue siendo el Rey de reyes y Señor de señores, controlando todo desde su trono.

Las presiones a las que estamos sometidos no deben dar lugar a la tibieza. Nuestra fidelidad al Señor debe permanecer intacta. No podemos abandonar la adoración personal al Señor a pesar de los problemas. No debemos comenzar a ser flexibles con el pecado. No importa los tiempos que nos toque vivir, nuestra fidelidad a Dios no es negociable.

Debemos continuar la carrera que tenemos por delante mirando a Jesús. El día que digamos como Pablo "he acabado la carrera", ese mismo día tendremos que escuchar: "Bien, buen siervo y fiel".

Señor, estoy comprometido a vivir de acuerdo
con tu Palabra y en obediencia a ti.

La presencia diaria de Jesús

…He aquí yo estoy con vosotros todos los días,
hasta el fin del mundo. Amén.
Mateo 28:20

Imagina a los discípulos rodeando al Maestro y viendo cómo se iba al cielo para siempre. Seguramente comenzaron a hacerse muchas preguntas. ¿Qué haremos con los asuntos difíciles ahora que no está Jesús? ¿Quién nos aconsejará? ¿Quién nos reconfortará y consolará en los momentos difíciles? ¿Quién estará con nosotros cuando…?

Las preguntas que resonaban en sus mentes fueron respondidas con las últimas palabras del Señor: "Yo estoy con vosotros todos los días…" Sí, en presente. Esta promesa incondicional e inquebrantable se sigue cumpliendo en la vida de cada hijo de Dios ¡todos los días…! ¡Aleluya!

Jesús está con nosotros en los días de angustia para reconfortarnos con su presencia. Él nos dijo que pasaríamos momentos de aflicción, pero que debíamos seguir confiando. Él no olvida a sus hijos y siempre llega a tiempo para ayudarnos. Con solo invocar su Nombre, podemos ser librados del mal (ver Salmo 50:15).

Jesús está con nosotros en los días malos. Esos días en que Satanás lanza todo sus dardos de fuego contra nuestras vidas para hacernos caer en tentación, debilitar nuestra fe y hacernos retroceder. Recordemos que Él venció al enemigo en la cruz. ¡Su victoria es nuestra victoria!

Jesús está con nosotros en los días de ansiedad y desesperación. Él nos prometió su paz y descanso cuando dejamos en sus manos todas nuestras cargas (ver 1 Pedro 5:7).

Jesús nos acompaña en los días de aflicción. Él también lloró junto a sus amigos cuando pasaron por duelos y tristezas. Nos conoce y sabe cómo consolarnos (ver 2 Corintios 1:5).

¡Jesús está con nosotros siempre! Él nos asegura que nunca estaremos solos. Mantengámonos conscientes de su intervención constante en nuestro diario vivir.

¡Gracias Señor por estar conmigo en todo tiempo!
Tu consuelo, amor y esperanza renuevan mi corazón.

Trasvasados

Quieto estuvo Moab desde su juventud, y sobre su sedimento ha estado reposado, y no fue vaciado de vasija en vasija, ni nunca estuvo en cautiverio; por tanto, quedó su sabor en él, y su olor no se ha cambiado. Por eso vienen días, ha dicho Jehová, en que enviaré gente que trasvasará a Moab; y vaciarán sus vasijas, y romperán sus odres.
Jeremías 48:11-12

En este pasaje se menciona a un pueblo que necesitaba ser purificado y usa como ejemplo el trabajo realizado en las viñas de Israel. Para fabricar el vino se aplastaban las uvas y luego de cuarenta días se trasvasaba el vino de vasija, es decir, se pasaba de una vasija a otra para quitar el sedimento. Si no se llevaba a cabo este paso, el vino resultante era de calidad inferior. Con esta ilustración, el profeta anunció lo que estaba por sucederle a Moab. Sería totalmente destruida por no haberse sometido a la purificación espiritual.

Hoy, nuestras vidas también pueden ser "trasvasadas" con varios propósitos:

Dios busca quitar lo que es residual, lo que no sirve. En la medida en que avanzamos en nuestra madurez espiritual, más meticulosos debemos ser a la hora de quitar la "basura" de nosotros para que nada contamine nuestra vida.

Dios busca perfeccionar la calidad de nuestra vida espiritual. El propósito es producir mejores frutos y reflejar a Cristo (ver 2 Corintios 2:14-15).

Dios busca despertarnos de nuestro conformismo e indiferencia. Dios permite que seamos "trasvasados" para fortalecer nuestra relación con Él y para despertarnos a la realidad espiritual que nos rodea. A veces no estamos atentos a las necesidades que hay a nuestro alrededor y olvidamos que somos los instrumentos de Dios para compartir su Palabra.

Dios busca liberarnos de todo lo que nos esclaviza. Hemos sido declarados libres por medio del sacrificio de Cristo y voluntariamente debemos someternos al Espíritu Santo cada día para no volver atrás.

Si tu vida está siendo "trasvasada", deja que el Espíritu Santo te purifique, siga perfeccionando tu carácter y te use para reflejar a Cristo y hablar de Él.

Señor, me someto a tu proceso para purificar mi vida.
Quita lo que no sirve y perfeccióname.

Vencer el conformismo

Los hijos de Rubén y los hijos de Gad tenían una muy inmensa muchedumbre de ganado; y vieron la tierra de Jazer y de Galaad, y les pareció el país lugar de ganado. Por tanto, dijeron, si hallamos gracia en tus ojos, dese esta tierra a tus siervos en heredad, y no nos hagas pasar el Jordán.
Números 32:1,5

Esta petición de las tribus de Rubén y Gad (posteriormente se les unió media tribu de Manasés) irritó a Moisés. El hombre más manso de la tierra exhortó duramente a estas dos tribus y media por actuar con conformismo, olvidando lo que Dios les había prometido.

Del otro lado del Jordán había protección contra los enemigos, provisión, estaban cerca del tabernáculo y del arca de Dios. Pero se conformaron con esas tierras y olvidaron que el cumplimiento de todas las promesas que les había hecho Dios estaba del otro lado del Jordán.

Dice la historia que los primeros que fueron atacados, conquistados y llevados en cautiverio por los enemigos de Israel fueron estas dos tribus y media (ver 1 Crónicas 5:26). El rey Pul de Asiria (también conocido como Tiglat-pileser) invadió la tierra llevándose cautivos a la tribu de Rubén, a la de Gad y a la media tribu de Manasés. Hasta hoy se sabe poco y nada de estas tribus. ¿Sabes cuándo se vuelve a hablar de ellas? En Apocalipsis 7:5, cuando Dios trate con Israel en la Tribulación.

Dice la Biblia que las cosas que se escribieron antes son para nuestra enseñanza (ver Romanos 15:4). Es decir, que cada historia bíblica no es solo la descripción de acontecimientos, sino que tiene verdades espirituales para nuestras vidas. La historia de estas dos tribus y media nos habla de cuidarnos del conformismo cuando debamos tomar decisiones.

Hoy es tiempo de evaluar si hemos obtenido lo que Dios nos prometió o nos quedamos a mitad de camino. ¿Qué te ha prometido Dios, y qué parte debes hacer tú? ¿Has hecho tu mayor esfuerzo para alcanzar los objetivos que Él puso en tu corazón? ¿Tienes proyectos que has abandonado porque miraste solo a tus recursos y olvidaste a Dios?

Avanza. Pasa el Jordán y toma por fe lo que Él te ha prometido. No temas a los desafíos, porque si la dirección que recibiste fue de Dios, abrirá camino donde no lo hay.

Señor, creo en tus promesas y haré mi parte
avanzando en lo que tú me has hablado.

Especial Tesoro

Y serán para mí especial tesoro, ha dicho Jehová de los ejércitos… y los perdonaré, como el hombre que perdona a su hijo que le sirve.
Malaquías 3:17

Dios llama a sus hijos "especial tesoro". Esta frase en hebreo hace alusión a una piedra preciosa que tiene un valor altísimo después de haber sido tratada.

Tal vez no te sientas especial y mucho menos un tesoro, sino una simple piedra, pero déjame decirte que nuestras emociones nos pueden jugar una mala pasada. ¿Acaso no guardamos cosas comunes y corrientes porque nos recuerdan momentos maravillosos, pero por las que nadie pagaría ni un centavo? Muchas veces le asignamos un gran "valor sentimental" a muchos objetos inservibles.

Por otra parte, podemos desprendernos rápidamente de objetos muy valiosos porque nos traen malos recuerdos. Concluyamos entonces que si a nuestra vida la valoramos desde nuestros sentimientos nos vamos a equivocar. Lo mejor es preguntarle al Creador el valor que tenemos para Él, y aceptemos por fe lo que nos dice en su Palabra.

Creo que tú y yo estaremos de acuerdo en que, aunque somos especial tesoro para el Señor, no estamos terminados. Hay muuuuucho (permíteme agregarle más u a la palabra) que perfeccionar. Dios aún debe pulir, presionar, recortar… y las crisis que atravesamos pueden servirle al Señor para continuar con el trabajo que diariamente está desarrollando en nuestras vidas.

Presiones económicas, la convivencia, la relación con nuestros familiares, los cuidados de la salud, los desafíos laborales y profesionales, Dios puede usar todo esto para recortar algunas aristas de nuestro temperamento.

Lo que Dios espera de nosotros mientras nos trata es fe y disposición. Debemos ser pacientes en el proceso y estar listos para los cambios, porque cuando Él comienza su obra no se va a detener hasta terminarla. Esta obra ha comenzado cuando aceptamos el sacrificio de Cristo en la cruz por nosotros y seguirá hasta que estemos con Él por la eternidad.

Señor, hazme sensible para que acepte tus maneras de transformar mi vida y no huya del proceso que estás llevando a cabo.

Dios hace la diferencia

Entonces os volveréis, y discerniréis la diferencia entre el justo y el malo,
entre el que sirve a Dios y el que no le sirve.
Malaquías 3:18

Si leemos el libro de Malaquías descubriremos que había muchas personas justas que se quejaban porque ellos veían que los malos triunfaban, que los burladores se salían con la suya y que a los injustos todas las cosas les iban bien. Lee las declaraciones previas de los vs. 14 y 15. Ellos decían: ¿De qué vale servir a Dios? ¿Qué ganamos con obedecer los mandamientos o demostrarle al Señor que nos sentimos apenados por haber pecado? Parece que a los malos les va mejor que a nosotros y Dios no los castiga… Bueno, Dios los escuchó y les respondió a través del profeta.

La palabra hebrea que se usa aquí para "servir" es *sharat* que significa ministrar u oficiar y hace referencia a la adoración que ofrecía Israel a Dios. Este tipo de "servicio" era para honrarle y manifestarle devoción a Él.

Siempre hubo en Israel un remanente fiel. Cuando la mayoría estaban volcados a la idolatría, había personas que permanecían adorando y sirviendo solo a Dios. Él hacía la diferencia con ellos. Alimentó a Elías por medio de los cuervos, dio provisión milagrosa a la viuda que sostuvo al profeta, diseñó un plan tremendo para librar a Israel de siete años de sequía. Cuando Dios traía juicios sobre algunas ciudades siempre libraba a los justos que habitaban en ellas. Cuando Jerusalén era atacada por sus enemigos, Dios protegía y guardaba a los que invocaban sinceramente su Nombre. Dios siempre hizo la diferencia entre los que le aman y los que le rechazan.

Puede ser que hoy veamos a muchos injustos prosperar, estar protegidos, sin enfrentar demasiados problemas y viviendo mejor que nosotros, pero Dios dice que Él hace la diferencia entre el que le sirve y el que no le sirve. En el plan de Dios hay momentos para su justicia y los que le aman saben esperar con paciencia la intervención divina. La base de esa paciencia es la confianza en las promesas de Dios.

Señor, creo en tu justicia perfecta, sé que darás a cada uno
según sea su obra. Mientras tanto, quiero ser un instrumento
de tu misericordia a los que están perdidos.

Liberados del pozo de la desesperación

Pacientemente esperé a Jehová, y se inclinó a mí, y oyó mi clamor. Y me hizo sacar del pozo de la desesperación, del lodo cenagoso; puso mis pies sobre peña, y enderezó mis pasos. Puso luego en mi boca cántico nuevo, alabanza a nuestro Dios. Verán esto muchos, y temerán, y confiarán en Jehová.
Salmo 40:1-3

Muchos justos ante los ojos de Dios han pasado literalmente por el "pozo de la desesperación". José fue arrojado a un pozo por sus hermanos, Daniel a uno lleno de leones hambrientos, Jeremías fue puesto en una cisterna sucia.

La palabra "desesperación" en hebreo es el vocablo *shaon*, cuya raíz etimológica significa rugido impetuoso, alboroto, estruendo, griterío, estrépito. Generalmente se refiere al alboroto de la batalla, donde todo lo que se escucha está relacionado con la muerte.

En la mente del que está en esa condición solo hay miedo a sufrir pérdidas, temor a quedarse solo, en depresión, como si estuviera siendo absorbido por lodo. Así se sintió David, el rey que tenía el corazón de Dios, el dulce pastor de Israel que inspiraba a otros con sus alabanzas, y así podríamos también sentirnos cada uno de nosotros. Nadie está exento a la desesperación.

Pero hay una forma de salir de esa situación y el mismo salmo nos muestra cómo hacerlo.

Esperar en Jehová con paciencia. El Espíritu Santo nos recuerda que podemos esperar tranquilos, seguros y confiados, porque Dios vendrá a ayudarnos en el tiempo oportuno.

Clamar por una salida. Se trata de una oración que nace del corazón humilde y dependiente de Dios, que sabe que Jehová no es una alternativa más, sino la única.

Dejarnos ayudar. "Me hizo sacar". Dios tiene recursos inagotables para ayudarnos a salir de nuestra ansiedad o temor, pero debemos estar atentos a la ayuda que Él nos envíe.

La evidencia más clara de haber sido librados es que comenzamos a caminar seguros y nos damos cuenta que nuestra experiencia puede ayudar a otros a buscar en Dios la salida que están necesitando.

¡Gracias Señor porque eres mi Ayudador! Me has sacado del pozo de la desesperación. Te alabo por tus obras en mi vida.

No te intimides

Y tomó Ezequías las cartas de mano de los embajadores; y después que las hubo leído, subió a la casa de Jehová, y las extendió Ezequías delante de Jehová. Y oró Ezequías delante de Jehová...
2 Reyes 19:14-15

El rey Ezequías estaba bajo una sentencia de muerte. El ejército asirio tenía sitiada la ciudad de Jerusalén y no había escapatoria. Además había enviado cartas intimidatorias burlándose del poder de Dios y expresando una soberbia descarada. Ezequías entendió que no había salida humana y lo único que podía hacer era presentar esas cartas a Dios en el templo. Desde allí hizo una oración sincera pidiéndole ayuda para que su Nombre fuera honrado.

La respuesta de Dios no se hizo esperar. Esa misma noche salió un ángel y mató a ciento ochenta y cinco mil asirios (v. 35). ¡Un solo ángel de Dios pudo contra todo un ejército armado! En unos minutos dejaron de existir.

Muchas veces también recibimos "cartas" amenazadoras, aunque no necesariamente escritas. El diablo intenta de muchas maneras infundirnos temor a través de la intimidación, una vieja treta que todavía parece funcionarle. Una llamada de teléfono, el comentario de un compañero de trabajo o de tu jefe, la conversación de algún familiar, y quedamos paralizados sin saber qué responder.

La palabra intimidar viene del griego *ptyro* que significa aterrar, asustar o atemorizar a través de una amenaza. El apóstol Pablo, quien muchas veces enfrentó estos ataques, nos exhorta en Filipenses 1:28 a no dejarnos intimidar por los que se oponen. Lo que debemos hacer es presentarle a Dios la situación y descansar. El Señor actuará para librarnos.

¿Qué tienes que enfrentar esta semana? ¿Lo sientes como si fuera "un ejército de ciento ochenta y cinco mil personas"? Para Dios no hay nada difícil ni imposible. Cuando un hijo de Dios clama, Él envía la respuesta.

Cuando la victoria llegue, no olvides alabar a Dios y compartir con otros lo grande y poderoso que es tu Señor.

Tú estás conmigo y no hay nada de qué temer.
¡Eres mi Protector!

Sí, pero no

Entonces Agripa dijo a Pablo: Por poco me persuades a ser cristiano.
Hechos 26:18

Me hubiese encantado ver al apóstol Pablo exponiendo la Palabra, sus gestos, su mirada, el movimiento de sus manos, sus expresiones. El rey Agripa estaba tan interesado en escucharlo que le dieron una audiencia exclusiva con él para que le expusiera el evangelio. Sus argumentos y la forma de presentar la Palabra eran tan convincentes…

El rey Agripa escuchó con mucha atención. Tal vez de tanto en tanto se le escaparía algún gesto de aprobación. Pablo tenía razón, Jesús era la única esperanza de salvación. Estaba listo para dar el paso de fe. Todos estaban atentos… ¡Atención! El rey iba a compartir su decisión: "Por poco me persuades…". Ay, no…, hubiéramos dicho al cierre de ese tremendo sermón. En otras palabras, la respuesta de Agripa fue: "Sí, pero no…".

Muchas veces nosotros tenemos el mismo conflicto que Agripa. Recibimos una Palabra de Dios tan clara, es una revelación que llega a lo más profundo de nuestra alma, sin embargo, cuando nos toca decidir creer, nuestra respuesta es: "Linda palabra… pero mi situación es complicada… mis hijos son muy duros al evangelio… mi cónyuge está perdido… no hay abogado que resuelva mi caso…". En síntesis, "sí… pero no".

Conociendo el corazón del hombre, Dios nos dice que su Palabra está muy cerca de nosotros, ¡pero para que la obedezcamos! (ver Deuteronomio 30:14). Dios cumple sus promesas cuando estamos resueltos a creer en ellas. Si Dios nos habla, Él quiere que le obedezcamos, de lo contrario, nada sucederá.

Los creyentes "agripistas" nunca maduran, no cambian, no crecen, no avanzan. Por eso, no permitas que el diablo quite la Palabra que el Señor puso en tu corazón con cuestionamientos similares a los de Agripa. Si quieres ver realmente una diferencia en tu vida es necesario que pongas tu fe en acción. Si Dios te habló, cree y actúa, del resto se encarga Aquel que te dio la promesa.

Digo sí Señor a tu llamado. Creo en lo que me has prometido y marcho hacia adelante en obediencia.

Es tiempo de cosecha

Alzad vuestros ojos y mirad los campos, porque ya están blancos para la siega.
Juan 4:35

¿Has visto una espiga de trigo madura, lista para ser cosechada? Tiene un color amarillo que empalidece a los rayos del sol. Los campos parecen blancos.

Cuando yo era pequeño, mi padre me llevó a conocer algunos silos en donde almacenaban las semillas que iban a ser exportadas, y por supuesto, me subió a una cosechadora para explicarme el proceso que se llevaba a cabo para recoger el trigo. Era la primera vez que tenía en mis manos tantas semillas juntas. En esa oportunidad aprendí cómo las semillas se reproducen de manera extraordinaria, tal como Jesús lo dijo en la parábola del sembrador. Por cada semilla que siembras, sale una espiga que puede tener ¡hasta cien granos de trigo nuevos!

Jesús conocía bien los tiempos de la siembra y la cosecha y usó eventos como estos para enseñarles importantes lecciones espirituales a sus discípulos. La primera la encontramos en Juan 4. Jesús se encontró con la mujer samaritana y se presentó como el Agua de Vida. Esta mujer fue impactada por las palabras de Jesús y volvió corriendo a su ciudad para compartir las buenas nuevas con sus coterráneos. Jesús plantó una semilla de esperanza y salvación en una vida necesitada, y dio mucho fruto.

Mientras el Señor les explicaba a sus discípulos lo que había sucedido, la mujer regresó trayendo una gran multitud. Esa semilla se multiplicó en cientos de corazones dispuestos a escuchar las palabras de vida eterna. Entonces Jesús les dijo a sus discípulos: "Alzad vuestros ojos y mirad los campos, porque ya están blancos para la siega".

Mira a tu alrededor. ¿Puedes ver a las personas que te rodean como campos listos para cosechar? Sin duda vamos a actuar según lo que veamos. Si vemos campos blancos, cosecharemos. Si vemos campos verdes, nos quedaremos sentados esperando que llueva…

Tú tienes en tu mano una semilla, es decir, tu testimonio; pídele a Dios que te muestre dónde plantarla. Hay muchos que están esperando ser alimentados con palabras de vida.

El campo está blanco, listo para la siega. ¿Ya encendiste tu cosechadora?

¡Úsame Señor como un instrumento de tu salvación! Estoy en tus manos.

Tomás, bienaventurados los que creen

*Jesús le dijo: Porque me has visto, Tomás, creíste; bienaventurados
los que no vieron, y creyeron.*
Juan 20:29

Tomás era uno de los discípulos que amaba sinceramente a Jesús. Muchos le seguían por lo que podían obtener de Él, pero Tomás no, era fiel a su Maestro, al punto de estar dispuesto a dar su vida.

En cierta ocasión, Jesús dijo que iría a Judea a ver a Lázaro y los discípulos trataron de convencerlo de que no fuera. Aunque el Señor sabía que en Jerusalén los religiosos querían matarlo, no desistió de hacer el viaje. Entonces Tomás, al saber esto, les dijo que iría con Jesús (ver Juan 11:16). Podría haberse quedado y no correr riesgos, pero si el Maestro iba a morir, él también.

Cuando Jesús se presentó resucitado a sus seguidores, Tomás no estaba allí. Eso era una desventaja, pero estoy seguro que si algún otro discípulo no hubiera estado, también habría dicho que si no veía las marcas de los clavos en sus manos y metía el dedo en ellas, y la mano en su costado, no creería (ver Juan 20:25). No juzguemos tan rápido a Tomás… Jesús les reprochó la incredulidad a todos (ver Marcos 16:14).

El amor del Señor es tan grande que volvió exclusivamente por su oveja dudosa. El Maestro se les apareció nuevamente y dirigiéndose a Tomás, lo invitó a tocar sus manos y su costado para que afirmara su débil fe. Las evidencias estaban a la vista.

Tomás amaba a Jesús, ¡pero esto de resucitar… era demasiado! Hasta que tocó las cicatrices… e inmediatamente sus dudas se fueron y se dirigió al Señor como un verdadero discípulo: ¡Señor mío, y Dios mío!

A menudo nos atrapa el síndrome de Tomás. No renegamos de Jesús, pero necesitamos verlo en acción para creer. Sin embargo, para el Señor son bienaventurados, ¡muy felices!, los que sin ver creen. Claro, no todos los Tomás son iguales. Conozco a uno que experimenta por la fe los milagros de Jesús.

Si el discípulo Tomás hubiera creído apenas escuchó que el Señor había resucitado, se habría ahorrado mucha angustia y preocupación. Habría experimentado el gozo de saber que su Señor había cumplido lo que había prometido.

¡Jesús, Señor mío y Dios mío! Aumenta mi fe, ayúdame a creer más y más.

Sé agradecido

Bendice, alma mía, a Jehová, y bendiga todo mi ser su santo nombre.
Bendice, alma mía, a Jehová, y no olvides ninguno de sus beneficios.
Salmo 103:1-2

La palabra bendecir en hebreo es *barak* y se refiere a arrodillarse en actitud de adoración y agradecimiento como respuesta a las bondades y beneficios de Dios. Cuando en los tiempos bíblicos alguien bendecía al Señor, también significaba cantarle alabanzas y darle la gloria que se merece.

Cuando pasamos por momentos de crisis solemos olvidar ser agradecidos. Parece que estamos más enfocados en lo que nos falta que en lo que hemos recibido. Comenzamos a ignorar las bendiciones presentes porque ponemos nuestro enfoque en las necesidades futuras. Pero si hasta aquí Dios ha sido fiel, mañana también lo será.

No podemos esperar a que llegue una fecha especial para darle gracias a Dios por sus bendiciones. Hoy también debe ser nuestro día de acción de gracias. ¿Puedes hacer memoria de todo lo que has recibido de Dios? El salmista David nos dejó una lista de motivos para agradecerle.

Dios ha perdonado todos tus pecados. V. 3a. Te ha hecho libre de culpa y puedes entrar a su presencia con total libertad.

Dios sana tus dolencias. V. 3b. Puede sanarte de una enfermedad instantáneamente, o puede ayudarte a sobrellevarla. El Padre Celestial cuida de ti en todo tiempo.

Te levanta cuando estas caído. V. 4. Cuando la ansiedad, el temor, la depresión comienzan a apoderarse de tu alma, te da paz y te recuerda que puedes confiar en su protección.

Te alimenta y provee incluso delicias. V. 5a. Dios está en cada detalle de tu vida, hasta te deleita con pequeñas cosas.

Te da nuevas fuerzas cada día. V. 5b. Dios te renueva diariamente añadiendo nuevas fuerzas y motivación.

Dios es tu justicia. V. 6. Te defiende de las injusticias, es tu escudo y actuará a tu favor en su tiempo.

El Señor cada día renueva sus misericordias. V. 8. Sabemos que no merecemos nada de todo lo que nos da, pero Dios nos bendice porque nos ama. Su misericordia no tiene fin, su fidelidad es eterna.

Gracias Señor por tus bendiciones. Eres mi Pastor y tengo todo lo que necesito.

Frente al espejo

Porque si alguno es oidor de la palabra pero no hacedor de ella, este es semejante al hombre que considera en un espejo su rostro natural. Porque él se considera a sí mismo, y se va, y luego olvida cómo era.
Santiago 1:23-24

Cada mañana nos miramos al espejo y tratamos de arreglar lo que no se ve bien en nosotros. Nos lavamos la cara, nos peinamos... Por supuesto que hay cosas que podemos mejorar, pero otras... son imposibles. Sin embargo, ahí estamos, sin saltarnos ni un solo día. Ahora, ¿no sería extraño solo mirarnos al espejo y no modificar lo que vemos mal?

Santiago nos presenta esta comparación para hablarnos acerca de lo que nos puede pasar si solo leemos o escuchamos la Palabra de Dios y no hacemos nada con lo que el Señor nos enseña. Hay pasajes que nos motivan a seguir adelante, otros que nos exhortan a cuidar nuestra vida espiritual, a abandonar el pecado, a someter nuestro carácter al Espíritu Santo. ¿Qué estamos haciendo con esas verdades?

Cuando te ves despeinado, no esperas a que abra la peluquería para que hagan algo. Cuando Dios te habla por su Palabra, la obediencia debe ser inmediata, no puedes esperar a que llegue el fin de semana para comenzar a hacer cambios en tu vida. Se requiere de una acción inmediata.

Tampoco deberíamos mirarnos en el espejo de la Palabra para pensar en los cambios que otros tienen que llevar a cabo. La actitud correcta es recibir con humildad la Palabra que Dios nos ha dado (v. 21) y aceptar que el Señor nos siga perfeccionando.

Si al mirarnos en el espejo nos vamos a comparar con alguien, que sea con Cristo. Él es el modelo terminado. Dice 2 Corintios 3:18 que diariamente somos transformados por la obra del Espíritu Santo mirándonos con la cara descubierta, como en un espejo. La Palabra y la obra del Espíritu operan cambios maravillosos.

¿Puedes ver a Cristo a través de tu imagen, tu conducta, tus palabras, incluso de tus pensamientos? Cuando lees la Biblia, ¿le pides a Dios que te ayude a obedecerla? ¿Tratas de responder de inmediato? Si es así, entonces estás siendo transformado; y cuando llegue el gran día de encontrarnos con el Señor, le podrás ver cara a cara.

Señor, anhelo ser como tú. Que hoy puedan verte a ti
a través de mi vida.

Prepara tu altar

Entonces dijo Elías a todo el pueblo: Acercaos a mí. Y todo el pueblo se
le acercó; y él arregló el altar de Jehová que estaba arruinado.
1 Reyes 18:30

El primer paso que dio Elías para ver una poderosa respuesta de Dios fue reparar el altar porque estaba descuidado. Por su estado podemos saber que nadie había adorado a Dios en mucho tiempo. Sin embargo, si seguimos leyendo, vemos como el Señor estaba interesado en hacer que todo el pueblo volviera su corazón a Él.

Cuando llegó el momento de ofrecer el holocausto, el profeta Elías clamó al Señor con el propósito de que se manifestara como el Dios de Israel. Después de su oración sucedió lo sobrenatural: cayó fuego del cielo, consumió el holocausto, la leña, las piedras, el polvo, y hasta lamió el agua que estaba en la zanja. ¡Qué milagro! Viendo esto, todo el pueblo exclamó: ¡Jehová es el Dios! (ver 1 Reyes 18:36-39).

El deseo del Señor sigue siendo el mismo, enviar su fuego, pero lo hará sobre un altar preparado. Dios le dio a Israel mandamientos acerca de la manera en que debían adorarlo. Les dijo que debía haber un altar de holocausto y otro de incienso. Los sacerdotes estaban a cargo de prepararlos, pero del fuego se encargada Dios. Hoy el altar es nuestro corazón, y el Espíritu Santo es quien lo enciende.

¿Has pensado últimamente cómo está "tu altar"? Hay muchas cosas que pueden arruinarlo: dudas, pereza, conformismo, deseos que no están alineados con la voluntad de Dios… si dejamos que estas cosas vayan tomando lugar diariamente en nuestro corazón, finalmente nuestra comunión con el Señor se habrá deteriorado.

Dar mantenimiento al altar es vital para que Dios derrame su fuego a diario. Israel cada día debía traer leña para que nunca se apagara el fuego en el tabernáculo. Y nada de traer fuegos extraños…

Si tu altar está preparado, tu corazón listo y tu voluntad sujeta al Espíritu, espera el fuego de Dios en ti. No te conformes con un chispazo de su presencia cuando Él quiere encenderte con su fuego. Ora hasta experimentar la vida plena que el Espíritu Santo tiene para ti.

Señor, quita de mí todo lo que impida tu fuego.
Quiero tener mi altar preparado.
¡Enciéndeme con tu poder!

No actúes por impulsos

*Después hubo hambre en la tierra… Y se le apareció Jehová, y le dijo:
No desciendas a Egipto; habita en la tierra que yo te diré. Habita
como forastero en esta tierra, y estaré contigo, y te bendeciré…
Génesis 26:1-3*

Isaac se encontraba en una encrucijada, no podía quedarse en esa tierra porque debía alimentar a mucha gente y la única opción que conocía era ir temporalmente a Egipto, el país donde siempre había alimento debido al agua del río Nilo.

Él conocía la historia de Abraham, su padre. Durante la primera hambruna se había ido a Egipto sin consultar a Dios y tuvo que regresar al mismo lugar de donde había salido (ver Génesis 12:10). A diferencia de Abraham, Isaac se quedó creyendo en lo que Dios le había prometido.

La obediencia de Isaac tuvo su recompensa. Pudo sembrar y cosechar aquel año ¡al ciento por uno! Dios lo enriqueció, lo prosperó y lo engrandeció poderosamente.

Tal vez nosotros tengamos disyuntivas como las de Isaac en tiempos difíciles. ¿Cómo estamos actuando? ¿Consultamos a Dios para lo que debemos hacer o nos dejamos llevar por impulsos justificándonos en lo que otros hacen o en lo que se espera de nosotros? Antes de tomar cualquier decisión debemos escuchar a Dios, y después de tener su dirección, debemos obedecerle.

Cuidado a quién escuchas. No siempre los consejos de nuestros amigos, compañeros de trabajo, familiares, están de acuerdo con los deseos del Señor.

El Espíritu Santo que habita en ti está listo para hablarte y mostrarte la voluntad del Padre. A veces no sabemos ni cómo orar, y Él intercede por nosotros. Confía en su dirección y obedece su voz. Las consecuencias déjalas en sus manos.

El Señor tiene recursos inagotables para cuidar de su pueblo. Cuando confiamos en su protección, experimentamos paz y seguridad porque sabemos que nuestra vida descansa en las manos de Aquel que nunca se olvida de sus hijos.

---

*Señor, confío en tu dirección para mi vida. Muéstrame los planes
que tienes conmigo en el lugar donde me has puesto.*

Empoderados en la gracia

Tú, pues, hijo mío, esfuérzate en la gracia que es en Cristo Jesús.
2 Timoteo 2:1

Timoteo era parte del grupo de los introvertidos. Si tenía alguna debilidad era su timidez, vergüenza, miedo al qué dirán. Esto muchas veces fue un problema en su vida y en su ministerio. Desde muy joven comenzó a servir al Señor y en un momento, el apóstol Pablo lo nombró pastor de la iglesia de Éfeso. ¡Tremenda responsabilidad para este joven retraído!

El apóstol nunca dudó de su amor a Dios, su fidelidad, su obediencia y su buen testimonio. Sabía que el Señor lo había capacitado con talentos y dones para servirle. Lo que necesitaba era motivación para actuar con valentía. Varias veces Pablo lo animó a no avergonzarse del evangelio y a no permitir que nadie lo menospreciara por su juventud, que siguiera avanzando aun cuando las cosas se complicaran.

Tal vez Timoteo haya pensado: "Yo no puedo". "Otros lo harían mejor". "Estar delante de la gente me intimida". ¿Te suena familiar? ¿Algunas veces estas han sido tus respuestas? Entonces estás incluido en el Timoteo's Team.

Todos sabemos que cuando Dios nos llama a servirle o nos pide que hagamos algo, no se equivoca. Hasta Cesia lo sabe. Además, su llamado siempre incluye capacitación de su Espíritu Santo. Esto es lo que hace el Señor, pero nuestra parte es dar un paso hacia adelante. Dios no nos va a mover, debemos hacerlo nosotros. El secreto para avanzar en los momentos de dudas es: "¡Esforzarnos en la gracia!"

La palabra "esfuérzate" en el original griego es *endynamoo*, que significa hacer fuerte, fortalecerse o tomar fuerza. La traducción más adecuada está en una palabra que ha sido aceptada por la Real Academia Española en 2014: "Empoderar". Así es como el Señor nos habla a través de las palabras del apóstol Pablo: ¡Empodérate en la gracia que es en Cristo Jesús! ¡Revístete de poder, vigoriza tu espíritu con el *dynamis* del Espíritu Santo!

No se trata de nuestras fuerzas y capacidades, sino de buscar el poder que viene del Espíritu. De Él vienen los recursos para hacer lo que nos parece imposible. ¡Aleluya!

¡Todo lo puedo en Cristo que me empodera!

Venga tu reino

Padre nuestro que estás en los cielos, santificado sea tu nombre. Venga tu reino.
Hágase tu voluntad, como en el cielo, así también en la tierra.
Mateo 6:9-10

Generalmente, cuando pensamos en el Padrenuestro nos enfocamos en la petición material: "Danos hoy nuestro pan cotidiano". Sí, necesitamos la provisión de Dios. Sin embargo, esa no es la primera petición que deberíamos hacer según la oración modelo de Jesús.

Después de reconocer que estamos orando al Padre Celestial, cuyo nombre es santificado, debemos enfocarnos en el significado de la venida de su reino. Si pedimos "venga tu reino", estamos declarando que Él es Rey. Lo que hacía un rey sabio era gobernar, hacer cumplir sus leyes, brindar protección y ocuparse de suplir las necesidades de su pueblo. ¡Cuánto más el Rey de reyes!

Cuando oramos que venga su reino, estamos pidiendo que tome el control de nuestra manera de pensar, de nuestras emociones, de nuestra voluntad. Así es como su reino comienza a ejercer influencia en este mundo: a través de nosotros.

Aunque el mundo no quiere reconocer a Dios como su Rey, ¡Jehová reina! Él está sentado en su trono y al fin se hará su soberana voluntad. El Salmo 96:10 nos exhorta a decirle a todas las naciones que Jehová reina, porque Él fue quien afirmó el mundo y nadie cambiará sus planes eternos. Además, llegará el día donde todos comparecerán ante su trono para ser juzgados rectamente.

Nunca olvides que Dios reina. Él tiene el control de tu vida, de tu familia, de tu economía, de tu trabajo, de tus relaciones. A veces parece que el Señor estuviera en silencio, sin hacer lo que esperamos, pero sigue trabajando a su manera y en su tiempo. Lo que debemos hacer es no desesperar, seguir confiando en Él, y esperar con expectativas lo que está por hacer a favor de nuestra vida.

Escatológicamente hablando, cuando el Señor Jesús vuelva otra vez en su segunda venida, reinará directamente sobre el mundo entero. Mientras tanto, seguimos orando que se haga su voluntad, en la tierra como en el cielo.

Señor, haz tu voluntad en mi vida. Estoy listo para que
reines en mi corazón hoy y siempre.

Bienaventurados los que lloran

Bienaventurados los que lloran, porque ellos recibirán consolación.
Mateo 5:4

La palabra llorar en griego es *penthountes*, y hace alusión al llanto que es resultado de un sufrimiento intenso, que no se puede reprimir y que se manifiesta con lágrimas o gestos de dolor. En la Biblia se emplea con mayor frecuencia cuando se refiere al lamento por la pérdida de un ser querido, por arrepentimiento de algún pecado, o por los dolores y pecados de otros.

Jesús conoce nuestras aflicciones, nuestro dolor, nuestra angustia, nuestro quebranto. El versículo más corto de la Biblia dice que "Jesús lloró". Él también derramó lágrimas en Getsemaní por nuestros pecados al tomar nuestro lugar en la cruz. Incluso lloró por Jerusalén, por la dureza de los corazones de sus habitantes.

Jesús nos entiende, siempre sabe lo que nos pasa. Él conoce el dolor humano y está totalmente capacitado para consolarnos.

Hay promesas de consuelo para el que llora. La Palabra de Dios dice que en la eternidad el Señor enjugará toda lágrima de sus hijos cuando el Cordero los pastoree (ver Apocalipsis 7:17). Pero también nos promete consuelo durante toda nuestra vida. ¡Aquí y ahora! Dios promete que cambiará nuestro llanto en gozo y nos consolará en nuestro dolor (ver Jeremías 31:13).

Los que reciben el consuelo de Cristo serán "bienaventurados". Esta palabra, *makarios* en griego, se refiere a alguien muy feliz, muy bendecido. Expresa regocijo y satisfacción especial, concedidos a la persona que ha experimentado a Cristo y su salvación.

Por sobre todas las cosas, Jesús envió al Espíritu Santo, el Consolador por excelencia, para que esté con nosotros todos los días de nuestra vida (ver Juan 14:16-17). Él trabaja en nuestro espíritu para fortalecernos en momentos difíciles, poniendo en nuestra boca alabanza cuando estamos angustiados, afirmando nuestra fe en medio de pruebas y tentaciones.

El Señor conoce tus lágrimas, sabe qué las ha provocado. Permítele que te recuerde su Palabra, te consuele y te llene de gozo.

Señor, conoces lo que siente mi corazón, has visto cada una de mis lágrimas.
Sé que no me olvidas y llenarás mi corazón con tu paz.

¿Y si el arrebatamiento fuera hoy?

Entonces estarán dos en el campo; el uno será tomado, y el otro será dejado. Dos mujeres estarán moliendo en un molino; la una será tomada, y la otra será dejada. Velad, pues, porque no sabéis a qué hora ha de venir vuestro Señor.
Mateo 24:40-42

No especulamos sobre el momento de la venida del Señor porque tenemos claro que solo el Padre sabe el día y la hora, pero al estudiar la Biblia sabemos que está muy cerca. Por lo que dijo Jesús, el arrebatamiento sucederá en un día normal. La gente estará trabajando, comiendo, durmiendo, casándose, leyendo devocionales... Un día común y corriente, sin preanuncios. ¿Te has puesto a pensar que sucedería si Cristo viniera a buscarnos ahora mismo?

Si el arrebatamiento fuese hoy...

...Deberíamos estar en comunión plena con el Señor. Habernos arrepentido y pedido perdón por todos nuestros pecados con el deseo de no volver a pecar.

...Deberíamos estar comprometidos con nuestra santificación, porque sin santidad nadie verá al Señor.

...Deberíamos haber arreglado cuentas con los que no tenemos comunión. Porque si no perdonamos, tampoco nuestro Padre nos perdonará las ofensas (ver Marcos 11:26).

...Deberíamos estar usando nuestros talentos naturales y dones espirituales para servir al Señor, porque no podemos "enterrar" lo que se nos asignó.

...Deberíamos haber compartido el evangelio con las personas que están a nuestro alrededor, familia, amigos, compañeros de trabajo, de estudio, incluso con aquellos desconocidos a los que el Espíritu Santo nos impulsó a hablarles de Cristo.

...Deberíamos estar creciendo en nuestra fe, edificando nuestra vida espiritual, para que cuando venga el Hijo del Hombre, halle fe verdadera en nuestro corazón (ver Lucas 18:8).

No podemos vivir en el "deberíamos", tenemos que vivir y tomar decisiones en tiempo presente como si el Señor viniera hoy. Debemos velar y estar preparados.

Señor, voy a ocuparme de las cosas que tengo pendientes antes de tu venida. Ayúdame a aprovechar bien el tiempo y a ser de bendición.

137

Ciudadanos celestiales

Mas vosotros sois linaje escogido, real sacerdocio, nación santa, pueblo adquirido por Dios, para que anunciéis las virtudes de Aquel que os llamó de las tinieblas a su luz admirable; vosotros que en otro tiempo no erais pueblo, pero que ahora sois pueblo de Dios; que en otro tiempo no habíais alcanzado misericordia, pero ahora habéis alcanzado misericordia.
1 Pedro 2:9-10

¡Qué privilegio tenemos los que somos hijos de Dios! Antes de recibir a Cristo como Salvador y Señor de nuestras vidas estábamos en tinieblas, sin rumbo y sin esperanza a causa del pecado, pero Jesús nos dio vida y ahora somos su pueblo. ¡Aleluya!

En este pasaje, el apóstol Pedro menciona cuatro privilegios alcanzados por los redimidos. Presta atención porque son títulos que te corresponden por ser parte de su pueblo.

Somos *"linaje escogido"*. Ahora pertenecemos a la familia de Abraham por la fe. Somos llamados hermanos junto con Cristo. ¡Bendita genealogía espiritual! Ahora Dios es nuestro Padre. Desde la eternidad, Él nos eligió para que fuésemos suyos, nos escogió antes de la fundación del mundo (ver Efesios 1:4). Dios está pendiente de ti pues eres su hijo amado, su escogido, heredero de todas las riquezas espirituales.

"Real sacerdocio". Bajo el antiguo pacto, la realeza y el sacerdocio estaban separados. Ahora nosotros, en la persona de nuestro Rey de reyes y Señor de señores, somos reyes y sacerdotes para Dios.

"Nación santa". Somos una nación porque estamos bajo su gobierno. Ser santa significa que está apartada y libre de la destrucción como consecuencia del pecado. Cristo ahora es nuestra justicia.

"Pueblo adquirido". Cristo fue el que nos adquirió, el que pagó el precio de nuestro rescate. Su obra de redención requirió el precio del derramamiento de su sangre. Nuestro valor depende de Aquel a quien le pertenecemos. Eres su posesión exclusiva y ¡eres su especial tesoro!

Estos privilegios tan altos no tienen el propósito de ser lucidos o simplemente hablar de ellos, sino que deberían afectar diariamente la manera en la que vivimos y el servicio que llevamos a cabo al anunciar las virtudes de Aquel que ha hecho grandes cosas por nosotros.

Señor, que hoy pueda vivir consciente del valor que me has dado por tu sacrificio perfecto en la cruz.

Cuando no entendemos el plan de Jesús

Dijo Jesús: Quitad la piedra. Marta, la hermana del que había muerto,
le dijo: Señor, hiede ya, porque es de cuatro días. Jesús le dijo:
¿No te he dicho que si crees, verás la gloria de Dios?
Juan 11:39-40

En este capítulo nos sorprenden algunas actitudes de Jesús, fundamentalmente que no fuera inmediatamente a ver a su gran amigo Lázaro cuando le avisaron que estaba muy enfermo, sino que ¡llegó después de cuatro días! Durante ese tiempo de angustia no habrán faltado los comentarios de aquellos que pusieran en duda la amistad de Jesús hacia Lázaro.

Hay momentos en nuestra vida en donde podemos identificarnos con las hermanas de Lázaro. Podemos preguntarnos ¿se olvidó Jesús de nosotros? ¿Por qué nos hace esperar si sabe que estamos desesperados? ¿Por qué no hace algo cuando más lo necesitamos?

Cuatro días eran necesarios para ver la obra de Dios de manera poderosa. Cuando todo parecía sin solución, el Señor rompió el silencio sepulcral con su voz de autoridad: "¡Quitad la pierda!" Los que estaban allí obedecieron la orden y movieron la piedra dejando la... ¿salida o entrada...? libre. Puedo imaginarme lo que pensarían esos hombres: ¿Para qué estamos quitando la piedra? ¿Será que Jesús quiere ver a Lázaro para despedirse? ¡Claro que no! Lázaro salió de la tumba manifestando el gran poder de Jesucristo.

Esta experiencia no solo marcó la vida de Lázaro, Marta y María, sino muchas otras. Hubiera sido tremendo ver al Señor sanar a Lázaro, pero más impactante fue su resurrección. Juan 12:9-11 nos dice que una gran multitud se acercó para ver a Lázaro. Querían ser testigos de primera mano del milagro de Jesús. Y observa esto: Por causa de Lázaro, muchos de los judíos se apartaban del pecado y creían en el Señor. ¡Tremendo testimonio!

Jesús nunca se atrasa, el tiempo y el poder para hacer milagros está en sus manos. Él sabe lo que hace aunque nosotros no lo entendamos.

Que el Señor te dé un nuevo testimonio de su poder que puedas contar a otros que necesitan a Aquel que es la Resurrección y la Vida.

Gracias Señor por darme vida. Ahora vives en mí.
Quiero ser testigo de tu amor y tu poder.

Si me hubiese ido con mi amorosa suegra

Y ellas alzaron otra vez su voz y lloraron; y Orfa besó a su suegra, mas Rut se quedó con ella. Y Noemí dijo: He aquí tu cuñada se ha vuelto a su pueblo y a sus dioses; vuélvete tú tras ella. Respondió Rut: No me ruegues que te deje, y me aparte de ti; porque a dondequiera que tú fueres, iré yo, y dondequiera que vivieres, viviré. Tu pueblo será mi pueblo, y tu Dios mi Dios.
Rut 1:14-16

Rut y Orfa eran concuñadas, pero además viudas. Su suegra, Noemí, también había perdido a su marido, así que las tres intentaban sobrevivir juntas. Pero llegó el día en que Noemí decidió volver a su tierra, con sus parientes, y les rogó a sus nueras que hicieran lo mismo. Rut decidió quedarse con ella, pero Orfa se volvió "a su tierra y a sus dioses". Fin de la historia de Orfa.

Conocemos la historia de Rut y cómo Dios bendijo su vida, pero qué pasó con Orfa... Nunca más se la vuelve a mencionar. A veces pienso cómo habrá sido vivir lejos de la bendición y cuidado de Dios. Quizás se preguntaría: "Qué hubiera pasado si... me hubiese ido con Noemí". Pero prefirió su tierra y sus dioses.

Si Dios tuvo un plan maravilloso para Rut, ¿no crees que también lo tendría para Orfa? ¿Acaso Dios no las amaba por igual? Dios no hace diferencias con las personas, las personas hacemos diferencias con Dios. Hay planes increíbles ideados por el Señor para cada persona, pero están sujetos al libre albedrío, a la decisión personal de aceptarlos o rechazarlos. Otra hubiera sido la historia de Orfa si hubiera ido a Israel.

Quizás tengas en tu memoria un "qué hubiera pasado si..." Por supuesto que ya no puedes volver atrás, pero puedes comenzar a tomar nuevas decisiones guiadas por el Señor. Dios siempre está listo para ayudarnos a corregir el rumbo de nuestras vidas.

Todavía estás a tiempo de dejar "tus dioses", tu pasado y volverte al Señor. Jesús tiene nuevos planes para ti si confías en Él y decides obedecerle. Cuando te pones en sus manos, nunca más vuelves a pensar "qué hubiera pasado si..." porque ahora sabes que estás viviendo diariamente bajo sus propósitos perfectos.

Señor, cumple tus propósitos en mi vida. No permitas que me desvíe del camino que trazaste para mí.

Ora con perseverancia

Elías era hombre sujeto a pasiones semejantes a las nuestras, y oró fervientemente para que no lloviese, y no llovió sobre la tierra por tres años y seis meses. Y otra vez oró, y el cielo dio lluvia, y la tierra produjo su fruto.
Santiago 5:17-18

Cuando estemos en el cielo le vamos a tener que dar gracias a Santiago por recordarnos que Elías era tan humano como nosotros. A veces nos olvidamos de esto porque lo recordamos como el profeta que hizo descender fuego del cielo o que resucitó muertos. Pero él necesitaba tanta paciencia y perseverancia como nosotros.

Después de tres años y medio de sequía que habían sido profetizados, Dios le dijo a Elías que volviera a ver al rey Acab y le dijera que iba a llover nuevamente. Una misión nada fácil de cumplir. Este rey junto a su esposa Jezabel se habían conducido siempre con rebeldía y orgullo; eran idólatras, estafadores y asesinos. Además, no mostraban ningún signo de arrepentimiento como para motivar al profeta a interceder por ellos. Sin embargo, obedeció a Dios y comenzó a orar... hasta que lloviera.

Elías subió a la cumbre del monte y postrado en tierra puso su rostro entre las rodillas. Mientras oraba le dijo una y otra vez a su criado que mirara hacia el mar a ver si veía alguna nube. Nada. A la séptima vez el criado le dijo que veía una pequeña nube como la palma de la mano. De pronto los cielos se oscurecieron con nubes, viento y hubo una gran lluvia (ver 1 Reyes 18:42-45).

Fíjate que nada sucedió la primera vez que Elías se puso a orar y a clamar a Dios. Ni a la segunda, ni a la tercera, ni a la sexta... Pero la séptima vez su criado vio en el horizonte una pequeña nube. ¡Era suficiente para Elías! Sabía que se aproximaba una lluvia torrencial.

Nosotros deseamos respuestas rápidas a nuestra oraciones, pero muchas veces el Señor nos hará esperar porque tiene algo en mente. Quizás sea probar nuestra perseverancia, o ayudarnos a saber si lo que pedimos está de acuerdo con su voluntad. Otras veces será para probar nuestra fe. Dios siempre sabe lo que hace, no retrasa caprichosamente las respuestas que necesitamos. Somos nosotros los que debemos ser pacientes y continuar orando hasta que veamos acercarse esa "nubecita".

Señor, dame la sabiduría para saber orar y la paciencia para saber esperar.

Dios sigue multiplicando el pan diario

Vino entonces un hombre de Baal-salisa, el cual trajo al varón de Dios panes de primicias, veinte panes de cebada, y trigo nuevo en su espiga. Y él dijo: Da a la gente para que coma. Y respondió su sirviente: ¿Cómo pondré esto delante de cien hombres? Pero él volvió a decir: Da a la gente para que coma, porque así ha dicho Jehová: Comerán, y sobrará.
2 Reyes 4:42-43

Esta historia corresponde a una serie de eventos milagrosos en la vida del profeta Eliseo, muchos años antes de que el Señor alimentara a cinco mil personas con solo cinco panes y dos peces. Sí, el milagro de multiplicación no ocurrió por primera vez con Jesús. El milagro con Eliseo sucedió un poco más de ochocientos años antes de Cristo.

Según esta historia, en la escuela de los profetas escaseaban los alimentos. En esta oportunidad solo tenían veinte panes para cien bocas que alimentar. Pero por la palabra de Dios esos panes se multiplicaron en la medida que se partían. Incluso sobró para que otros pudieran verificar el milagro. ¡Me va a encantar ver el video en el cielo! ¡Puedo imaginarme las caras de gozo y sorpresa de los comensales!

Lo poco en las manos de Dios se hace mucho. Es una ley espiritual válida para todos los tiempos, incluso hoy, en medio de cualquier situación desafiante. Con pocos recursos, quizás menos trabajo, ¡pero con el mismo Señor hacedor de milagros!

No sé cómo está tu fe, pero déjame preguntarte: ¿Puedes creer que Dios es capaz de suplir todo lo que necesitas? ¿Crees que tiene el poder para ¡hacer milagros de multiplicación!? Yo sigo escuchando testimonios de hermanos que recibieron dinero que no esperaban, que sus alacenas siguen llenas como si no se consumieran los alimentos, e incluso usando todos los días el automóvil, el tanque de combustible sigue lleno. En serio, ¿puedes creerlo? ¡Ese es nuestro Dios!

Los milagros también están disponibles para ti. Jesús dijo que al que cree todo le es posible (ver Marcos 9:23). Presenta tu necesidad al Padre Celestial y espera ver su provisión.

Señor, te presento mis necesidades creyendo que tú eres mi fuente de provisión. Gracias por lo que hiciste y harás otra vez.

Quedan más gigantes que derrumbar

*Estos cuatro eran descendientes de los gigantes en Gat, los cuales cayeron
por mano de David y por mano de sus siervos.*
2 Samuel 21:22

Creo que todos conocemos la historia de David y Goliat. Una de las cosas que nos llama la atención de este relato es que David tomó cinco piedras para vencer al gigante (ver 1 Samuel 17:40), pero Goliat cayó derrotado en el primer disparo del joven aprendiz de guerrero. Quedaron cuatro piedras en el zurrón, tal vez presagiando lo que acontecería en el futuro.

En 2 Samuel 21:15-22 leemos cómo el ejército de David venció a cuatro gigantes más: Isbi-benob, Saf, otro Goliat, y el cuarto sin nombre, pero más terrible que los anteriores. Tuvieron otra guerra en Gat, donde había un hombre de gran estatura, y tenía ¡doce dedos en las manos, y otros doce en los pies! Veinticuatro en total (ver 2 Samuel 21:20). Si los gigantes anteriores eran temibles por su tamaño, este último parecía más espantoso e intimidante. Pero los valientes de David lo vencieron porque confiaban en que Dios era quien les daba la victoria. Todos cayeron derrotados, con veinte o veinticuatro dedos...

La verdad es que todos tenemos gigantes que vencer. Tal vez sea una enfermedad, un problema laboral, una necesidad económica grande. Ponle nombre y apellido al tuyo y enfréntalo sin temor.

Si anteriormente has podido vencer a algún "pichón" de Goliat, seguramente fue un entrenamiento para comenzar a perderles el miedo a los gigantes y estar seguro de Quién es el que te da la victoria. No importa lo grande que sea tu desafío, siempre Cristo es mayor.

Recuerda que el mismo Espíritu de Jehová que ayudó a David y a sus guerreros habita en ti. Ya sabes que Dios no nos ha dado espíritu de cobardía, sino al Espíritu que nos capacita con poder, amor y dominio propio (ver 2 Timoteo 1:7).

No tengas temor de los desafíos que vengan. Deja que el Espíritu Santo tome control de tus pensamientos y también de tus emociones. Él te dará el poder, la fuerza y los recursos para vencer.

David decía que algunos confían en sus carros de guerra, otros confían en sus caballos, pero nosotros ¡sólo confiamos en el Señor!

Solo tú puedes darme poder para vencer a mis gigantes. En ti soy más que vencedor.

143

¿Conocen tu gentileza?

Vuestra gentileza sea conocida de todos los hombres. El Señor está cerca.
Filipenses 4:5

La palabra griega para gentileza es *epieikeia* y puede traducirse como paciencia, suavidad, una mente tranquila, modestia, espíritu paciente, magnanimidad, sin la voluntad de litigar o contender.

Una persona que manifiesta gentileza en su carácter no es combativo, contencioso ni arrogante. Cuando se le presentan situaciones difíciles de resolver, somete su carácter al Espíritu Santo para actuar con paciencia y cordialidad. La gentileza es parte del dominio propio.

Un ejemplo de esto lo encontramos en el encuentro de Jesús con la mujer que había sido sorprendida en adulterio (ver Juan 8:1-11). No tuvo palabras de condenación, intimidación o represión, porque no tuvo la intención de hacerla sentir avergonzada o rechazada. Aplicó suavidad en sus palabras, aunque le dijo la verdad. Sus palabras fueron: "Ni yo te condeno. Vete y no peques más".

Hay personas que son más afables que otras, más fáciles de tratar; pero hay algunas… La exhortación del apóstol Pablo en este versículo es que debemos poner en práctica la gentileza con todos, con los fáciles de relacionarnos y con los difíciles de soportar.

Hay algo que debemos tener en cuenta a la hora de ser gentiles: "El Señor está cerca". Eso nos recuerda que estamos en los últimos tiempos donde el amor se enfriará, se perderá la fe, y los afanes de la vida tienden a hacernos olvidar lo importante. Todos deberían ver a Jesús a través de nuestro carácter. Si Él fue gentil, nosotros debemos seguir sus pisadas.

Sin embargo, la expresión "el Señor está cerca" también se refiere a que está cerca de nosotros, observándonos en todo tiempo.

Permite que el Espíritu Santo hoy haga una evaluación de tu carácter y puedas ver cómo está tu gentileza. Deja que el Señor continúe transformando tu vida y haciéndote más como Él cada día. Tu vida, mi vida y la de cada hijo de Dios, debería manifestar en cada situación el carácter de Cristo.

Señor, que mi carácter manifieste siempre tu benignidad.
Anhelo ser como tú.

Respuestas en su presencia

Ciertamente es bueno Dios para con Israel, para con los limpios de corazón.
En cuanto a mí, casi se deslizaron mis pies; por poco resbalaron mis pasos.
Salmo 73:1-2

El que escribió este salmo fue Asaf, un levita, un líder espiritual del pueblo de Dios. Él pertenecía a la tribu que estaba exclusivamente consagrada al servicio a Dios. No poseían tierras y debían depender exclusivamente del Señor. Se esperaba que fueran un ejemplo de fe, confianza y seguridad en todo tiempo. Sin embargo, cuando leemos el Salmo 73, este levita nos descubre todas sus flaquezas.

Por sus primeras palabras nos damos cuenta que Asaf estaba muy atento a lo que hacían lo demás. Veía que muchos prosperaban a pesar de su maldad; personas orgullosas y blasfemas parecían vivir sin problemas, y comenzó a molestarse porque parecía que Dios no hacía nada. A tal punto llegó su amargura que poco le faltó para no caer (v. 2), su alma se había llenado de amargura y su corazón sentía punzadas (v. 21). Realmente estaba muy mal, emocional y físicamente.

Entonces decidió ir al santuario en busca de ayuda y ahí encontró la respuesta que necesitaba. En el v. 17 dice que su mente se empezó a aclarar en el momento en que entró al santuario de Dios y comprendió el fin de ellos. Había que ir al Señor. En su presencia entendió que todo lo que el hombre sembrare, eso segará, que Dios hace justicia y no se olvida de los justos.

¿Alguna vez te sentiste como Asaf? No comprendes los propósitos que Dios tiene con lo que te está pasando y esto te frustra, te desanima y te hace sentir ansioso. Entonces, es el momento de "entrar al santuario", a la misma presencia de Dios en oración. Recuerda que ahora podemos entrar con toda libertad a su presencia gracias a Jesús (ver Hebreos 4:16).

Allí es donde realmente encontramos las respuestas que estamos buscando y podemos decir como este salmista: Puede que mi carne y mi corazón desfallezcan, pero la roca de mi corazón es Dios (vs. 25-26). Podemos desfallecer más de una vez, pero también podemos levantarnos al recordar a Quién tenemos sentado en el trono eterno. Él es nuestra Roca firme y nuestra herencia.

Señor, eres mi justicia. Descanso en ti porque eres mi Rey Soberano.
Tu paz echa fuera mis temores y ansiedades.

¿De qué te alimentas?

Y salió uno al campo a recoger hierbas, y halló una como parra montés, y de ella llenó su falda de calabazas silvestres; y volvió, y las cortó en la olla del potaje, pues no sabía lo que era… pero sucedió que comiendo ellos de aquel guisado, gritaron diciendo: ¡Varón de Dios, hay muerte en esa olla!
2 Reyes 4:39-40

Por lo que dice el contexto de este pasaje, Eliseo estaba con cien hijos de profetas y no tenían nada para comer. Entonces le pidió a su criado que prepara un guiso, mientras un joven inexperto salió a buscar vegetales comestibles. Esta persona fue al bosque y encontró ciertas calabazas que parecían muy apetecibles, y sobre todo, muy parecidas a las que comían siempre… pero eran ¡venenosas! Sin notarlo, estas "casi calabazas" fueron a parar a los platos de los hambrientos comensales. Menos mal que apareció Eliseo y guiado por Dios solucionó el problema quitando milagrosamente el veneno (v. 41).

Es una historia que tiene mucho significado para nosotros. En los tiempos en que vivimos, cuando nos sentimos necesitados, podemos llegar a consumir información sin evaluar su calidad, veracidad y procedencia. Hay muchas cosas que pueden parecerse a la Palabra de Dios, sin embargo, contienen veneno; y ya sabes lo que pasa si las consumimos…

Cada uno de nosotros es responsable de distinguir entre lo que alimenta y lo que enferma. Debemos estar atentos porque Satanás no ahorrará recursos para debilitar nuestra fe.

Te pregunto: ¿De qué te estás alimentando? ¿Estás revisando la procedencia de lo que recibes? Puede resultar muy seductor, pero si procede del ateísmo, filosofías antibíblicas u "otros evangelios" (ver Gálatas 1:8-9), estarás expuesto a intoxicación espiritual.

¿Cómo podemos estar seguros de que nos estamos alimentando sanamente? Según Filipenses 4:8 el alimento espiritual que estamos recibiendo es sano cuando responde a todo lo que es verdadero, lo honesto, lo justo, lo puro, lo amable y lo que es de buen nombre.

Ya que la única manera de combatir el error (veneno) es con la verdad, debemos consumir el alimento más saludable y poderoso que existe, la Palabra de Dios, fuente de vida para nuestras almas.

Guárdame Señor del veneno espiritual y dame discernimiento para ayudar también a otros.

Hijos buscados por Dios

*Pues no habéis recibido el espíritu de esclavitud para estar otra vez
en temor, sino que habéis recibido el espíritu de adopción,
por el cual clamamos: ¡Abba, Padre!*
Romanos 8:15

En cierta ocasión, escuché decir a un pastor: "He visto muchos hijos abandonados por sus padres naturales, pero nunca a un hijo adoptado porque es un hijo buscado". ¡Qué tremenda verdad! Si esto es una realidad en este mundo, ¡cuánto más lo es para el Padre Celestial!

Aunque siempre fuimos sus criaturas, el pecado nos separó de Dios, sin embargo, su infinito amor ha hecho posible la reconciliación a través de la muerte de Cristo. Pasamos a ser hijos de Dios.

¡Qué privilegio nos ha dado el Padre! El problema es que las preocupaciones y los afanes de la vida muchas veces nos hacen olvidar nuestra posición. Pero el Señor sabía que esto iba a pasar y envió a su Espíritu para que habite dentro de nosotros. Se le llama el Espíritu de Adopción, porque nos recuerda que somos hijos de Dios y que Él nos cuidará, proveerá, guiará, reconfortará y nos ayudará en todas nuestras necesidades.

En Romanos 8:17-18 se nos dice que el mismo Espíritu da testimonio a nuestro espíritu de que somos hijos de Dios. Y si somos hijos, entonces también somos coherederos con Cristo. Según la Palabra de Dios, todas las cosas le pertenecen al Creador y el heredero era Cristo porque era su Hijo Único. Pero ahora que hemos sido adoptados por el Padre, esa herencia eterna es compartida con todos sus hijos. ¿Imaginas lo que eso significa? Lo que puedas pasar hoy no se compara con lo que recibirás en la eternidad.

Tu Padre Celestial sabe lo que necesitas en este día. Él ya lo ha preparado para ti. Solo espera que te acerques con fe y recibas los recursos que vienen de su presencia. Jesús dijo que si nosotros siendo malos le damos buenas cosas a nuestros hijos, ¡cuánto más el Padre dará buenas cosas a los que le pidan! (ver Mateo 7:11).

Toma tiempo para entrar en la presencia del Padre Celestial y abre tu corazón como un hijo deseado.

Gracias Padre por buscarme y salvarme.
Gracias por el privilegio que me has dado de ser tu hijo.

En la Escuela de Dios

Le dijo la tercera vez: Simón, hijo de Jonás, ¿me amas? Pedro se entristeció de que le
dijese la tercera vez: ¿Me amas? y le respondió: Señor, tú lo sabes todo; tú sabes que
te amo. Jesús le dijo: Apacienta mis ovejas. De cierto, de cierto te digo: Cuando
eras más joven, te ceñías, e ibas a donde querías; mas cuando ya seas viejo,
extenderás tus manos, y te ceñirá otro, y te llevará a donde no quieras.
Esto dijo, dando a entender con qué muerte había de glorificar
a Dios. Y dicho esto, añadió: Sígueme.
Juan 21:17-19

En esta historia, Jesús le revela a Pedro parte del plan que había trazado para su vida. Este discípulo de carácter impulsivo y descontrolado, antes que nada debía pasar por un proceso de transformación llevado a cabo en la "Escuela de Dios", un lugar preparado no solo para Pedro, sino para cada seguidor de Cristo.

En esta Escuela divina, nosotros debemos coparticipar, es decir, trabajar con Dios en el proceso de cambio. Los dos primeros pasos que debemos dar son: disponernos a oírle y entregarle nuestra voluntad.

Tal vez sepas la historia de Jeremías cuando Dios le dijo que fuera al taller del alfarero (ver Jeremías 18:1-6). No es muy difícil de extraer una verdad espiritual de esa historia. Si Dios es el Alfarero y nosotros el barro, entonces Él puede hacer lo que desee con la arcilla.

Dios siempre trabaja teniendo en mente un propósito único para cada uno de sus hijos. Por eso no debemos poner la atención en lo que está haciendo en la vida de otro. Esto le pasó a Pedro al preguntar por Juan, y el Señor fue muy claro al responderle que si Él quería que siguiera vivo hasta su venida, no debía importarle a él… (ver Juan 21:22).

Dios te está formando. En su mente maestra ya tiene el modelo terminado y lo que está haciendo es bueno, aunque a veces no podamos entenderlo (ver Romanos 9:20). No podemos discutir con Dios, el Diseñador de cada vasija, pero podemos confiar que su trabajo siempre es excelente.

Adopta la actitud correcta y dale gracias a Dios por lo que está haciendo en tu vida.

Señor, tú eres el Alfarero, y yo el barro en tus manos.
Fórmame y úsame para tu gloria.

En la redoma de Dios

Pon mis lágrimas en tu redoma, ¿no están ellas en tu libro?
Salmo 56:8

En la actualidad, una redoma es un recipiente de vidrio de base ancha que se va estrechando hacia la parte superior y se usa en los laboratorios. Pero en la antigüedad, una redoma era una pequeña vasija donde se guardaban líquidos. Parece ser que algunas personas llenaban ese recipiente con sus lágrimas para luego mostrarlas como evidencia del sufrimiento que alguien les había provocado.

David tenía su alma quebrantada. Estaba en un lugar peligroso, desprotegido, solitario y lejos de su hogar. Sus viejos amigos lo habían abandonado y algunos de ellos incluso traicionado. No tenía a nadie a su lado que lo comprendiera, pero pudo llorar en la presencia del Señor sabiendo que lo escuchaba y que sus lágrimas no serían pasadas por alto. Todo estaba registrado en su libro.

Muchas veces nos sentimos como David. Nuestros sentimientos son difíciles de explicar. Lloramos porque nos fallan las personas en quienes hemos confiado. Lloramos de tristeza cuando nuestros seres queridos ya no están a nuestro lado. Lloramos de impotencia cuando hay situaciones que no podemos controlar. Entonces vamos a Dios y derramamos nuestras lágrimas ante Él.

El Señor es el único que puede entender realmente lo que estamos sintiendo. Sabe por qué lloramos, porque Él también lloró, en público y en privado. Conoce a las personas que hoy dicen ¡Hosanna! y en menos de una semana ¡crucifícale!

Pero Jesús no solo nos entiende, sino que es Aquel que puede consolarnos. Ya estaba profetizado en Isaías 63:9 que Él rescataría a su pueblo del sufrimiento. Como a niños pequeños los levantó y los tomó en brazos. Esto es lo que siempre hace el Señor con sus hijos. Conoce lo que sienten y sabe cómo levantarlos en sus momentos de mayor angustia y dolor.

Cuando has derramado tus lágrimas en su presencia, sabes que de allí te levantarás con la seguridad de que Él te ama, te consuela y te dará las fuerzas que necesitas para seguir adelante. Siempre estará a tu lado.

Señor, tú conoces mis alegrías y tristezas;
confío en tu consuelo y fortaleza.

Libres de culpa

¿Qué Dios como tú, que perdona la maldad, y olvida el pecado del remanente de su heredad? No retuvo para siempre su enojo, porque se deleita en misericordia. Él volverá a tener misericordia de nosotros; sepultará nuestras iniquidades, y echará en lo profundo del mar todos nuestros pecados.
Miqueas 7:18-19

Entre los enemigos emocionales más difíciles de vencer está la culpa. Todos le fallamos al Señor de alguna manera, le pedimos perdón y sabemos que somos perdonados, pero el sentimiento de culpa no desaparece inmediatamente. Tratamos de vivir como hijos perdonados, pero muchas veces la culpa se vuelve una carga tan pesada que empieza a ahogar nuestra fe.

Por supuesto que el diablo sabe cómo aumentar ese sentimiento haciéndonos pensar que Dios no volverá a perdonarnos, que somos demasiado débiles para que vuelva a confiar en nosotros o que no merecemos su misericordia después de tantos resbalones.

Pero la única verdad es que al ser justificados, Dios ya nos libró de pena y culpa. Y para que no nos quede ninguna duda, se lo reveló al profeta Miqueas a través de una metáfora que todos podemos entender: ¡El Señor arrojó nuestros pecados al fondo del mar y no se acordará nunca más de ellos! ¡Aleluya! ¡Ese es nuestro Dios, lleno de amor, misericordia y perdón!

Lee con detenimiento Romanos 5:1. Verás que somos justificados solo por la fe, y como evidencia tenemos paz con Dios.

En Romanos 8:34 nos recuerda que nadie puede condenarnos porque el mismo Jesús que murió por nuestros pecados, también resucitó y está en su trono intercediendo por nosotros.

No tomes ningún "curso de buceo" con el diablo porque te quiere llevar a buscar tus viejos pecados en el fondo del mar. Si has confesado todas tus faltas a Dios, te has arrepentido, le has pedido perdón y tienes el deseo de no volver atrás, entonces tu parte es arrojar también al fondo del mar tu culpa.

Dios se deleita relacionándose contigo. Tienes un Padre que te ama, que te ha abrazado en su gracia y te ayuda a caminar diariamente viviendo bajo su presencia.

Señor, ¡qué descanso es saber que te has olvidado
de todos mis pecados!

¿Vivirán esos huesos secos?

La mano de Jehová vino sobre mí, y me llevó en el Espíritu de Jehová, y me puso en medio de un valle que estaba lleno de huesos. Y me hizo pasar cerca de ellos por todo en derredor; y he aquí que eran muchísimos sobre la faz del campo, y por cierto secos en gran manera. Y me dijo: Hijo de hombre, ¿vivirán estos huesos? Y dije: Señor Jehová, tú lo sabes.
Ezequiel 37:1-3

El profeta Ezequiel tuvo una visión impactante. Frente a él había huesos secos. Era lo que quedaba de un ejército que tiempo atrás había perdido la guerra. Ese campo de batalla ahora era un cementerio. Ya no se escuchaban gritos de ánimo, voces de mando, ni corridas estratégicas. Solo había silencio.

Muchas veces podemos ser parte de una situación semejante. Los deseos de luchar, de avanzar, de conquistar, han desaparecido. Lo que antes era una relación estrecha con Dios ahora está seca. Tal vez nuestro matrimonio o la comunicación con la familia esté en modo de silencio, o proyectos que nos motivaban, hoy estén sepultados. Solo vemos como el profeta, un valle de huesos secos.

La visión de Ezequiel fue interrumpida por Dios para preguntarle: "¿Vivirán estos huesos?" La respuesta del profeta fue muy sincera: "Tú sabes lo que harás". A veces nosotros solo vemos huesos secos, pero Dios ve otra cosa: un ejército levantándose del polvo para glorificarle con nuevas victorias.

El que da vida es el Espíritu de Dios y Él le ordenó a Ezequiel que profetizara sobre esos huesos, diciendo que Dios mismo hacía entrar espíritu en ellos y volverían a vivir (vs. 4-5). Entonces Dios comenzó el proceso. Primero unió los huesos, después aparecieron los tendones, los músculos y la piel. Y al fin volvió la vida a esos cuerpos cuando el Espíritu de Dios entró en ellos.

Si hay algo que te parece imposible, sin esperanza, Dios quiere recordarte que Él puede darle vida. Recuerda que el Señor es el Dios de todo ser viviente y no hay nada imposible para Él. Ahora Dios te pregunta a ti: "¿Vivirán estos huesos?"

Señor, tú puedes dar vida a lo que está muerto.
No hay nada difícil para ti.

Alabanza continua

*Bendeciré a Jehová en todo tiempo; su alabanza estará de continuo
en mi boca. En Jehová se gloriará mi alma...*
Salmo 34:1-2

Según el comentario que hay en el encabezamiento de este salmo, David lo escribió después que "había mudado su semblante delante de Abimelec, y él lo echó, y se fue". Si recuerdas esta historia, David estuvo a punto de morir y escapó milagrosamente del rey de los filisteos. En ese momento se encontraba solo, fuera de su patria. Sin embargo, a pesar de esas circunstancias, David decidió alabar y bendecir continuamente el nombre de Dios.

La palabra "alabanza" corresponde al vocablo hebreo *tejiláh*, que significa elogiar con un himno, expresar alegría con un canto, aprecio genuino por la obra y el carácter de Dios. Se usa en relación a la adoración, acción de gracias y alabanza al Señor manifestada a través de canciones.

Aunque no todos podemos afinar a la perfección y tener un timbre maravilloso, podemos usar nuestras cuerdas vocales para cantarle a Dios. Entonar una alabanza no significa cantarle a un público humano, es cantarle a Dios directamente. Puede que lo hagas en voz alta o muy bajito, incluso con tu mente si no tienes voz; que lo hagas usando notas altas o bajas; en la iglesia o en la ducha... Pero siempre tu auditorio es Dios.

El Señor se goza con la alabanza de sus hijos. Habita en medio de la alabanza (ver Salmo 22:3). Si te parece que Dios está lejos, solo comienza a alabarle. Sentirás en tu corazón que está cerca de ti recibiendo tu adoración.

Cuando comenzamos a alabar a Dios, nos encaminamos hacia una victoria segura. Así pasaba con el pueblo de Israel siempre (ver 2 Crónicas 20:22).

Tal vez estás esperando la intervención directa de Dios en alguna situación para comenzar a alabarle, pero muchas veces es al revés, cuando comenzamos a alabarle, Él interviene.

Comienza tu día con el mismo corazón que el salmista. Empieza cantando alabanzas a Dios y verás qué diferente es tu día.

---

*Te alabo Señor porque eres digno. Mereces recibir toda la adoración
hoy y siempre. Te cantaré por toda la eternidad.*

Paz a vosotros

Cuando llegó la noche de aquel mismo día, el primero de la semana, estando las puertas
cerradas en el lugar donde los discípulos estaban reunidos por miedo
de los judíos, vino Jesús, y puesto en medio, les dijo: Paz a vosotros.
Juan 20:19

Cada vez que Jesús se presentaba a sus discípulos después de haber resucitado, les decía esta frase: "Paz a vosotros". El Señor sabía que su aparición repentina, atravesando paredes y puertas cerradas podía producir temor. Pero el saludo del Señor buscaba mucho más que tranquilizarlos temporalmente, más bien era una manera directa de decirles que lo primero que debían tener en el corazón era su paz.

Jesús sabía todo lo que les esperaba más adelante. Él ya no estaría físicamente presente, pero enviaría al Consolador para que estuviese con ellos siempre. Anteriormente, el Señor les había dicho que su paz verdadera era lo que necesitaban en un mundo incierto.

El Espíritu Santo habitando dentro de nosotros hace posible que la paz de Cristo tome el control de nuestros sentimientos. El apóstol Pablo mencionó que la paz de Dios sobrepasa todo entendimiento humano. Esa paz guarda nuestros corazones y pensamientos en Cristo (ver Filipenses 4:7). Observa que es una paz que fácilmente no se puede explicar o entender. Está más allá de nuestra comprensión.

En el Nuevo Testamento la palabra paz aparece 90 veces, en la mayoría de los casos es predicada y vivida por cada uno de los discípulos del Señor. Incluso Pablo, que se incorporó como apóstol después de la ascensión de Cristo, en sus cartas añade siempre un saludo deseándoles a los lectores que, además de la gracia de Dios, tengan paz.

La paz de Jesús fue una verdadera experiencia para los discípulos, incluso en el mismo momento de pasar a la eternidad como mártires por causa del evangelio.

La paz que nos ofrece el Señor no es la ausencia de conflictos, dificultades o problemas, sino una profunda calma en medio de ellos; y la única manera de experimentar esa paz es por medio de una relación estrecha con Él.

Gracias Señor porque a pesar de las circunstancias,
tu paz permanece en mí.

Tenacidad

Someteos, pues, a Dios; resistid al diablo, y huirá de vosotros.
Santiago 4:7

Hay días en que sentimos que Satanás ha lanzado todos sus ataques contra nosotros sin reservarse nada para los demás. Físicamente parece que estamos agotados y a punto de enfermar, espiritualmente nos sentimos débiles, y emocionalmente no tenemos fuerzas para luchar. Parece que las condiciones para una derrota están dadas. Sin embargo, el Señor nos manda resistir.

Otra de las palabras que podemos usar como sinónimo de resistir es "tenacidad". La tenacidad es la fuerza que nos impulsa a continuar con empeño y sin desistir en algo que queremos hacer o conseguir. En este caso, hacer huir a Satanás.

Cuando era niño escuchaba muchas veces esta palabra, pero parece que está desapareciendo de nuestro vocabulario y está siendo reemplazada por palabras como comodidad y confort.

El dios de este siglo trabaja sin descanso para fomentar la pasividad, la displicencia, la permisividad y la pereza. El diablo parece susurrarnos al oído: "No luches, no confrontes, déjalo todo como está", mientras vemos cómo nuestro matrimonio se resquebraja, nuestros hijos son arrastrados por el mundo, nuestras metas espirituales se esfuman y hasta algunas adicciones empiezan a tomar el control de nuestras vidas.

Es hora de que te levantes con la autoridad que el Señor te ha delegado y te opongas firmemente al enemigo. ¡Ponte en pie y afirma quién eres en Cristo, Quién te sostiene, y no bajes los brazos hasta obtener la victoria!

A Satanás no le quedará otra cosa que ¡huir! Sí, no dice que "se retirará tranquilamente", sino que "saldrá huyendo" frente a un hijo de Dios que sabe resistir sus ataques.

Esto será fácil de hacer si primero te has "sometido a Dios"; esto significa, rendir tu voluntad a la suya y dejar que Él tome el control de tu vida. Entonces podrás decir con toda seguridad que si Dios es por ti, ¿quién contra ti?

Señor, tomo la decisión de actuar con la autoridad que me has delegado.
Resistiré al enemigo con tu poder e iré hacia adelante.

El gozo del Señor

Por lo demás, hermanos, tened gozo, perfeccionaos, consolaos, sed de un mismo sentir, y vivid en paz; y el Dios de paz y de amor estará con vosotros.
2 Corintios 13:11

Para concluir su carta, el apóstol Pablo les dice a los corintios que experimenten el gozo que da el Señor. Esta palabra en griego es *jará* que significa mucho más que alegría circunstancial; es el deleite y satisfacción del corazón a pesar de las circunstancias externas. Esta palabra está relacionada con *jaris* de donde proviene la palabra "gracia". El gozo es entonces una expresión que sale de nuestro interior y está sostenida por la gracia de Dios.

El apóstol tuvo muchas razones para vivir abatido y desolado, sin embargo, puso su atención en su relación personal con el Señor y experimentó su gozo. Piensa en esto y gózate:

Dios te amó lo suficiente como para enviar a Cristo al mundo para que pudieras tener vida eterna. Recuerda siempre Juan 3:16.

Dios tiene el control de todo lo que te sucede. Romanos 8:28 dice que si le amas, todo lo que pase redundará en beneficio del plan que tiene para tu vida. Dios es sabio y sabe qué es lo mejor para ti. Él está trabajando para que su plan se cumpla en tu vida.

Dios hizo morada en ti a través del Espíritu Santo (ver Juan 14:16). ¡Qué milagro es que el mismo Dios habite dentro de nosotros!

Dios te ha dado todo lo que tienes. 1 Timoteo 6:17 dice que solo pongamos la esperanza en el Señor, quien nos da todas las cosas en abundancia para que las disfrutemos. ¡Alégrate siempre en las bendiciones presentes!

Recuerda que eres hijo de un Padre que te ama, que sabe cuidar de ti y jamás se irá de tu lado. En su presencia experimentarás verdadero gozo.

David descubrió dónde estaba la fuente del gozo. Dice en el Salmo 16:11 que es en la presencia de Dios donde hay plenitud de gozo y además delicias en su mano derecha.

Espíritu Santo, produce en mí el gozo genuino.
Que este fruto abunde en mi vida.

Sabiduría para hoy

Enséñanos de tal modo a contar nuestros días que traigamos al corazón sabiduría.
Salmo 90:12

Moisés, el que escribió este salmo, era bien consciente de lo breve que es la vida y cuán rápido se pasa el tiempo. Necesitamos ser sabios.

La palabra sabiduría, en hebreo *khama*, tiene varios significados, entre ellos tener destreza, aptitud en artes o sagacidad en los negocios, habilidad en asuntos seculares, discernimiento para aconsejar, prudencia, cordura en la vida diaria y decisiones correctas. Consiste, básicamente, en aplicar bien lo que sabemos a lo que hacemos.

En la Palabra de Dios, "el principio de la sabiduría es el temor de Jehová". Para que podamos vivir nuestro día con sabiduría debemos buscar la guía de Dios, conocer su voluntad para cada situación y aplicarla a nuestra vida. El sabio que teme al Señor le obedece siempre y deja en sus manos los resultados.

Cuando no tenemos sabiduría, dice Santiago 1:6, debemos pedírsela a Dios, porque Él la da a todos en abundancia y sin reproche. Su Palabra es la fuente inagotable de esa sabiduría.

Por supuesto, hay otras fuentes de "sabiduría" que ofrece el mundo y no producen buenos frutos en nosotros (ver Santiago 3:15-16). Se nos exhorta a buscar la sabiduría que viene de lo alto.

Todos tenemos que tomar decisiones cada día. Podemos hacerlo con la sabiduría de Dios o dejarnos guiar por nuestra propia inteligencia, experiencia, capacitación o intuición. Los resultados estarán determinados por lo que escojamos seguir.

Necesitamos la sabiduría de Dios para saber administrar el tiempo que Él nos regala. Necesitamos saber cómo establecer prioridades, cuidar de nuestro crecimiento espiritual, invertir tiempo en nuestra familia, administrar bien nuestras finanzas, usar nuestros talentos y dones espirituales, entre otras cosas. ¡Todo lo debemos hacer con la sabiduría de Dios!

Toma tiempo para pensar en lo que está guiándote y pídele al Señor que te ayude a ordenar cada aspecto de tu vida con la sabiduría que Él promete darte.

Señor, necesito tu sabiduría para tomar decisiones correctas. Guárdame de la que no proceda de ti. Quiero honrarte con todo lo que haga hoy.

Nuevas fuerzas

Él da esfuerzo al cansado, y multiplica las fuerzas al que no tiene ningunas.
Los muchachos se fatigan y se cansan, los jóvenes flaquean y caen; pero los
que esperan a Jehová tendrán nuevas fuerzas; levantarán alas como las
águilas; correrán, y no se cansarán; caminarán, y no se fatigarán.
Isaías 40:29-31

Nos cansamos físicamente cuando el esfuerzo que hacemos es mucho. Pero también nos cansamos emocionalmente cuando la voluntad para enfrentar situaciones complicadas parece agotarse. Incluso, hay temporadas que nos levantamos más cansados que al acostarnos.

Hay una promesa para los que están cansados: Él da "esfuerzo". Esta palabra en hebreo *es koaj*, y tiene un doble significado. Por un lado significa mantenerse firme, tener vigor, fortaleza y poder para continuar, pero también significa capacidad cuando sentimos que no podemos alcanzar algo por nosotros mismos. Así que Dios nos promete fuerza sobrenatural para mantenernos firmes durante las batallas diarias, y la capacitación para llevar adelante lo que nos pida porque nuestra competencia viene de Él, como podemos leer en 2 Corintios 3:5. ¡Me encanta este versículo!

La clave es depender del Señor diariamente. "Los que esperan a Jehová" son los que tendrán nuevas fuerzas. No podemos confiar en nuestro vigor, energías y estrategias porque podemos fatigarnos y cansarnos como los muchachos después de un arduo día de trabajo. La diferencia la hace Dios a los que esperan en Él.

Dicho sea de paso, este no es un versículo exclusivo para los ancianos. ¡Es para todos! Todos nos cansamos y todos somos renovados por el Señor.

Cuando te sientas demasiado cansado o desalentado para seguir adelante, recuerda que nuestro Dios nunca desfallece ni se agota por cansancio (ver Isaías 40:28). Su fuerza es nuestra fuente de fortaleza porque su Espíritu está ahora dentro de nosotros.

Comienza cada mañana con el Señor y te dará las fuerzas para permanecer firme sin importar lo que te tenga reservado el día. Él es fiel para darte una provisión de fortaleza extraordinaria.

Señor, cuando las fuerzas me falten, seguiré confiando en ti.
Tú me renuevas día a día.

157

Aprendiendo a contentarme

No lo digo porque tenga escasez, pues he aprendido a contentarme, cualquiera que sea mi situación. Sé vivir humildemente, y sé tener abundancia; en todo y por todo estoy enseñado, así para estar saciado como para tener hambre, así para tener abundancia como para padecer necesidad.
Filipenses 4:11-12

La visión materialista del mundo nos dice que si una persona tiene muchos bienes materiales, entonces es feliz y está bendecida. Pero desde la perspectiva de Dios, no significa eso necesariamente. Pablo dice que pasó por grandes necesidades, pero su descanso no dependía de lo que tenía, sino del Señor que sabía lo que hacía en cada circunstancia.

Cuando el apóstol habla de "necesidad", en griego *histéresis*, significa quedarse corto, estar escaso, pasar penuria o escasez, carecer de ciertas cosas. En física se aplica esta palabra a los metales que son comprimidos, apretados, estirados y retorcidos para medir su flexibilidad y ductilidad. Es decir que estas necesidades probaban cuánto dependía de Dios este hombre y también forjaban su carácter.

Después de haber aprendido todo esto podemos decir como el apóstol Pablo que todo lo podemos en Cristo porque nos da las fuerzas para hacerlo.

Cuando somos presionados por las necesidades, debemos tener la flexibilidad y resistencia necesarias para poder mantenernos en pie y permitir que nuestro carácter sea transformado por esas presiones. Ellas probarán nuestro corazón, si hay algún vestigio de codicia o avaricia que someter a Dios (ver Hebreos 13:5).

Necesitamos pedirle al Señor que nos ayude a contentarnos con lo que nos da hoy, que mantengamos una actitud de agradecimiento por su cuidado y provisión. Recuerda que todo lo que tenemos viene de Él, y lo que obtenemos es por su gracia (ver 1 Timoteo 6:6).

Pablo concluye su carta a los filipenses con una promesa para aquellos que confían y esperan en el Proveedor Celestial. Dios va a suplir todo lo que falte conforme a sus riquezas en gloria (ver Filipenses 4:19).

Señor, te doy gracias por las bendiciones y también por las necesidades, porque a través de ellas dependo más de ti y te conozco mejor.

Adonai, mi Señor

Oh alma mía, dijiste a Jehová: Tú eres mi Señor; no hay para mí bien fuera de ti.
Salmo 16:2

El Salmo 16 contiene promesas y bendiciones tremendas (te animo a leerlo todo), pero quiero enfocarme especialmente en la frase "mi Señor", en hebreo Adonai (Adon: Señor; ai: mío) que significa: Soberano, amo, dueño, quien tiene el control. Esta palabra hace alusión al derecho de Dios de ejecutar su voluntad según sus planes, sin la más mínima posibilidad de que algo o alguien se lo impidan. Nadie puede torcer su brazo.

Es interesante la terminación "ai". Recuerda, por ejemplo, que Dios le cambió el nombre a Sarai que significaba "mi Princesa" por Sara, "Princesa". Esta terminación hebrea manifiesta posesión. La palabra Adonai tiene la particularidad de ser una confesión personal. Cuando decimos que Jesús es nuestro Señor, no debería ser solo una frase, sino que a través de nuestra vida deberíamos manifestar esta verdad.

En el Nuevo Testamento, que fue escrito en griego, el término *kyrios* tiene el mismo significado. En el tiempo de la iglesia primitiva, quien llamara *Kyrios* a Jesús se manifestaba rebelde al *kyrios* César, ya que todo ciudadano debía someterse a su voluntad. "Nadie puede servir a dos señores" dijo Jesús, y esto también aplicaba a la declaración pública como el Amo y Dueño de la vida en oposición al César. A partir de aquí fue que tantos cristianos fueron martirizados por el imperio romano.

Que Jesús sea "mi" Señor no significa que Él esté a merced de mis deseos y deba moverse de inmediato para contestar todas mis peticiones. En ese caso, yo estaría tomando el lugar de *adonai* o *kyrios*. Cuando decimos "mi" Señor, estamos manifestando nuestra completa rendición a su voluntad, nuestro sometimiento a su gobierno, nuestra renuncia al control personal y cedido al Espíritu Santo. Controlados, sí, esa es la palabra. Dios toma el control total de la vida para desarmarla en sus manos como el Alfarero y hacerla de nuevo según sus propósitos.

¿Realmente Jesús es tu Adonai? Cuando lo puedas decir con sinceridad y seguro de que es una realidad en ti, lo acompañarás con la frase que dijo David: "No hay para mí bien fuera de ti."

¡Tú eres mi Señor! ¡Existo para amarte, servirte y adorarte por toda la eternidad!
Todo el bien que necesito está en ti.

Seguir su ejemplo

*Pues si yo, el Señor y el Maestro, he lavado vuestros pies, vosotros también debéis
lavaros los pies los unos a los otros. Porque ejemplo os he dado,
para que como yo os he hecho, vosotros también hagáis.*
Juan 13:14-15

El Señor y sus doce discípulos estaban sentados a la mesa listos para compartir juntos la cena pascual. Todos pasaron por alto un paso fundamental antes de comer: lavarse los pies. Esta era una costumbre en esos tiempos. Todo el día caminando por calles polvorientas, con sudor en los pies, podríamos decir que más que una costumbre ¡era una necesidad!

Jesús, sorpresivamente, se levanta de la mesa, se ciñe una toalla, toma un recipiente con agua y empieza a lavar los pies de los discípulos. Solo Pedro es capaz de romper el silencio en esa situación porque entiende que Jesús debería ser atendido primero; pero el Señor le ayuda a entender que no hacía esto como un simple gesto de amabilidad. Su meta era enseñarles que una vez que Él se marchara, ellos estarían a cargo de seguir su ejemplo y servir a otros con amor y humildad.

¿Qué hubiéramos hecho nosotros en lugar de Jesús? Él no intentó tapar los pies de los comensales con el mantel y hacer de cuenta que no pasaba nada. No se quejó ni se burló de los pies sucios de sus hermanos. No criticó ni chismeó con otros lo que habían hecho sus discípulos, aunque hubiera sido un tremendo tema para compartir en WhatsApp. No, el Salvador del mundo no hizo nada de eso. En cambio, se humilló y lavó los pies de todos.

El apóstol Pablo nos explicó en Gálatas 6:1 cómo hemos de llevar a la práctica el ejemplo de Jesús. Nos dice que si algún hermano es sorprendido en alguna falta, debemos restaurarlo con mansedumbre, mirándonos a nosotros primero y actuando con amor.

Seguramente al lado nuestro tenemos muchas personas con los "pies sucios"; la crítica y los reproches no contribuyen a limpiar sus pies espiritualmente hablando. Si vamos a seguir el ejemplo del Señor, debemos amar y ayudar a las personas a acercarse a Él para que limpie toda suciedad, así como nosotros también necesitamos que nuestros propios pies sean limpiados.

---

*Señor, límpiame de mis impurezas diarias y
ayúdame a restaurar a otros con tu mismo amor.*

Relájate y observa a Dios

Dios es nuestro amparo y fortaleza, nuestro pronto auxilio en las tribulaciones. Por tanto, no temeremos, aunque la tierra sea removida… Estad quietos, y conoced que yo soy Dios; seré exaltado entre las naciones… Jehová de los ejércitos está con nosotros; nuestro refugio es el Dios de Jacob.
Salmo 46:1-2, 10-11

En este salmo encontramos que Dios interviene directamente en momentos críticos dándonos una promesa que fortalece nuestra fe y nos da seguridad cuando la leemos: "Estad quietos, y conoced que yo soy Dios". Él es Dios, no debemos dejar de decirlo.

La expresión "estad quietos" en hebreo significa "aflojar". En Argentina, cuando alguien está muy tenso, coloquialmente le decimos: "¡Aflojá!". Esto es exactamente lo que Dios nos está diciendo aquí. Esta palabra también tiene otras connotaciones: relajarse, cesar, desistir, dejar caer, soltar.

Imagina a un niño pequeño que se sostiene con sus manos de la rama de un árbol. Al subir pensó que todo iría bien, pero ahora no sabe cómo bajar y sabe que si se suelta se hará daño. Pero de pronto llega su padre y le dice que se suelte, que "afloje" sus manos porque él lo va a agarrar antes de que llegue al suelo. Él sabe que puede confiar en su padre así que se suelta y cae en sus brazos. Así debemos confiar y depender de Dios.

Cuando un guardavidas corre a rescatar a alguien que se está ahogando, una de las primeras cosas que le dice es que se relaje, que no haga nada. Si en la desesperación la persona sigue dando brazadas o manotazos, lo más probable es que golpee al rescatista y resulte difícil ayudarlo. Por eso es necesario "aflojar", relajarse y confiar.

En tiempos de prueba, Dios nos da los mismos consejos, debemos "aflojar" nuestras tensiones, dejar de hacer esfuerzos o idear estrategias para salir por nosotros mismos y enfocarnos en Él. En vez de preguntarnos ¿qué más puedo hacer?, deberíamos preguntarnos ¿qué hará Dios?

Aprópiate de las últimas palabras del v. 11 y cambia el nombre Jacob por el tuyo. Proclámalo: "Jehová de los ejércitos está con nosotros; nuestro refugio es el Dios de… (pon tu nombre)" ¡Aleluya!

Señor, voy a descansar en tu cuidado y ayuda.
Sé que eres mi Guardador.

Dios cumplirá su propósito

*Si anduviere yo en medio de la angustia, tú me vivificarás... Jehová
cumplirá su propósito en mí; tu misericordia, oh Jehová, es
para siempre; no desampares la obra de tus manos.*
Salmo 138:7-8

La palabra "propósito", en hebreo *gamar*, tiene el significado de terminar algo, completarlo, concluir o acabar. Responde al "para qué". Se puede aplicar a un artesano haciendo un cántaro de arcilla con el propósito de usarla para contener agua.

David, el autor de este salmo, conoce muy bien cómo obra Dios, sabe que Él acaba de manera perfecta todo lo que empieza. Lo ha visto actuando de muchas maneras en su propia vida, en el pueblo de Israel y siempre ha sido fiel a sus promesas.

Por otro lado, David también conoce las Escrituras y sabe que Dios todo lo hace con un propósito. Él nunca pierde el tiempo, no necesita hacer pruebas para saber si algo funcionará, nunca experimenta para saber qué resultados obtendrá… ¡Él es Omnisciente!

Dios nunca improvisa. Para Él no hay Plan B. Lo que nos sucede hoy no le ha tomado por sorpresa. Desde la eternidad también ha preparado la salida para cada situación que debamos enfrentar.

Todos sabemos que pasaremos tiempos de angustia, desasosiego, estrés o temor. David también sabía que no estaba exento de pasar tiempos difíciles; por eso escribe de modo condicional: "Si anduviere yo en medio de la angustia". Su respuesta es que Dios siempre lo iba a vivificar en esos tiempos.

Tal vez tú estés teniendo una semana difícil, con imprevistos, situaciones que pueden generarte estrés. Debes recordar que Dios también lo sabe y tiene los recursos que necesitas para desarrollar sus planes en tu vida.

Como escribió el apóstol Pablo en Filipenses 1:6, el que comenzó en nosotros la buena obra, la perfeccionará hasta el día de Jesucristo. ¡Que Dios siga cumpliendo sus propósitos en tu vida!

---

*Señor, sé que cumplirás tus propósitos en mi vida.
Ayúdame a seguir confiando en ti, aunque atraviese
situaciones que no pueda comprender.*

Tu esperanza no será cortada

*Antes persevera en el temor de Jehová todo el tiempo; porque ciertamente
hay fin, y tu esperanza no será cortada.*
Proverbios 23:17-18.

¡Qué tremenda promesa para tiempos como estos! Todos los que viven bajo el temor de Dios, los que realmente han alcanzado la verdadera sabiduría, deben vivir con paz y confianza porque Dios cumplirá lo que ha prometido. Nunca será frustrada nuestra esperanza.

Muchos definen la esperanza como el estado de ánimo que surge cuando se ve como alcanzable lo que se desea. Para los cristianos, es la virtud por la que se espera en lo que Dios ha prometido.

En tiempos difíciles podemos ser tentados a poner nuestra esperanza en personas o ayudas humanas, sin embargo, solo en el Señor podemos estar seguros y confiados. Como hijos de Dios anclamos nuestra esperanza en Él, pues sus palabras son verdaderas y sus promesas se cumplen invariablemente.

Pero nuestra esperanza no solo está fundada en las promesas que Dios cumplirá en este tiempo, sino en la eternidad. Cuando perdemos a un ser querido, cuando hay situaciones difíciles de resolver, cuando enfrentamos injusticias, nos renueva saber que tenemos la esperanza de una vida eterna con Cristo.

Lo que Dios nos tiene reservado es mucho más grande de lo que somos capaces de desear o imaginar. En la eternidad, el dolor y la tristeza se acabarán, la justicia triunfará definitivamente y nunca más sufriremos pérdida alguna.

La esperanza en el Señor nos da visión de eternidad y podemos ver con ojos espirituales lo que ha preparado para sus hijos.

Nada puede separarnos de Cristo, por eso podemos regocijarnos en esta esperanza, incluso mientras enfrentamos las pruebas más difíciles de este mundo.

Renueva tu esperanza en lo que hará Dios hoy y en la eternidad. Permanece firme en esa confianza y verás que hay esperanza para nuestro porvenir (ver Jeremías 31:17).

Tú has puesto esperanza en mi alma.
Sé que cumplirás todo lo que me has prometido.

Descansando en la fidelidad de Dios

Y cuando Herodes le iba a sacar, aquella misma noche estaba Pedro durmiendo entre dos soldados, sujeto con dos cadenas, y los guardas delante de la puerta custodiaban la cárcel. Y he aquí que se presentó un ángel del Señor, y una luz resplandeció en la cárcel; y tocando a Pedro en el costado, le despertó, diciendo: Levántate pronto. Y las cadenas se le cayeron de las manos.
Hechos 12:6-7

La situación política y social era terrible para la iglesia primitiva. Herodes ya había matado a Jacobo y el que seguía en su lista era Pedro. Sin embargo, aunque el apóstol se podía imaginar lo que le esperaba, dormía plácidamente en su celda... Él ya había estado preso otras veces y Dios lo había librado, así que su confianza estaba más firme que nunca.

Las circunstancias eran desfavorables para Pedro: Atado, con dos soldados a su lado, con guardias y portones cerrados. Humanamente la liberación era imposible, pero él descansaba en Dios. Si el Señor había determinado que Pedro debía seguir viviendo para predicar el evangelio, seguro iba a intervenir de manera poderosa.

Pedro no se quedó dormido solo esperando que llegara la hora de partir hacia la eternidad. Dormía porque sabía que Dios tenía el control de su vida.

¿Qué hubiéramos hecho nosotros en su lugar? ¿Podríamos dormir encadenados a soldados armados? ¿Conciliaríamos el sueño sabiendo que pesaba una sentencia de muerte sobre nosotros? ¿Podríamos descansar en el Señor?

Quien descansa en las manos de Dios sabe esperar su intervención sobrenatural. Un ángel sacó a Pedro de la cárcel de manera tan milagrosa que no lo creyeron ni siquiera los que estaban orando por él. Lo que era imposible para el hombre, fue posible por la intervención divina. A este apóstol todavía le quedaba mucho camino por recorrer.

¿Te sientes hoy como Pedro, encerrado e inmovilizado? Dios sabe cómo liberarte de las situaciones imposibles, pero Él quiere que aprendas a descansar en el proceso.

Aunque las circunstancias pueden ser difíciles y abrumadoras, los hijos de Dios podemos confiar que no hay nada imposible para Él.

Señor, tu fidelidad me da la confianza que necesito para descansar.

El Señor siempre llega a tiempo

Y los discípulos, viéndole andar sobre el mar, se turbaron, diciendo: ¡Un fantasma!
Y dieron voces de miedo. Pero en seguida Jesús les habló, diciendo:
¡Tened ánimo; yo soy, no temáis!
Mateo 14:26-27

Las tormentas tienden a nublar nuestra visión. Lo que estaba claro empieza a distorsionarse; el viento y las olas provocan inestabilidad. Les pasó a los discípulos en alta mar. Conocían el Mar de Galilea como las palmas de sus manos. Más de una vez habrán tenido que luchar contra alguna tempestad. Pero esta tormenta parecía de las peores. Fatigados de tanto remar y ver que no avanzaban, comenzaron a desesperarse. Necesitaban ayuda con urgencia. Entonces llegó Jesús… pero los discípulos no pudieron reconocerlo.

¿Un fantasma? ¿En serio? ¿Después de tanto tiempo de estar con Jesús? Está claro que ellos no estaban esperando al Señor. Tal vez olvidaron cuánto poder tenía el Hijo de Dios.

Y nosotros no somos muy diferentes. ¿En cuántas tormentas olvidamos que el Señor siempre está a nuestro lado? A veces hasta llegamos a dudar de su poder para rescatarnos. Pero Él siempre llega a tiempo para extendernos su mano y salvarnos.

El Señor se dirigió a los discípulos en medio de la tempestad con estas palabras a las que también debemos prestar atención:

"Tened ánimo". Nos exhorta siempre a cambiar la desesperación por esperanza.

"Yo soy". Si la situación va a cambiar es exclusivamente por su poder. Él es el siempre presente, el mismo de ayer, hoy y por los siglos.

"No temáis". Debemos entregarle al Señor todo lo que nos preocupa y aprender a descansar en Él. Al poner nuestra confianza en Cristo los temores empiezan a desaparecer.

Cuando todo parece anegarse, cuando nuestra esperanza parece hundirse, cuando los recursos se agotan, el Señor irrumpe con su poder.

Que hoy puedas encontrar el descanso que viene de saber que el Hijo de Dios tiene el poder para calmar cualquier tormenta que pueda azotar tu vida.

Señor, quiero verte actuar en cada tormenta de mi vida.
Tú cambias la tempestad en calma.

Guardados en completa paz

Tú guardarás en completa paz a aquel cuyo pensamiento en ti persevera;
porque en ti ha confiado.
Isaías 26:3

Muchas veces comenzamos la semana con toda nuestra confianza puesta en el Señor. Sin embargo, con el correr de los días, nuestra confianza empieza a flaquear y la paz empieza a ser reemplazada por dudas, preocupación, temor, ansiedad e inseguridad. ¿Qué pasó con nuestra confianza?

La palabra "guardar", *natsar* en hebreo, significa proteger, mantener, esconder, conservar y preservar. La palabra se refiere al hecho de guardar cosas que le son confiadas a alguien. Significa que Dios preserva con paz solo a aquellos que le han confiado sus pensamientos.

Nuestra manera de pensar nos puede jugar una mala pasada. Si el domingo le entregamos al Señor el problema que nos asediaba, pero el miércoles empezamos a pensar que tal vez hay otras salidas aparte de Dios, entonces le estamos quitando lo que le habíamos entregado. Por supuesto, Él no guardará… lo repito, Él no guardará lo que no se le ha entregado o le quitamos de sus manos.

Nuestros pensamientos nos afectan más de lo que podemos darnos cuenta. Por eso necesitamos fijar nuestra mente en las cosas de arriba. No podemos culpar a Dios de tener paz de manera intermitente cuando dejamos que nuestra mente divague o desviamos nuestra atención del Señor. En Proverbios 16:3 leemos que debemos encomendarle a Dios nuestras obras para que nuestros pensamientos sean afirmados.

Dios conoce nuestras limitaciones, por eso nos ha dado ayuda extra. El Espíritu Santo que mora en nosotros trabaja en nuestra manera de pensar para que tengamos la mente de Cristo (ver 1 Corintios 2:16). Él nos ayuda a filtrar y rechazar los pensamientos que no le agradan. Cuando nuestros pensamientos perseveran en los asuntos de Él, la mente se santifica (ver Romanos 8:5). Como resultado tenemos paz.

Apoyados en el amor inalterable y el gran poder de Dios, no seremos perturbados. ¿Deseas paz? Mantén firme tus pensamientos y tu confianza en Dios.

Espíritu Santo, controla mis pensamientos, santifícalos.
Señor quiero honrarte también con mi manera de pensar.

Pasar por alto una ofensa

La cordura del hombre detiene su furor, y su honra es pasar por alto la ofensa.
Proverbios 19:11

Este proverbio no es para los necios, es para los que actúan con inteligencia, prudencia y sabiduría de Dios. Ellos pueden detener su furor porque el Espíritu Santo los controla. El fruto del dominio propio es evidente en sus vidas.

La palabra "ofensa" en hebreo es *peshá*, y tiene un significado bastante amplio. Puede usarse como falta, revuelta, fraude, infracción, maldad, pecado, rebelión o traición. Por favor, vuelve a leer el significado de esta palabra. ¿Has sufrido alguna de estas ofensas? Sí, ya sé, más de una.

El diablo sabe cómo robarnos la paz, el gozo, la fe. Es especialista en maximizar malos entendidos, distorsionar la realidad, mal interpretar palabras, acciones, circunstancias. Cuando alguien ataca nuestro orgullo, dignidad, u honor nos sentimos mal e internamente comenzamos a experimentar agitación y furor, pero cuando ese furor se manifiesta perdemos nuestra "honra". Nada hermoso sale de nosotros si nos dejamos llevar por nuestros impulsos.

¡Cuántas relaciones se han roto por las ofensas! Sabiendo esto, la Palabra de Dios nos exhorta a confesarlas y expresar arrepentimiento con el deseo de restauración (ver Santiago 5:16). Cuando vencemos el mal con el bien, le estamos dando la oportunidad a la otra persona de arrepentirse.

Dios nos manda perdonar las ofensas, porque si perdonamos, también nos perdonará el Padre Celestial (ver Mateo 6:14-15). Esto es serio. Si no perdonamos, tampoco se nos perdonará.

Ninguno está libre de ser ofendido, por eso es tan importante pensar en la manera que el Señor espera que actuemos. Hay ofensas que requerirán ser tratadas con la ayuda de personas maduras espiritualmente, pero otras tendremos que pasarlas por alto si sabemos de dónde proceden. No podemos permitir que el diablo las use para llenar nuestro corazón de amargura, resentimiento, frustración y deseos de venganza.

El Espíritu Santo nos ofrece su ayuda para perdonar a quienes nos ofendieron. Puede ser doloroso hacerlo, pero vale la pena enfrentar las heridas que nos provocaron y experimentar el toque sanador de Dios.

Señor, ayúdame a perdonar siempre, como tú lo has hecho conmigo.

El principio de la renuncia

Y dijo: Toma ahora tu hijo, tu único, Isaac, a quien amas, y vete a tierra de Moriah, y ofrécelo allí en holocausto sobre uno de los montes que yo te diré…. Y extendió Abraham su mano y tomó el cuchillo para degollar a su hijo. Entonces el ángel de Jehová le dio voces desde el cielo, y dijo: Abraham, Abraham. Y él respondió: Heme aquí. Y dijo: No extiendas tu mano sobre el muchacho, ni le hagas nada; porque ya conozco que temes a Dios, por cuanto no me rehusaste tu hijo, tu único.
Génesis 22:2, 10-12

En los primeros dos mil años de historia, Dios nunca había pedido un sacrificio humano, ni tampoco lo pediría después, pero Abraham no lo sabía. Este patriarca se habrá hecho mil preguntas al escuchar este pedido divino. Además, Dios fue muy específico: "Tu hijo, tu único hijo, Isaac, a quien amas". No había duda de que estaba hablando del hijo que había tenido con Sara.

La conclusión de Abraham fue que Dios le habló, le pidió a su hijo y debía obedecer. ¿Qué pasará después? "Bueno –habrá pensado Abraham– aunque lo sacrifique Dios lo resucitará porque es el hijo de la promesa. Él sabrá cómo hacerlo". Por eso, al subir al monte, les dijo a sus criados que se quedaran abajo porque él y el muchacho irían hasta allá, adorarían, ¡y volverían a ellos! (v.6). Y ya conocemos el resto de esta maravillosa historia.

¡Qué prueba! Impensable que pueda repetirse; sin embargo, todos seremos probados de una u otra manera y la única forma de no sufrir pérdidas es haber entregado todo a Dios.

En Lucas 14:26, 27, 33, Jesús dejó claro que el verdadero discípulo le sigue sin reservas y le ama más que a ninguna otra persona, incluso más que a su propia vida.

El Señor quiere que nuestra entrega a Él se eleve por encima de cualquier otra entrega.

¿Qué te está pidiendo Dios hoy? ¿Lo has considerado como una prueba para saber si tu amor por Él está antes que todo? O quizás sea para saber cuán firme es tu confianza en sus promesas. Que Él sea el Señor absoluto de tu vida.

Señor, te entrego todo, incluido mi futuro.
Mi vida está rendida a ti.

Venciendo los obstáculos con fe

Y vino uno de los principales de la sinagoga, llamado Jairo; y luego que le vio, se postró a sus pies, y le rogaba mucho, diciendo: Mi hija está agonizando; ven y pon las manos sobre ella para que sea salva, y vivirá.
Marcos 5:22-23

Jairo, un hombre prominente en la religión judía, tenía un gran problema que solo Jesús podía solucionar: su hija estaba agonizando. Sabía que en Cristo había esperanza, pero al acercarse a Él debió enfrentar varios obstáculos.

Jairo debía enfrentar su orgullo. Debía dejar a un lado su posición de principal de la sinagoga e ir a Jesús. Tenía que vencer el qué dirán de sus compañeros y su familia. Justamente muchos de sus amigos religiosos observaban al Maestro para ver cómo podrían acusarle.

Seguramente, mientras iba hacia su casa, habrá pensado en muchas cosas: "Jesús tiene mucho trabajo para ocuparse de mis asuntos". "¿Llegaremos a tiempo?". "No soy digno de que el Señor me ayude".

Jairo también tuvo que vencer la duda. En el camino, un amigo se acercó para decirle que no molestara más al Maestro porque su hija ya había muerto. Satanás es muy hábil en hacernos perder la esperanza. Pero el Señor lo animó a seguir confiando. Luego que oyó lo que le dijeron, alentó al principal de la sinagoga diciéndole que no temiera, que solo debía tener fe (ver Marcos 5:36).

Aun cuando llegaron a la casa, había un obstáculo más que vencer: el ambiente de muerte. Solo se podían escuchar los lamentos y el llanto de los que acompañarían el cortejo fúnebre. Entonces Jesús tomó control de la situación y echó a todos afuera; solo se quedaron los padres de la niña y los que estaban con él. Jesús no quería a nadie que no creyera en su poder.

Y con autoridad pronunció las palabras: "Niña, levántate" y se produjo el milagro. ¡Qué final! ¡Jesús cambió un funeral en una fiesta!

Si tú te encuentras en una situación sin salida, esta historia te recuerda que Jesús sigue teniendo poder sobre todo. No hay nada imposible para Él. Enfrenta tus obstáculos con fe y verás a Dios obrando en tu necesidad. Jesús te dice: "No temas, cree".

Creo en ti, Señor, aunque el presente sea difícil, aunque mis amigos quieran desanimarme, aunque el camino sea largo. Te sigo a ti.

Señor, ¿qué quieres que haga?

Él, temblando y temeroso, dijo: Señor, ¿qué quieres que yo haga? Y el Señor
le dijo: Levántate y entra en la ciudad, y se te dirá lo que debes hacer.
Hechos 9:6

Saulo era una persona difícil de convencer. Cuando a este fariseo se le ponía algo en la cabeza no había forma de hacerlo desistir. Estaba muy seguro que perseguir y matar a los cristianos era lo que debía hacer en nombre de su fe y su religión. ¿Quién podía frenar a Saulo? Humanamente hablando, nadie. Sin embargo, los cristianos estaban orando para ser librados de esta terrible persecución dirigida por este líder religioso. Pero nadie podía imaginar cómo respondería Dios a esas oraciones…

Con una fuerte luz del cielo, Jesús hizo caer a Saulo al suelo y junto con él cayó su cruel arrogancia. El perseguidor supo que estaba ante un evento sobrenatural, divino, y entonces preguntó: ¿Quién eres, Señor? La respuesta lo dejó consternado: Era el mismo Jesús a quien él estaba persiguiendo. De repente se dio cuenta que había vivido equivocado toda su vida.

¿Por dónde comenzar cuando sabes que te has equivocado y que todo lo que has hecho ha sido un tremendo error? Saulo supo cuál era la pregunta que debía hacerle a Jesús: "Señor, ¿qué quieres que yo haga?"

Muchas veces nosotros también deberíamos hacernos esta pregunta cuando descubrimos que nos hemos equivocado. Pero hacerla implica no solo tener una respuesta, sino también aceptarla y obedecerla.

A Saulo se le dijo que entrara a la ciudad y esperara ¡tres días! Ciego, confundido, vulnerable, debilitado. Y la respuesta llegó a través de un siervo llamado Ananías. Dios le reveló que iba a padecer mucho por su nombre porque llevaría el evangelio a los gentiles. Un gran privilegio y un gran compromiso que incluía padecimientos. Saulo ya tenía la respuesta a su pregunta.

Cuando todo parece ir en la dirección contraria, es tiempo de caer a los pies de Jesús y preguntarle: "¿Qué quieres que haga?"

Si de verdad quieres conocer su respuesta, Él se encargará de hablarte fuerte y claro. Quizás no escuches lo que esperabas, pero si te atreves a creer y obedecer, podrás experimentar aquellas cosas que solo suceden cuando estás en el centro de su voluntad.

Señor, dame un corazón sensible para que solo pregunte: ¿Qué quieres que haga?

El enemigo más peligroso

De dieciséis años era Uzías cuando comenzó a reinar, y cincuenta y dos años reinó en Jerusalén… Y persistió en buscar a Dios en los días de Zacarías, entendido en visiones de Dios; y en estos días en que buscó a Jehová, él le prosperó.
2 Crónicas 26:3,5

Uzías fue un buen rey que contó con el favor de Dios porque había tomado la decisión de buscarle. Tuvo grandes victorias sobre los filisteos, los árabes y los amonitas. Era famoso y respetado por todos los reyes de su época. Construyó muchas ciudades, torres y cisternas para que la agricultura y la ganadería se desarrollaran rápidamente en su nación. Tuvo un ejército numeroso muy bien organizado, con guerreros valientes y esforzados que protegían a Judá.

Además, Uzías fue una persona dotada con capacidades especiales. Él mismo preparó para el ejército escudos, lanzas, yelmos, coseletes, arcos, y hondas. También hizo máquinas inventadas por ingenieros para ponerlas en las torres y en los baluartes, para arrojar saetas y grandes piedras. ¡Las catapultas fueron su invento! Con la ayuda sobrenatural de Dios se hizo famoso entre las naciones y muy poderoso. Sin duda era un rey organizado, creativo y preparado.

Todo iba de maravilla hasta… el versículo 16. Cuando se hizo fuerte, su corazón se enalteció para su ruina. Se rebeló contra Dios entrando en el templo para quemar incienso en el altar… ¡Ay no! ¿Qué le pasó a Uzías? Lo traicionó su orgullo, un enemigo más mortal que los filisteos, árabes y moabitas juntos. Creyó que sus logros eran el resultado de su poder y su capacidad, y que podía tomar el lugar que le correspondía solo a los sacerdotes. Cayó en la misma "condenación del diablo" (ver 1 Timoteo 3:6).

El orgullo trae terribles consecuencias. Uzías fue leproso hasta el final de sus días perdiendo su dignidad, su posición y no pudo disfrutar lo que había conseguido.

Todos tenemos el mismo enemigo interior. El orgullo está siempre agazapado, esperando su oportunidad para tomar el control de nuestro corazón. El mejor remedio para vencerlo es la humildad y depender de Dios.

Señor, líbrame del orgullo. Mantenme con un corazón dócil y humilde.

Éxito desde la perspectiva de Dios

Te ruego, oh Jehová, esté ahora atento tu oído a la oración de tu siervo, y a la oración de tus siervos, quienes desean reverenciar tu nombre; concede ahora buen éxito a tu siervo, y dale gracia delante de aquel varón.
Nehemías 1:11

Dios había puesto una carga espiritual muy grande en Nehemías por su pueblo. Estaba a cientos de kilómetros de Jerusalén, su ciudad y la de sus padres, pero había escuchado sobre la vergüenza en la que vivían sus compatriotas. Entonces sintió el deseo de reconstruir las murallas de la ciudad que Dios había elegido para manifestar su presencia y oró pidiéndole que le dé buen "éxito" ante el rey de Persia para poder llevar adelante esta tarea.

En nuestro contexto contemporáneo, la palabra éxito se relaciona con los deseos que provienen del sistema del mundo. Se dice que alguien es exitoso por su popularidad, fama, riqueza, influencia que ejerce, entre otras cosas. Sin embargo, leemos en la Biblia que una persona puede terminar en la condenación eterna aun con todo ese "éxito".

Aquí la palabra "éxito", en hebreo es *tsalakj*, significa empujar hacia adelante, lograr, prosperar, ser bueno, servir y está en concordancia con lo que Dios ordena y anhela para sus hijos. Nehemías le pidió a Dios que lo ayudara para que los planes que había puesto en su corazón se pudieran llevar adelante. Y Dios siempre concede éxito a quien desean hacer su voluntad.

Los que obedecen a Dios no son considerados exitosos por el mundo, sin embargo, en la gloria eterna tienen una herencia y recompensa indescriptibles. El Señor elogia a los humildes, a los mansos, a los perdonadores, a los generosos, a los compasivos, a los que dan su vida por el mensaje del evangelio.

La mejor forma de explicar el éxito a los ojos de Dios, es recordando lo que Jesús nos dirá cuando hayamos pasado por su tribunal: "Bien, buen siervo y fiel; sobre poco has sido fiel, sobre mucho te pondré; entra en el gozo de tu Señor" (ver Mateo 25:23).

De la mano del Señor, tenemos el verdadero éxito asegurado.

Señor, dame éxito en hacer tu voluntad.
Haré lo que me pidas con fidelidad.

Transformados

Yéndose luego David de allí, huyó a la cueva de Adulam; y cuando sus hermanos
y toda la casa de su padre lo supieron, vinieron allí a él. Y se juntaron con él
todos los afligidos, y todo el que estaba endeudado, y todos los que se
hallaban en amargura de espíritu, y fue hecho jefe de ellos;
y tuvo consigo como cuatrocientos hombres.
1 Samuel 22:1-2

Cuando David logró escapar de Saúl, le siguió un grupo muy numeroso de "afligidos, endeudados y amargados". Rodeado de este tipo de compañía, ¿qué podíamos esperar del futuro de David? Sin embargo, contra todo pronóstico, David levantó el ejército más valiente que tuvo Israel en toda su historia porque Dios estaba con él. Este grupo fue transformado y usado por Dios.

Hoy también el Señor puede transformar a personas afligidas, endeudadas y amargadas en personas valientes, conquistadoras y que le glorifiquen con sus vidas.

Dios transforma a los afligidos en luchadores. Afligido significa estar angustiado, abrumado y bajo presión. El que se sienta de esta manera tiene que saber que Dios puede hacerle fuerte frente a las presiones y cambiar la actitud de derrota por una de esperanza.

Dios transforma a los endeudados en buenos administradores. Cuando llegamos a reconocer que todo lo que tenemos le pertenece a Dios, entonces podemos pedirle sabiduría para ser buenos mayordomos, sanear nuestra economía y cumplir con nuestras responsabilidades.

Dios transforma a los amargados de espíritu, es decir, a los que están descontentos con sus vidas, en personas con metas y propósitos. No solo viven, sino que se rinden al plan perfecto que Dios les preparó.

¡Cristo vino a restaurar! En Lucas 4:18 dice que Jesús vino para dar buenas nuevas a los pobres, a sanar a los quebrantados de corazón, a pregonar libertad a los cautivos, vista a los ciegos, a poner en libertad a los oprimidos y a predicar el año agradable del Señor.

Jesús proclamó que haría que estas buenas nuevas sucedieran, ¡y lo hizo! Todo aquel que pone su vida en sus manos puede experimentar esta transformación.

Gracias Señor porque cambiaste mi vida.
Hazme un siervo valiente para servirte eternamente.

¡Levántate y pelea!

Y dijo Judá: Las fuerzas de los acarreadores se han debilitado, y el escombro es mucho, y no podemos edificar el muro.
Nehemías 4:10

Nehemías tenía un desafío que parecía imposible de llevar a cabo; debía reconstruir el muro de Jerusalén con poca mano de obra, recursos materiales escasos, y con enemigos en los cuatro puntos cardinales dispuestos a destruirlos. Sin embargo, con la ayuda de Dios, el muro estaba levantándose rápidamente porque el pueblo estaba animado para trabajar, pero... el enemigo comenzó a burlarse, a menospreciarlos y a intimidarlos. El resultado fue que los trabajadores se debilitaron.

La vieja estrategia del diablo: desanimarnos. Cada vez que nos levantamos con el propósito de edificar nuestra vida y la de nuestra familia, él se levantará contra nosotros sembrando miedo, dudas, abatimiento, apatía... Buscará debilitar nuestra fe para que dejemos de luchar.

Según el v. 6, cuando el pueblo comenzó a ser intimidado, el muro ya había sido reconstruido hasta la mitad. El que estaba desanimado podía pensar que esa protección ya era suficiente. "Ya pasamos los 3 metros... es más alto que yo... con eso alcanza..." Claro, si te paras frente a un muro de casi 3 metros piensas que es bastante alto, pero no es lo suficientemente seguro contra el ataque de un ejército enemigo. Así también nos puede pasar a nosotros, creemos que estamos a salvo de cualquier ataque y comenzamos a descuidar nuestra vida espiritual y la de nuestra familia.

No podemos permitir que el diablo baje nuestros brazos. Nehemías le dijo al pueblo que no temiera delante de ellos, porque de su lado estaba el Señor. Pero además, los exhortó a pelear por sus hermanos, por sus hijos e hijas, por sus mujeres y por sus casas (v. 14).

La exhortación sigue en pie para cada seguidor de Cristo. Debemos pelear la batalla de la fe. No dejes que el desánimo te detenga. Tu vida espiritual necesita ser fortalecida por la Palabra de Dios, la guía del Espíritu Santo y la comunión con el Cuerpo de Cristo. Tu familia necesita protección espiritual. Tienes delegada la autoridad y poder de Cristo. ¡Así que levántate y pelea!

Señor, me levanto con fuerzas renovadas para defender lo que me diste.
¡Hay victoria!

No bajes los brazos

E hizo Josué como le dijo Moisés, peleando contra Amalec; y Moisés y Aarón y Hur subieron a la cumbre del collado. Y sucedía que cuando alzaba Moisés su mano, Israel prevalecía; mas cuando él bajaba su mano, prevalecía Amalec. Y las manos de Moisés se cansaban; por lo que tomaron una piedra, y la pusieron debajo de él, y se sentó sobre ella; y Aarón y Hur sostenían sus manos… así hubo en sus manos firmeza hasta que se puso el sol.
Éxodo 17:10-12

En las guerras que peleaba Israel siempre era evidente que tenían ayuda sobrenatural. Contra Amalec, Dios hizo algo especial entre las tropas hebreas. Mientras Moisés tenía los brazos extendidos hacia arriba, ellos prevalecían; cuando bajaba sus brazos, prevalecía el enemigo.

Hay algo muy revelador en esta historia. La victoria llega mientras nuestras manos están levantadas hacia el cielo, cuando las bajamos, retrocedemos. "Levantar las manos" simboliza nuestra dependencia de Dios, nuestra confianza depositada en su poder. Así como un niño levanta las manos para pedirle a sus padres que lo tomen en los brazos, así también manifestamos nuestra necesidad de protección y cuidado de nuestro Padre.

Levantar las manos es también una forma de expresar adoración a Dios. Las manos levantadas simbolizan nuestra conexión con el Señor. Se nos exhorta a alzar nuestras manos al santuario y bendecir al Señor (ver Salmo 134:2).

En medio de circunstancias complicadas podemos cansarnos y comenzar a sentirnos débiles. Cuando esto sucede, debemos recordar que en Dios hay nuevas fuerzas. En Isaías 40:31 leemos que quien confía en el Señor encontrará nuevas fuerzas y volará tan alto como las águilas. No se cansará ni desmayará porque Dios es su fuerza.

Debemos saber que no peleamos solos nuestras batallas. Dios también ha puesto a nuestro lado personas que nos ayudarán a sobrellevar nuestras cargas. Comparte tus necesidades con el pueblo de Dios y permite que muchos te ayuden a sostener tus manos en alto.

¡No bajes los brazos! Dios está a tu lado para renovarte en este día. El Señor enviará a tu vida "Aarones y Hures" que puedan sostenerte. Sigue adelante, Él te dará la victoria.

Gracias Señor por levantar mis manos en tiempos difíciles.
¡Tú estás conmigo!

Peleando batallas equivocadas

Vino, pues, David con los suyos a la ciudad, y he aquí que estaba quemada, y sus mujeres y sus hijos e hijas habían sido llevados cautivos. Y David se angustió mucho, porque el pueblo hablaba de apedrearlo, pues todo el pueblo estaba en amargura de alma… mas David se fortaleció en Jehová su Dios.
1 Samuel 30:3,6

Este fue uno de los momentos más difíciles en la vida de David. Él y su ejército habían perdido a sus familias en manos de los amalecitas. La pregunta que nos hacemos todos es: "¿Dónde estaba David?"

En ese tiempo se estaba refugiando en la tierra de los filisteos para no caer en las manos de Saúl. La Biblia no dice que él había pedido dirección a Dios para vivir en ese lugar. Aparentemente tomó esa decisión por temor a Saúl; y ahora, el rey de los filisteos lo estaba convocando para unirse a su ejército y pelear contra Israel. ¡Y allí estaba David y su ejército, en una batalla equivocada mientras sus familias estaban siendo atacadas por sus enemigos!

Muchas veces nos sucede como a David, nos olvidamos de pelear la batalla más importante: cuidar de nuestra vida espiritual y la de nuestra familia. Entonces quedamos a merced del enemigo.

Los tiempos cambian, pero las estrategias del diablo son siempre las mismas. Él busca apagar poco a poco nuestra fe, llevarnos a depender más de nosotros mismos que de la dirección del Espíritu Santo, priorizar de manera equivocada, hasta que finalmente, nos separamos de Dios.

¿Te has dando cuenta de las estrategias que el diablo está usando contra ti? ¿Con quién pasas más tiempo, con tu teléfono o con el Señor y tu familia? ¿Sabes lo que tus hijos ven y comparten en las redes? ¿Has orado con ellos?

No debemos esperar a que el enemigo arrase con nuestra vida y nuestro hogar para pensar entonces si podremos hacer algo. A veces es posible, pero otras veces es demasiado tarde.

Fortalécete en Dios. Evalúa tus batallas. Hay algunas de ellas que tal vez sean enredos del enemigo para distraerte de los asuntos que son eternos. Presta atención a tu familia y haz lo que sea necesario para fortalecerla en fe y dependencia de Dios.

Guárdame Señor de pelear las batallas equivocadas.
Ayúdame a atender las cosas que realmente son importantes.

Más son los que están con nosotros

Él le dijo: No tengas miedo, porque más son los que están con nosotros que los que están con ellos. Y oró Eliseo… Te ruego, oh Jehová, que abras sus ojos para que vea. Entonces Jehová abrió los ojos del criado… y he aquí que el monte estaba lleno de gente de a caballo, y de carros de fuego alrededor de Eliseo.
2 Reyes 6:16-17

Esta era una batalla desigual. Un numerosísimo ejército para conquistar… ¡solo a Eliseo! Este profeta había desesperado al rey de Siria porque cada vez que intentaba aplicar una nueva estrategia contra Israel, Dios se la revelaba a Eliseo y éste se la comunicaba al rey de Israel. Entonces el ejército sirio decidió ir en búsqueda del profeta para terminar con el problema. Cuando el criado de Eliseo vio semejante ejército contra ellos dos, se horrorizó. Pero Eliseo le dio una palabra que hasta hoy resuena en nuestros oídos: "No tengas miedo, porque más son los que están con nosotros que los que están con ellos". ¡Aleluya!

El criado no podía entender lo que el profeta le estaba diciendo. Sin visión espiritual lo único que podía ver era que no tenían escapatoria. Pero Eliseo oró por su criado y entonces pudo ver el ejército de ángeles que estaba rodeándoles y protegiéndoles. Los sirios fueron vencidos y nunca más vinieron bandas armadas de Siria a la tierra de Israel.

Aunque no los vemos con nuestros ojos físicos, hay ángeles a nuestro alrededor enviados por Dios para protegernos. En muchas ocasiones han actuado a tu favor.

Recuerdo un día que iba conduciendo mi automóvil y al momento de doblar hacia una calle que solo tenía mano para mí, el motor se detuvo. En ese mismo instante, un carro que venía en contramano pasó a toda velocidad por la calle por donde iba a doblar. No me quedó ninguna duda de la intervención angelical para salvar mi vida. Dios había enviado ángeles para que pudiera contarles esta historia.

Cuando sientas que el diablo y sus demonios están arrojando contra ti todo su arsenal, recuerda que siempre habrá más ángeles a tu favor. Los ángeles son espíritus dedicados a servir a Dios, enviados para ayudar a los creyentes (ver Hebreos 1:14).

Nunca estarás solo y sin salida. Somos más que vencedores por medio de Aquel que nos amó.

Señor, gracias porque en ti tengo seguridad y protección total.

No te dejará ni te desamparará

Nadie te podrá hacer frente en todos los días de tu vida; como estuve con Moisés, estaré contigo; no te dejaré, ni te desampararé.
Josué 1:5

Josué se encontraba frente al mayor reto de su vida. Moisés, su líder, el que respondía todas sus preguntas, quien podía resolver aquello en lo que hubiera fallado, ya no estaba. Había llegado el tiempo de poner su propia fe en marcha.

Conducir una congregación de casi tres millones de personas no era fácil. Seguramente, tú y yo estaríamos aterrados frente a ese desafío; mucho más cuando sabes que si te equivocas todo el mundo te lo dejará saber a través de sus quejas. Era un pueblo difícil de gobernar y la responsabilidad ahora era toda de Josué.

El primer paso de este sucesor de Moisés era creer que Dios iba a cumplir sus promesas si le obedecía. ¡Qué descanso habrá sido para Josué escuchar que Dios le aseguraba que nadie le iba a poder hacer frente en todos los días de su vida! Pero la promesa que más tranquilidad le dio fue saber que estaría con él como estuvo con Moisés. ¡Nunca lo iba a dejar!

La palabra "dejaré" en hebreo denota la idea de no relajarse en el cuidado hacia otra persona, nunca dejarlo solo y no soltarlo de la mano. Es la promesa que hace todo padre a su hijo cuando quiere que salte a sus brazos recordándole que lo atrapará y no lo dejará caer.

La otra palabra, "desampararé", significa que no va a renunciar a lo que ha prometido, ni va a fallar nunca. ¡Aleluya! ¡Qué tremendas promesas para comenzar a transitar un camino desconocido, para guiar a un pueblo complicado, para conquistar una tierra para la gloria de Dios!

Nosotros tenemos al mismo Padre Celestial haciéndonos estas promesas, aquí y ahora. Lo que Dios promete en su Palabra está al alcance de todos… los que le creen.

¿No te sientes seguro al saber que Dios te dice: No te voy a fallar nunca? ¿No te sientes motivado a llevar adelante sus planes cuando te dice: Nunca soltaré tu mano? Empieza tu día recordando lo que te ha prometido, y cuando vengan los desafíos, acuérdate que Él ya te dijo: "Estaré contigo, no te dejaré, ni te desampararé".

Amén. Creo y siento que estás conmigo en todo tiempo.
Gracias por tu presencia, Señor.

Fortaleza mía

Jehová, roca mía y castillo mío, y mi libertador; Dios mío, fortaleza mía,
en él confiaré; mi escudo, y la fuerza de mi salvación, mi alto refugio.
Salmo 18:2

Hay una montaña en el desierto de Judea que se llama Masada. Es muy extensa y está a unos 1300 pies de altura. El rey Herodes mandó construir una fortaleza en la cúspide para protegerse de los ataques enemigos. En ese lugar se podían refugiar hasta 10,000 soldados. Parece que David estaba haciendo alusión a esta montaña al decir que Jehová era su "fortaleza". Según el subtítulo de este Salmo, David lo escribió el día que Dios lo libró de la persecución de Saúl y sus enemigos.

Nosotros también necesitamos recordar más a menudo la grandeza y poder de Dios. Hay momentos en que solo vemos la arena del desierto, sin refugios, sin oasis, sin lugares de descanso. Pero si alzamos la mirada al cielo, veremos a Dios como una montaña protectora en medio de cualquier dificultad.

Observa que después de describir al Señor como su Fortaleza, David dice "en Él confiaré". Además de reconocer a Dios como nuestro refugio, necesitamos ¡confiar en Él! Nuestra confianza debe ser práctica, eso significa que no dudaremos de su cuidado mientras esperamos que obre en cualquiera de nuestras necesidades.

¿Alguien podría dudar de que esa montaña en Judea iba a permanecer allí por los siglos de los siglos? ¿Alguien pondría en duda su firmeza incluso si hubiera un gran terremoto? ¿Si hubiera una guerra desaparecería la montaña? Absolutamente no. Allí estará hasta el fin del mundo. Así es Dios con nosotros. Siempre estará para protegernos, salvarnos y guardarnos.

Pon tu confianza en Cristo, la Roca de los siglos, y descansa en la protección que Él te ofrece. Que el Señor sea tu refugio, no solo en los momentos de necesidad, sino el lugar de tu descanso diario.

Esa fue la oración de David, que Dios fuera una "Masada" adonde pudiera recurrir continuamente. El Señor es nuestra roca y fortaleza (ver Salmo 71:3).

Tú eres mi roca, siempre hallaré refugio en ti.

Incomprensible amor de Dios

Mas no quiso Jehová tu Dios oír a Balaam; y Jehová tu Dios te convirtió la maldición en bendición, porque Jehová tu Dios te amaba.
Deuteronomio 23:5

Cuando leemos la historia de Israel desde la salida de Egipto y recordamos todas sus provocaciones, murmuraciones, quejas, terquedad, rebeldía e idolatría, solo podemos esperar que fueran castigados por sus acciones; sin embargo, nos topamos con los capítulos 23 y 24 del libro de Números y encontramos que Dios los bendice de una manera que nos deja con la boca abierta.

Los moabitas estaban aterrados por la manera en que Dios ayudaba a Israel a ganar las batallas, y creyeron que si Él los maldecía, la situación sería favorable para ellos. Entonces el rey buscó al profeta Balaam para que profetizara maldiciones sobre el pueblo por una buena suma de dinero. El caso fue que cada vez que Balaam lo intentó, Dios se lo impidió. Y no solo eso, sino que solo podía pronunciar bendiciones para Israel con expresiones tan maravillosas como las que podemos leer en Números 24:5-7, 9.

La pregunta que nos podemos hacer después de leer ese pasaje es: ¿Acaso Dios puede decir cosas como esas de Israel después de tanta rebeldía e ingratitud? ¡Wow! ¡Esas nunca serían nuestras palabras hacia alguien que nos desobedece permanentemente! Sin embargo, Dios…

La única respuesta que tenemos es que convirtió esa maldición en bendición "porque Dios les amaba". ¡Es que nos quedamos sin argumentos cuando nos topamos con el incomprensible amor del Señor! Siempre está dispuesto a derramar su gracia infinita sobre su pueblo.

No somos mejores que el pueblo hebreo. Cuántas veces le habremos preguntado al Señor: ¿Qué fue lo que te movió a amarme? ¿Por qué me sigues amando a pesar de mis debilidades y errores? ¿Cómo es que puedes perdonarme aun cuando he pecado intencionalmente? La respuesta sigue siendo la misma: "Porque te amo". "Te amo de tal manera que envié a mi Hijo en rescate por ti para que estuvieras a mi lado".

Si hoy somos bendecidos es sencillamente por su amor. No hemos hecho nada para merecerlo. Nunca olvidemos que el Señor todo lo hace por amor, y que ese amor es el que nos seguirá sosteniendo hasta el fin.

Gracias por tanto amor. Quiero tener tu corazón para poder amar como lo haces tú.

Consolados en las tribulaciones

Porque de cierto, cuando vinimos a Macedonia, ningún reposo
tuvo nuestro cuerpo, sino que en todo fuimos atribulados;
de fuera, conflictos; de dentro, temores.
2 Corintios 7:5

Pablo fue un hombre que pudo expresar sus sentimientos sin reparos. Cuando estaba mal, lo decía abiertamente. Por eso debemos prestar mucha atención a las expresiones que usa para describir las situaciones que debió atravesar y cómo se sintió.

En el pasaje de Corintios menciona que estaba pasando por todo tipo de presiones. Además las clasifica en internas y externas. "De fuera, conflictos". En griego "conflicto" significa luchas, contiendas, combates, peleas. Lo que estaba viviendo lo consideraba una verdadera lucha, tanto física como espiritual. Estaba sufriendo una feroz persecución de parte de los judíos radicales al punto de creer que podía perder la vida; pero siempre supo que detrás de ellos estaba Satanás y sus huestes de maldad. Las presiones externas no le daban tregua, no había tiempo para descansar ni relajarse.

Por otro lado, Pablo dice también que estaba siendo atribulado "de dentro" con temores. La palabra griega para temor es *fobeo*, que significa tener miedo o amedrentarse. Esta palabra también encierra la idea de huir de todo aquello que nos provoca temor. En este caso, la intimidación de los adversarios. El apóstol sentía que quería alejarse de esa situación.

¿Alguna vez te has sentido de esta manera? ¿Has llegado a pensar que Dios te ha abandonado para que resuelvas las cosas por ti mismo? El Señor no te ha olvidado, sabe cómo te sientes y lo que necesitas, y ya ha preparado una salida.

En tiempos de crisis Dios quiere que recuerdes las palabras que le habló a su pueblo en Isaías 30:15. Aprópialas. Él quiere que en quietud y en confianza encuentres la fortaleza que necesitas. El Señor vendrá en tu rescate.

Señor, ayúdame a recordar que nunca te olvidas de mí
y que en tiempos difíciles siempre me enviarás tu ayuda.

En el camino correcto

Muéstrame, oh Jehová, tus caminos; enséñame tus sendas. Encamíname en tu verdad, y enséñame, porque tú eres el Dios de mi salvación; en ti he esperado todo el día.
Salmo 25:4-5

Lo mejor que podemos hacer los lunes al despertarnos es pedir dirección y sabiduría para las decisiones que debamos tomar en la semana. En otras palabras, predisponernos para hacer la voluntad de Dios. David era muy consciente de esta necesidad, por eso en su petición expresó su deseo de conocer sus caminos.

No solo es pedir que nos "muestre" el camino, sino que nos "enseñe" a recorrerlo. Seguramente habrá muchas "señales de tránsito" a tener en cuenta. En los caminos de Dios a veces hay que desacelerar, hacer un stop, tomar curvas pronunciadas, no excedernos de ciertos límites de velocidad… Antes de conducir es necesario conocerse todo el reglamento para poder llevarlo a la práctica.

Vivimos en un mundo cambiante, peligroso, inseguro, incierto, y necesitamos prestar mucha atención a los avisos de Dios antes de tomar decisiones. Por eso incluyó un "GPS" en nuestro corazón, el Espíritu Santo. Él nos habla continuamente con el propósito de guiarnos y que lleguemos a nuestro destino sin problemas, pero debemos escucharlo y seguir sus indicaciones.

Necesitamos su dirección divina siempre, por eso nuestra conexión con el Señor no acaba con una oración matutina. El salmista lo expresó claramente: "En ti he esperado todo el día". ¡Todo el día! Es una conexión sin interrupciones con Dios, con oídos atentos a escuchar lo que tenga que decirnos en cualquier momento.

En nuestra "oración sin cesar", mientras nos ocupamos de miles de cosas, debemos mantener nuestros canales espirituales abiertos a su guía y enseñanza.

Empieza tu semana conectado con el Señor. Él te guiará y además te enseñará cómo conducirte diariamente.

Señor, enséñame tus caminos para que me conduzca según tu voluntad.
Esperaré en ti todo el día.

Hagamos nuestra parte

Y yo os he traído cuarenta años en el desierto; vuestros vestidos no se han envejecido sobre vosotros, ni vuestro calzado se ha envejecido sobre vuestro pie.
Deuteronomio 29:5

Israel nunca estuvo perdido en el desierto. Durante los cuarenta años que fueron necesarios para levantar una nueva generación de conquistadores, Dios guio sus pasos. Él los movilizaba por medio de la nube de su presencia durante el día y como una columna de fuego durante la noche.

Si seguimos recordando lo que Dios hizo por ellos vendrá a nuestra memoria la provisión celestial del maná, las codornices para satisfacer sus anhelos de carne, agua de la roca y ¡nunca se envejeció su ropa ni su calzado! No necesitaban ir a una zapatería ni a una tienda de ropa, ¡la vestimenta les duró cuarenta años!

Dios siempre se ocupó de todas sus necesidades. Como Padre, fue responsable del cuidado de sus hijos para que no les faltara nada mientras pasaban por el seco e inhóspito desierto. Pero el pueblo de Israel debía ocuparse de una cosa: mantener el corazón dócil a Dios respondiéndole con obediencia.

Justamente de lo único que debían ocuparse fueron totalmente irresponsables, fallaron una y otra vez. El propósito del desierto era afligirlos, probarlos y saber lo que realmente había en su corazón, y si habían de guardar o no sus mandamientos (ver Deuteronomio 8:2).

Nosotros también podemos pasar tiempos de "desierto", y como sucedió con Israel, debemos recordar que Dios los permite con muchos propósitos. Uno de ellos es saber en qué condición está nuestro corazón. ¿Podemos decir que cada día somos más dóciles a Dios; que obedecemos de forma inmediata, que buscamos hacer su voluntad en todas las áreas de nuestra vida?

Estas son las cosas de las que deberíamos estar ocupándonos. Es lo que no podemos postergar. Sobre el resto de nuestras necesidades, el Señor sabe cómo suplirlas. ¡Siempre llega a tiempo!

Señor, aunque deba atravesar desiertos, confío en ti,
en tu guía, cuidado y provisión.

183

Sacerdocio inmutable

Por tanto, Jesús es hecho fiador de un mejor pacto. Y los otros sacerdotes llegaron a ser muchos, debido a que por la muerte no podían continuar; mas éste, por cuanto permanece para siempre, tiene un sacerdocio inmutable; por lo cual puede también salvar perpetuamente a los que por él se acercan a Dios, viviendo siempre para interceder por ellos.
Hebreos 7:22-25

Cuando pecamos, sentimos en nuestro espíritu que le hemos fallado a Dios. Podemos intentar ignorar la falta o buscar una justificación, pero la "luz roja" en nuestra conciencia sigue parpadeando. La única manera de que la paz regrese a nuestro corazón es ir al Señor y pedirle perdón sinceramente. Entonces Él borra nuestro pecado.

Cristo en su muerte clavó en la cruz el pecado de la humanidad. Todos los pecados. ¡Sí, incluidos los tuyos! Como hemos escuchado más de una vez: ¡No hay pecado tan grande que la gracia no pueda alcanzar ni cantidad de pecados que la gracia no pueda cubrir!

El Señor ejerce un "sacerdocio inmutable". Esta palabra en griego es *aparabatos* y significa inalterable, inviolable o intransferible. Jesucristo intercede ante el Padre por cada uno de nosotros. Nadie puede hacer la obra del Hijo porque su sacerdocio es intransferible, ¡nadie puede tomar su lugar!

Jesús no se sorprende por tu pecado, no se sonroja por tus acciones, y no te reprocha nada cuando vienes buscando su perdón. Siempre te perdona con gracia, amor y misericordia; jamás te haría pagar por su perdón, ¡porque Él ya lo hizo! (ver Hebreos 10:17).

Su sacerdocio no tiene límites. Hebreos nos recuerda que Jesús puede "salvar perpetuamente" a los que por medio de Él se acercan a Dios. ¡Perpetuamente! El diablo no puede condenarte ni acusarte nunca más; así que no permitas que te recuerde aquello que ya fue perdonado y el Señor sepultó en lo profundo del mar (ver Miqueas 7:19).

Si hay un pecado que todavía golpea tu conciencia, no convivas más con eso, ve a Cristo, pídele perdón sinceramente y cree en lo que te ha prometido.

¡Gracias Señor porque perdonaste mis pecados y los arrojaste al fondo del mar para no acordarte más de ellos! ¡Aleluya!

Sobre las huellas de Jesús

*Entrad por la puerta estrecha; porque ancha es la puerta, y espacioso el camino que lleva
a la perdición, y muchos son los que entran por ella; porque estrecha es la
puerta, y angosto el camino que lleva a la vida, y pocos son los que la hallan.*
Mateo 7:13-14

Hace varios años atrás, Enrique y María Giovanini fueron a predicar a lugares inhóspitos de Bolivia. En cierta ocasión se dirigieron a Camblaya, un poblado que nunca había escuchado el Evangelio. Para llegar a ese lugar debían atravesar un camino estrecho entre una montaña de mil metros de altura y el precipicio al otro lado. El desafío les llevó seis horas a pie. Hubo tramos en que sentían tantos mareos y vértigo debido a la altura, que solo pudieron seguir de rodillas. Al llegar al pueblo, la satisfacción de poder predicar la Palabra de Dios a cincuenta personas que escuchaban del Señor por primera vez, les hizo olvidar lo difícil del camino. Muchos recibieron a Cristo como su Salvador en esa oportunidad. Sin duda, un viaje inolvidable. Cuando volví a hablar con mi madre de este evento 45 años después, me lo contaba como si todavía estuviese en el altiplano boliviano.

Mis padres aprendieron por experiencia propia lo que es un camino estrecho. Jesús dijo que el camino que lleva a la salvación es angosto, de tal manera que solo puede transitarse en fila, de a uno a la vez; incluso habrá algunos tramos en los que solo podremos seguir adelante de rodillas, pero siempre tendremos la ayuda del Señor para poder continuar.

Para tomar el camino angosto debemos haber pasado primero por la puerta estrecha, tan estrecha que debemos despojarnos de todo para poder pasar. Hay que negarse a uno mismo y renunciar a su propia vida.

Que el camino sea angosto no significa que no tenga una señalización clara. Por eso, cuidado con los desvíos o atajos, porque ellos solo nos llevarán hacia el camino ancho. Hay un solo camino hacia la eternidad y Dios ya lo ha trazado.

El camino angosto es seguro. El destino está fijado y nos espera la gloria eterna en la casa del Padre Celestial, con Cristo y su Iglesia gozando de lo que jamás podríamos imaginar.

Pon tus pies sobre las huellas de Jesús que es la dirección correcta.

---

*Señor, aunque el sendero es estrecho, camino tomado de tu mano
hacia el destino eterno.*

Ya no digas soy un niño

No digas: Soy un niño; porque a todo lo que te envíe irás tú,
y dirás todo lo que te mande.
Jeremías 1:7

Jeremías recibió un llamado de Dios pero se sintió incapaz de llevarlo adelante por su corta edad. "¡No sé hablar porque soy un niño!" fue su respuesta, pero según los historiadores bíblicos tendría unos veinte años en ese momento. Así que su respuesta tenía que ver más con la forma en la que él se sentía.

Dios le dijo a Jeremías que lo había conocido y elegido antes de que fuera formado en el vientre de su madre, y antes que naciera ya lo había santificado para que fuera un profeta para las naciones. Según la tradición familiar, Jeremías iba a ser sacerdote, pero ahora Dios lo llama a ser profeta, alguien que hablaría de parte de Él.

Ante su excusa, recibe esta respuesta: "No digas: soy un niño; porque a todo lo que te envíe irás tú, y dirás todo lo que te mande. No temas delante de ellos, porque contigo estoy para librarte, dice Jehová. Y extendió Jehová su mano y tocó mi boca, y me dijo Jehová: He aquí he puesto mis palabras en tu boca" (vs. 8-9). Jeremías, ¡ya no hay excusas!

Además, el Señor le hizo una promesa que es la misma que nos hace a nosotros: puede que muchas personas te hagan la guerra y quieran pelear contra ti, pero ninguno te podrá vencer. Yo estaré contigo y te libraré de ellos (ver Jeremías 1:19). Si Dios es por nosotros, ¿quién en contra nuestra?

¿Te has dado cuenta al leer la Biblia que varios de los voceros de Dios cuando fueron llamados reconocieron que no eran buenos para hablar? ¿Te has sentido así ante alguno de los desafíos que el Señor puso delante de ti? Bueno, puede ser normal que tengamos cierta timidez, pero no debemos dejar que eso nos haga olvidar de Quién debemos depender. El poder de su Espíritu supera todas las limitaciones humanas. Si Dios llama, Él respalda.

No importa si eres un niño, adolescente, joven, adulto o anciano, si Dios te está impulsando a servirle, solo te resta poner las excusas a un lado y confiar en Él. Desde el cielo, el Señor espera que te pongas en sus manos y permitas que te use para su gloria. Él te ha elegido con un propósito.

Señor, estoy en tus manos para que me uses como quieras.

Transformados diariamente

Pero por la gracia de Dios soy lo que soy; y su gracia
no ha sido en vano para conmigo…
1 Corintios 15:10

Saber quiénes somos en Cristo es fundamental para llegar a ser hombres y mujeres de Dios con convicciones firmes y que desarrollan su potencial al máximo. El apóstol Pablo era bien consciente de lo que esto significa, por eso dijo: "Soy lo que la gracia de Dios construye en mí diariamente".

En este tiempo, la filosofía del mundo nos presiona para que nuestra identidad esté vinculada al éxito, la riqueza, el poder, el placer, la fama y la egolatría, pero Dios nos recuerda que no debemos conformarnos a los criterios de nuestra cultura; al contrario, debemos transformar nuestra manera de pensar para que de esa manera cambie nuestra manera de vivir.

"Conformarse" tiene el significado de adaptarse a la forma exterior. En contraste, "transformarse" (*metamorfosis*, en griego) significa cambiar radicalmente desde adentro hacia afuera, como la transformación que sufre un gusano para llegar a ser una mariposa.

La transformación de nuestro ser es producida por la obra del Espíritu Santo dentro de nosotros. Por eso manifestamos diariamente y de manera progresiva un cambio en nuestro carácter, palabras y acciones. Es el "fruto" o resultado de la obra santificadora.

Si podemos ver el camino recorrido, comprobaremos que el Señor siempre estuvo a nuestro lado para ayudarnos a crecer. Hemos aprendido de nuestros aciertos y errores. Incluso, seguimos siendo débiles en algunas áreas, pero podemos escuchar al Señor decirnos que su poder se perfecciona en nuestra debilidad (ver 2 Corintios 12:9). Su maravillosa gracia nos alcanza diariamente para que poco a poco nos parezcamos más a Cristo.

El Espíritu Santo sigue haciendo su trabajo en nosotros día a día, pero hoy podemos decir como Pablo: "Por la gracia de Dios soy lo que soy; y su gracia no ha sido en vano para conmigo".

Señor, no permitas que mi alma se conforme a este mundo,
sino transfórmame por tu Espíritu.

¿Eres parte del 10%?

Yendo Jesús a Jerusalén, pasaba entre Samaria y Galilea. Y al entrar en una aldea, le salieron al encuentro diez hombres leprosos, los cuales se pararon de lejos y alzaron la voz, diciendo: ¡Jesús, Maestro, ten misericordia de nosotros! Cuando él los vio, les dijo: Id, mostraos a los sacerdotes. Y aconteció que mientras iban, fueron limpiados. Entonces uno de ellos, viendo que había sido sanado, volvió glorificando a Dios a gran voz, y se postró rostro en tierra a sus pies dándole gracias; y éste era samaritano. Respondiendo Jesús, dijo: ¿No son diez los que fueron limpiados? Y los nueve, ¿dónde están?
Lucas 17:11-17

Los contextos cambian, las culturas pueden ser diferentes, pero el corazón humano es siempre el mismo. A través de esta historia, Jesús puso en evidencia una realidad: no todos son agradecidos. Solo un diez por ciento lo fue en esa ocasión. ¡Solo uno de los diez sanados fue capaz de reconocer el milagro y darle gracias al Señor! La pregunta de Jesús sigue resonando hasta hoy: ¿Dónde están los otros nueve?

¿Por qué a algunas personas les resulta difícil ser agradecidas?

Hay personas que creen que merecen lo que reciben. Piensan que todo lo obtienen por merecimiento propio, como si el mundo estuviera en deuda con ellos. ¡Parecen ser el centro del universo! Jesús siempre ha reprobado esta actitud. Los fariseos eran un típico ejemplo de esto.

Hay personas que no han aprendido a ser agradecidas. Nadie les dio ejemplo, han crecido en un ambiente egoísta, mezquino, o tal vez de supervivencia. Necesitan saber que el agradecimiento es una actitud que nace en el corazón y se manifiesta externamente. Es una forma de reconocer a aquellos que le bendijeron.

Hay personas que solo se enfocan en sí mismas. Sus metas son egoístas. Cuando hacen regalos, piensan en la forma que le devolverán el gesto. Algunas veces darán un simple "gracias" por compromiso.

El apóstol Pablo dice que debemos ser agradecidos (ver Colosenses 3:15), que demos gracias en todo (ver 1 Tesalonicenses 5:18), y dar gracias siempre por todo (ver Efesios 5:20).

Si Cristo ha venido a morar en nuestro corazón y somos conscientes de lo que Él hizo por nosotros, sabemos que nada merecemos, que todo lo obtenemos por gracia.

Señor, enséñame a ser agradecido contigo y con el que me haya bendecido.

188

Bajo su sombra

Jehová es tu guardador; Jehová es tu sombra a tu mano derecha.
Salmo 121:5

Israel aprendió por experiencia propia los beneficios de vivir bajo una sombra protectora, renovadora y refrescante. Desde que salieron de Egipto hasta entrar en Canaán, caminaron por el desierto durante cuarenta años. Imagina la situación: viviendo en tiendas de campaña, con bebés recién nacidos, con personas mayores debilitadas, con sensaciones térmicas muy elevadas, racionando el agua… Todos anhelaban algo de sombra para descansar.

Dios siempre nos ha demostrado que es proactivo para suplir las necesidades de su pueblo. Su providencia se ha manifestado de maneras milagrosas siempre. A los israelitas, durante su viaje de conquista, les acompañó la nube de su presencia (ver Éxodo 13:21-22), los llevó a lugares donde había palmeras, les proveyó comida y agua. ¡Qué Dios tan amoroso tenemos!

En hebreo la palabra sombra es *tzel* y significa protección. Los judíos describían a Dios a través de cosas que podían sentir, tocar, gustar, ver, experimentar. Para ellos, decir que Dios "es tu sombra a tu mano derecha" significaba que Él era su protección en todas las circunstancias que tuvieran que pasar.

Aunque hoy contamos con tecnología que nos permite pasar mejor los días de calor, nuestras almas siguen necesitando renovación y descanso espiritual. Por eso Dios quiere que recordemos la promesa que nos hizo, que si habitamos al abrigo del Altísimo podemos morar bajo la sombra del Omnipotente (ver Salmo 91:1). Él será el refrigerio oportuno que necesitemos y siempre nos enviará su ayuda providencial en tiempos de necesidad.

Si hoy te sientes agotado, desprotegido, sediento, sin fuerzas y emocionalmente extenuado, Dios es la sombra que trae descanso a tu alma. El Padre Celestial puede darte la fortaleza suficiente y los recursos que necesites para seguir adelante.

Que puedas decir como el salmista que el Señor ha sido tu socorro, y que en la sombra de sus alas te regocijarás (ver Salmo 63:7). ¡Somos renovados en la presencia del Señor!

Gracias Señor porque en ti siempre hallo refugio y descanso.

Misericordia renovada

Por la misericordia de Jehová no hemos sido consumidos, porque nunca decayeron sus misericordias. Nuevas son cada mañana; grande es tu fidelidad.
Lamentaciones 3:22-23

La misericordia es el amor compasivo de Dios hacia nosotros. Es su "amor inmerecido". Por eso debemos acercarnos al Señor con una actitud humilde, reconociendo que si Dios actúa, lo hace porque quiere, no porque lo merezcamos. Su deseo es actuar todos los días con su amor inalterable, como un Padre perfecto que anhela las mejores cosas para sus hijos.

Vivir confiados en la misericordia de Dios nos trae el reposo diario que necesitamos. Si tuviéramos que depositar nuestra confianza en lo que merecemos, estaríamos perdidos.

El Señor conoce nuestras debilidades, temores, fracasos, y aun así decide amarnos incondicionalmente. Eso es misericordia. ¡Qué tremendo es nuestro Dios!

Su misericordia nos da seguridad de que el Señor nunca va a dejarnos de amar, aunque tengamos el peor día de nuestra vida.

Su misericordia nos recuerda que su ayuda es interminable. Cada día el Todopoderoso nos extiende su mano para levantarnos y decirnos: "No temas, yo te ayudo".

Su misericordia nos da la certeza de que su presencia nos acompaña todo el día y cuando vienen a nuestra mente "dardos de fuego del maligno", podemos recordar sus promesas de protección y cuidado.

Su misericordia nos hace más dependientes del Padre Celestial.

Su misericordia nos hace más agradecidos. Cuando reconocemos que todo viene de Él, no podemos más que darle gracias.

Su misericordia nos hace sensibles para ver la necesidad de otros. La misma gracia que Dios extiende sobre nuestra vida, es la que quiere manifestarle a los que nos rodean. Nosotros debemos ser instrumentos de su misericordia.

Al final del día, si nos detenemos a considerar todo lo que el Señor hizo por nosotros, solo podremos darle gracias e ir a descansar sabiendo que mañana nos esperan nuevas misericordias.

Gracias por tus misericordias que se renuevan día a día.
¡Grande es tu fidelidad!

Dios contra el brazo de la carne

Esforzaos y animaos; no temáis, ni tengáis miedo del rey de Asiria, ni de toda
la multitud que con él viene; porque más hay con nosotros que con él.
Con él está el brazo de carne, mas con nosotros está Jehová
nuestro Dios para ayudarnos y pelear nuestras batallas.
2 Crónicas 32:7-8

Muchas veces, después de hacer grandes decisiones espirituales, enfrentamos situaciones muy difíciles. El rey Ezequías estaba terminando la celebración de la Pascua cuando los asirios se acercaron a Jerusalén para sitiarla y conquistarla.

Ezequías se movilizó enseguida. Cerró todos los canales de agua que los enemigos podrían usar, reedificó los muros caídos, construyó torres de vigilancia e hizo edificar otro muro de protección. Además, preparó al pueblo con espadas y armas. Sin embargo, el ejército de Senaquerib era innumerable, con carros y caballos de combate y mucho armamento. Era poco probable que el pueblo pudiera resistir por mucho tiempo. Pero la confianza del rey de Judá no estaba en todo lo que había preparado sino en el Dios Protector.

Ezequías le dijo al pueblo que confiaran, que fueran valientes porque tenían al Señor de su parte y eran más los que estaban con ellos que con el rey de Asiria. Claro, se refería al ejército celestial. ¡Aleluya! Con Dios siempre somos mayoría.

Con el enemigo estaba el brazo de carne, pero con ellos estaba el Señor para ayudarlos a pelear sus batallas. ¿Acaso hay poder humano suficiente que pueda vencer a Dios? ¡Él es el Todopoderoso!

A pesar de la continua intimidación del enemigo, Ezequías se apoyó en Dios y ¡un solo ángel destruyó a un ejército innumerable! Ciento ochenta y cinco mil asirios perdieron la vida en un instante (ver 2 Reyes 19:35).

¿Estás enfrentando alguna batalla espiritual? Tú tienes al mismo Dios de Ezequías, y los mismos ángeles a tu favor. ¡Somos más que vencedores por medio de Jesucristo!

Dios sigue peleando nuestras batallas. Nuestra parte es no desanimarnos, confiar en el Señor y no tener miedo. Él nos ayuda a vencer.

¡Señor, tú peleas las batallas por mí! Confío en ti y
espero tu intervención. Estoy listo para ver tus maravillas.

Rendirlo todo

Entonces María tomó una libra de perfume de nardo puro, de mucho precio,
y ungió los pies de Jesús, y los enjugó con sus cabellos;
y la casa se llenó del olor del perfume.
Juan 12:3

A Jesús le gustaba pasar tiempo en la casa de los hermanos Lázaro, Marta y María. El ambiente era muy amigable y además ¡la comida de Marta olía riquísima! Pero en esa ocasión, la casa olía a fragancia muy costosa. María había gastado todos los ahorros de su vida en un perfume muy caro que terminó derramándolo por completo sobre los pies de su amado Maestro. Para algunos fue un desperdicio; pero para otros, amor y adoración desbordante.

Pero el perfume no fue lo más costoso que María le ofreció a Cristo, sino su ser entero. Sus planes, sus anhelos más íntimos, su futuro… lo había rendido todo al Señor.

Si nuestras vidas no le pertenecen completamente a Él, "nuestros perfumes" tienen poca importancia. Muchos piensan que entregarle "obras" es darle todo al Señor, pero lo que Él busca son hijos que hayan decidido entregarle sus vidas sin reservas.

El verdadero amor no mide ni calcula lo que se puede hacer por la persona amada. María ungió los pies del Señor y los secó con su propio cabello. ¡Qué cuadro de rendición, gratitud y amor al Señor!

Rendirse, una palabra que el mundo interpreta como fracaso, derrota, o darse por vencido. Pero para nosotros es el comienzo de la victoria.

Creo que Gálatas 2:20 resume perfectamente el tipo de rendición que Dios espera de nosotros cuando dice que hemos sido crucificados con Cristo y ahora ya no se trata de nuestra vida sino de la vida que Cristo vive a través de nosotros.

¿Hay algo que aún debas rendir por completo al Señor? Quiebra "tu vaso" y derrama sin reservas tu vida a los pies de Aquel que lo dio todo por ti.

Señor, te rindo mi vida entera. Toma mi alma, mi corazón, mi voluntad,
mis pensamientos. Que mi vida sea una dulce fragancia en tu presencia
aunque para algunos sea un desperdicio. Yo sé en Quién he creído.

Prosperados desde el alma

Amado, yo deseo que tú seas prosperado en todas las cosas,
y que tengas salud, así como prospera tu alma.
3 Juan 2

¡Qué tremendo saludo de un hermano en Cristo a otro! Juan, el discípulo amado, le escribe a Gayo, un creyente fiel al Señor y amante de la verdad. Su deseo era que fuera "prosperado". Esta palabra en griego es *euodóo* y se refiere a ayudar en el camino de alguien, tener un buen viaje o que le vaya bien. El deseo de Juan era que a Gayo le vaya bien en todas las cosas.

Pero hay un principio base para que a cada hermano le vaya bien en todas las cosas. El apóstol lo dice claramente: "Así como prospera tu alma". Nuestro ser interior debe prosperar primero para que luego vengan las demás bendiciones.

Ahora, ¿cómo nos damos cuenta que nuestra alma realmente está prosperando? En primer lugar, porque crecemos espiritualmente. Nuestra relación con Dios cada día es más fuerte e íntima.

También cuando somos fieles diariamente en el cumplimiento de nuestras responsabilidades. Damos la excelencia siempre en todo lo que hacemos y administramos sabiamente lo que el Señor pone en nuestras manos.

Cuando nuestras emociones y voluntad son guiadas y controladas por el Espíritu Santo, también es una evidencia de que nuestra alma está prosperando. Ya no somos conducidos por impulsos sino que mostramos equilibrio y dominio propio. Esto también nos ayudará a ser buenos administradores.

Si le está yendo muy bien a nuestra alma, entonces estamos preparados para crecer en las demás áreas de nuestra vida. Sabremos establecer prioridades correctas, administrar fielmente lo que tenemos, solucionar problemas con sabiduría, bendeciremos a los demás y siempre le daremos la gloria a Dios.

Es mi deseo que te vaya bien en todas las cosas, así como te está yendo muy bien en el crecimiento de tu alma.

Señor, sé que solo tomado de tu mano harás prosperar mi alma y mi camino.
Espíritu Santo, guíame diariamente para actuar con sabiduría.

La oración eficaz

La oración eficaz del justo puede mucho. Elías era hombre sujeto
a pasiones semejantes a las nuestras, y oró fervientemente…
Santiago 5:16-17

Observa que Santiago no dice que la oración eficaz del "bueno" puede mucho, sino del "justo". Estas oraciones las pueden hacer los que han sido lavados con la sangre de Cristo, los que han sido regenerados por el Espíritu Santo, los que han sido adoptados hijos de Dios.

El ejemplo de Santiago es Elías. ¡Tremendo hombre de Dios! Sin embargo, tenía debilidades semejantes a las nuestras. Así que si él fue escuchado ¡también lo seremos nosotros!

Elías oraba bajo la dirección de Dios. Él sabía lo que el Señor quería porque se lo comunicaba. Cuando estamos en su presencia entendemos lo que Dios quiere hacer. De Él viene el discernimiento, la revelación de sus planes futuros, las maneras en que quiere moverse en nosotros y a través de nosotros.

Elías oraba con fervor. Cuando leemos algunas de sus oraciones descubrimos su deseo ardiente por Dios. Nada era igual después de que oraba.

Elías oraba con fe. El creía que cada palabra suya era escuchada por Dios. Así que podía orar para que lloviera o que dejara de llover, para que resucitara un muerto, para que no falte aceite en la casa de una viuda, para que Dios haga descender fuego del cielo. Sus oraciones nos muestran que todo es posible si le creemos al Señor.

Elías oraba esperando el tiempo de Dios. Podía orar para que no lloviera y esperar la siguiente instrucción. Después de tres años… ¡tres años!, el Señor le dijo que volviera a orar por lluvia. Eran oraciones acompañadas de obediencia. Dios siempre responde esas oraciones.

Elías oraba buscando que Dios recibiera toda la gloria. Él nunca persiguió beneficios personales ni reconocimiento. Siempre llevó al pueblo a escuchar y a adorar al Señor.

Si tú eres un hijo de Dios, entonces eres justo delante de Él. Tus oraciones serán respondidas en su tiempo y forma. Solo confía y actúa según su dirección y lo verás haciendo grandes cosas.

Gracias Señor por declararme justo. Sé que siempre respondes mis oraciones.
Oro con fe esperando en ti.

Decisiones desesperadas

*Y él esperó siete días, conforme al plazo que Samuel había dicho; pero Samuel
no venía a Gilgal, y el pueblo se le desertaba. Entonces dijo Saúl: Traedme
holocausto y ofrendas de paz. Y ofreció el holocausto.*
1 Samuel 13:8-9

Cuidado con la desesperación porque podemos hacer cosas de las
que nos vamos a arrepentir toda la vida. Eso fue lo que le pasó a Saúl.
Samuel le había dicho que en una semana se reunirían para ofrecer
sacrificios a Dios y debía esperarlo. Solo Samuel podía hacerlo porque era
sacerdote.

Pero las cosas se le empezaron a complicar a Saúl. Los enemigos
estaban cada vez más cerca y los hombres de su ejército comenzaban a huir.
Entonces Saúl no aguantó más… La desesperación se apoderó de él y
decidió tomar el lugar del sacerdote. Cuando estaba terminando de ofrecer
el sacrificio, justamente en ese momento, llegó Samuel. ¡Si tan solo hubiera
esperado una hora más! A partir de ese momento Saúl perdió su reino y
todas las decisiones que siguió tomando lo fueron llevando cuesta abajo
hasta terminar muriendo en una batalla anunciada por una bruja, portavoz
del mismo infierno.

Todos podemos estar bajo presión en algún momento y si dejamos
que la desesperación nos gobierne, será muy difícil escuchar al Señor y
proceder de acuerdo con su voluntad.

Si te encuentras atravesando un momento difícil, detente, para,
frena bruscamente si es necesario. Recuerda que es Dios quien tiene el
control de todas las cosas.

Si eres un líder y tienes bajo tu responsabilidad el cuidado de otras
personas, asegúrate de seguir confiando en las promesas divinas y esperar
hasta oír su voz antes de tomar cualquier decisión.

No desesperes. Si confías en la soberanía de Dios, entonces tienes
que saber que todo lo que pasa en tu vida tiene un propósito. El Señor
nunca va a permitir una prueba inútil. Con el Espíritu Santo enseñándote
diariamente, siempre hay algo que aprender.

Ninguno que ha esperado en Dios resultó confundido. Nunca.

Señor, espero con paciencia tu intervención.
Ayúdame a seguir tus indicaciones.

¿Cuál es tu cueva?

Se levantó, pues, y comió y bebió; y fortalecido con aquella comida caminó cuarenta días y cuarenta noches hasta Horeb, el monte de Dios. Y allí se metió en una cueva, donde pasó la noche...
1 Reyes 19:8-9

Elías estaba escapando de una mujer que lo quería matar. ¡Jezabel! Hasta su nombre da escalofríos. Se sintió tan solo y desesperado que se metió en una cueva.

Meternos en una cueva es encerrarnos y sentir pena de nosotros mismos creyendo que ya no hay solución para nuestra situación.

Nos metemos en una "cueva" cuando revivimos momentos difíciles. Cuando pensamos que nadie nos ama ni se preocupa por nosotros. Cuando creemos que cualquier intento de salir adelante siempre terminará en un fracaso. Cuando le tenemos miedo al futuro. Tú puedes continuar con la lista...

En la cueva sólo tenemos nuestra perspectiva de las cosas. No podemos ver lo que Dios ve. Todo lo vemos tenebroso, oscuro, tétrico, incluso podemos llegar a preguntarnos para qué existimos. Elías llegó a pedirle a Dios que le quitara la vida porque no se veía a sí mismo mejor que sus antepasados y parecía que no estaba haciendo ninguna diferencia.

Dios se preocupó por Elías cuando se encerró en la cueva. Lo llamó, le preguntó qué le pasaba y lo sacó de ese lugar. No podía mostrarle nada mientras permaneciese allí. No hay visión en la cueva, no hay futuro, no hay esperanza. ¡Hay que salir de allí!

Fuera de su lugar de encierro, Elías recibió nuevas fuerzas, palabra de Dios y supo que no estaba solo. Renovado por el Señor siguió sirviéndole hasta que un carro de fuego lo arrebató y lo llevó al cielo.

Déjame preguntarte ¿cuál es tu cueva? ¿Estás en un momento de tu vida en que todo lo ves oscuro? Entonces deberás decidir si sigues viviendo bajo el peso de las cargas que el diablo seguirá poniendo sobre ti, o sales de tu cueva para vivir bajo la presencia de Dios y recibir los beneficios de ser su hijo.

Afuera de la cueva hay vida abundante, hay alimento espiritual, y mucho trabajo que hacer para el reino de los cielos.

Señor, no quiero encerrarme en mis problemas. Decido buscarte.
Tú eres mi salvación.

Esperar en ti

Encamíname en tu verdad, y enséñame, porque tú eres el Dios de mi salvación; en ti he esperado todo el día.
Salmo 25:5

Muchas veces David expresó en los salmos su disposición a esperar la dirección de Dios antes de avanzar. Cuando la angustia, la ansiedad y la desesperación querían controlar su vida, se recordaba así mismo que debía seguir esperando en el Señor.

Podemos extraer varias verdades espirituales de las maneras en que David aprendió a esperar en Dios.

Debemos esperar con paciencia. Esta necesaria virtud se basa en la confianza del carácter, propósito y maneras de actuar del Señor. Si le conocemos, sabemos que Él no miente, no incumple sus promesas, y además sus tiempos son perfectos. Por lo tanto, ¡no bajes los brazos, no te desalientes, la respuesta está en camino!

Debemos esperar proactivamente. David en este salmo le pide a Dios que lo encamine en su verdad y le enseñe mientras está esperando. No se trataba de permanecer sentado o pasivo. El tiempo de espera también tiene propósitos: Dios ajusta nuestros deseos, prueba nuestras intenciones, evalúa nuestras motivaciones para comprobar si nuestra fe y confianza son verdaderas.

Debemos esperar con expectativas. David menciona que había "esperado todo el día". Eso significa que sus pensamientos estaban centrados en lo que el Señor iba a hacer en cualquier momento. Estaba seguro que llegaría su respuesta y eso lo llenaba de esperanza. Además, al esperar confiado, puedes adelantarte a la situación y gozarte por la intervención de Dios (ver Isaías 25:9).

Debemos esperar con valor. Nunca faltarán aquellos que te digan que ya es momento de actuar, que esperaste demasiado, que si sigues perdiendo tiempo las cosas se complicarán. A ver… las cosas realmente se complicarán si haces a un lado al Señor. No dejes que la crítica o presiones de otros te lleven a actuar fuera de la voluntad de Dios.

Si estás atravesando un tiempo de espera, decide ser paciente y confía en el perfecto plan del Señor. Todo tiene su tiempo.

Señor, enséñame a esperar en ti, confiando que siempre llegas a tiempo.

¿Y ahora qué hacemos?

Y él estaba en la popa, durmiendo sobre un cabezal; y le despertaron,
y le dijeron: Maestro, ¿no tienes cuidado que perecemos?
Marcos 4:38

Los discípulos se encontraban en una barca cruzando el lago Genesaret con Jesús cuando se desató una tormenta. Se formó tan rápido y era tan intensa que no supieron qué hacer. Mientras tanto, Jesús dormía muy tranquilo.

¿Y ahora qué hacemos? Los discípulos comenzaron a clamar al Señor con desesperación. No tuvieron ningún problema en despertarlo. Sabían que de esta solo los salvaba el Maestro.

No culpemos a los discípulos, creo que hubiésemos actuado de la misma manera. Muchas veces las tormentas fuertes no nos dejan pensar bien. ¿Acaso el Hijo de Dios iba a morir ahogado? ¿Podría el Señor dormirse y no ocuparse de sus hijos?

Cuántas veces hemos sido sorprendidos por tormentas en nuestra vida. Todo parece estar en calma y de repente, "el viento y las olas" empiezan a golpear nuestra barca. Entonces surge la pregunta: "¿Y ahora qué hacemos?". La respuesta es… ¡clamar! En la Biblia, esta palabra se refiere a hablar de manera audible con gran sentimiento acerca de una necesidad urgente. Eso fue lo que hicieron los discípulos.

Cuando enfrentamos un problema, lo más natural es intentar solucionarlo inmediatamente. Sin embargo, el Señor nos enseña que hay una manera diferente de manejar las "tormentas": buscar refugio y auxilio en Él.

La Palabra de Dios nos asegura que el Padre Celestial escucha nuestro clamor y siempre responde (ver Salmo 3:4). Y no hace acepción de personas. También te escucha a ti.

Recuerda que Dios está en su trono (ver Salmo 11:4) y siempre actúa cuando ponemos nuestra confianza en Él (ver Hebreos 11:6), porque nunca desampara a sus hijos (ver Mateo 28:20).

Si tu corazón está turbado, clama al Señor. Estás ante la presencia de Aquel que es tu Poderoso Protector, capaz de socorrerte en cualquier tormenta.

Señor, socórreme en mis tormentas. Sólo tú puedes darme paz.
En tus brazos me siento protegido y tranquilo.

Enseñabilidad, virtud indispensable

Enséñame a hacer tu voluntad, porque tú eres mi Dios.
Tu buen espíritu me guíe a tierra de rectitud.
Salmo 143:10

David expresó en este salmo una virtud indispensable para crecer: la enseñabilidad. Una persona es enseñable cuando tiene disposición para aprender. Si no estamos dispuestos a aprender, entonces tampoco estamos dispuestos a crecer.

La enseñabilidad no se mide por las notas que saquemos, lo inteligentes que seamos o los títulos que tengamos, sino por la capacidad de aprender y aplicar lo aprendido. Esto tiene que ver con el corazón, no con nuestro cerebro. Por ejemplo, Salomón fue muy sabio, pero no fue enseñable en los últimos años de su vida porque no aplicó todo lo que había dicho con respecto a buscar a Dios y rechazar la idolatría.

Si deseas buscar personas con enseñabilidad en la Biblia piensa en Abraham, José, Débora, Samuel, Daniel, David, Noé, Job, María, Pablo y tantos otros.

Esta virtud se puede observar en las personas que saben escuchar un consejo espiritual y obedecen, que admiten sus errores e intentan no repetirlos, que prefieren preguntar antes que hacer afirmaciones sin fundamento, que persiguen la excelencia, que evalúan permanentemente sus corazones con humildad.

Si queremos crecer en enseñabilidad, toma en cuenta estos consejos de la Palabra de Dios:

Ser humildes. Ver Proverbios 11:2.
Buscar instrucción activamente. Ver Proverbios 4:7-9,13.
Aprender de los maestros adecuados. Ver Proverbios 13:20.
Aceptar la corrección y aprender de nuestros errores. Ver Proverbios 15:31.
Tomar la Palabra de Dios como regla de fe y conducta. Ver Salmo 119:33-35.

Si estás dispuesto a aprender, el Espíritu Santo está siempre dispuesto a enseñarte. Que nadie apague tu anhelo de crecer.

Señor, trabaja en mi corazón para que sea enseñable.
Que pueda aprender todo lo que me quieres enseñar en este día.
Ayúdame a aplicar tus enseñanzas a mi vida.

Amor inalterable

La gracia sea con todos los que aman a nuestro Señor con amor inalterable.
Efesios 6:24

Nuestro amor por Jesucristo debe ser "inalterable". Esta palabra en griego es *afthartós*, y hace referencia a algo que no se corrompe, que no cambia por las circunstancias, que no puede destruirse. Así es el amor de Dios hacia nosotros.

Dios ama de manera incondicional. También nosotros debemos amar a Jesús sin condiciones. No podemos decir "te amo, pero…", "te amo si…", "te amo siempre y cuando tú…". Dios nunca ha actuado así con nosotros. El permanece fiel, aunque nosotros fuéramos infieles (ver 2 Timoteo 2:13).

También debemos amar a Cristo de manera proactiva. La Biblia dice que nosotros le amamos a él, porque él nos amó primero (ver 1 Juan 4:19). No debemos responder con amor solo cuando nos bendice…

Recuerdo el *Soneto al Cristo crucificado* que aprendí en mi juventud. Nunca he leído un escrito que exprese tan vívidamente el amor puro y desinteresado por el Señor. Presta atención a esta poesía de autor desconocido, quizás estas también puedan ser tus palabras.

No me mueve, mi Dios, para quererte
El cielo que me tienes prometido,
Ni me mueve el infierno tan temido
Para dejar por eso de ofenderte.
Tú me mueves, Señor, me mueve el verte
Clavado en una cruz y escarnecido,
Me mueve ver tu cuerpo tan herido,
Me mueven tus afrentas y tu muerte.
Me mueve, en fin, tu amor, y en tal manera,
Que aunque no hubiera cielo, yo te amara,
Y aunque no hubiera infierno, te temiera.
No me tienes que dar para que te quiera,
Pues aunque lo que espero no esperara,
Lo mismo que te quiero te quisiera.

Que nada cambie tu amor por Cristo; que tu amor sea inalterable.

Gracias Señor porque tú me amaste primero y hoy puedo amarte a ti.

2

¿Por qué te abates?

¿Por qué te abates, oh alma mía, y por qué te turbas dentro de mí? Espera en
Dios; porque aún he de alabarle, salvación mía y Dios mío.
Salmo 42:11

Este versículo, escrito por un levita descendiente de Coré, se repite en el Salmo 42:5; 42:11 y 43:5. Este énfasis tiene un propósito.

La palabra "abatir" en hebreo es *shafel*, que significa deprimirse o hundirse; estar derribado, humillado o en un lugar bajo. De aquí viene la palabra *Shefelah* (ver Jeremías 33:13), el nombre de un territorio de Judá que significa tierra baja, valle. Así se sentía el salmista. Sin embargo, es muy interesante notar que no solo describe su condición, sino que se habla así mismo, le recuerda a su propia alma que Dios llegará pronto a ayudarle.

Nosotros no somos diferentes al salmista, en algún momento también podemos experimentar abatimiento. Algunos por pérdidas de seres queridos, otros por desilusiones, por promesas incumplidas, por metas que no se alcanzaron, por no ver resultados de los esfuerzos que realizamos, por alguna oración que aún no ha sido contestada. Podemos llegar a sentir que Dios nos ha abandonado.

Otras veces podemos pensar que el Señor está lejos de nosotros porque nos pasan muchas cosas extrañas. También lo sintió el salmista cuando le dijo a Dios, su Roca, por qué se había olvidado de él (ver Salmo 42:9).

Aprendemos por la Palabra de Dios que debemos someter esos sentimientos pasajeros al Espíritu Santo. Él nos recordará que el Señor nunca nos abandona, nunca nos olvida, jamás nos dejará solos. ¿Acaso se olvida una madre de sus hijos? Y aunque fuera así, Dios nunca se olvidará de nosotros (ver Isaías 49:15). ¡Qué maravilloso es el Padre Celestial que siempre está atento a cada uno de sus hijos!

Comienza ahora mismo a alabar a Dios, adelantándote a lo que hará. Eso es fe, y su expresión más genuina es la alabanza. Di como el salmista: ¡Salvación mía y Dios mío!

Señor, cuando mi alma esté abatida, recurriré a ti.
Tú sabes cómo levantarme, alentarme y darme
la fortaleza para seguir adelante.

Le queda poco tiempo

¡Ay de los moradores de la tierra y del mar! porque el diablo ha descendido a
vosotros con gran ira, sabiendo que tiene poco tiempo.
Apocalipsis 12:12

Al diablo le queda poco tiempo. Él lo sabe. No conoce el futuro, porque no es omnisciente, pero cuando ve las señales de los últimos tiempos, sabe que debe actuar rápido.

Sus estrategias cambian de acuerdo a los tiempos, la cultura, las filosofías del momento. Lo sabemos por la Palabra y debemos prestar atención para que Satanás no tome ventaja sobre nosotros. No debemos ignorar sus maquinaciones (ver 2 Corintios 2:11).

En tiempos difíciles sus ataques van dirigidos especialmente a nuestras mentes. El diablo aprovecha cada oportunidad para susurrar sus mentiras a nuestros oídos: "Dios te ha olvidado". "Estás a merced de una enfermedad". "Tus oraciones no están siendo contestadas". "Todo se ha complicado demasiado, ya no hay esperanza". ¡Mentiras del diablo! Dios sigue sentado en su trono, escuchando las oraciones de sus hijos, preparando una salida y dándonos fuerzas para esperar.

El enemigo tiene puestos sus ojos sobre tu vida, pero también sobre tu familia. Él no ahorrará esfuerzos para destruir tu matrimonio y la vida de tus hijos. Debemos prestar mucha atención y actuar en consecuencia. ¡Levántate y defiende lo que Dios te ha dado!

También ataca a la verdadera Iglesia. Busca paralizar a los hijos de Dios, enfriarlos, desanimarlos, desviarlos de su misión. Él quiere que nos involucremos en batallas equivocadas. Espera abortar cada iniciativa para avanzar. Pero debemos recordar el consejo de Santiago: Someternos a Dios, resistir al diablo, y al fin no le quedará otra opción que huir (ver Santiago 4:7).

El Señor te ha delegado autoridad. Jesús dijo que nos dio potestad sobre toda fuerza del enemigo (ver Lucas 10:19). Debes ponerle límites al diablo y no permitir que avance más.

Cuando escuches el rugir del león, cae sobre tus rodillas y recuerda que al orar, el diablo solo puede retroceder.

Gracias Señor, por la autoridad que me has delegado. No le daré lugar
al diablo, porque en tu Nombre tiene que huir.

Barbecho al corazón

Sembrad para vosotros en justicia, segad para vosotros en misericordia;
haced para vosotros barbecho; porque es el tiempo de buscar a Jehová,
hasta que venga y os enseñe justicia.
Oseas 10:12

El barbecho consiste en dejar descansar una parcela de tierra que se limpió antes de volverla a cultivar. Los hebreos revolvían la tierra y después la dejaban reposar para que recuperara su fertilidad. La Ley de Moisés mandaba que cada siete años, un año se dejara la tierra en barbecho. Durante ese tiempo, el pueblo debía seguir confiando en la provisión de Dios.

Lo mismo sucede en lo espiritual. El Señor quiere sembrar en tu corazón una palabra fresca, renovadora, que produzca cambios en tu vida, pero antes de sembrar es necesario hacer "barbecho" al corazón. Si Dios quiere darte una nueva dirección, ayudarte a crecer en alguna área de tu vida, o usarte para bendecir y ayudar a otros, debes estar preparado. Un terreno limpio y sano producirá buenos frutos.

Lo primero que hará el Espíritu Santo es mostrarte esas viejas raíces que debes quitar porque detendrán el crecimiento. Raíces de egocentrismo, de amargura, de legalismo o libertinaje, de materialismo que ahogan la Palabra y la hacen infructuosa (ver Marcos 4:19).

Además, debemos quitar la cizaña que pudo haber sembrado el diablo. Él siembra mentiras en nuestra mente, malos pensamientos, deseos de venganza, resentimiento, odio, resignación, y al final nos roba la fe. No permitas que Satanás gane ventaja sobre ti.

También debemos airear la tierra, removerla, para que las semillas penetren y crezcan. Una manera de hacerlo es renovando nuestra manera de pensar (ver Romanos 12:2). El Espíritu Santo trabajará en tu mente para transformarte.

Ya no puedes permanecer seco, resquebrajado, impenetrable, como tierra sin preparación. Hoy tu corazón puede ser quebrantado por su amor, refrescado por sus ríos de agua vida, removido por una nueva motivación que te llene de energía y fuerzas nuevas para seguir.

Si permites que el Señor trabaje en tu corazón manteniendo una actitud de humildad, paciencia y fe, serás una tierra lista para dar fruto.

Señor, toma mi corazón y renuévalo. Quiero llevar mucho fruto para tu gloria.

203

Tocar fondo

Y deseaba llenar su vientre de las algarrobas que comían los cerdos, pero nadie le daba. Y volviendo en sí, dijo: ¡Cuántos jornaleros en casa de mi padre tienen abundancia de pan, y yo aquí perezco de hambre! Me levantaré e iré a mi padre…
Lucas 15:16-18

Una crisis es una situación grave y decisiva que pone en peligro el desarrollo de un asunto o un proceso. Todos podemos atravesar crisis, ya sea por malas decisiones, por culpa de otros o por circunstancias de la vida. Según la Palabra, Dios usa las crisis para transformarnos.

Muchas veces el Señor permite ciertas crisis para darnos la oportunidad de corregir nuestro rumbo. En el caso del hijo pródigo, "volvió en sí" recién cuando no tenía nada para comer, ni siquiera podía tocar las algarrobas de los cerdos. ¡Qué crisis tan dura! Pero fue la única manera de que reaccionara e hiciera decisiones diferentes para salir de esa condición. ¡Cuán bajo podemos caer si no reaccionamos a tiempo!

Dios también permite crisis para que recordemos que somos vulnerables y débiles. A veces nos sentimos tan fuertes y seguros que necesitamos un sacudón para reconocer que solo la gracia de Dios es la que nos sostiene. El hijo pródigo se fue de la casa muy seguro de sí mismo, creyendo que podía vivir de la bolsa de dinero que le había dado su padre.

Muchos hombres de Dios pudieron reconocer su necesidad al enfrentarse a las peores crisis de sus vidas. Josafat ante un numerosísimo ejército dijo: "No sabemos qué hacer". Jacob en Peniel: "Le tengo miedo a mi hermano". Los apóstoles frente a la persecución: "Mira sus amenazas". Gedeón escondido en un lagar: "Mi familia es pobre y soy el menor". Pero a partir de esas circunstancias, pusieron su confianza en Dios y experimentaron liberaciones gloriosas.

El hijo pródigo se confrontó consigo mismo y dijo: "Me levantaré, iré a mi Padre, y le diré que he pecado". Recién cuando tocó fondo pudo recapacitar y dar el primer paso para ser restaurado. Al regresar a su casa arrepentido, su padre corrió hacia él para recibirlo y restituir su lugar en la familia. Lo mismo hace Dios por nosotros porque ninguna debilidad o pecado supera a su maravillosa gracia.

Gracias Señor por tu inmenso amor. Ayúdame a ver mi realidad como tú la ves. Que reaccione a tiempo si estoy desviándome y avance mirándote a ti.

No con ejército ni con fuerza

Esta es palabra de Jehová a Zorobabel, que dice: No con ejército, ni con fuerza,
sino con mi Espíritu, ha dicho Jehová de los ejércitos.
Zacarías 4:6

Cuando se escribió este pasaje, eran tiempos difíciles para el remanente judío, un pueblo humilde, débil, que volvió de la cautividad de Babilonia para restaurar la nación y el templo de Jerusalén. Zorobabel era el gobernador y responsable de la reconstrucción. El mensaje estaba dirigido a él, pero debía trasmitirlo al pueblo.

Dios le dijo: "No con ejército". En hebreo la palabra es *chayil* y significa fortaleza, poder, fuerza, valor o riqueza. Lo que Dios estaba diciendo es que para llevar a cabo su obra no eran necesarios recursos materiales, sofisticadas estrategias o muchas personas, sino fe en Dios que es el Hacedor de milagros.

¿Quién puede decir que es lo suficientemente fuerte para no necesitar a Dios? Nosotros somos tan débiles como los hebreos recién llegados a Judá. Muchas veces no tenemos los recursos suficientes, las fuerzas se nos agotan, las ideas se desvanecen y solo podemos decirle al Señor: "No sé cómo hacerlo". En ese mismo momento Él nos recordará este versículo: "Es con mi Espíritu".

La clave no está en lo que podamos hacer por Dios, sino en lo que Él hará por nosotros. En vez de preocuparnos en demasía por lo que debemos decir, responder, ministrar, es mejor ser llenos del Espíritu para que nos capacite con poder. El resto será asunto de Dios.

Si el Espíritu Santo vino a morar en tu corazón, no ha sido como un simple huésped que solo viene de vacaciones. Él es tu Ayudador y coparticipa contigo en las decisiones diarias. Tiene los recursos necesarios para auxiliarte en las situaciones más complicadas

Solo el Espíritu Santo tiene el poder y la sabiduría para guiarnos y ayudarnos a vivir en victoria. Es por eso que Dios nos lo dio.

Comienza tu día dependiendo de Él y cuando aparezcan los desafíos, pregúntale cómo seguir adelante.

Espíritu Santo, conoces mis limitaciones, flaquezas y debilidades. Te pido que me llenes
de tu poder para enfrentar los desafíos que tengo por delante en este día.
Tengo la promesa de que tendré la victoria al confiar en ti.

Libres de condenación

Y como insistieran en preguntarle, se enderezó y les dijo: El que de vosotros esté sin pecado sea el primero en arrojar la piedra contra ella.
Juan 8:7

Un grupo de religiosos que buscaba un motivo para acusar a Jesús y matarle, trajo ante Él a una mujer sorprendida en adulterio. La ley de Moisés decía que había que apedrearla; entonces le preguntaron a Jesús: "¿Tú qué dices?". Si la justificaba, lo hallarían culpable de infringir la ley, pero si la condenaba no estaría mostrando misericordia. Estoy seguro que los religiosos esperaban sentenciarlo allí mismo. Sin embargo, Jesús los sorprendió al decirles: "El que de vosotros esté sin pecado puede arrojar la primera piedra". En silencio, se fueron retirando uno a uno.

Jesús experimentó en carne propia la condenación. Lo juzgaron por no guardar el sábado, por manifestar que era el Hijo de Dios, por decir que era preexistente a Abraham, por denunciar a los hipócritas, por hacer el bien y estar en contra del status quo religioso. Así que Jesús sabe lo que se siente cuando eres acusado verbalmente y condenado en el corazón. Claro, la gran diferencia está en que Jesús nunca pecó.

Pero Jesús no vino a acusar al pecador, sino a salvarlo. Dios no envió a su Hijo al mundo para condenarlo sino para que sea salvo por su sacrificio (ver Juan 3:17). Cuando todos los religiosos dejaron caer las piedras y se marcharon, solo quedaron la mujer y el Maestro. Entonces el Señor se acercó y le dijo que Él no la condenaba. Podía irse en paz, pero no debía volver a pecar (v.11). Había sido perdonada.

La ley condena, Jesús salva. Alguien dijo que la ley es como un termómetro que solo sirve para medir la fiebre pero no te cura. Solo el Señor tiene el remedio para nuestra alma, solo Él puede sanarnos. Cuando nos acercamos y manifestamos verdadero arrepentimiento, perdona todos nuestros pecados y nos asegura que ya no pesa sobre nosotros ninguna condenación.

Jesús te ha hecho libre de culpa y cargo. ¡Eres libre por su sacrificio! No dejes que pensamientos condenatorios o acusaciones de los demás te hagan retroceder. Tu fe en Cristo te ha salvado.

Señor, creo en tu sacrificio perfecto en la cruz. Gracias por tu perdón.
¡Qué descanso para mi alma!

El arrullo hipnotizador del diablo

Y esto, conociendo el tiempo, que es ya hora de levantarnos del sueño; porque ahora está más cerca de nosotros nuestra salvación que cuando creímos. La noche está avanzada, y se acerca el día. Desechemos, pues, las obras de las tinieblas, y vistámonos las armas de la luz.
Romanos 13:11-12

La estrategia actual de Satanás para debilitar nuestra fe es el adormecimiento. Si nos dormimos no peleamos; y si no peleamos, seremos vencidos.

El apóstol Pablo usa en este versículo la palabra "sueño" que en griego es "*hypnos*" (¡de aquí viene la palabra hipnotismo!) para describir el estado del alma, el conformismo espiritual que lleva a muchos a mezclar lo espiritual con el sistema sin valores del mundo.

Debemos entender el tiempo que estamos viviendo. Una de las características que menciona la Palabra es la tibieza espiritual. Según Mateo 25:8, la Iglesia está representada por cinco vírgenes prudentes y cinco insensatas. Observe que las vírgenes insensatas querían quitarle el aceite a las prudentes. "Dadnos de vuestro aceite" dijeron, en vez de buscarlo directamente del Espíritu Santo. Pero las prudentes se pusieron firmes y les dijeron: ¡Vayan a comprar! La responsabilidad es personal.

El diablo está preparando el terreno para la apostasía final. Pablo profetizó que en los postreros días serán tiempos peligrosos porque habrá hombres amadores de sí mismos, avaros, vanagloriosos, soberbios, impíos, blasfemos, desobedientes a los padres, ingratos, sin afecto natural, crueles, implacables, calumniadores, intemperantes, aborrecedores de lo bueno, traidores, impetuosos, infatuados, amadores de los deleites más que de Dios, de piedad solo aparente (ver 2 Timoteo 3:1-5).

El despertador está sonando, observa las señales. Ya no queda mucho tiempo. Debemos vivir como personas que pertenecen al reino de la luz y ponernos la armadura de Dios para poder estar firmes contra las asechanzas del diablo (ver Efesios 6:11).

No permitas que el diablo te arrulle. Levántate, resiste con las armas que el Señor te ha dado y conquista lo que aún te queda por alcanzar. ¡Cristo viene pronto!

Señor, estoy preparado para tu venida. Mientras tanto, mantenme despierto y firme en tu Palabra.

¡Dios reina!

*Jehová reina; temblarán los pueblos. Él está sentado sobre
los querubines, se conmoverá la tierra.*
Salmo 99:1

Dios sigue teniendo el control de la historia. Todo sucede con su permiso. Él movió a Noé a construir un arca y preservar la vida de toda especie. Llamó a Abraham y a través de su descendencia bendijo a todas las familias de la tierra. Levantó a David y de su linaje vino el Mesías. Hoy, a pesar de todo lo que nos rodea, la Iglesia de Cristo sigue creciendo porque el Señor dijo que la edificaría y las puertas del Hades no iban a prevalecer contra ella.

Que Dios siga reinando nos tiene que dar paz, porque significa que nunca perdió el control y se hará lo que Él ya ha establecido.

Que Dios reina significa que hoy podemos ser testigos de sus intervenciones sobrenaturales. Vemos su poder en acción y podemos exaltarlo. Todo el poder es del Señor Todopoderoso, y la verdad solo está en Él. ¡No hay nadie que pueda igualarlo! (ver Salmo 89:8).

Que Dios reina significa que es Dueño de todo y nosotros sus herederos. ¿No es un motivo de gozo? El Señor es el que afirmó el mundo, y nadie puede cambiar su fundamento (ver Salmo 96:10). Serán los justos los que heredarán la tierra, y vivirán para siempre sobre ella.

Que Dios reina significa que nunca dejará su trono. Su reino es para siempre, de generación en generación. ¡Aleluya! (ver Salmo 146:10).

El reinado de Dios cubre todo lo que sucede en el cielo y en la tierra. Nadie, ni siquiera alguien que niega su existencia, está libre de su dominio o fuera de su autoridad.

Que Dios reina significa que tiene el control de tu vida. Lo que acontezca en tu futuro está ordenado por Él. Si el Rey se ocupa de las cosas de su universo, también se encargará de las cosas pequeñas que puedan pasarte hoy. ¡Aleluya, qué descanso!

¿Quién es el verdadero Rey de tu vida en este momento? ¿Quién guía tus decisiones y dirige tu camino? Que Dios gobierne tu voluntad, tus pensamientos, tus emociones, para que en todo manifiestes quién es el Rey de tu vida.

Mi Dios, mi Rey, tú reinas en mi vida eternamente y para siempre.

Atribuye el poder a Dios

Atribuid poder a Dios; sobre Israel es su magnificencia,
y su poder está en los cielos.
Salmo 68:34

¿A quién o a qué cosa atribuyes todo lo que está pasando alrededor de ti? Muchos dicen que todo es cuestión de suerte o producto del azar. Otros, que es cosa del destino. Algunos hablan de fuerzas invisibles. Muchos atribuyen todo a deidades representadas en una imagen o estatua. Pero hay un grupo de personas que saben que Dios es el Creador, Formador y Sustentador de la vida.

David nos exhorta a atribuirle todo el poder a Dios. Eso significa que si hemos orado para que el Señor supla una necesidad material y lo hizo a través de un ser querido, además de darle gracias a nuestro familiar, no debemos olvidarnos de atribuirle a Dios el haber tocado a otra persona para suplir esa necesidad. Si el Señor ha usado a profesionales para ayudarnos a mejorar nuestra salud, estabilizar nuestra economía, mejorar nuestra condición laboral, también debemos reconocer su intervención poderosa.

Atribuirle el poder a Dios nos hace conscientes de que Él es el único que debe recibir gloria y alabanza. A medida que crece nuestro entendimiento de esta cualidad de nuestro Padre Celestial, le adoraremos con más fervor.

También nos trae descanso al alma. Si Dios es infinitamente poderoso y está actuando a nuestro favor, entonces eso afirma nuestra confianza. Dios es siempre fiel; si proveyó ayer, hoy también lo hará.

Además nos hace vivir expectantes de lo que Dios hará hoy. Nos aseguraremos de estar atentos y no pasar por alto sus intervenciones.

Si tienes poca memoria como yo, comienza sencillamente por recordar lo que Dios hizo ayer. Detente en cada detalle. Alrededor nuestro hay innumerables señales de su maravilloso poder.

Reconoce al Señor en todos tus caminos. El gozo de saber que estás en sus manos llenará tu alma y descansarás tranquilo sabiendo que cuida de ti.

Tuyo es el poder, Señor. Los milagros y señales que suceden
son por tu intervención. ¡Nadie como tú!

Mirando hacia adelante

Por tanto, nosotros también, teniendo en derredor nuestro tan grande nube
de testigos, despojémonos de todo peso y del pecado que nos asedia,
y corramos con paciencia la carrera que tenemos por delante,
puestos los ojos en Jesús, el autor y consumador de la fe...
Hebreos 12:1-2

Las carreras se han convertido en una parte importante del mundo de los deportes. También fueron un evento popular en tiempos bíblicos. Por eso los escritores del Nuevo Testamento hablaban a menudo de la carrera suprema, la carrera de la vida.

Como cristiano has sido llamado a correr esta carrera. No se trata de quién corre más rápido o a cuántos logramos adelantar, sino de llegar a la meta. No es una carrera de 100 metros, sino una maratón. ¿Sabes por qué estás corriendo? ¿Cuál es tu motivación?

Muchas personas retroceden o abandonan la carrera espiritual por no poder responder correctamente a estas preguntas. Son aquellos que hoy corren y mañana piensan que es mejor tomarse un "tiempo sin Dios". Son seducidos por Satanás que sabe usar la filosofía que rige este sistema para hacernos retroceder. Presta atención a estas trampas:

El relativismo cultural, donde no hay verdad absoluta y cada uno sigue sus propias ideas (ver Isaías 59:15; Romanos 1:18).

La entronización del "yo". Hoy por hoy todo parece estar centrado en uno mismo. Podemos escuchar diariamente frases como: "Nadie puede enseñarme". "Sé más que tú". "Ellos están equivocados". "Tú no puedes decirme como vivir mi vida". "Es mi verdad".

La trampa de las exigencias diarias que cambian nuestras prioridades. Hoy parece que debemos trabajar más horas que hace cincuenta años atrás. Paradójicamente, estamos tan atareados que no tenemos tiempo para las cosas importantes.

Los nuevos modelos de familia. Se ha dejado de lado los parámetros de Dios para definir nuestra identidad, la definición de familia y de la vida humana.

Sí, los ataques son fuertes, pero hay un poder mayor en cada hijo de Dios. No estás corriendo sin asistencia. El Espíritu Santo habita en ti para ayudarte durante la carrera y asegurarse de que llegues a la meta.

Señor, ayúdame a no mirar atrás. Sé que el premio está adelante.

En tus manos están mis temporadas

En tu mano están mis tiempos…
Salmo 31:15

Cuando David escribió este salmo estaba pasando por tiempos de gran presión. Tenía muchos enemigos: El rey Saúl, los amonitas, los filisteos, los moabitas, ¡hasta sus propios hijos!

La palabra hebrea usada aquí para tiempo es *et* que significa años, hora, mediodía, mientras o tarde, pero también significa época, estación, temporada. La palabra se puede referir a una duración de tiempo de prosperidad o de angustia (ver Salmo 9:9).

David dijo que todos los tiempos están en manos de Dios, ya sean de paz y abundancia, o de presiones e inestabilidad. ¡Qué declaración! David sabía que siempre el Señor estaba en control de su vida en cualquier temporada.

Podemos pasar tiempos difíciles y la Palabra de Dios nos enseña a poner todo en las manos del Señor. Él es el único que sabe bien por lo que estamos atravesando, pero también nos mostrará la salida. Mientras tanto, recordemos que Dios todo lo permite con propósito.

Las temporadas de escasez nos hacen buscar al Señor. Esos tiempos son los propicios para ver sus milagros. Pero también habrá temporadas de abundancia y debemos saber administrar correctamente, ser generosos y ayudar a los necesitados.

El apóstol Pablo nos enseña con su vida que debemos estar preparados para todo tiempo. Él decía que estaba enseñado para vivir humildemente o tener abundancia, para estar saciado o tener hambre, para tener abundancia o padecer necesidad, porque todo lo podía en Cristo (ver Filipenses 4:12-13). ¡El Señor era quien lo sostenía en todas sus temporadas!

¿Cómo definirías tu temporada actual? ¿Estás seguro que has puesto este tiempo en las manos del Señor? Aférrate a la realidad de que tú y las temporadas cambiarán, pero Dios siempre será el mismo. Eso significa que no te fallará. El Señor jamás se olvidará de ti, está a tu lado siempre. ¡Grande es su fidelidad!

Señor, en tus manos están mis temporadas.
Confío en ti y en los recursos que tienes para mí en este tiempo.

La alabanza de los íntegros

Alegraos, oh justos, en Jehová; en los íntegros es hermosa la alabanza.
Salmo 33:1

Este es un salmo para los que han sido justificados por Dios a través de la obra de Jesucristo. Dicho en otras palabras, la única alabanza que es realmente hermosa para el Señor es la que eleva una persona íntegra.

La palabra hebrea para íntegro es *yashar*, cuya raíz primaria significa andar derecho o estar parejo. Pero también significa enderezar, ajustar, conducir, tomar el camino derecho, conducirse rectamente. El íntegro es el que sigue el camino recto marcado por Dios en su Palabra.

Una persona íntegra no se toma recreos en el camino de la rectitud ni flexibiliza la Palabra de Dios para justificar el pecado. Se mantiene firme en sus convicciones espirituales.

Una persona íntegra no busca obtener beneficios de maneras que Dios no aprueba. Si Él dijo que aborrece las pesas y medidas falsas, nuestras cuentas deben ser siempre claras.

Una persona íntegra está comprometida con la santidad y su andar diario lo evidencia.

Un íntegro no ha tomado el camino del Señor solo "para ver qué pasa, si funciona", sino que permanece fiel y comprometido con la verdad a pesar de los desafíos.

Una persona íntegra, aunque no es perfecta ni lo será en esta vida, se ha comprometido con Dios y consigo mismo para crecer de manera continua en madurez y obediencia al Señor (ver Salmo 101:2-7). Por favor, lee el pasaje bíblico anterior y pon atención a las palabras "vil, vulgar, deshonesto, calumnia, perversidad, mal, orgullo, engañador, mentiroso". Una persona íntegra ha dejado afuera de su vida todos estos pecados.

Dios conoce nuestras luchas para resistir la tentación y elegir hacer lo recto, por eso envió al Espíritu Santo, para que nos ayude a vivir con integridad. No se trata de esforzarnos más, sino de someternos cada día a su dirección.

Permite que el Señor siga perfeccionándote y tu alabanza suba a su presencia como una ofrenda agradable.

Señor, que mi integridad esté de acuerdo con tus estándares
y pueda reflejarte a ti en mis acciones y palabras.

Paz y amor

Paz sea a los hermanos, y amor con fe, de Dios Padre y del Señor Jesucristo.
Efesios 6:23

Todo el mundo desea paz y amor. En la década de los '60, la frase "paz y amor" (*"peace and love"*) se viralizó a través de la forma de vivir y expresarse de los hippies. El clamor estaba basado en finalizar las guerras para dar lugar a la paz y el amor entre los humanos. Las décadas siguieron pasando, las guerras continuaron y el deseo del ser humano sigue siendo el mismo.

La Palabra de Dios nos dice que quienes hayan recibido a Cristo como Salvador y Señor de sus vidas (ver Juan 1:12) son verdaderos hijos de Dios; ellos reciben del Padre Celestial todo lo que necesitan, incluyendo la paz (ver Romanos 5:1) y el amor (ver 1 Juan 3:1).

La paz que viene de Jesús supera las expectativas del hombre. El pedido de paz global se refiere principalmente a la ausencia de guerra, pero el Señor nos ofrece un tipo de paz superior (ver Juan 14:27). A tal punto es mayor esta paz que nuestra razón no encuentra bases lógicas para entenderla (ver Filipenses 4:7).

¡Y qué tremendo es experimentar el amor de Cristo! Cuando nada ni nadie podía librarnos del pecado, el Señor apareció en nuestra vida y nos trajo salvación completa. Nadie nos ama como Él, nadie nos valora como Él, nadie es capaz de seguir a nuestro lado a pesar de nuestras debilidades. Su amor hacia nosotros es tan inmenso que no se puede medir. Y presta atención, no solo la paz de Jesús sobrepasa nuestro entendimiento, ¡también su amor! (ver Efesios 3:19). ¡Aleluya! ¡No trates de entender el amor de Dios, solo acéptalo y disfrútalo!

Sin embargo, muchas veces no sentimos la paz y el amor que Dios nos promete, quizás sea porque buscamos "el amor y la paz de Dios" en vez de buscar "al Dios de la paz y el amor". Nuestra prioridad siempre debe ser buscar al Señor y no solo sus beneficios. Cuando lo que anhelamos es a Dios mismo, nos da todo lo que necesitamos porque el *Dios de paz y de amor* (ver 2 Corintios 13:11) estará con nosotros.

Señor, tú eres el Dios de la paz y el amor. Cuando eres mi prioridad, llenas mi alma con tu paz y amor perfectos.

¿Quieres ser sano?

*Cuando Jesús lo vio acostado, y supo que llevaba ya
mucho tiempo así, le dijo: ¿Quieres ser sano?*
Juan 5:6

Parece increíble que el Señor Jesús le hiciera esta pregunta a un enfermo. Se supone que todos los enfermos quieren ser sanados. Pero te asombrarían las respuestas que muchos pueden dar.

Este hombre hacía 38 años que estaba enfermo. Más bien estaba acostumbrado a estar enfermo. Residía en el estanque de Betesda porque según este pasaje, un ángel descendía de tanto en tanto, revolvía el agua y el primero que entraba al agua se sanaba. Durante casi cuatro décadas lo había intentado, pero siempre había alguien que llegaba primero.

Como escuché alguna vez: "Este hombre estaba estancado en el estanque". No podía considerar otra forma de ser sano. La cultura del lugar aceptaba como único medio providencial de Dios para sanar meterse en el estanque.

Muchas veces nosotros nos encontramos en la misma posición que este enfermo. No podemos ver lo que Dios realmente quiere hacer porque estamos enfocados en lo que la gente dice que Él puede o no puede hacer.

Cuando el enfermo escuchó las palabras de Jesús creyó, se levantó ¡y anduvo! Tomó su camilla y se fue a su casa sin importarle que eso quebrantaba el día de reposo. Ahora obedecía las directivas del Maestro, así que los religiosos tendrían que arreglar esto con Jesús.

El único que puede cambiar nuestra visión espiritual es Cristo. Él es el Camino, no es meramente una alternativa más. Es la Puerta de entrada a una vida abundante, no solo la salida a un problema. Jesús es la Vida. Cuando realmente nos encontramos con Él todo nuestro ser cambia.

Pero para que esto sea posible, hay una pregunta que debemos responderle: "¿Quieres…? ¿Realmente lo quieres…?" Esto significará dejar la comodidad, a lo que nos hemos acostumbrado, atrevernos a correr riesgos y estar dispuestos a rendir nuestra vida entera a Cristo. Si puedes responder afirmativamente, ¡entonces prepárate para que Dios te sorprenda!

---

*Señor, quiero más de ti, lléname de tu Espíritu.
Completa la obra que comenzaste en mí.*

¿Cómo atraviesas los tiempos de tribulación?

Porque esta leve tribulación momentánea produce en nosotros
un cada vez más excelente y eterno peso de gloria.
2 Corintios 4:17

Tribulación significa "presión de todo tipo". Y vaya si el apóstol Pablo sabía de qué se trataba esta palabra.

Hay varios pasajes bíblicos que describen muchas de las tantas tribulaciones que atravesó. Cinco veces recibió treinta y nueve azotes; tres veces fue azotado con varas; una vez apedreado; tres veces padeció naufragios; una noche y un día estuvo como náufrago en alta mar; en peligros de ríos, de ladrones, de los religiosos, de los gentiles, en la ciudad, en el desierto, en el mar, entre falsos hermanos; en trabajo y fatiga, en desvelos, en hambre y sed, en ayunos, en frío y en desnudez (ver 2 Corintios 11:24-27). Wow… Creo que ninguno de nosotros ha pasado por lo que este hombre de Dios pasó.

Sin embargo, el apóstol tenía una visión muy especial de los problemas. Para él, todo lo que le acontecía era una (presta atención por favor) "leve tribulación momentánea". ¿Leve? ¿En serio? Bueno, si hay cosas más intensas, mejor no enterarnos… Esta palabra en griego es *elafros* y significa de peso ligero o fácil de llevar, la misma que usa Jesús para definir las cargas que ponemos en Él (ver Mateo 11:30). Pablo las definía como "leves" porque, además de habérselas entregado al Señor, siempre tenía puesta su mirada en el galardón, en la meta (ver Filipenses 3:13-14). Cuando extendemos nuestra visión hacia la eternidad, entonces nuestros problemas tienen otra dimensión.

Además, para Pablo esa tribulación también era "momentánea". Si parafraseamos sus palabras estaría diciendo: "¡Esto también pasará!" Su fe estaba puesta en el Dios Todopoderoso en quien creía y para quien vivía. Él estaba seguro de que el Señor siempre llegaría a ayudarlo.

¿Estás pasando por una situación de presión? ¿Cómo defines tu tribulación? ¿Crees que el Señor te mostrará la salida? Como hijos de Dios estamos siendo transformados y esto incluye que algunas veces el Alfarero tenga que presionar un poco más fuerte de lo que nos gustaría, pero un día terminará su obra y gozaremos de los resultados por la eternidad.

Señor, confío en ti en medio de esta leve tribulación momentánea por la que estoy pasando. Sé que sigues a mi lado obrando tu perfecta voluntad.

Dios nos hizo competentes

No que seamos competentes por nosotros mismos para pensar algo como de nosotros mismos, sino que nuestra competencia proviene de Dios, el cual asimismo nos hizo ministros competentes de un nuevo pacto, no de la letra, sino del espíritu; porque la letra mata, mas el espíritu vivifica.
2 Corintios 3:5-6

La vida nos presenta diariamente diferentes desafíos que nos llevan a preguntarnos: "¿Podré o no podré?" Frente a las tentaciones nos preguntamos si podremos vencerlas. Si pasamos por enfermedades y dolencias, si podremos sobrellevarlas. Si enfrentamos problemas financieros, si podremos llegar a fin de mes. Si Dios nos ha hablado de corregir a nuestros hijos, si tendremos el valor de hacerlo... Muchas veces no estamos seguros si por nosotros mismos podremos lograr estas cosas.

La palabra griega para competencia es *hicanotes*, que significa ser suficiente, apto o estar capacitado. Es Dios mismo quien nos ha hecho competentes para vivir una vida cristiana plena por medio de su poder y hacer frente a los desafíos diarios.

El énfasis del apóstol Pablo es que nuestra competencia no viene de la "letra", el viejo régimen de la Ley. ¡Por supuesto que no! Somos competentes por un nuevo pacto. ¡Es Cristo quien nos capacita por su gracia! Si creemos que podemos avanzar cumpliendo una lista de cosas o evitando ciertas acciones, terminaremos en el "régimen de la letra" y ¡eso nos mata! La única manera de vivir libres es permitiendo que el Espíritu Santo nos guíe. Cuando nos libramos de la carga de confiar en nuestras propias fuerzas, entonces nos sentimos motivados a actuar mediante el poder del Espíritu Santo.

Si Cristo es tu Señor, entonces tienes que saber que Él ya te ha hecho competente. No le creas a las mentiras de Satanás ni permitas que te agobie con temores e inseguridades. El diablo es especialista en tratar de desanimarnos en el medio del camino.

Cuando nuestras debilidades nos conducen a Dios, entonces podemos estar seguros de que Él nos dará lo que nos esté faltando, y nuestra fe se fortalecerá a medida que experimentamos su poder maravilloso en nuestra vida.

Gracias Señor por la capacitación de tu Espíritu.
Ayúdame a depender de ti siempre.

El respaldo de Dios

Y sucedió que al día siguiente, cuando Moisés volvió al tabernáculo del
testimonio, la vara de Aarón, de la familia de Leví, había retoñado
y florecido, y tenía renuevos y había producido almendras.
Números 17:8

La posición de Aarón como sacerdote había sido puesta en tela de juicio por un grupo rebelde del pueblo. Coré y su séquito habían sublevado a Israel diciendo que Dios no hablaba solo por Moisés y Aarón. Entonces el Señor intervino directamente, abrió la tierra y se tragó al grupo sedicioso. Aun así, el pueblo siguió murmurando contra sus líderes.

Para resolver esta situación, el Señor le dijo a Moisés: "Dile a los jefes de cada tribu que traigan una vara de almendro con su nombre escrito en ella". De esa manera cada uno sabría cuál era la suya. Para la tribu de Leví estaba la vara de Aarón. Las varas debían permanecer toda la noche en el Tabernáculo y nadie podía entrar.

En menos de veinticuatro horas sucedió algo extraordinario. ¡La vara de Aarón no solo reverdeció, sino que tenía flores, nuevas ramas e incluso almendras! Todo el pueblo quedó atónito ante la intervención de Dios. Ahora estaba claro que Él había elegido a Aarón como sacerdote, y junto con Moisés eran las personas que guiarían a Israel hasta la tierra prometida. Fin de la discusión.

Aarón falló varias veces porque era tan humano como nosotros. Sin embargo, pudo aprender muchas lecciones espirituales, entre ellas obedecer a Dios inmediatamente. Por eso el Señor respaldó de manera poderosa su ministerio a pesar de sus errores pasados.

Hay veces que solo una intervención sobrenatural puede llamar la atención de las personas que están ciegas a la obra de Dios. Puede ser que hayamos obedecido al Señor, pero lo único que recibimos son burlas y rechazo. Tal vez sea el momento de que el Señor actúe de manera sobrenatural. Los milagros, señales y maravillas registradas en la Biblia nos muestran que muchos corazones duros se humillaron y recibieron el mensaje después de una poderosa intervención divina.

Nosotros no podemos cambiar a nadie, pero podemos pedirle al Señor que nos respalde mientras hacemos su voluntad.

Señor, tú eres el que me sostienes y levantas mi cabeza. Interviene con tu poder.

¡Soy perdonado!

Por lo cual te digo que sus muchos pecados le son perdonados, porque amó mucho; mas aquel a quien se le perdona poco, poco ama.

Lucas 7:47

¿Irías a comer a la casa de alguien que es parte de un grupo religioso que busca algún motivo para matarte? Hum... lo pensaríamos más de una vez. Lo cierto es que Jesús fue, compartió tiempo con ellos e incluso participó de una buena comida. En medio de la charla, una mujer pecadora entró a la casa, abrió un frasco de perfume carísimo, lo derramó en los pies de Jesús y los secó con sus cabellos. Los prejuiciosos no tardaron en pensar toda clase de cosas. ¿Cómo Jesús permite que una mujer con ese estilo de vida se acerque a Él y le toque?

Para los religiosos, la pecadora estaba contaminando a Jesús; pero para Él era tiempo de salvación. Mientras los fariseos todavía estaban discutiendo si Jesús era realmente el Mesías Salvador, esa mujer recibió el perdón de todos sus pecados y fue justificada en ese mismo momento.

¡Qué bueno que Jesús no se intimidó, no se avergonzó, ni actuó condicionado por el "qué dirán"! La verdad es que Jesús no contabiliza o clasifica nuestros pecados. Si nos arrepentimos de todo corazón, Él nos perdona. ¡Dice la Biblia que los arroja al fondo del mar y no se acuerda más de ellos! (ver Miqueas 7:19).

Ahora, ¿qué espera Jesús que hagamos una vez que hemos sido perdonados? ¿Estará feliz si seguimos pidiendo perdón por aquello que ya limpió en nuestras vidas? ¿Nos sentiremos menos culpables si seguimos insistiendo en la necesidad de perdón? La verdad es que no. Lo que Jesús quiere es que aceptemos y creamos en su perdón, dejemos el pasado atrás y caminemos de su mano.

Los que realmente saben el valor que tiene el perdón de Jesús no quieren volver a pecar, ni siquiera lo piensan, jamás retrocederían. Ellos son los que "aman más" porque reconocen de donde los sacó el Señor. Los fariseos que se autoproclamaban justos seguían cargando con el peso de la culpa y buscaban en las obras la forma de aliviar sus conciencias.

"No hay ni un solo justo" que lo sea por sus propios méritos. Todo es obra exclusiva de nuestro amoroso Dios. Cuando recibimos a Cristo, Él nos ve cubiertos por su justicia perfecta.

¡Soy perdonado! Gracias Señor por rescatarme y darme vida eterna.

¡Manos a la obra!

Levántate, porque esta es tu obligación, y nosotros estaremos contigo;
esfuérzate, y pon mano a la obra.
Esdras 10:4

Esdras tenía por delante un desafío enorme, debía reedificar la vida espiritual de la nación de Israel. Los que habían sido deportados a Babilonia estaban volviendo después de muchos años fuera de su patria. Al regresar a su tierra, todo lo que vieron fue destrucción y ruinas. No era un panorama alentador. Ni siquiera podían empezar de cero, porque debían remover primero los escombros para después comenzar a reconstruir. Había mucho trabajo y pocas manos para hacer la obra.

Esdras era sacerdote, escriba y gran líder dotado por Dios con muchas capacidades para llevar adelante la reconstrucción espiritual. Su nombre en hebreo significa "Dios es ayuda". Cada día de su vida, su identidad estaba ligada a lo que el Todopoderoso podía hacer a su favor.

Muchas veces se sintió intimidado, pero no se quedó paralizado; avanzó confiando en la protección de Dios. Cuando tomó el camino para regresar a Jerusalén, sabía que había muchos maleantes y ladrones por esas tierras, pero le dio vergüenza pedirle al rey persa soldados para que los protegieran de los enemigos durante el viaje (ver Esdras 8:22-23). Entonces ayunó, oró a Dios y Él los cuidó.

Esdras no era un teórico de la Biblia; él amaba la Palabra de Dios y la ponía en práctica. Cuando llegó a Jerusalén, pudo ver más que una pila de escombros; vio el problema espiritual del pueblo. Entonces oró y clamó por su nación. Cuando le comunicó a su gente lo que decía la Palabra que debían hacer, ellos le respondieron: "Levántate... nosotros te apoyaremos. Anímate, y manos a la obra" (ver Esdras 10:4). Esa era la actitud que Esdras esperaba del pueblo, y es la misma actitud que el Señor espera de nosotros.

¿Cuál de todas tus responsabilidades haz puesto a un lado? ¿Te cuesta auto disciplinarte para tener tu tiempo a solas con el Señor? ¿Has abandonado el hábito de la lectura bíblica? ¿Todavía no le has hablado de Cristo a esa persona que tienes en tu corazón? "¡Levántate, porque esto es algo que te toca hacer a ti... esfuérzate, y pon manos a la obra"!

Sí Señor, me levanto con tu poder para cumplir con mis responsabilidades.

Hay un porvenir

...Antes persevera en el temor de Jehová todo el tiempo; porque
ciertamente hay fin, y tu esperanza no será cortada.
Proverbios 23:17-18

Cuando pasamos por crisis severas muchos temores pueden tomar control de nuestros pensamientos y sentimientos, llevándonos a perder la esperanza de que algo pueda cambiar. Es en este punto donde necesitamos levantar nuestra mirada al cielo y dejar que el Señor renueve nuestra esperanza.

La palabra esperanza en hebreo es *tikvah* y significa aguardar con expectativa, confiar, esperar un resultado. Cuando nuestra atención deja de estar en las circunstancias y la ponemos en el Señor, podemos recordar que nuestras vidas están en las manos de Omnipotente Dios, quien sabe crear una salida donde no la hay.

El pasaje de Proverbios nos exhorta a permanecer en el temor de Dios todo el tiempo. Ahí está la clave. Esta palabra no tiene la connotación de miedo o espanto, sino de un respeto reverente profundo que nos lleva a la obediencia. Al perseverar amando y obedeciendo a Dios, tenemos paz y seguridad en el corazón. Es la manera de permanecer tranquilos en medio de un mundo descontrolado.

Proverbios nos anima a que recordemos que "hay un fin". La palabra hebrea para fin es *ajarit*, que significa futuro, posteridad, final, porvenir, recompensa. Los hijos de Dios que saben esperar en Él, tienen un porvenir asegurado. Hay recompensas terrenales y eternas para los que ponen su confianza en el Señor.

La palabra "fin" también se usa en Jeremías 29:11 cuando Dios le dijo a su pueblo que Él tenía solo buenos planes para ellos; unos planes que eran de bienestar y no de calamidad, que les iba a dar un futuro y una esperanza. Dios sabía cómo los estaba dirigiendo.

Creo que hoy el Señor te está hablando a ti directamente. Sí, a ti. Quiere que confíes en sus planes, porque está a cargo de tu futuro. Sus promesas las cumplirá al pie de la letra.

Confía en el Señor, sigue reverenciando su nombre y verás cumplida esta palabra. ¡Tenemos un porvenir asegurado por Dios!

Señor, sé que me estás hablando. Creo en tu palabra
y me dispongo a hacer tu voluntad guiado por ti.

¿Avisado o simple?

El avisado ve el mal y se esconde; mas los simples pasan y llevan el daño.
Proverbios 27:12

Este versículo nos recuerda claramente que según el tipo de decisiones que tomemos serán las consecuencias. Parece obvio, pero diariamente podemos olvidarnos de este principio.

La palabra hebrea para "avisado" es *arum* y significa ser prudente, cuerdo, sensible. La palabra para simple es *peti* que significa fácil de seducir o de engañar. Lo cierto es que podemos ser prudentes para muchas cosas, y ser ignorantes o simples para otras.

A veces nos gana la autosuficiencia. Creemos que tenemos todo bajo control. Vemos el peligro y queremos enfrentarlo para probarle a todos que a nosotros no nos pasará nada. Para los que se creen sabios en su propia opinión y se consideran muy inteligentes les tocará aprender dándose contra alguna pared (ver Isaías 5:21). Cuidado, puede ser que alguna vez nos libremos del mal, pero lo más probable es que la mayoría de las veces recibamos el daño por haber actuado con simpleza.

Otras veces actuamos apoyados en una falsa fe, porque no basamos nuestras acciones en lo que Dios dice sino en lo que nosotros queremos que diga. Cuántas veces habré escuchado la frase: "Soy un hijo de Dios y no me pasará nada" y después de esto vinieron las consecuencias de semejante negligencia. Actuar de ese modo es pecado. Es tentar a Dios exponiéndonos al peligro cuando nos dice que lo evitemos. La Palabra también dice que no podemos poner a prueba al Señor (ver Mateo 4:7).

Cuando vas conduciendo y ves señales de peligro, ¿aceleras o disminuyes la velocidad? Si el GPS te dice que la calle se termina, ¿sigues hacia adelante? Si el Espíritu Santo te inquieta acerca de una decisión que estás por tomar, ¿te detienes o avanzas de todas formas?

La Palabra de Dios nos exhorta a ser prudentes. El principio de la prudencia es la sabiduría que nace del temor a Dios. La persona que tiene esta virtud va a proceder con sabiduría, pero el que confía solo en sí mismo dice la Biblia que es un necio (ver Proverbios 13:16). Seamos como el hombre prudente que edificó su casa sobre la roca (Cristo). Para el que no lo hace, su ruina será grande.

Espíritu Santo, gracias por mostrarme los peligros en mi caminar diario.
Quiero ser sensible y obediente cuando te escuche.

Portadores de un mensaje que salva vidas

Y al ver las multitudes, tuvo compasión de ellas; porque estaban desamparadas y dispersas como ovejas que no tienen pastor. Entonces dijo a sus discípulos: A la verdad la mies es mucha, mas los obreros pocos. Rogad, pues, al Señor de la mies, que envíe obreros a su mies.
Mateo 9:36-38

Si el Señor Jesús caminara hoy entre nosotros, ¿vería una situación diferente a la que se describe en este pasaje bíblico? ¡No! La gente sigue confundida, desamparada, sufriendo y sin rumbo. La desesperanza se apodera día a día de más personas, mientras tanto, tú y yo sabemos que somos portadores del mensaje que puede salvar sus vidas.

Tu testimonio es la mejor herramienta para decirles a otros lo que Dios puede hacer. Estoy seguro que tienes mucho que contar. Aunque quizás estés pasando por pruebas en este momento, recuerda lo que Dios ha hecho en el pasado, sus intervenciones divinas. Si esto fortalece tu fe, también ayudará a los necesitados.

Hay personas que se encuentran solas, sin nadie que les escuche. Dedicar un poco de tu tiempo para acompañar y escuchar al que necesita hablar de su situación, puede ser la forma en la que Dios te use para decirle a esas personas que hay Alguien que promete estar con ellas siempre y ayudarlas a atravesar sus momentos difíciles.

Tal vez tus vecinos necesiten ayuda. Un pequeño servicio puede abrir un corazón cerrado y comenzar a ver a Jesús a través de tus acciones. En algún momento te preguntarán por tu paz, tu esperanza, tu fe, y podrás decirles Quién hizo la obra en tu corazón. Y de lo que tienes que decir, no te preocupes de antemano, el Espíritu Santo va a poner las palabras justas y adecuadas en tu boca (ver Marcos 13:11).

Estamos rodeados de personas hambrientas y no saben de qué. Cuántas personas buscan satisfacer su vacío interior en religiones falsas, en el placer, en adicciones, incluso en el ocultismo. Pero nosotros tenemos la respuesta a su necesidad y la responsabilidad de darla.

Nunca te avergüences de dar la mejor noticia que se haya ofrecido a la humanidad. Ella tiene el poder de cambiar el destino de una persona.

Dame tu corazón compasivo Señor, para que con tu amor pueda llegar al necesitado. Que pueda ser un canal de bendición a otros.

Satisfacción para el alma cansada y entristecida

Porque satisfaré al alma cansada, y saciaré a toda alma entristecida.
Jeremías 31:25

Hay tiempos en que experimentamos un cansancio agotador, y no es solo físico. Hablamos del cansancio del alma, allí donde residen nuestro intelecto, emociones y voluntad. Cuando pasamos por una prueba tras otra y sentimos que somos los únicos que "tiramos del carro" para avanzar, que aun haciendo nuestro mejor esfuerzo la situación no cambia, nuestra alma se cansa al punto de sentir que ya no podemos seguir adelante.

Otras veces nuestra alma sufre tristeza. Hay momentos en que no podemos comprender por qué ciertas personas actúan de una determinada manera; por qué nos abandonan justo en medio del tiempo más difícil de nuestra vida, incluso nuestros seres queridos; la decepción de las promesas humanas incumplidas; las pérdidas…

La palabra hebrea para satisfacer es *ravah*, que significa saciar la sed, regar y empapar. Recibir esta promesa fue sin duda una fuente de ánimo para Jeremías, para el pueblo de Israel y puede serlo también para nosotros.

Cuando nuestra alma tenga sed, recordemos que solo en Dios está la satisfacción espiritual. Jesús dijo que si alguno tuviese sed, que venga a Él y beba creyendo que de su interior correrían ríos de agua viva (ver Juan 7:37-38). El Espíritu Santo te llenará de gozo, paz, fe, consolación, y tu alma será plenamente saciada.

Sin importar las dificultades que enfrentemos, podemos confiar en Dios. Él cuida con ternura a sus hijos y ha prometido que nunca nos dejará ni abandonará. Incluso cuando sentimos que estamos solos en nuestras luchas, Dios está allí, llevándonos hacia adelante cuando ya no tenemos más fuerzas para continuar.

¿Y tú, cómo comenzaste este día? ¿Tienes tu alma entristecida por una situación que no imaginabas? ¿Estás todavía sorprendido por lo que te han hecho? ¿O cansado de luchar con la misma situación? Puede ser que no tengas todas las respuestas, pero lo que necesitas es una paz que te desborde. Ven al Señor y deja que obre en tu alma (Jeremías 31:13). Él cambiará el cansancio en reposo y la tristeza en gozo.

Vengo a ti, Señor, para darte mis cargas y tristezas. Cámbialas en gozo y seguridad de que todo sigue bajo tu control. Renueva mi alma con tu Espíritu.

El diablo huirá

Someteos, pues, a Dios; resistid al diablo, y huirá de vosotros.
Santiago 4:7

Hay días en que todo parece ir mal. Las comunicaciones se distorsionan, hay gente que se levanta haciendo acusaciones falsas, somos el tema central de algún chisme, incluso comenzamos a sentir que Dios ya no nos ama como antes, que se ha olvidado de nosotros, que no escucha nuestras oraciones. Quiero decirte que el diablo está detrás de todo esto, haciendo su trabajo sucio para robarnos la fe y la paz.

Si creemos que solo debemos esperar a que el diablo se aburra para que deje de molestarnos, nos equivocamos. El enemigo de Dios y su pueblo no descansa. Anda como león rugiente.

Santiago nos exhorta a "resistir" al diablo, literalmente significa ponernos en contra, desafiarlo de pie, enfrentarlo. Un hijo de Dios nunca debe tenerle miedo al diablo, por el contrario, cuando se manifiestan sus ataques, debemos mantenernos firmes y recordar que el Señor nos ha dejado armas espirituales para que podamos enfrentarlo en el día malo (ver Efesios 6:13).

Pero para poder resistir al diablo, en primer lugar debemos "someternos" a Dios. Esta palabra significa ordenarnos debajo de Él, sujetarnos para obedecer. El que se somete a Dios y vive en obediencia puede resistir al enemigo. Pero creer que podemos tener todo bajo control viviendo una vida cristiana a medias es un error y eso es exactamente lo que el enemigo quiere que creamos.

En el versículo anterior, Santiago nos dice cómo comenzar a someternos a Dios: Dejar de lado la soberbia, el orgullo, la autosuficiencia, la egolatría; y por el contrario, debemos revestirnos de humildad (ver Santiago 4:6). No creamos que podemos vencer al diablo con frases estereotipadas o repitiendo lo que dijo algún predicador. Nada de eso intimida al enemigo. Pero lo que es verdad es que no puede resistir a quien está sometido por completo a Dios.

¿Has leído alguna vez 1 Juan 5:18? ¡Dice que el maligno no nos toca! Él nos dio autoridad para desbaratar todo ataque del enemigo.

Señor, me someto totalmente a ti. Tomo por fe tu autoridad delegada,
creo que me proteges y que en ti tengo la victoria asegurada.

Sin temor a las malas noticias

No tendrá temor de malas noticias; su corazón está firme, confiado en Jehová.
Asegurado está su corazón; no temerá...
Salmo 112:7-8

El mundo está cambiando. Escuchamos casi diariamente sobre tornados, huracanes, incendios forestales, inundaciones, crisis política, guerras... Las noticias que nos llegan no son muy alentadoras.

Sin embargo, paradójicamente, hay una buena noticia. Los justos no temerán a las malas noticias porque tienen su confianza puesta en Dios, el Padre Protector de sus hijos. Seguiremos escuchando malas noticias, pero no tendremos temor de ellas. La palabra temor en el original hace referencia a asustarse, amedrentarse, atemorizarse o espantarse. Podemos decir que este es el estado en que vive aquel que no cuenta con ayuda divina.

Dios ha prometido dar seguridad y paz a todos los que han sido justificados por medio de la obra de Cristo en la cruz. Observa las características del corazón del justo que menciona este pasaje:

Está confiado. En hebreo es la palabra *batah*, que tiene el significado de apresurarse a refugiarse; expresar seguridad y protección. Cuando un hijo de Dios recibe malas noticias lo primero que hace es refugiarse en el Señor.

Está firme. Esta palabra en hebreo es *kun*, que significa mantenerse erguido, establecido, bien robusto. Esto es el resultado de una relación constante y profunda con Dios. Quien le conoce, sabe que cumplirá sus promesas.

Está asegurado. Esta palabra, en hebreo *samak*, significa apuntalado, sostenido, agarrado de algo firme. ¡Aquí está el secreto! Los hijos de Dios están firmes y confiados porque están "agarrados" de Él.

En lugares donde hay mucho viento, cuando los árboles son pequeños, los atan a estacas robustas y firmes que los ayudan a permanecer derechos mientras echan raíces profundas. Con el tiempo crecen vigorosos y los vientos fuertes los pueden mover de un lado a otro, pero no los pueden derribar.

Afirma cada día tu confianza en el Señor. La tormenta pasará y tú estarás más fuerte, con raíces más profundas y permanecerás firme.

Señor, me agarro fuerte de ti, porque así permaneceré firme en las pruebas.

Bendeciré en todo tiempo

Bendeciré a Jehová en todo tiempo; su alabanza estará de continuo en mi boca.
Salmo 34:1

No todos los tiempos parecen ser propicios para bendecir. A veces pasamos por situaciones que nos cansan, nos desgastan, nos alteran, nos hacen levantar la voz más allá de nuestro tono normal expresando quejas, lamentos y críticas.

La palabra bendecir, en hebreo *barak*, significa arrodillarse en actitud de adoración y agradecimiento, pero también se refería a saludar o dar la bienvenida. Entonces, cuando bendecimos a Dios al levantarnos, estamos dándole la bienvenida, pero sobre todo le estamos damos el control de nuestra vida.

Todos estamos de acuerdo en que es fácil bendecir a Dios cuando las cosas van bien, pero nos cuesta mucho durante los tiempos difíciles. Por eso David dijo "bendeciré en todo tiempo". El salmista estaba haciendo un compromiso. En temporadas de crisis o prosperidad, en alegría o tristeza, en salud o enfermedad, con trabajo o desocupado, en todo tiempo decidimos bendecir a Dios.

¿Recuerdas la historia de Job? Atravesando la prueba más dura que alguien podría pasar, decidió bendecir a Dios diciendo que Él le había dado todo y si ahora se lo quitaba, igualmente su nombre sería bendito (ver Job 1:21b). Job dejó claro que Dios seguía teniendo el control de su vida.

Cuando bendecimos a Dios en nuestras necesidades materiales manifestamos nuestra fe en el Proveedor.

Cuando bendecimos a Dios en las situaciones difíciles expresamos fe sabiendo que Él todo lo puede transformar.

Cuando bendecimos a Dios en medio del dolor y el sufrimiento, evidenciamos una dependencia total del Señor y la seguridad de que tiene todo el control de nuestra vida.

La alabanza nos hace más conscientes de que Dios está con nosotros y eso trae paz a nuestra vida.

La próxima vez que enfrentes una situación difícil, decide bendecir a Dios en vez de preocuparte y tendrás descanso.

¡Bendice alma mía al Señor bajo cualquier circunstancia!

El Dios que cambia historias

Los patriarcas, movidos por envidia, vendieron a José para Egipto; pero Dios
estaba con él, y le libró de todas sus tribulaciones, y le dio gracia
y sabiduría delante de Faraón rey de Egipto, el cual lo puso
por gobernador sobre Egipto y sobre toda su casa.
Hechos 7:9-10

Estos versículos son un extracto de la defensa de Esteban, un mensaje extraordinario que no tuvo cabida en los corazones endurecidos de los religiosos judíos. Durante su presentación expone un grave error cometido por los hijos de Jacob. Tal vez en los libros de historia actuales hubieran decidido no mencionar esta parte… Sin embargo, la Biblia siempre nos dice toda la verdad.

Los hermanos de José no podían soportar que él fuera el hijo favorito de su padre. Además, José les contaba los sueños que tenía en donde recibía gloria y reverencia de todos ellos. Llegó un momento en que no lo soportaron más. Cuando estuvieron lejos de Jacob, lo vendieron a unos mercaderes que iban para Egipto. ¡Qué hermanitos!

"Pero Dios estaba con José". Eso hizo la diferencia. Seguro que conoces su historia. ¡José terminó siendo el gobernador de Egipto!

Después de trece años, José se encontró con sus hermanos y se cumplió lo que Dios le había hablado a través de sus sueños. Cada vez que pienso en ese encuentro me pongo en el lugar de José y de los hermanos. ¿De parte de quién estarías? La respuesta correcta la tiene José. Él dijo que ellos habían pensado en hacerle mal, pero Dios encaminó todo para bien, y además, ¡él iba a sustentarlos a ellos y a todas sus familias! ¡Qué corazón!

Hubo un reencuentro familiar, un tiempo de restauración y un plan divino para preservarlos por más de cuatrocientos años.

¿Te has sentido como los hermanos de José en algún momento, pensando en el error que cometiste que te llevó a alejarte de tu familia? O tal vez estés en la posición de José, pensando en lo que harías si alguna vez te vuelves a encontrar con ellos.

Dios puede restaurar relaciones rotas si existe arrepentimiento verdadero y perdón de ambas partes. El Señor es experto en transformar historias dolorosas y darles un final glorioso.

Señor, ayúdame a tener siempre un corazón perdonador y
ser de bendición a las personas que pongas en mi camino.

Caminos más altos

Apacentando Moisés las ovejas de Jetro su suegro… se le apareció el Ángel de Jehová en una zarza… Dijo luego Jehová: He visto la aflicción de mi pueblo… Ve, por tanto, ahora, y te enviaré a Faraón para que saques de Egipto a mi pueblo, los hijos de Israel.
Éxodo 3:1-2, 7, 10

Moisés había sido enseñado en las mejores escuelas de Egipto. Fue llamado hijo de la hija de faraón, posiblemente un aspirante al trono. Sin embargo, un día supo que los esclavos eran su verdadero pueblo y todo cambió para siempre.

Éxodo 2:11-15 nos relata la historia de Moisés saliendo a ver a sus hermanos, y los halló en sus duras tareas. En cierta ocasión vio a un egipcio que golpeaba a uno de los hebreos, y como no vio a nadie cerca, mató al egipcio y lo escondió en la arena. Al día siguiente todos sabían lo que había pasado. Entonces Moisés tuvo miedo porque había sido descubierto y sabía que el Faraón lo buscaría para matarlo. Así que huyó a Madián.

Ponte en el lugar de Moisés y piensa lo que habrá pasado por su cabeza: ¿Por qué Dios no intervino si lo único que quería era ayudar a su pueblo? ¿Cómo es que de las cosas buenas nadie se entera, pero hago algo mal y todo el mundo lo sabe? ¿Qué voy a hacer ahora, no puedo volver al palacio porque me matarían y no puedo ir al pueblo hebreo porque no es seguro?

Mientras Moisés no sabía qué hacer con su vida, Dios lo estaba inscribiendo en "su escuela". Allí permanecería por varios años, hasta estar listo para lo que el Señor le tenía preparado.

No siempre entendemos cómo actúa el Señor, pero hay algo que sí sabemos, y es que siempre tiene un propósito en todo lo que hace.

Dios tenía una nueva etapa para Moisés. ¡De hecho fue la mejor de su vida! Llevó al pueblo de Israel desde Egipto hasta las puertas de la tierra prometida.

¿Tienes proyectos que no avanzan? ¿Parece que todo te sale mal? ¿Las respuestas que esperas no llegan? Dios está trabajando en tu vida a su manera y aunque no puedas entender todo lo que está haciendo, debes estar seguro de que Él sabe para qué te está preparando.

Señor, aunque no entienda todo lo que haces, confío en que obras para bien.
Tus planes son perfectos.

Confiando en sus promesas

Dame, pues, ahora este monte, del cual habló Jehová aquel día; porque tú oíste en aquel día que los anaceos están allí, y que hay ciudades grandes y fortificadas. Quizá Jehová estará conmigo, y los echaré, como Jehová ha dicho. Josué entonces le bendijo, y dio a Caleb hijo de Jefone a Hebrón por heredad.
Josué 14:12-13

Caleb era parte de un pueblo de casi tres millones de personas que recibieron las mismas promesas, pero solo él y Josué las creyeron. El resto de su generación no entró a Canaán por incredulidad y fueron muriendo en el desierto durante los cuarenta años que duró la travesía. Hay lecciones muy importantes que podemos aprender al observar su vida mientras aguardaba el cumplimiento de la promesa.

Este espía valiente no dudó a pesar del tiempo que debió esperar. Ya habían pasado cuarenta años desde que había ido a Cades-barnea para explorar la región y Moisés le había prometido que la tierra en donde había puesto el pie sería suya y de sus descendientes. Ahora sí había llegado el momento, y con ochenta y cinco años le pidió a Josué que le diera la región montañosa que Dios le había prometido (ver Josué 14:7, 9, 10, 12). El tiempo no debilitó su fe porque sabía que el Señor cumple sus promesas.

La espera, las presiones, las dificultades, un ambiente de quejas, miedo… podrían haberlo hecho retroceder como lo hizo el resto del pueblo, pero él no lo hizo. Su fidelidad a Dios se mantuvo inquebrantable (ver Josué 14:8-9).

No se dejó intimidar por los desafíos que tenía por delante. La tierra que Dios le había prometido había que conquistarla y esto en ningún momento le hizo pensar en tomar un camino más fácil o aceptar algo inferior a lo que el Señor le había prometido. Caleb le dijo a Josué: "¡Dame este monte con anaquitas y todo! ¡Dame las ciudades fortificadas y los gigantes!" Tenía un espíritu conquistador y nunca se dejó intimidar.

El Señor le fortalecería, le daría sabiduría y recursos para conquistar, pero Caleb debía tomar posesión de lo que ya era suyo. La historia bíblica nos dice que Caleb conquistó la tierra y echó a los gigantes hijos de Anac (ver Josué 15:14).

¿Qué promesas te ha hecho el Señor? ¿Estás esperando su cumplimiento con fe? Dios hará exactamente lo que ha prometido.

Señor, creo en ti, confío en las promesas que me has dado. Se van a cumplir.

11 de agosto

La suma de tu Palabra

La suma de tu Palabra es verdad...
Salmo 119:160

¿Alguna vez has leído este versículo? Hay muchas personas que se saltean este salmo porque "es muy extenso" (bueno, es el capítulo más largo de la Biblia) y prefieren leer uno más corto. Sin embargo, el Salmo 119 también es Palabra de Dios, de hecho, es el tema central: "La Palabra de Dios".

Uno de los últimos versículos de este salmo expresa una ley de interpretación bíblica básica: no podemos tomar en cuenta solo los versículos que nos gustan y desechar el resto.

En hebreo, "suma" es *rosh*, que entre varias acepciones se usa para indicar la cantidad total o completa de algo. Por ejemplo, en un censo, la cantidad total de población era el *rosh*. De igual manera funciona con las Escrituras. Debemos leer, entender y aplicar toda la Palabra de Dios.

Por supuesto que nos encantan los versículos que nos revelan el amor eterno de Dios; pero la misma Biblia también dice que nosotros debemos amar a nuestros enemigos. Nos regocijamos con los pasajes bíblicos que nos hablan del maravilloso perdón de Dios y que Él no se acuerda más de nuestros pecados; pero también dice que debemos perdonar a otros como nos perdonó a nosotros. Nos encanta recibir... pero también se nos enseña a dar. Para ser equilibrados en la vida cristiana necesitamos aplicar todo el consejo de la Palabra de Dios.

También conocemos al Señor en todas sus facetas, como Dios de amor, pero también de santidad; de misericordia y de corrección; de fidelidad y de justicia.

Además, podemos entender todo el plan de Dios para la humanidad cuando hemos sumado toda su Palabra. Desde Génesis hasta Apocalipsis hay muchos hilos conductores acerca de sus propósitos y el desarrollo de su plan eterno.

No te alimentes espiritualmente solo con un devocional diario. ¡Gracias a Dios que tenemos a nuestro alcance tantas versiones de la Biblia! Comienza a leer sistemáticamente las Escrituras y disfruta oír a Dios hablándote a través de cada pasaje.

Deja que la Palabra de Dios impacte tu vida cada día.

Gracias Señor por tu Palabra. Ayúdame a escudriñarla y aplicarla a mi vida.

230

Deja tu carga en las manos del Señor

Echa sobre Jehová tu carga, y él te sustentará;
no dejará para siempre caído al justo.
Salmo 55:22

El rey David tenía muchos enemigos, y no solamente de las naciones vecinas, sino dentro de su propio pueblo. Aun después de la muerte de Saúl, había mucha gente que se le oponía, que le devolvían mal por bien, incluso muchos querían matarlo. Estaba cargando un peso que no había elegido llevar.

En algunas oportunidades también experimentamos lo mismo. De pronto llega a nuestra vida una situación que nos agobia, nos quita las fuerzas, sentimos que ya no podemos dar un paso más y solo queremos saber cuándo terminará.

David nos muestra la salida a través de su propia experiencia. Se acercaba a la presencia de Dios en oración, dejaba ese peso en sus manos y por fe comenzaba a descansar en la ayuda que vendría del mismo trono celestial. David decidía desde ese momento poner a Dios a cargo. ¡Divino remedio!

El consejo del salmista es que descansemos en el Señor porque Él nos sustenta. "Sustentar" en hebreo es *kul* que puede traducirse como mantener, abastecer, alimentar, contener, soportar. Mientras Él toma nuestra carga, simultáneamente alimenta nuestra fe para mantenernos firme, guía nuestros pasos e incluso "nos lleva en brazos" si el camino se torna muy difícil.

A veces nos cuesta ir a Dios para darle nuestras cargas y sobrellevamos el peso sin ayuda hasta caer rendidos. Pero la Palabra nos recuerda que "no dejará para siempre caído al justo". El Señor sabe cómo levantarnos para seguir adelante.

¿Estás sobrellevando cargas solo? ¿Sucedió algo de manera abrupta en tu vida que ha cargado tu corazón? Un conflicto en la familia, la pérdida de un ser querido, problemas en el trabajo, una situación financiera difícil… Ve a Dios en oración, abre tu corazón, exprésale lo que sientes y entrégale esa carga. Él te dará las fuerzas que necesitas y hará una salida.

Señor, tú has prometido que me darás descanso si me rindo a ti.
Aquí estoy, te entrego mis cargas y preocupaciones
porque sé que hoy harás algo diferente.

Instrumentos limpios

Pero en una casa grande, no solamente hay utensilios de oro y de plata, sino también de madera y de barro; y unos son para usos honrosos, y otros para usos viles.
Así que, si alguno se limpia de estas cosas, será instrumento para honra, santificado, útil al Señor, y dispuesto para toda buena obra.
2 Timoteo 2:20-21

No hace mucho tiempo, la agencia de noticias Reuters informó que catorce personas murieron en la India por mala praxis. Los informes preliminares determinaron que las medicinas que se prescribieron no eran las adecuadas y además, el instrumental utilizado por el cirujano estaba en mal estado. ¡Increíble! Un buen cirujano con amplios conocimientos y una gran experiencia puede matar a una persona si usa instrumental sin esterilizar.

De igual manera sucede con nosotros. El apóstol Pablo dice que somos instrumentos para usos honrosos, pero la condición es estar limpios o podemos causar mucho daño. La esterilización de nuestra mente y corazón es una prioridad.

Si lees el contexto de este pasaje vas a descubrir de qué cosas debemos estar limpios. Pablo dice que no debemos contender sobre palabras (v. 14), debemos evitar palabrerías profanas y vanas (v. 16), de las palabras que carcomen como gangrena (v. 17). Debemos quitar de nuestro vocabulario las palabras que no edifican, que son vanas, que están cargadas de veneno, que dañan al prójimo en lugar de edificar.

Podemos ayudar a otros con buenas acciones, pero si sale de nuestra boca algún chisme, vamos a causar más daño que la ayuda que estemos brindando. Podemos orar por otros, pero si nos expresamos con palabras hirientes e inapropiadas, dañamos el corazón. Santiago dice claramente que si alguien se cree religioso pero no refrena su lengua, se engaña a sí mismo y su religión es vana (ver Santiago 1:26).

Dios quiere usarnos, pero requiere que ¡nuestras lenguas estén esterilizadas! El Espíritu Santo perfeccionará diariamente nuestra manera de hablar, pero debemos darle lugar.

Que sean gratos los dichos de nuestra boca y la meditación de nuestro corazón delante de Dios cada día.

Señor, esteriliza mi alma, mi mente, mi corazón.
Que pueda ser un instrumento limpio.

Deja que Dios te defienda

Proponed en vuestros corazones no pensar antes cómo habéis de responder en vuestra defensa; porque yo os daré palabra y sabiduría, la cual no podrán resistir ni contradecir todos los que se opongan.
Lucas 21:14-15

Hay personas que lamentablemente no quieren saber nada relacionado con Jesucristo, y nuestra sola presencia les molesta, por lo que reaccionan acusándonos injustamente, haciéndonos el centro de sus comentarios y chismes. También puede que seamos el centro de burlas, menosprecios y bromas de mal gusto que tengan el propósito de ver cómo reaccionamos. No te estoy diciendo nada que yo mismo no haya vivido en carne propia. En la escuela, en la universidad, en el trabajo, en cualquier ámbito puede pasar esto.

Todos queremos que nos amen, nos valoren, nos tengan en alta estima, pero de vez en cuando nos vamos a encontrar con personas que solo buscan lastimarnos. En esa situación podemos vernos tentados a comenzar una "batalla" que puede llevarnos a hacer o decir cosas muy desagradables. Sin embargo, el Señor Jesús nos muestra otro camino: depender del Espíritu Santo quien nos dará las palabras y la sabiduría que no podrán resistir ni contradecir todos los que se nos opongan.

Jesús dice que debemos "proponernos". Esta palabra en griego es *tithemi* que significa concebir en el corazón, mantener una postura firme. Es decir, tomar una postura decidida de antemano de no defendernos con nuestras propias estrategias, sino con los recursos que Dios nos dé. Haz tu parte que del resto se encargará el Señor.

Tal vez te encuentras atravesando situaciones difíciles, conflictivas, de confrontación debido a que algunos no toleran que quieras agradar a Dios ante todo. Si examinas tu corazón, quizás encuentres alguna herida abierta, una tristeza prolongada y silenciosa, o hasta resentimiento. Entrégale eso al Señor y recuerda que nuestra lucha no es contra sangre y carne, sino contra el mismo Satanás.

El Señor prometió ayudarnos a enfrentar a los que se nos oponen. El Espíritu Santo será el que hablará por nosotros y sus palabras no se pueden contradecir ni resistir. Deja que el Señor te defienda, de esa manera tu vida será un claro testimonio de Aquel que reina en ti.

Señor, tú eres quien me defiende. Confío en tu protección y amparo.

Ahora mis ojos te ven

*Oye, te ruego, y hablaré; te preguntaré, y tú me enseñarás. De oídas
te había oído; mas ahora mis ojos te ven.*
Job 42:4-5

Si supieras que un tornado destruyó la casa de alguien, que todos
sus hijos murieron, que su empresa fue a la quiebra y que contrajo una
enfermedad espantosa, todo en un mismo día, ¿qué pensarías? "Hummm,
tantas cosas juntas... por algo será." Bueno, esto fue lo que le pasó al justo
Job. Cuando sus amigos llegaron a visitarle, no podían creer la condición
en la que se encontraba.

Si lees todo el libro de Job, verás que no tiene quién defienda su
causa. Una y otra vez dice que es inocente pero nadie le cree. El tiempo
pasa y nada cambia. El cielo sigue cerrado a sus súplicas. Lo que Job no
sabía era que su vida estaba en el centro de una disputa celestial. Satanás
le dijo a Dios que Job le servía porque lo había rodeado de protección a él,
a su casa y a todo lo que tenía. Además había bendecido su trabajo
tremendamente y había aumentado mucho sus bienes sobre la tierra. Pero
si le quitaba todo lo que tenía, vería como iba a blasfemar contra Él (ver
Job 1:9-11).

Si seguimos leyendo la historia, sabemos que el diablo terminó
avergonzado una vez más porque a pesar del sufrimiento que atravesó Job
no pecó ni atribuyó a Dios despropósito alguno (ver Job 1:22).

Las pérdidas, el dolor, las preguntas sin respuestas, el juicio de sus
amigos, la incomprensión de sus seres queridos, todo esto llevó a Job más
cerca de Dios y descubrió, dicho en sus propias palabras, que: "De oídas te
había oído; mas ahora mis ojos te ven" (Job 42:5). El encuentro de Job con
el Señor Todopoderoso en su momento de prueba le permitió tener una
nueva y más profunda revelación de su persona que cambió para siempre
su vida.

No estoy seguro de que alguien vaya a pasar por todas las penurias
que sufrió este varón de Dios, pero en nuestras pruebas debemos recordar
que el Señor tiene diversos propósitos que espera cumplir en nuestras vidas
a través de los momentos difíciles que experimentamos. Y siempre, no
importa si podemos sentir o no su presencia, estará a nuestro lado.

---

*Señor, que las pruebas no me alejen de ti, sino que me
mantengan atento a lo que quieras hacer en mi vida.*

Zorras pequeñas

Cazadnos las zorras, las zorras pequeñas, que echan a perder las viñas;
porque nuestras viñas están en cierne.
Cantares 2:15

El libro Cantar de los Cantares es un poema de Salomón dedicado a su esposa y contiene muchas figuras literarias que hacen alusión tanto a la relación matrimonial como a la relación entre Cristo y su Iglesia. En este versículo la esposa menciona un gran problema para las viñas en flor: las pequeñas zorras.

Se dice que el zorro se come el fruto de la vid, pero las zorras pequeñas estropean los tiernos pámpanos, es decir, atacan los primeros brotes e impiden que haya fruto. Esto significa que a menos que se atienda con urgencia ese problema, se provocarán daños irreparables.

Hoy por hoy, el mundo es una "Sociedad Protectora de Zorras Pequeñas". Observa cómo la gente describe sus deslices: "Es solo una insignificante mentirita blanca", "es una ex novia de mi juventud", "un compañero de trabajo que se porta muy bien conmigo", "solo lo tomé prestado... ya lo devolveré", "solo fue una miradita..." Siempre hay justificativos para lo que el Señor desaprueba.

Las zorras pequeñas atacan nuestra sensibilidad espiritual, y si dejamos pasar las cosas pequeñas que están mal, luego vendrán los males mayores. Por eso la Palabra de Dios nos exhorta continuamente a cuidar nuestro corazón (ver Proverbios 4:23), porque si comienza a endurecerse, nuestra vida tomará un camino descendente (ver Efesios 4:19).

¿Puedes identificar alguna "zorra pequeña" en tu vida que intenta destruir tu relación con el Señor? Cualquier situación que para otros puede ser "normal" pero es pecado a los ojos de Dios, es una "zorra pequeña" que puede traer consecuencias devastadoras en cada área de tu vida. Mantente siempre atento. Es mejor actuar a tiempo que lamentar pérdidas irreparables.

Cuando nuestra "vid" espiritual está limpia, libre de todo lo que pueda dañarla, producirá fruto en abundancia y el Padre Celestial recibirá gloria a través de nuestra vida.

Señor, ayúdame a cuidar mi vida espiritual y que nada ni nadie la destruya.
Necesito cada día discernimiento espiritual.

Amor al máximo

Mas Dios muestra su amor para con nosotros, en que siendo aún pecadores, Cristo
murió por nosotros. Porque si siendo enemigos, fuimos reconciliados
con Dios por la muerte de su Hijo, mucho más, estando
reconciliados, seremos salvos por su vida.
Romanos 5:8, 10

Son demasiados los que, influenciados por tradiciones religiosas, han llegado a creer que deben ganarse el amor de Dios. ¿Sera posible que nuestras oraciones, abundantes ofrendas, servicio sacrificial y nuestra benevolencia al prójimo mueva a Dios a amarnos más? La verdad es que no, nada puede cambiar el amor que siente por sus hijos.

No podemos pensar que Dios nos amará más si le amamos más intensamente. De hecho, su Palabra dice que nosotros le amamos porque Él nos amó primero (ver 1 Juan 4:19). Concluimos entonces que nada puede apagar su amor, ni nada puede encenderlo más, porque no hay una medida mayor de amor que la suya. ¡Dios nos ama al máximo!

Tampoco debemos pensar que Dios nos ama menos cuando nos equivocamos o fallamos. Si cuando fuimos sus enemigos nos amó, ¡cómo no nos va a amar ahora que somos sus hijos!

¡Qué increíble que el Creador del universo nos ame de esta manera! Ninguno de nosotros merece ser amado por Él, pero su amor no depende de nuestros méritos. Su muerte en la cruz es el mejor recordatorio de su amor.

Necesitamos conocer más profundamente a Dios para darnos cuenta del amor que siente por sus hijos. Su amor es cautivante, atrapante, envolvente. Quedas asombrado, maravillado, seducido, cuando empiezas a experimentarlo. Su amor es inmenso de tal manera que excede a todo conocimiento. Por la manifestación de su amor es que somos llenos de toda la plenitud de Dios (ver Efesios 3:19).

¿Conoces y experimentas cada día la dulzura del amor del Señor? Considera las maneras como Él te expresa su amor constantemente y recuerda que te prometió que nada ni nadie te apartará de ese amor: ni la muerte, ni la vida, ni ángeles, ni principados, ni potestades, ni lo presente, ni lo por venir, ni lo alto, ni lo profundo… ¡nada! (ver Romanos 8:38-39). ¡Maravilloso amor de Dios!

Gracias Señor por tu inmenso amor. Quiero experimentarlo cada día.

Hagamos todo en el nombre del Señor

Y todo lo que hacéis, sea de palabra o de hecho, hacedlo todo en el nombre del Señor Jesús, dando gracias a Dios Padre por medio de él.
Colosenses 3:17

El apóstol Pablo sabía a quién servía y a quién debía agradar. Ya sea al predicar o enseñar, cuando aconsejaba o ayudaba a las personas, incluso mientras hacía tiendas de campaña, todo lo hacía pensando en honrar al Señor.

Cuando hacemos todas las cosas "en el nombre del Señor", estamos diciendo que nuestras intenciones, pensamientos, acciones y palabras son congruentes con su voluntad expresada claramente en lo que dice la Biblia.

Hacerlo todo en el nombre del Señor nos da la pauta de cómo debemos vivir nuestro día. Cuando nos levantamos y empezamos a organizar nuestra agenda, sabemos que debemos incluir tiempo en la presencia de Dios. Allí es donde le manifestamos nuestros sentimientos, le damos gracias, le alabamos, le adoramos y también le expresamos nuestras peticiones.

Hacer nuestro trabajo en el nombre del Señor hace que nos enfoquemos en la excelencia. Si trabajamos como para Dios, seremos más eficientes y productivos. Sabemos que el Señor merece lo mejor de nosotros en todo tiempo.

El apóstol Pablo también nos recuerda que todo lo debemos hacer como para el Señor, porque de Él recibiremos la recompensa de la herencia espiritual (ver Colosenses 3:23-24). Quizás hoy no recompensen todo lo que haces como lo mereces, pero si lo haces como para el Señor, ¡Él mismo te recompensará!

Cuando hablas con otras personas y lo haces en el nombre del Señor, te darás cuenta que muchas cosas no deberían salir de tu boca, y otras que estás callando las deberías decir. El Espíritu Santo ha prometido guiar tus palabras para que ellas edifiquen y bendigan.

Y no olvidemos "dar gracias a Dios Padre". Cuando le damos gracias estamos reconociendo que de Él viene toda la ayuda que estamos necesitando para manifestar a Cristo en todo lugar.

Señor, que mi vida sea un testimonio poderoso de ti.
Quiero vivir hoy haciendo todas las cosas con excelencia, como para ti.

No contaminarse

Y Daniel propuso en su corazón no contaminarse con la porción de la comida del rey, ni con el vino que él bebía; pidió, por tanto, al jefe de los eunucos que no se le obligase a contaminarse.
Daniel 1:8

No es fácil ser inmigrante, mucho menos cuando te llevan a otro país por la fuerza, y peor aún si vas como esclavo. Daniel, un adolescente de unos quince años, era parte del grupo que fue llevado cautivo a Babilonia como había sido profetizado.

Al llegar a su nueva ciudad de residencia, el rey detectó en él capacidades especiales y lo dejó en su corte junto a sus tres amigos, Sadrac, Mesac y Abed-nego. Enseguida les asignó raciones diarias de la comida y vino que se servían en su mesa, pero Daniel supo que todo estaba dedicado a los dioses babilónicos por lo que decidió no consumir nada de eso.

Este muchacho había hallado gracia ante el jefe de los oficiales de la corte del monarca quien aceptó la propuesta de alimentarlos solo con legumbres y agua por diez días para luego comprobar su condición física. Daniel y sus amigos decidieron, a su corta edad, ser fieles a lo que habían aprendido desde la niñez. Jehová era su Dios y no se contaminarían siguiendo costumbres paganas.

Después del tiempo señalado, el resultado estaba a la vista. Al cabo de los diez días estipulados, el rostro de ellos se veía mejor y más robusto que el de los otros muchachos que comían de la comida del rey (v. 15).

Dios respaldó la determinación de Daniel y sus amigos, les probó que nunca serán avergonzados los que ponen su confianza en Él. Es más, Dios les dio a estos cuatro muchachos mayor conocimiento e inteligencia en todas las letras y ciencias que a los demás, y Daniel tuvo entendimiento en toda visión y sueños (v. 17). ¡Tremendos muchachos!

El tiempo siguió pasando y en todo asunto de sabiduría e inteligencia, el rey los halló diez veces mejores que a sus magos y astrólogos (v. 20). ¡Aleluya!

Dios quiere que tú y yo seamos luz. Somos llamados a vivir la verdad de Dios sin comprometerla. Tú puedes hacer una diferencia con tus palabras y conducta en el lugar donde Dios te ha puesto.

Señor, perfecciona tu santidad en mi vida. Que mis hechos y palabras siempre honren tu Nombre.

Saber escuchar

El rey de Israel respondió a Josafat: Aún hay un varón por el cual podríamos consultar a Jehová, Micaías hijo de Imla; mas yo le aborrezco, porque nunca me profetiza bien, sino solamente mal. Y Josafat dijo: No hable el rey así.
1 Reyes 22:8

Josafat sabía que había una diferencia entre los profetas paganos y el profeta de Jehová; tenía la intención de consultarle antes de ir a la guerra, pero Acab, un rey idólatra, asesino y corrupto se opuso diciendo que aborrecía a Micaías porque nunca le profetizaba bien, sino solamente mal. Claro, ¿qué profeta verdadero podía profetizarle bien si él hacía las cosas mal? Seguramente Micaías le habría dado palabra de Dios muchas veces, pero el rey la había rechazado. El problema de Acab era que escuchaba solo lo que quería escuchar.

Ha pasado mucho tiempo desde este acontecimiento y sin embargo, el problema sigue siendo el mismo: escuchamos solo lo que queremos escuchar. Ya lo dice la vieja frase: "No hay peor sordo que el que no quiere oír". Muchas veces Jesús confrontó a los religiosos que tenían esta actitud. La exhortación del Señor fue que debían considerar muy bien cómo oían (ver Lucas 8:18).

Todos deberíamos preguntarnos si sabemos escuchar. Para oír a Dios debemos estar dispuestos a aceptar lo que tenga que decirnos. No podemos pedirle al Señor que nos hable cuando solo vamos a escuchar lo que queremos.

La Biblia es la Palabra de Dios absoluta y objetiva para nuestra vida; la voz del Espíritu Santo siempre se ajustará a lo que Dios ya dijo en su Palabra. De la misma manera deberíamos juzgar cada palabra que recibimos de personas que dicen hablar de parte de Dios ya que Él nunca va a contradecirse.

Acab finalmente murió en la batalla como le había profetizado Micaías. Cuando desafiamos la autoridad de Dios no podemos esperar que nos vaya bien.

Dispongámonos cada día para escuchar la voz del Señor. Cuanto más receptivos nos volvamos a sus instrucciones, más experimentaremos su misericordia y el gozo de la obediencia.

Señor, que nunca preste atención solo a lo que yo quiera escuchar.
Dame un corazón dócil y humilde que escuche lo que tú quieras decirme.

Cuando se acaba una etapa

Pasados algunos días, se secó el arroyo, porque no había llovido sobre la tierra.
1 Reyes 17:7

Elías se movía por dirección divina. Dios le había dicho que debía esconderse de la persecución del rey Acab en el arroyo de Querit, y además que iba a ser alimentado por unos cuervos. ¿Cuervos? ¿En serio? Sabemos que los cuervos son capaces de sacarnos los ojos aunque les demos de comer, pero que ellos nos alimenten, eso sí que es un milagro. Así es Dios, su provisión puede venir a través de los medios menos pensados.

Todo iba bien hasta que... ¡se secó el arroyo! Hasta allí llegó la provisión. Elías podía quedarse en ese lugar quejándose, reprendiendo al espíritu de sequía, profetizándole al arroyo, haciendo un ayuno especial... o disponerse a escuchar las nuevas instrucciones de Dios.

¿Cuántas veces hemos enfrentado algún desafío confiando en la dirección de Dios y de pronto lo que venía funcionando deja de funcionar? La fuente de provisión se agota, las personas que eran los canales de Dios para ayudarnos ya no están... Entonces comenzamos a esforzarnos más para que el "arroyo resucite", y cuando esto no sucede, comenzamos a pensar si realmente habíamos escuchado a Dios.

Otras veces creemos que el "caudal bajó" porque no tenemos la fe suficiente, entonces empezamos a declarar, atar, profetizar, reprender... Pero todo sigue igual.

Cuando Elías vio que el arroyo se había secado, hizo lo más importante, esperar que Dios le hable. Entonces el Señor le dijo que se levantara, fuera a Sidón y morara allí porque una viuda iba a sustentarlo (vs. 8-9).

Ahora había una nueva dirección, ya no debía seguir en el arroyo ni esperar que los cuervos lo alimenten, debía ir a la casa de una viuda que estaba por morir de hambre. Si sigues leyendo la historia descubrirás los milagros que Dios obró en ese lugar en respuesta a la fe y a la obediencia.

Si los recursos se agotan, escucha a Dios y muévete de acuerdo con la dirección que recibas de Él. Recuerda que nos dijo que todo aquel que pide, recibe; el que busca, encuentra; y al que llama, se le abre (ver Mateo 7:8).

Señor, ayúdame a moverme en la dirección que tú me muestres.
Dame paz en mi espíritu y convicción para hacer tu voluntad.

Fíate de Dios

Y dijo Sansón: Muera yo con los filisteos. Entonces se inclinó con toda su fuerza, y cayó la casa sobre los principales, y sobre todo el pueblo que estaba en ella. Y los que mató… fueron muchos más que los que había matado durante su vida.
Jueces 16:30

Según la Biblia, Sansón ha sido el hombre *con más fuerza* del mundo. Fíjate que no dije *el más fuerte*. Su fuerza se activaba cuando el Espíritu Santo venía sobre él.

En el libro de Jueces leemos su historia y descubrimos que muchas veces jugueteó con el pecado. Lo cierto es que esa actitud lo llevó a una muerte temprana. Sansón murió joven y quienes lo lloraron estarían seguros de que si hubiera sido más sabio, prudente y hubiera pensado más en los otros que en él mismo, su historia hubiera sido otra.

Al hombre con más fuerza del mundo lo terminó traicionando su autoconfianza. Se fio más de su pelo que del pacto de consagración que había hecho como nazareo. No era una cuestión que pudiera arreglar con un peluquero, era un problema en su corazón.

¡Cuán importante es recordar de quién recibimos y a quién le pertenece todo lo que tenemos y somos! Corremos un enorme peligro cuando comenzamos a creer que nuestros logros se deben a nuestros talentos, dones, carácter o determinación. Cuidado cuando empezamos a confiar más en nosotros y menos en Quién nos dio la capacidad y la sabiduría. Dios puede permitir ciertas situaciones que nos despierten y nos hagan ver nuestra realidad espiritual.

Cuando Sansón se dio cuenta, ya era tarde. Estaba encerrado en una prisión filistea atado a un molino de harina. Solo tuvo una última oportunidad de usar su fuerza, pero esta vez para morir junto a miles de filisteos atrapados por un edificio que derrumbó cuando quebró sus columnas con sus propias manos. Un final muy triste.

La Palabra de Dios nos exhorta a depender de Él y no apoyarnos en nuestra propia inteligencia. Si podemos reconocer al Señor en todo lo que hacemos, siempre nos mantendrá en el rumbo correcto.

Señor, que siempre reconozca que cualquier logro ha sido el resultado de tu ayuda y siempre te dé la gloria a ti.

No tentarás al Señor tu Dios

Entonces el diablo le llevó a la santa ciudad, y le puso sobre el pináculo del templo, y le dijo: Si eres Hijo de Dios, échate abajo; porque escrito está: A sus ángeles mandará acerca de ti, y, en sus manos te sostendrán, para que no tropieces con tu pie en piedra. Jesús le dijo: Escrito está también: No tentarás al Señor tu Dios.
Mateo 4:5-7

Jesús fue tentado en todo para identificarse con nosotros de modo que siempre podemos estar seguros que nos entiende cuando estamos bajo cualquier presión. Incluso, dice la Biblia que fue llevado por el Espíritu Santo al desierto para ser tentado. Allí el diablo le tendió tres trampas, pero de todas Jesús salió victorioso.

La primera tentación tenía que ver con obligar a Jesús a demostrar que realmente era el Hijo de Dios. Satanás lo tienta para que "fuerce" al Padre para que intervenga de manera sobrenatural. En otras palabras, le estaba diciendo: "Vamos Jesús, si haces esto, la Biblia promete que ángeles te van a rescatar y será una excelente autopromoción." ¡El viejo pseudo hermeneuta Satanás intentó usar la Palabra para respaldar su propuesta! Esto de usar versículos sin tener en cuenta el contexto no es de ahora…

Satanás usó solo una parte del Salmo 91 tratando de forzar el texto para decir algo que Dios nunca dijo: "Métete en problemas que de todas maneras yo te ayudaré". No, jamás dijo eso y Jesús lo sabía. Por eso el Señor enfrentó al diablo con la Palabra de Dios y le dijo: "Escrito está: No tentarás al Señor tu Dios". La palabra tentar en griego es *peirazo*, y tiene el significado de poner a prueba o incentivar. Es retar a Dios para que haga algo aunque sea una negligencia o esté fuera de su voluntad.

Israel muchas veces tentó a Dios de esta manera y siempre sufrió terribles consecuencias por su testarudez y rebeldía (ver Éxodo 17:7).

Actualmente el diablo sigue usando la misma estrategia para hacernos pecar contra Dios. Apela a nuestro orgullo para hacernos creer que ya somos intocables, autosuficientes, a prueba de todo. Pero Dios nunca dijo: "Sé negligente que nunca te llegarán las consecuencias".

En tiempo de tentaciones necesitamos someternos a Dios para escuchar su voz y actuar con diligencia. Y si el enemigo busca enredarte con sus mentiras, respóndele: "¡Escrito está!"

Señor, enséñame a responder con tu Palabra a cada provocación de Satanás.

Dios está aquí y yo no lo sabía...

Y despertó Jacob de su sueño, y dijo: Ciertamente Jehová
está en este lugar, y yo no lo sabía.
Génesis 28:16

Jacob tuvo un sueño maravilloso. Veía una escalera con ángeles que subían y bajaban del cielo desde el lugar en donde él estaba. Es interesante notar que los ángeles no bajaban del cielo, sino que primero subían y luego descendían. En otras palabras, los ángeles ya estaban con Jacob, aunque él no lo sabía.

"Saber" en hebreo es *yadá*, y se refiere a conocer de manera relacional y experimental. Muchas veces Jacob habría escuchado por boca de sus padres historias tremendas de cómo Dios actuó en favor de Abraham y de Isaac. Teóricamente tenía conocimiento acerca del Señor, pero no había tenido ninguna experiencia personal con Él... hasta ese momento.

Su primer encuentro fue a través de un sueño tan real que exclamó: "¡Dios está en este lugar y yo no lo sabía!" Jacob creyó que ese lugar era especial y lo llamó "Betel", casa de Dios.

Luego tuvo un encuentro con ángeles de regreso a su casa. Leemos en Génesis 32:1-2 que ellos le salieron al encuentro y llamó a ese lugar "Mahanaeim", diciendo: "¡Campamento de Dios es este!". Más tarde se encontró con otro ángel y también le puso un nombre a ese lugar; le llamó "Peniel" diciendo: "¡Vi a Dios cara a cara!" (ver Génesis 32:30). Jacob no se daba cuenta que a donde iba, la presencia de Dios le acompañaba.

Nosotros podemos parecernos a Jacob. Tal vez conocimos de oídas a Dios por lo que otros nos contaron, pero no hemos tenido una experiencia directa con Él. O quizás hemos leído las historias bíblicas, pero nunca hemos experimentado algo sobrenatural y pensamos que los encuentros con Dios están reservados para personas más santas y dedicadas que nosotros. Lo cierto es que, según la Palabra de Dios, Él quiere tener encuentros diarios con cada uno de sus hijos.

Todo comienza con un paso de fe. Ahora mismo, mientras estás leyendo este devocional, Dios está a tu lado y quiere tener un encuentro contigo. Atrévete a disfrutar de su presencia, y podrás decir como Jacob: "¡Dios estaba aquí y yo no lo había experimentado!"

Señor, yo sé que estás aquí, ahora mismo. Toca todo mi ser. Espero en ti.

Redimiendo el tiempo

Andad sabiamente para con los de afuera, redimiendo el tiempo.
Colosenses 4:5

El tiempo es oro. Seguramente habrás escuchado esta frase más de una vez, pero ¿te ha hecho pensar en el valor que tiene el tiempo? Dios nos ha dado veinticuatro horas para administrar. Podemos invertirlas correctamente o desperdiciarlas. Está en nuestras manos esta decisión.

La palabra redimir en griego significa volver a comprar, pagar el rescate, mejorar las oportunidades, aprovechar, adquirir. Cristo nos redimió en la cruz para darnos vida eterna, para que vivamos un día a la vez y lo honremos con nuestras acciones diarias. Ahora nos toca a nosotros redimir el tiempo.

Si tuviéramos un contador en donde pudiéramos ver los minutos que se van descontando a nuestra vida, quizás tomaríamos conciencia de lo rápido que pasa el tiempo y la importancia de administrarlo mejor.

Debemos saber disfrutar el tiempo que pasamos con nuestro cónyuge, hijos, familiares, amigos, hermanos de la iglesia, pero sobre todo el que pasamos con Dios alimentando nuestro espíritu en su presencia.

No podemos olvidar que el tiempo pasa y las oportunidades también, y lo que es peor… nunca vuelven. Josecito, un niño de seis años le dijo a su papá en la iglesia: "No te olvides que el tiempo pasa y no puedes retrocederlo como lo haces con un video…" ¡Qué verdad salió de la boca de ese niño! En la vida real las oportunidades no siempre se repiten. ¡Redime tu tiempo!

Debemos evaluar cuáles son nuestras verdaderas prioridades. Incluso cuando compartimos con personas que no conocen al Señor ¿aprovechamos las oportunidades para hablarles de Cristo? ¿Invertimos o perdemos el tiempo?

El apóstol Pablo también les habló sobre este tema a los creyentes de Éfeso diciéndoles que evaluaran con diligencia cómo se estaban comportando, que el tiempo hay que aprovecharlo muy bien, porque los días son malos (ver Efesios 5:15-16).

Como mayordomo del precioso regalo del tiempo que Dios te ha dado, considera siempre si estás viviendo de acuerdo con su voluntad.

Señor, ¿qué deseas que haga? Sé que me guiarás para que pueda sacarle
el máximo provecho al tiempo que me regalas.

Alma saciada

Alaben la misericordia de Jehová, y sus maravillas para con los hijos
de los hombres. Porque sacia al alma menesterosa,
y llena de bien al alma hambrienta.
Salmo 107:8-9

Una persona menesterosa es alguien que no tiene lo necesario para vivir. Cuando en la Biblia se menciona al alma menesterosa, pobre o hambrienta, se refiere a la persona que reconoce su necesidad espiritual y se acerca a Dios para pedir alimento para su espíritu. Al que pide, se le dará, porque el Señor libra al menesteroso que clama (ver Salmo 72:12).

Cuando tenemos un alma hambrienta de Dios, ordenamos nuestras prioridades en función de satisfacer primero nuestra necesidad espiritual. Pasar tiempo con Dios en oración, alabanza, agradecimiento, adoración es básico para nuestro espíritu. Podemos ayunar de muchas cosas, pero nunca de tener comunión con Dios y conocerle a través de su Palabra. El Señor siempre responde a los que le buscan con humildad (ver Salmo 69:33).

Cuando un alma menesterosa no busca el alimento para su espíritu, empieza a sufrir "anorexia espiritual". Cree que está bien, pero es evidente su deterioro espiritual. Si no hacemos algo para remediarlo, nuestra vida peligra.

Así como oramos pidiendo el pan nuestro de cada día, también debemos buscar el pan espiritual que es Jesucristo. Él es quien realmente llena nuestra alma, pero debemos tomar tiempo para sentarnos a la mesa y disfrutar del banquete espiritual que el Señor prepara cada día para nosotros.

Siempre hay que hacer algún esfuerzo para alimentarnos: cocinar, ir a comprar algo o buscar un restaurante. Cuando tenemos hambre, no nos importa el sacrificio, sólo queremos comer. Así deberíamos actuar al pensar en nuestra alimentación espiritual.

Hoy el Señor Jesús quiere saciar tu alma. Él sabe cómo satisfacer al cansado, al atribulado, al triste, al oprimido, al desolado, al que ya no tiene esperanzas. Él es el Pan de Vida que satisface el alma hambrienta y todos los que se alimenten de Él vivirán saciados.

Señor, que no falte ni un solo día a tu mesa y disfrute
del alimento espiritual que preparas para mí.

El Señor me conoce

Oh Jehová, tú me has examinado y conocido. Tú has conocido mi sentarme y mi levantarme; has entendido desde lejos mis pensamientos. Has escudriñado mi andar y mi reposo, y todos mis caminos te son conocidos. Pues aún no está la palabra en mi lengua, y he aquí, oh Jehová, tú la sabes toda. Detrás y delante me rodeaste, y sobre mí pusiste tu mano.
Salmo 139:1-5

Saber que Dios te conoce tan bien, ¿te produce descanso... o preocupación? Dios es Omnisciente, todo lo sabe. Observemos juntos las siete afirmaciones que hacen referencia a este atributo de Dios en estos versículos:

1. Dios nos diseñó desde la eternidad, nos creó y nos formó. Sabe cada detalle de nuestro espíritu, alma y cuerpo. Identifica cada una de nuestras debilidades y fortalezas. ¡Todo lo sabe! V. 1.

2. Dios conoce todas nuestras acciones y obras. Sus ojos están sobre nosotros desde que nos levantamos hasta que nos acostamos. V. 2.

3. Dios sabe lo que pensamos. Es el único que puede conocer nuestros pensamientos. Ni mentalistas, ni profetas, ni el mismo Satanás sabe lo que pensamos. Solo Dios es Omnisciente. V. 2.

4. El Señor conoce las decisiones que vamos a tomar mucho antes de que las ejecutemos. Él escudriña nuestro andar diario y también nuestro descanso. V. 3.

5. Dios no solo sabe lo que vamos decir, sino que entiende lo que intentamos comunicar. ¡Cuántas veces no sabemos cómo orar! Aunque nos falten las palabras apropiadas, Dios conoce lo que hay en nuestro corazón aun antes de expresarlo. V. 4.

6. Dios sabe cómo protegernos. Estamos rodeados de su presencia, de su amor, de su misericordia, de su cuidado, de sus bondades, de su gracia infinita. V. 5.

7. Dios sabe cómo bendecirnos. Como hijos suyos, su anhelo es que seamos bendecidos siempre. V. 5.

Dios tiene un plan y un propósito para ti en este día. Vive confiado en la Omnisciencia de Dios. Todo estará bajo su control si le das el primer lugar en tu vida.

Gracias Señor por tus promesas. Vivo confiado en Ti.

　28 de agosto ⚕

Cuando Dios llama

Y mirándole Jehová, le dijo: Ve con esta tu fuerza, y salvarás a Israel de
la mano de los madianitas. ¿No te envío yo?
Jueces 6:14

Nos llama la atención la insistencia de Dios al llamar a Gedeón para liberar a Israel de los madianitas. Envió a un ángel para hablarle mientras estaba oculto en un lagar y le dijo: "Jehová está contigo, varón esforzado y valiente." ¡Qué saludo tremendo para un pobre campesino miedoso! La verdad es que por el momento, Gedeón no manifestaba valentía, sin embargo, Dios veía en este hombre algo que ni él alcanzaba a vislumbrar.

Cuando Gedeón escuchó las palabras del ángel comenzó a quejarse y a preguntar por qué ellos estaban en una condición tan lamentable si eran el pueblo de Dios. El ángel lo interrumpió para hablarle de parte del Señor: "Ve con esta tu fuerza y salvarás a Israel de la mano de los madianitas. ¿No te envío yo?" ¡Tampoco se veía fuerza en Gedeón para salvar a nadie! Pero debía saber que Él era quien lo estaba llamando.

A pesar de escuchar a Dios, Gedeón se excusa argumentando que pertenecía a la familia más pobre de Manasés y además era el menor de la casa (v. 15). Entonces el Señor le volvió a decir que estaría con él y que iba a derrotar a los madianitas como a un solo hombre (v. 16). Dios no solo le dijo que era Él quien lo llamaba, sino que lo respaldaría y tenía la victoria asegurada. Aun así, Gedeón no estaba convencido y le pidió a Dios tres señales antes de comprometerse (vs. 17, 36, 39).

¡Qué paciencia la del Señor! Escuchó a Gedeón en su angustia, también lo escuchó quejarse, expresar temor e incluso le dio tres señales milagrosas para ayudarle a vencer su inseguridad. Finalmente leemos que Gedeón venció a los madianitas con solo trescientos hombres (Jueces 7).

Dios ve lo que nosotros no vemos. Dios nos llama a que tomemos desafíos que a nuestros ojos parecen imposibles de realizar. Por eso, cuando Dios habla, hay que obedecer. De los milagros se encarga Él.

Quizás Dios te está pidiendo algo que está fuera de tu alcance, te está impulsando a que emprendas una aventura de fe pero no tienes los recursos ni las fuerzas. No tengas temor, obedece. El Señor te capacitará, te dará las fuerzas y los recursos para afrontar el desafío.

¡Señor, en ti enfrentaré nuevos desafíos! Sé que siempre respaldas al que llamas.

¿Por qué clamas a mí?

Entonces Jehová dijo a Moisés: ¿Por qué clamas a mí?
Di a los hijos de Israel que marchen.
Éxodo 14:15

Cuando los israelitas llegaron al Mar Rojo empezaron a quejarse porque creían que Moisés los había llevado a una muerte segura. Tenían a los egipcios detrás de ellos y adelante el mar. Entonces Moisés le dijo al pueblo que no tuvieran miedo, que permanecieran firmes porque iban a ver cómo Dios los salvaría. El Señor pelearía por ellos y ellos iban a estar tranquilos (vs. 13a-14). Y el pueblo dijo: "¡¡Aleluya...!?" No... todavía seguían incrédulos.

Ante esta situación, Moisés en lugar de ir hacia adelante comenzó orar y Dios le dio una respuesta que nos puede sorprender: "¿Por qué clamas a mí?" ¿Acaso Dios ya no quería escucharlo? ¿Se había cansado de sus oraciones? No, claro que no. Dios le respondió de esta manera porque ya le había dicho lo que tenía que hacer. Ahora era tiempo de creer... ¡y actuar!

Moisés obedeció, el pueblo cruzó en seco y los egipcios murieron ahogados. ¡Tremenda obra de nuestro Dios Omnipotente!

Cuando el Señor responde una oración, no espera que dudemos y permanezcamos inmóviles, sino que nos movamos con fe. Por supuesto que podemos seguir orando, alabando y dando gracias... ¡pero mientras marchamos! Si Dios nos pide que avancemos y nos quedamos orando, se nos cuenta como desobediencia. Sí, leíste bien. No podemos decirle a Dios que nos capacite para hablarle de Cristo a nuestro vecino y nunca tomamos la iniciativa para hacerlo.

Hay personas que nunca se atreven a emprender nuevos proyectos y dar pasos de fe porque siguen dudando de la palabra que Dios les dio. En cambio, siguen orando por años "ayúdame Señor", cuando Dios ya les dijo que los iba a ayudar.

¿Has recibido una palabra de Dios? Es hora de actuar. No permitas que tus miedos, dudas o inseguridades te paralicen. Marcha hacia adelante. ¡Dios está contigo!

Avanzo por fe en la promesa que me diste. Sé que guiarás mis pasos
y veré tu respuesta oportuna.

¿A quién iremos?

Desde entonces muchos de sus discípulos volvieron atrás, y ya no andaban con él. Dijo entonces Jesús a los doce: ¿Queréis acaso iros también vosotros? Le respondió Pedro: Señor, ¿a quién iremos? Tú tienes palabras de vida eterna.
Juan 6:66-68

Ese día había comenzado de una manera tremenda. Una multitud de personas estaba buscando desesperadamente a Jesús. Cualquier discípulo hubiera pensado "¡al fin las multitudes vienen a Cristo!" Pero Jesús conocía sus intenciones y motivaciones. Lo buscaban para hacerlo rey porque habían visto el tremendo milagro de la multiplicación de los panes y los peces.

El Señor siempre fue claro cuando llamaba a las personas a seguirle. Nunca les prometió liberación política, social o beneficios económicos. En esa oportunidad, Jesús les explicó que su verdadera necesidad era espiritual, y que solo se suple a través de una relación con Él. ¡Palabras difíciles de aceptar para quienes solo querían el pan nuestro de cada día!

Después de escuchar estas palabras, muchos le abandonaron, pero Jesús no cambió su mensaje ni sus demandas. Tampoco deberíamos hacerlo nosotros. El que quiere seguir a Jesús debe ajustarse a lo que Él dice y pide.

Los apóstoles se preocuparon cuando vieron que la multitud se marchaba. Entonces Jesús los miró y les dijo: "¿Quieren irse ustedes también?" Ante esta pregunta, Pedro respondió con total convicción: "Señor, ¿a quién iremos? Tú tienes palabras de vida eterna". ¡Aleluya! El extrovertido discípulo sabía lo que había encontrado, sabía lo que tenía, conocía quién era Jesucristo.

En este tiempo en donde abundan las "doctrinas utilitarias" que acomodan el evangelio a los deseos de las personas, olvidando lo que dijo el Señor y ajustando sus prácticas a los patrones de un mundo caído, Jesús nos sigue haciendo la misma pregunta: "¿Seguirán la verdad o los deseos de su corazón? "¿Quieren irse ustedes también?"

Tu respuesta estará basada fundamentalmente en lo que hayas conocido y experimentado del Hijo de Dios.

Señor, no puedo pensar en abandonarte. Eres todo para mí.
Ayúdame a serte fiel y ser guiado siempre por tu Palabra.

249

Fortalece mis manos

Porque todos ellos nos amedrentaban, diciendo: Se debilitarán las manos de ellos en la obra, y no será terminada. Ahora, oh Dios, fortalece tú mis manos.
Nehemías 6:9

Nehemías fue llamado por Dios para reconstruir las murallas de Jerusalén destruidas por los babilonios. Israel estaba volviendo a su tierra, pero no tenían protección.

Cuando comenzó la reconstrucción, los enemigos de Israel no se quedaron quietos; sabían que si los judíos terminaban la obra no podrían tenerlos a su merced. Entonces empezaron a tramar cómo detenerlos. Una de sus estrategias fue intimidarlos. Si lograban su cometido, entonces las manos de los trabajadores se "debilitarían".

Debilitar, en hebreo, tiene la idea de aflojar, ceder, desfallecer, desmayar, detener, desistir, estar decepcionado, desanimado, dejar caer, abandonar. Los enemigos pensaban acobardar a Nehemías y al pueblo para que desfallecieran, a tal punto que pararan la obra.

En contraste, Nehemías le pidió a Dios que "fortaleciera" sus manos. La palabra fortalecer, en hebreo *jazaq*, significa ser fuerte, valiente, conquistar y dominar. La oración de Nehemías fue respondida. No solo tuvo las fuerzas necesarias para trabajar, sino también la capacidad para dirigir, ejercer autoridad y proteger al pueblo. Era Dios moviéndose a través suyo y respaldando sus decisiones. La obra al fin se terminó en cincuenta y dos días. Como reconocimiento al Señor, hubo una gran celebración el día de la inauguración. ¡Aleluya!

Nosotros también tenemos un enemigo que se opone a la obra de Dios y a su pueblo. El diablo trata de atemorizarnos, amedrentarnos, intimidarnos para que no obedezcamos. Él quiere vernos fracasar, que nunca vivamos en victoria. Pero según la Biblia, tenemos autoridad en el nombre de Jesús para no dejarle traspasar los límites que Dios ya le ha puesto. ¡Está vencido!

¿El enemigo ha venido a debilitarte? ¿Está intimidándote para que no avances? Pídele al Señor fuerzas nuevas, autoridad para deshacer todas sus artimañas y seguir adelante con lo que Dios te ha encomendado. Di como Nehemías: "¡Ahora, pues, oh Dios, fortalece tú mis manos!"

Señor, ayúdame a vencer el desánimo y la intimidación con fe y autoridad.
Tú eres quien me respalda.

¿A quién le damos la bienvenida?

Si alguno viene a vosotros, y no trae esta doctrina, no lo recibáis en casa, ni le digáis: ¡Bienvenido! Porque el que le dice: ¡Bienvenido! participa en sus malas obras.
2 Juan 1:10-11

La segunda carta de Juan es una de las más cortas del Nuevo Testamento, pero no por eso menos importante. El destinatario es "la señora elegida", que podría ser una hermana de esa época, una manera simbólica de mencionar a una iglesia local o una referencia a toda la Iglesia de Cristo. Nos quedamos con esta última perspectiva.

Juan nos dice que hay muchas falsas enseñanzas que no presentan correctamente al Señor. Algunos menoscaban su humanidad diciendo que solo era una creación del Padre y nada más; otros predican solo su humanidad abandonando su divinidad. Los extremos son herejías para Juan. Él había conocido a Jesucristo en persona, lo había visto, tocado, escuchado, además conocía su corazón. Nadie mejor para explicar a Cristo.

El apóstol nos exhorta a no dar la bienvenida a ninguna enseñanza que no sea sana doctrina. "Bienvenido", *jaíro* en griego, es un saludo que expresa el deseo de que estés bien, que te goces o regocijes; era una fórmula breve para saludar. En esa época, los predicadores ambulantes iban de casa en casa enseñando falsas doctrinas, por eso Juan dice que no debían dejarlos entrar, ni siquiera saludarlos con regocijo, "porque el que le dice: ¡Bienvenido! participa en sus malas obras".

Hoy no necesitamos literalmente darles la bienvenida desde la puerta de nuestra casa a quienes enseñan falsas doctrinas porque ahora entran por "las puertas" de nuestro celular, computadora, televisión, radio y cualquier otro medio disponible.

Gracias a Dios tenemos su Palabra y al Espíritu Santo para darnos discernimiento espiritual. Además, tenemos a muchos hombres y mujeres de Dios que nos dan enseñanzas bíblicas centradas en Jesucristo para que podamos crecer firmes en la verdad.

Estamos viviendo los últimos tiempos y como también lo dice el apóstol Pablo, serán tiempos peligrosos (ver 2 Timoteo 3:1-5). Evita a los que tienen la apariencia externa de cristianos, pero niegan la eficacia del único sacrificio perfecto de Cristo en la cruz. ¡Solo en Él tenemos vida!

Señor, que tu Palabra y el discernimiento de tu Espíritu
me ayuden a permanecer firme en la Verdad.

Jehová Tsidkenu, justicia nuestra

He aquí que vienen días, dice Jehová, en que levantaré a David renuevo justo, y reinará como Rey, el cual será dichoso, y hará juicio y justicia en la tierra.
En sus días será salvo Judá, e Israel habitará confiado; y este será su nombre con el cual le llamarán: Jehová, justicia nuestra.
Jeremías 23:5-6

Es interesante que Dios le da esta palabra a Jeremías en tiempos del rey Sedequías, cuyo nombre significa "justicia". Nada más paradójico que este nombre en un rey corrupto e idólatra. En contraposición, Dios se revela con uno de sus nombres en hebreo: Jehová-Tsidkenu, que significa "Dios es nuestra justicia".

Todos hemos sufrido situaciones de injusticia. Satanás ataca a los hijos de Dios con mentiras, calumnias, menosprecios. Muchas veces nos gustaría tomar la justicia en nuestras manos, pero no estamos capacitados para eso y aunque contemos con buenos abogados, hay causas que solo Dios puede resolver.

Debemos recordar que el Padre ha provisto a través de su Hijo verdadera justicia. Ya había sido profetizado que el Renuevo de David, Jesucristo, traería justicia verdadera. En Jeremías 33:15-16 el profeta vuelve a repetir que solo Dios traería juicio y justicia en la tierra de tal manera que incluso a la ciudad la llamarían "Jehová, justicia nuestra".

Para que Jesús sea nuestra justicia, debemos entregarle nuestro caso completamente a Él. Para que el Señor intervenga, debemos dejar la ira y el rencor porque nuestro enojo e intervención carnal no ayudan a la justicia de Dios (ver Santiago 1:20).

Muchas veces, antes de tratar con otros, Dios quiere tratar con nosotros primero. Para que seamos un ejemplo de obras de justicia, debemos evidenciarlo en nuestra conducta. De esa manera el Señor puede incluso juzgar al mundo (ver 1 Pedro 4:17).

Debemos confiar que Dios en su tiempo pone a cada uno en su lugar y actuará con su justicia. El mismo Señor Jesús nos dijo que Dios hará justicia a sus escogidos que claman a él día y noche (ver Lucas 18:7-8). ¡Pronto te hará justicia!

Señor, guarda mi corazón para que no haya amargura ni resentimiento contra el que me ha hecho daño. Lo entrego a ti, porque tú eres mi justicia, y lo que tú hagas será lo mejor para mi vida.

Prueba de fuego

Sadrac, Mesac y Abed-nego respondieron al rey Nabucodonosor, diciendo: No es necesario que te respondamos sobre este asunto. He aquí nuestro Dios a quien servimos puede librarnos del horno de fuego ardiendo; y de tu mano, oh rey, nos librará. Y si no, sepas, oh rey, que no serviremos a tus dioses, ni tampoco adoraremos la estatua que has levantado.
Daniel 3:16-18

Literalmente, esta era una prueba de fuego. El rey Nabucodonosor había ordenado que todo el imperio adorara su estatua, y quien no lo hiciera, sería enviado al horno de fuego. El rey pensó que con semejante castigo nadie dejaría de adorar su imagen. Claro, no conocía a los verdaderos hijos de Dios que estaban entre su pueblo.

Sadrac, Mesac y Abed-nego no lo hicieron. Sus convicciones eran más fuertes que el fuego abrasador. Su fe era inquebrantable. Seguramente desde niños habrían escuchado la promesa de Dios mencionada en Isaías 43:2, que aunque pasaran por el fuego no se quemarían, ni la llama ardería en ellos. Era hora de experimentarlo.

"Si Dios dice que la llama no arderá en nosotros, entonces Dios puede librarnos". Esa fue la primera parte de la respuesta al rey. Pero la segunda fue más firme: "Y si no, tampoco adoraremos la estatua que has levantado". ¡Qué convicciones! ¡Cómo Dios no iba a intervenir a favor de estos tres muchachos dispuestos a dar sus vidas por su fe!

¿Conoces el final de esta historia? Aunque el rey mandó a calentar el horno siete veces más, estos jóvenes fueron preservados, ¡ni olor a humo tenían al salir del horno! Pero la parte que más impactó a Nabucodonosor fue ver al ángel del Señor con ellos. Este hombre quedó tan tocado que su declaración final es una alabanza tremenda. El rey bendice al Dios de Sadrac, Mesac y Abed-nego, porque había enviado su ángel para librar a estos muchachos que prefirieron entregar sus cuerpos antes que servir y adorar a otro dios que no sea su Dios (ver Daniel 3:28).

¿Estás pasando por una "prueba de fuego"? ¿Tienes la sensación que de esta no sales? Dios tiene una salida para ti. No te rindas a las propuestas del enemigo que quieren robarte la fe. Permanece firme en tus convicciones espirituales y sentirás que el mismo Hijo de Dios está caminando contigo en medio de tu prueba.

Confío en ti Señor, sé que me sostienes en cada prueba que deba atravesar.

No podrán conspirar contra ti

Si alguno conspirare contra ti, lo hará sin mí; el que contra ti conspirare, delante de ti caerá. Ninguna arma forjada contra ti prosperará, y condenarás toda lengua que se levante contra ti en juicio. Esta es la herencia de los siervos de Jehová, y su salvación de mí vendrá, dijo Jehová.
Isaías 54:15, 17

Hay personas que se oponen a nosotros abiertamente, otras veces la oposición es a nivel espiritual, y muchas otras ni siquiera nos damos cuenta de que "nos hacen la guerra encubiertamente". Hay personas influenciadas por el diablo que "conspiran" contra los hijos de Dios para intimidarlos.

"Conspirar", en hebreo *gur*, significa encoger, temer, hostigar o atemorizar. El enemigo sabe cuáles son los puntos débiles de los creyentes y los usa para menoscabarlos y que se sientan sin valor. Pero Dios se levanta poderoso y proclama que los que le sirven tienen como herencia su autoridad para deshacer toda mentira de Satanás.

Dios promete que "ninguna arma forjada contra ti prosperará". Por supuesto que no estamos hablando de armas literales, sino de armas espirituales. Los argumentos que se levanten contra un hijo de Dios que vive en la verdad no prevalecerán, tampoco los que se usan para detener el avance de alguien que quiere servir a Cristo.

¿Hay personas que se enojan contigo porque no participas de cosas que sabes que no le agradan a Dios? ¿Hay personas que te provocan para que entres en discusiones y peleas? Dios dice que todos los que se enojan contra ti serán avergonzados, confundidos, olvidados. Tú mismo vas a buscar a los que tenían alguna contienda contigo y no los vas a encontrar. Dios hará desaparecer a aquellos que te hacen la guerra. El Señor es tu Dios, te sostiene de tu mano derecha y te ayuda siempre. ¡De tu parte está el Todopoderoso que te defiende!

Eres un hijo de Dios desde el mismo momento que aceptaste a Cristo como tu Salvador, le confesaste tus pecados y decidiste vivir para agradarle a Él. El Espíritu Santo que vino a morar en ti desde ese día, quiere recordarte hoy que nadie podrá conspirar contra ti.

Gracias Señor por tu protección. Toca los corazones de los que me hacen la vida difícil para que se rindan ante ti y sean salvos.

¿Falta mucho...?

¿Hasta cuándo, Jehová? ¿Me olvidarás para siempre? ¿Hasta cuándo esconderás
tu rostro de mí? ¿Hasta cuándo pondré consejos en mi alma, con tristezas
en mi corazón cada día? ¿Hasta cuándo será enaltecido mi enemigo
sobre mí? Mas yo en tu misericordia he confiado...
Salmo 13:1-2, 5

Es parte de nuestra naturaleza humana querer saber cuánto tiempo durará una situación inesperada, incómoda, difícil; queremos conocer el futuro. Y cuando no entendemos o no tenemos una respuesta a lo que atravesamos, comenzamos a sentir temor del mañana.

Dios nos conoce y parece que a propósito nos pone en situaciones donde solo podemos esperar en Él. En la Biblia encontramos muchos ejemplos de esto. Jesús les dijo a sus discípulos que fueran al aposento alto a esperar la promesa del Espíritu Santo que llegaría en "no muchos días" ¿Qué significaría esa frase para los discípulos? Ya imagino al apóstol Pedro preguntándose: "¿Cuántos son 'no muchos días'? ¿Hasta siete...?" Fueron diez días de encierro y expectativas.

Dios puso a Noé, a su familia y a todas las parejas de animales en un arca diciéndoles que iba a llover durante cuarenta días, pero no les dijo que estarían ¡un año entero adentro del arca!

David también tuvo que aprender a esperar. Desde lo profundo de su corazón escribe el Salmo 13 en momentos de mucha incertidumbre.

En medio de una prueba, seguramente nos preguntamos: "¿Falta mucho...?" Y la verdad es que solo Dios tiene esa respuesta. Pero eso no significa que debamos desaprovechar el tiempo. Debemos estar atentos porque durante esas esperas el Señor sigue trabajando. Muchas veces usa ese tiempo para probar:

Nuestra fidelidad.
Nuestra confianza.
Nuestra lealtad.
Nuestra obediencia.
Y también prueba nuestro amor.

Dios tiene un propósito con cada espera. Si sabemos ser pacientes y escucharlo, vamos a entender lo que estuvo haciendo en nosotros y más allá de nosotros.

Señor, quiero aprender a esperar en ti. Lleva a cabo todo lo que planeaste para mí.

¡Sígueme!

Yendo ellos, uno le dijo en el camino: Señor, te seguiré adondequiera que vayas. Y le dijo Jesús: Las zorras tienen guaridas, y las aves de los cielos nidos; mas el Hijo del Hombre no tiene dónde recostar la cabeza. Y dijo a otro: Sígueme. Él le dijo: Señor, déjame que primero vaya y entierre a mi padre. Jesús le dijo: Deja que los muertos entierren a sus muertos; y tú ve, y anuncia el reino de Dios. Entonces también dijo otro: Te seguiré, Señor; pero déjame que me despida primero de los que están en mi casa. Y Jesús le dijo: Ninguno que poniendo su mano en el arado mira hacia atrás, es apto para el reino de Dios.
Lucas 9:57-62

Cada vez que Jesús invitaba a una persona a ser su discípulo le pedía una cosa: Seguirle. En esa época, implicaba dejarlo todo: casa, trabajo, familia, proyectos y arriesgarse a vivir por fe. Aunque hoy no todos vayamos a dejar todas estas cosas, sigue siendo la decisión más importante de nuestra vida, por lo que debemos considerar varias cosas.

En primer lugar, debe ser una decisión bien pensada. Jesús dijo: "…el Hijo del Hombre no tiene dónde recostar la cabeza" (v. 58). Seguir a Cristo implica rendirlo todo a Él. ¿Qué es lo que más te costaría entregarle a Jesús? Si es nada, entonces estás listo para ser su discípulo.

Es una decisión impostergable. "Deja que los muertos entierren a sus muertos; y tú ve, y anuncia el reino de Dios" (v. 60). Algunos dudaban entre seguirle en ese momento o esperar a que su situación familiar cambiara, pero la decisión no se podía retrasar. Nadie sabe lo que sucederá mañana, por lo que es necesaria una acción inmediata.

Es una decisión irrevocable. "Y Jesús le dijo: Ninguno que poniendo su mano en el arado mira hacia atrás, es apto para el reino de Dios" (v. 62). Algunos seguían a Jesús solo "por las dudas, a ver si resultaba en algo favorable". El Señor era una opción más para ellos, porque si las cosas se ponían difíciles, simplemente volvían atrás. Pero quien tiene un verdadero encuentro con Cristo, ¿por qué retrocedería?

Es una decisión ineludible. Todos debemos tomar esta decisión: Seguir o no seguir a Jesús. Nadie puede ignorar este llamado. Un día, cada persona estará frente al Trono de Dios y dará cuenta de la decisión que haya tomado. Dios quiera que la tuya haya sido seguir a Jesús, y que esa determinación te lleve a animar a otros a seguirlo.

Señor, renuncio a todo con tal de seguirte y ser tu discípulo.

Tributad al Señor

Tributad a Jehová, oh hijos de los poderosos, dad a Jehová la gloria
y el poder. Dad a Jehová la gloria debida a su nombre…
Salmo 29:1-2

Cuando pasas tiempo en la presencia de Dios, ¿cómo lo usas? ¿Dedicas más tiempo a pedir que a alabar y agradecer? ¿Piensas más en recibir que en darle a Dios?

El rey David nos exhorta en este Salmo a "tributarle" a Dios gloria, poder y adoración. Tributad en hebreo es *yiajáb*, y significa dar, venir o traer. La idea de esta palabra es dar algo con gratitud, dar un regalo, pero nunca como si fuera un pago.

Cuando se habla de tributarle a Dios alabanza, adoración y agradecimiento, se refiera al acto voluntario de dar, como una expresión de amor, en reconocimiento por lo que Él es, por su gracia y misericordia. ¡Jamás podremos pagarle a Dios por todo lo que hace por nosotros!

Si la Biblia dice que somos más felices dando que recibiendo (ver Hechos 20:35), también se aplica a nuestras oraciones. Por supuesto que tenemos peticiones que hacerle al Señor, y qué dicha es cuando recibimos maravillosamente lo que hemos pedido, pero nuestro corazón también debe rebozar de satisfacción y alegría cuando le expresamos lo que sentimos por Él.

Para experimentar el gozo de tributarle alabanza y adoración a Dios debemos comenzar por reconocerlo en todas las áreas de nuestra vida (ver Proverbios 3:6a). Él es quien nos ha salvado, nos sostiene, nos protege, nos guía, nos corrige, nos llena de paz, amor, esperanza. ¡Todo lo bueno proviene de Dios! Si podemos reconocer esto, entonces deberíamos pasar tiempo dándole gracias de corazón.

El salmista nos anima a "darle a Dios la gloria debida a su nombre". ¿Qué nombres de Dios son significativos para ti? ¿ Justo, Fiel, Todopoderoso, Soberano, Misericordioso, Amoroso, Santo, Restaurador, Pastor…? ¡Entonces dale la gloria a Dios diariamente por todo esto en tus oraciones!

¡Cómo no adorar aquí y ahora al Dios Santo que se manifiesta en nuestras vidas!

Señor, gracias por todo lo que haces en mi vida.
Quiero alabarte y decirte cuánto te amo. Tú eres mi Dios.

Los aparentes retrasos de Dios

Estaba entonces enfermo uno llamado Lázaro, de Betania, la aldea de María y de Marta su hermana. Enviaron, pues, las hermanas para decir a Jesús: Señor, he aquí el que amas está enfermo. Cuando oyó, pues, que estaba enfermo, se quedó dos días más en el lugar donde estaba.
Juan 11:1, 3, 6

Los "retrasos" de Dios no existen. Lo que nosotros creemos que debe suceder aquí y ahora, muchas veces no se ajusta al plan y propósitos que el Señor espera cumplir.

Jesús tenía un amigo que se llamaba Lázaro que había enfermado gravemente. Cuando el Señor se enteró de la situación, en lugar de salir corriendo, esperó dos días más… ¡hasta que Lázaro se muriera! Pero lo que nosotros podríamos juzgar como un "retraso", no lo era para el Señor. Jesús mismo les explicó a sus discípulos el propósito de la espera. Esa enfermedad no era para muerte, sino para glorificar a Dios. Parece que no todos entendieron estas palabras porque iban con miedo hacia Betania debido a los religiosos que querían matar al Señor.

El desenlace de esta historia es maravilloso: Jesús resucitó a su amigo, manifestó una vez más que era el Hijo de Dios, y el milagro trajo gloria al Padre. Valió la pena la "tardanza".

¿Conoces algunas de estas historias? El director de una compañía se retrasó para ir a su oficina el día 9 de septiembre del 2001 porque era el primer día de escuela de su hijo. El mismo día, a una mujer no le sonó el despertador a tiempo y tampoco pudo llegar a su trabajo. A alguien le salió una ampolla en el pie por culpa de un zapato nuevo y tuvo que desviarse para ir a una farmacia… Otros se quedaron atascados en el tráfico debido a un accidente, perdieron el autobús, el automóvil no les arrancó esa mañana. Gracias a todos esos "pequeños incidentes" que los retrasaron pudieron salvar sus vidas del ataque terrorista a las torres gemelas.

Dios sabe lo que hace y los aparentes retrasos tienen un propósito cuando nuestras vidas dependen de Él. Tal vez hoy comenzaste tu día con demoras inesperadas. No te angusties, el Señor tiene el control. Él es soberano sobre todo, en el cielo y en la tierra. Cree que Él guardará tu salida y tu entrada desde ahora y para siempre (ver Salmo 121:8).

Señor, me someto a tu voluntad. Tú eres Dios Soberano.
Nunca hay errores en lo que determinas.

258

No depender del "qué dirán"

Cuando los naturales vieron la víbora colgando de su mano, se decían unos a otros: Ciertamente este hombre es homicida, a quien, escapado del mar, la justicia no deja vivir. Pero él, sacudiendo la víbora en el fuego, ningún daño padeció. Ellos estaban esperando que él se hinchase, o cayese muerto de repente; mas habiendo esperado mucho, y viendo que ningún mal le venía, cambiaron de parecer y dijeron que era un dios.
Hechos 28:4-6

Pablo viajaba a Roma para ser enjuiciado por el César. El apóstol sabía que debía llegar a la capital del mundo porque Dios se lo había revelado. En el viaje el barco naufragó, pero todos se salvaron gracias a las indicaciones de Pablo. No, no era el capitán, pero era el único que tenía dirección de Dios.

Cuando llegaron a la isla de Malta, mientras Pablo recogía leña, una serpiente venenosa se prendió en su mano. ¡Lo que le faltaba! Cuando vieron esto, todos dijeron que era evidente que Pablo era un malhechor, ya que "la justicia divina no lo dejaba escapar". ¡Qué rápidos fueron para sacar conclusiones! ¡Qué fácil es juzgar con tan poca evidencia! Sin embargo, Pablo no se defendió, no dio ningún tipo de explicación; si el Señor le había dicho que debía llegar a Roma, ¿cómo iba a morir picado por una serpiente?

El tiempo pasaba y a Pablo no le sucedía nada, entonces los que antes le habían acusado de malhechor, ahora pensaban ¡que era un dios…! ¡Wow, qué cambio!

Pero el apóstol no prestó atención a estos comentarios. Para él, la única opinión que contaba era la del Señor. Nunca se preocupó por "el qué dirán". Él siempre decía que su intención no era ganarse el favor de la gente, sino el de Dios, que si sus objetivos fueran complacer a la gente, no sería un siervo de Cristo (ver Gálatas 1:10).

El apóstol Pablo usó sus circunstancias como una oportunidad para ser ejemplo de la manera en que se deben manejar los conflictos, críticas y halagos desmedidos. Su único interés era agradar a Cristo y cumplir con la misión que le había dado. Que nosotros también vivamos para agradarle a Él y hacer su voluntad.

Señor, ayúdame a no depender de lo que digan las personas.
Que mi seguridad esté fundada en lo que tú dices de mí.

Diligencia, virtud de sabios

En lo que requiere diligencia, no perezosos...
Romanos 12:11

Hay oportunidades que se presentan solo una vez en la vida y no hay que desaprovecharlas, pero para que esto sea posible, la Biblia nos dice que debemos ser diligentes.

La palabra griega para diligencia es *spoude* que significa apurarse a hacer algo, esforzarse, procurarlo con mucho deseo. El consejo lo da el apóstol Pablo, quien sabía muy bien aprovechar el tiempo. Nunca se lamentó por haber perdido una oportunidad para evangelizar, ayudar a otros, exhortar, aconsejar, predicar, enseñar o ser misericordioso.

Lo contrario a diligente, como se menciona en el versículo, es ser "perezoso". En griego es *okneros* y se refiere a encogerse, ser tímido, retardarse o ser negligente. Muchas veces Dios nos presenta maravillosas oportunidades para crecer, aprender, corregir una falta, restaurar, hablar de Cristo a otras personas, pero actuamos perezosamente.

El perezoso tiene la tendencia a postergar las cosas. A pesar de que dice que hará algo, siempre retrasa lo que prometió hacer; comienza un proyecto y luego encuentra razones para no terminarlo o lo lleva a cabo a medias. Las relaciones también se ven afectadas porque actúa de manera descuidada. La pereza también le hace ignorar las necesidades de los demás.

Necesitamos evaluar nuestras prioridades. Hay muchas cosas secundarias que podemos dejar para mañana, pero nunca las importantes. No permitas que la pereza detenga tu crecimiento, te haga perder tus buenos hábitos espirituales y abandones el servicio al Señor. El diablo tiene muchas estrategias para hacernos caer en la pereza.

El Señor espera de nosotros que vivamos con determinación y que trabajemos con diligencia; ser perezosos y hacer mal las cosas daña nuestro testimonio.

Proverbios 13:4 nos dice que el alma del perezoso solo desea y nada alcanza; pero el alma de los diligentes será prosperada.

Administra bien el tiempo, aprovecha tus oportunidades, y dale a Dios la excelencia en todo lo que hagas.

Señor, decido ser diligente y hacer la cosas con excelencia.
Tú te mereces lo mejor de mí.

^∾ 11 de septiembre ∾^

La plomada de Dios

He aquí el Señor estaba sobre un muro hecho a plomo, y en su mano una plomada de albañil. Jehová entonces me dijo: ¿Qué ves, Amós? Y dije: Una plomada de albañil. Y el Señor dijo: He aquí, yo pongo plomada de albañil en medio de mi pueblo Israel; no lo toleraré más.
Amós 7:7-8

Cuando estudiaba en el seminario, aún tengo presente la visita de un grupo misionero que vino por unos días a ayudar en la construcción de algunas instalaciones. Recuerdo especialmente la construcción de una pared que daba a la calle. Estos hermanos se vistieron de "albañiles" y trabajaron con entusiasmo hasta terminarla. El deseo de ayudar y el amor por la obra de Dios eran evidentes, ¡pero fue la pared más torcida que haya visto en mi vida...! El problema fue que nadie usó un nivel o hilo de albañil y mucho menos una plomada. Un año más tarde hubo que construir la pared de nuevo.

La moraleja es que las buenas intenciones no alcanzan para construir correctamente; se necesitan conocimientos y las herramientas apropiadas. En la vida cristiana es igual, para que nuestra edificación espiritual perdure, hay que edificarla correctamente.

Una plomada es una pesa de metal colgada de una cuerda que sirve para comprobar si algo está recto. El resultado de seguir la línea de la "plomada de Dios" es la rectitud. En hebreo es *yashar*, y se refiere a ser recto en el sentido de emparejar o nivelar.

Dios dice que Él va a poner su plomada en la construcción de nuestra vida espiritual y solo pasará la prueba aquella que se ajusta a la rectitud de la plomada. En la Palabra de Dios encontramos todo lo que debemos saber para edificar correctamente, por eso, el día que estemos ante la presencia del Señor no podremos decir que no sabíamos cómo construir.

También debemos ser humildes y reconocer cuando algo está mal construido y volverlo a hacer. No alcanza con pintar artísticamente una pared que está a punto de derrumbarse.

¿Cómo estás construyendo tu vida espiritual? ¿Sigues los dictados de la cultura o los mandamientos de Dios? ¿Haces caso a la voz del Espíritu o simplemente te dejas guiar por tus deseos? Usa la plomada.

Señor, tomo tu Palabra como parámetro para edificar mi vida espiritual.

261

Palabras sazonadas

Sea vuestra palabra siempre con gracia, sazonada con sal, para que sepáis cómo debéis responder a cada uno.
Colosenses 4:6

El apóstol Pablo nos exhorta a tener "palabras de gracia". La palabra gracia en griego es *jaris* y se refiere a la influencia divina sobre todas las áreas de nuestra vida, incluyendo las palabras. ¡Sí, sobre todo nuestras palabras!

En medio de una cultura saturada de palabras, quizás hemos perdido la capacidad de entender el peso que tienen. Acostumbrados a hablar lo primero que se nos viene a la cabeza, rara vez nos detenemos a meditar en el efecto que tiene lo que decimos.

¡Qué diferentes serían nuestras relaciones si nos comunicáramos con palabras llenas de gracia! Los matrimonios evitarían discusiones, los padres e hijos se entenderían mejor, el ambiente diario en el trabajo sería realmente armonioso, las relaciones fraternales en la iglesia serían siempre edificantes…

Aun cuando hablamos de Cristo a los que no lo conocen, debemos hacerlo con gracia. Muchas veces somos tentados a responder de manera grosera, hiriente o altiva, y esto cierra a muchas personas al evangelio, pero no por el mensaje sino por el mensajero. El Señor nos ha llamado a ser embajadores de su amor y misericordia.

Dios toma nuestras palabras muy en serio, y nosotros también debemos hacerlo. Jesucristo dijo que de la abundancia del corazón habla la boca (ver Mateo 12:34). Por lo tanto, lo que necesitamos es que el Espíritu Santo trabaje en nuestra mente y corazón. Él es quien nos ayuda a ser conscientes de las intenciones que tenemos, las palabras que usamos y santifica nuestro vocabulario.

Como representantes del Señor Jesucristo debemos aprender a hablar con gentileza. Necesitamos prestar atención al tono de voz que usamos, a las intenciones que hay detrás de nuestras palabras. Nuestras conversaciones deberían ser siempre edificantes, e incluso como medicina (ver Proverbios 12:18).

Dios es glorificado y los demás son bendecidos cuando hablamos con gracia.

Señor, purifica mis labios para que siempre pueda hablar palabras de gracia.

ve 13 de septiembre el

¡Avívame en tu camino!

Aparta mis ojos, que no vean la vanidad; avívame en tu camino.
Salmo 119:37

Muchos creen que este salmo fue escrito por Esdras. Las palabras y expresiones que usa para referirse a la Palabra revelan que era alguien que conocía y amaba la ley de Dios.

Un levita, como era Esdras, se dedicaba exclusivamente al Señor. Desde que se levantaba hasta que se acostaba, su agenda estaba cargada de actividades relacionadas con el templo. Sin embargo, no estaba alejado de la realidad del pueblo. Al ver a la gente afanarse por cosas materiales, realizar procedimientos extraños para obtener ganancias, y tan enfocadas en lo que es vanidad, clamó a Dios para que lo ayudara a mantenerse lejos de ese estilo de vida y lo avivara en el camino del bien.

La palabra "avivar" en hebreo es *kjaiá* y tiene el significado de dar vida, revivir, infundir, reanimar, resucitar, salvar, vivificar. El salmista quería andar en el camino de Dios sin apartarse de él y hacerlo con un corazón avivado.

Hay momentos en que podemos cansarnos, nos faltan las fuerzas físicas y emocionales, la fe empieza a flaquear, la esperanza se debilita de tanto esperar, y parece que nuestra vida espiritual entra en una meseta. La situación empeora cuando empezamos a mirar a otros que abandonan el camino y que optan por la vanidad del mundo. El diablo no tarda en susurrarnos que a los engañadores parece que les va mejor que a nosotros, que los que gozan de los deleites del pecado siempre están riendo y festejando. Pero parece, solo parece.

En ese momento debemos hacer nuestras las palabras de este salmo: "¡Señor, avívame en tu camino!" Entonces recordaremos el final del ellos. Un salmista dijo que cuando entró en el santuario de Dios pudo comprender cuál será el triste y desdichado destino de los malos (ver Salmo 73:17).

¿Cómo comenzaste tu día? ¿Te sientes cansado, desilusionado, agotado, frustrado? Hoy el Señor quiere avivar tu espíritu para que su gozo sea el que te movilice. Toma tiempo en su presencia para recibir la fortaleza y renovación que necesitas.

Señor, avíveme en tu camino, condúceme de tu mano.
Quiero poner mi mirada solo en ti.

263

¡Levántate y conquista!

Entonces Josué respondió a la casa de José, a Efraín y a Manasés, diciendo: Tú eres gran pueblo, y tienes grande poder; no tendrás una sola parte, sino que aquel monte será tuyo; pues aunque es bosque, tú lo desmontarás y lo poseerás hasta sus límites más lejanos; porque tú arrojarás al cananeo, aunque tenga carros herrados, y aunque sea fuerte.
Josué 17:17-18

Bajo el liderazgo de Josué, Israel conquistó la tierra de Canaán desde el norte hasta el sur. Sin embargo, algunas tribus habían sido negligentes en ir a poseer la tierra que Dios ya les había prometido y comenzaron a quejarse diciéndole a Josué que no habían recibido un territorio suficiente, que no les alcanzaba solo un monte, y que además los cananeos que habitaban esas regiones tenían carros herrados (ver Josué 17:16). Demasiadas quejas y poca fe.

La realidad era que tenían miedo y no querían trabajar. Esa era la verdad. Había mucho territorio disponible pero necesitaban esforzarse y tomar posesión.

Entonces Josué les recordó en primer lugar que eran parte del pueblo de Dios y que Él iba delante de ellos. En segundo lugar, les aseguró que iban a poseer esas tierras. Y por último, Josué los motivó a actuar con valor y determinación. Les dijo que ellos iban a expulsar a los cananeos de los valles aunque tuviesen carros de guerra. No importaba cuán fuerte fuera el enemigo, ¡el pueblo de Dios siempre es más fuerte!

Cuántas veces el Señor nos ha dado tremendas promesas pero retrasamos su cumplimiento porque no hacemos la parte que nos toca. Tal vez nos ha detenido la pereza, el conformismo, o la intimidación del diablo a través del temor, olvidando que Dios nos ha dicho que mayor es el que está en nosotros que el que está en el mundo (ver 1 Juan 4:4).

No le creas más a las mentiras del enemigo. Tú eres fuerte en Cristo porque tienes los maravillosos recursos del Espíritu y la presencia del Señor Todopoderoso.

Si Dios te ha hablado, comienza a moverte por fe. Recuerda quién eres en Cristo. Aunque te parezca mucho el trabajo, Dios te dará la sabiduría y las fuerzas para hacerlo. ¡Levántate y conquista lo que Dios te ha prometido!

Señor, te creo. Voy a hacer mi parte porque tus promesas son sí y Amén.

Lealtad quebrantada

Echa sobre Jehová tu carga, y él te sustentará;
no dejará para siempre caído al justo.
Salmo 55:22

Cuando David escribió este salmo, estaba pasando por una prueba muy difícil: la traición de un amigo. David menciona que no le afrentó un enemigo, lo cual habría soportado; ni tampoco fue el que le aborrecía, porque se hubiera ocultado de él; sino el que parecía ser íntimo amigo. Dice que juntos se comunicaban secretos y andaban en amistad en la casa de Dios (ver Salmo 55:12-14).

"Al parecer" era alguien como de la familia, con quien compartía cosas muy personales, se guardaban secretos, incluso iban a adorar juntos al templo. Según algunos eruditos, estaba mencionando a Ahitofel (ver 2 Samuel 15:31), un amigo de muchos años que conspiró contra él. Su plan era ¡matar al rey con sus propias manos! Con amigos así, quién necesita enemigos…

Si conoces cómo termina la historia, recordarás que este supuesto amigo de David se suicidó porque su consejo no fue escuchado y todo el ejército de Absalón fue destruido por la intervención de Dios. ¡Qué triste final para alguien que traicionó la confianza de una persona de buen corazón!

De esa situación, David aprendió lo que hemos leído en el Salmo 55:22. Si podemos entregar nuestra angustia, tristeza, enojo, amargura y resentimiento al Señor, Él nos fortalecerá y nos ayudará a seguir adelante. Cuando sentimos que hemos "tocado fondo", emocionalmente hablando, Dios viene y nos levanta con su poder. Jesús sabe lo que es la traición de un amigo. Él nos comprende pero también nos da su amor para perdonar.

¿Alguna vez han traicionado tu confianza? Los sentimientos que podemos llegar a experimentar pueden transformarse rápidamente en cargas que afecten toda nuestra vida. Necesitamos recurrir a Dios con urgencia y entregarle ese dolor e incluso cualquier deseo de venganza. Recordemos lo que dijo David: "Dios no dejará caído al justo". Él es nuestra justicia y quien restaura nuestro corazón.

Señor, pongo en tus manos las situaciones en que siento que me han traicionado.
No les deseo mal, sino que intervengas para cambiar sus corazones
como lo hiciste con el mío. Descanso en ti.

¿Y a Dios lo que es de Dios?

Entonces les dijo: Pues dad a César lo que es de César,
y a Dios lo que es de Dios.
Lucas 20:25

Los enemigos de Jesús querían arrestarlo para entregarlo al gobernador romano, pero como no tenían de qué acusarlo, enviaron a unos espías para que se hicieran pasar por buenas personas y vigilaran en qué momento Jesús decía algo que lo condenara. Entonces se acercaron al Señor y le preguntaron: ¿Está bien que paguemos impuestos al César?

Si Jesús decía sí, el pueblo se levantaría contra Él porque todos esperaban un Mesías que los librara de los romanos. Si respondía que no, lo condenarían los romanos. Seguramente estos hombres pensaron que habían logrado atrapar a Jesús, pero no sabían a quién se enfrentaban. Entonces el Señor pidió una moneda y les preguntó de quién era la imagen y el nombre que aparecía en la moneda. Ellos le respondieron que era del César. Y Jesús les respondió: Entonces denle al César lo que es del César, y a Dios lo que es de Dios.

Creo que todos estamos claros hoy en día sobre lo que es "del César", pero ¿sabemos realmente lo que debemos darle a Dios?

A Dios se le debe dar alabanza. Fuimos creados para alabanza de su gloria (ver Efesios 1:12). Nuestros labios deben alabarle siempre pero debemos hacerlo con un corazón apasionado por Él.

A Dios le debemos dar tiempo de calidad. Jesús nos dijo que deberíamos buscar un lugar tranquilo, secreto, para encontrarnos con Él diariamente (ver Mateo 6:6).

A Dios le debemos dar gracias por todo lo que hace en nosotros (ver Colosenses 4:2). Al agradecer, reconocemos su maravillosa gracia y misericordia.

A Dios debemos darle lo que le pertenece (ver Proverbios 3:9). Es Dueño de todo lo que tenemos, y nosotros lo honramos administrando con sabiduría y dando con generosidad.

A Dios debemos darle excelencia en todo lo que hacemos (ver Colosenses 3:23), porque se merece lo mejor de nosotros.

Pero sobre todas las cosas, el Señor espera que le amemos voluntariamente. ¿Le estás dando a Dios lo que es de Dios?

Señor, todo es tuyo, y de lo que me has dado primero es que yo puedo darte.

Mientras Dios trabaja en su plan

Pero Jehová estaba con José y le extendió su misericordia, y le dio gracia en los ojos del jefe de la cárcel... No necesitaba atender el jefe de la cárcel cosa alguna de las que estaban al cuidado de José, porque Jehová estaba con José, y lo que él hacía, Jehová lo prosperaba.
Génesis 39:21-23

Dios le había mostrado a José que iba a ser el príncipe de su familia. Sin embargo, al poco tiempo, todo comenzó a ir en la dirección contraria. Sus hermanos lo vendieron a unos mercaderes y su nuevo amo lo metió en la cárcel injustamente. Pero José no era de las personas que se rinden fácilmente u olvidan las promesas de Dios ante las dificultades. La evidencia fue que no dejó de honrar a Dios a través de todo lo que hacía.

Hay cuatro verdades espirituales que podemos aprender hoy:

1. Dios está con nosotros en cualquier situación. V. 21a. Dios nunca abandona a sus hijos. Lo sintamos o no, las circunstancias sean favorables o no, Él está a nuestro lado siempre (ver Isaías 43:2).

2. Dios da gracia al que le cree a pesar de las circunstancias. V. 21b. Al igual que José, nuestra parte es seguir creyendo. José tuvo una actitud proactiva y por eso halló gracia. Debemos ver las circunstancias que nos rodean como parte del plan de Dios para nuestra vida.

3. Dios respalda al que no se da por vencido. Vs. 22-23. Somos llamados a pelear la buena batalla de la fe todos los días. Nuestra confianza en el Señor nos moviliza a aceptar los retos y los desafíos como parte de nuestro crecimiento. Mientras José estuvo en la cárcel aprendió el idioma, la cultura y entendió el funcionamiento del gobierno egipcio. Dios se tomó trece años para hacerlo gobernador de Egipto. La esclavitud y la cárcel fueron su universidad.

4. Dios levanta al que espera confiado en Él. El testimonio de José fue fundamental en el plan de Dios con Israel. En ningún tramo de su vida vemos doblegada su confianza en Dios sino que reconoció que Él fue quien le guió en todo tiempo.

¿Cómo estás viendo tus circunstancias? ¿Qué crees que Dios está haciendo en tu vida? ¿Hay algo para lo que te estuvo preparando y ahora llegó el momento de la acción? Dios nunca trabaja sin un plan.

Señor, sé que tienes un propósito en todo lo que permites en la vida de tu hijos. Que nada me haga dudar de tus planes perfectos.

Sin que lo desearan más

Cuando comenzó a reinar era de treinta y dos años, y reinó en Jerusalén ocho años; y murió sin que lo desearan más. Y lo sepultaron en la ciudad de David, pero no en los sepulcros de los reyes.
2 Crónicas 21:20

Un epitafio es la inscripción que se coloca en una lápida. Podemos encontrar información básica o incluso frases que resumen la vida de la persona o aquellas cosas por las que quiere ser recordada. Por ejemplo, en la tumba de Martin Luther King se puede leer: "Libre por fin. Gracias Dios Todopoderoso, libre por fin". En la del astrónomo Jack Horkheimer: "Seguir mirando arriba fue la frase que describió mi vida; no puedo hacer mucho más en mi posición actual". Otras son más graciosas: "Desde aquí no se me ocurre ninguna fuga" (Bach - Músico). "Luciano, aquí te espero" (mensaje de una mujer a su marido). "Aquí descansa Pancracio Martín, buen esposo, buen padre, mal electricista..."

En las catacumbas romanas se han encontrado los primeros epitafios de mártires cristianos que dicen: "No llores, hijo mío; la muerte no es eterna". "Prima, tú vives en la gloria de Dios y en la paz de nuestro Señor Jesucristo". "Ágape, vivirás para siempre". Son frases llenas de esperanza que recuerdan la promesa de la vida eterna.

El rey Joram de Judá, hijo de Josafat, fue un mal rey porque anduvo en los caminos de los reyes de Israel, es decir, conducido por la idolatría, hechicería, corrupción, asesinatos e injusticia. Para colmo, se casó con Atalía, hija de Acab y Jezabel... Imagínate el resto. Como nunca quiso arrepentirse, el profeta Elías le envió una carta para comunicarle una sentencia final de parte de Dios. Jehová heriría a su pueblo con una plaga, a sus hijos, a sus mujeres, a todo cuanto tenía; y a él con muchas enfermedades. Su final se recuerda con estas palabras: "Murió sin que lo desearan más". Dejó esta vida sin que nadie lo lamentara.

¿Cómo nos gustaría ser recordados? ¿Cuál sería la frase que describiría nuestra vida? Cuando recibimos a Cristo como nuestro Salvador encontramos el propósito de nuestra existencia.

¿Estás viviendo para darle lo mejor de tu vida al Señor? ¿Estás sembrando en otros la esperanza que Dios depositó en tu alma? Que hoy mismo puedas estar haciendo una diferencia para la gloria de Dios.

Señor, que mi vida refleje tu amor y esperanza, y mis palabras tu mensaje.

¿Hay para Dios alguna cosa difícil?

Por la fe también Sara, siendo estéril, recibió fuerza para concebir;
y dio a luz aun fuera del tiempo de la edad, porque creyó
que era fiel quien lo había prometido.
Hebreos 11:11

Que una mujer con edad de bisabuela te diga que el bebé que tiene en sus brazos es su hijo, es difícil de creer. Pero ella insiste en que es su propio hijo, nacido de parto natural y sin ayuda de la ciencia. Le preguntas por el nombre del niño y te dice que se llama Risa (es la traducción de Isaac).

A esta altura de la conversación crees que sería mejor hablar con el padre de la criatura, y te encuentras con un hombre de cien años que te dice: "Yo soy el padre". Antes de salir corriendo, Abraham te detiene y te cuenta que un año atrás Dios le habló con estas palabras: "¿Hay para Dios alguna cosa difícil? Al tiempo señalado volveré a ti, y según el tiempo de la vida, Sara tendrá un hijo" (Génesis 18:14).

Sara no solo tuvo que experimentar el poder de Dios para quedar embarazada, pasar bien los nueve meses y tener fuerzas para el parto, sino que después tuvo que cumplir con todas las responsabilidades de una madre. Seguramente, cada vez que enfrentaba un nuevo desafío, se preguntaría: "¿Hay para Dios alguna cosa difícil?"

Leemos en Génesis 23:1 que Sara pudo ver crecer a su hijo ¡hasta que él cumplió los 37 años! ¡Qué tremendo es Dios!

En el cielo, tal vez Sara esté cantando con Rebeca, Raquel, Ana, Elisabeth y tantas otras mujeres que habían sido estériles: "¡nada es imposible para Dios!" (ver Lucas 1:37). Sus vidas nos recuerdan que si creemos las palabras que el Señor nos da, sucede lo imposible. Te pregunto: "¿Crees que hay para Dios alguna cosa difícil?"

Observa la situación que hoy parece detenerte. ¿No estará paralizada porque aún no crees en lo imposible? Varios te han dicho que solo debes creer, pero no has dado el paso. Alguien dijo: "Si quieres ver lo que nunca viste, tendrás que dar el paso que nunca diste". Sé valiente y avanza, entonces serás testigo del poder de Dios.

Recuerda en todo momento que ¡para Dios no hay nada imposible!

Señor, creo en ti. Lo que hoy parece imposible, tú ya sabes cómo resolverlo.

¿Quién necesita del anatema?

Levántate, santifica al pueblo, y di: Santificaos para mañana; porque Jehová el
Dios de Israel dice así: Anatema hay en medio de ti, Israel; no podrás hacer
frente a tus enemigos, hasta que hayáis quitado el anatema...
Josué 7:13

Era evidente para Israel que ganaban batallas porque Dios peleaba por y con ellos. Cuando se apartaban del Señor, eran vencidos. Esto fue notorio desde el inicio de la conquista. La primera ciudad del otro lado del río Jordán que debían tomar era Jericó. Dios había derribado la inmensa muralla para que el pueblo pudiera pasar, pero quería probar su obediencia. Les había dicho que no debían quedarse con nada de lo que había en esa ciudad porque era "anatema".

La palabra anatema en hebreo es *jerem* y se refiere a un objeto condenado, dedicado a exterminación o una cosa prohibida. En este caso, todos los objetos de valor eran para Dios y el resto debía quemarse. La prohibición era clara: no debían quedarse con nada del anatema (ver Josué 6:18-19).

Acán se hizo el distraído, tomó un precioso manto babilónico, doscientas piezas de plata y un lingote de oro. ¡Quién se iba a enterar si eran tres millones de personas…! Pero cuando Israel fue a sitiar a Hai, muchísimo menor que Jericó, cayeron derrotados. Entonces Josué fue por una respuesta a Dios y le dijo que el pueblo había tomado del anatema, y mientras estuviera entre ellos, nunca podrían derrotar a sus enemigos.

La codicia llevó a Acán a desobedecer a Dios (ver Josué 7:21). Qué gran mal es desear más de lo que necesitamos, querer lo que el otro tiene y enfocarnos en cosas que no vienen de Dios. Cuando tomamos lo que Dios prohíbe, perdemos autoridad espiritual, y esto es algo que le viene muy bien al diablo.

Acán no necesitaba nada del anatema. Dios tenía muchísimo más que eso para darle. Mientras el pueblo de Israel dependía de Dios era un pueblo con muchas riquezas. Un manto, doscientas piezas de plata y un lingotito no eran nada… ¡Qué engaño!

Lo que nos ofrece Dios es de mayor valor y durabilidad que aquello con lo que el diablo nos tienta. No caigas en sus engaños, confía en Dios como tu Proveedor. Él tiene todo lo que necesitas.

Señor, guárdame de toda codicia. Te doy gracias por sustentar mi vida siempre.

Regocíjate siempre

Regocijaos en el Señor siempre. Otra vez digo: ¡Regocijaos!
Filipenses 4:4

Tenemos un mandato que cumplir hoy: ¡Regocijarnos! Esta palabra en griego es *jaíro* que significa estar alegre, calmado, gozoso. Además está en imperativo, lo que significa que debemos hacerlo aunque no estemos pasando por el mejor momento.

No es lo mismo que Salomón te anime a regocijarte mientras está rodeado de lujos, bendiciones materiales, estrenando un nuevo templo y en paz con todas las naciones vecinas, que te lo diga el apóstol Pablo desde una cárcel romana. No es fácil regocijarte si estás en sus zapatos. Pero Pablo nunca te va a decir que hagas algo que él no haya hecho bajo las mismas circunstancias.

Los filipenses sabían muy bien cómo Pablo y Silas habían iniciado la iglesia en su ciudad. Recién llegados a Filipos fueron arrestados, azotados, los metieron en la celda más segura y además en un cepo. En estas circunstancias, Pablo y Silas no se quejaron, no maldijeron, sino que comenzaron a cantar alabanzas a Dios. Entonces sobrevino un gran terremoto que sacudió los cimientos de la cárcel y al instante se abrieron todas las puertas, y las cadenas de todos se soltaron. ¡Hay poder en la alabanza! ¡Pasan cosas tremendas cuando decidimos regocijarnos en Jesucristo!

¿Estás atravesando un momento difícil? Haz como Pablo, deja que el Espíritu Santo afirme tu corazón y tus pensamientos con estas verdades:

Eres un hijo adoptado de Dios. Nunca jamás estarás solo.

Los propósitos de Dios se están cumpliendo en tu vida.

Ninguna prueba es eterna; esto también pasará. Dios te mostrará la salida.

Estás influenciando a otros. A tu lado hay alguien que te está mirando, que te conoce y sabe cuán genuino es tu gozo. Tus palabras tendrán un peso diferente porque están respaldadas por tu conducta.

La vida no siempre funciona de la manera que deseamos. El Señor mismo nos dijo que atravesaríamos momentos difíciles, pero también sabemos que su gozo es nuestra fuerza. Este día puede ser diferente si estás dispuesto a regocijarte.

Señor, dame tu gozo hoy. Que pueda expresar la alegría de ser tu hijo
en cualquier circunstancia.

Pídeme lo que quieras

Y aquella noche apareció Dios a Salomón y le dijo: Pídeme lo que quieras que yo te dé.
2 Crónicas 1:7

¿Cuál sería tu respuesta si Dios te preguntara ahora mismo: "¿Qué quieres que te dé"? Tienes solo 20 segundos para pensarlo y escribirlo aquí. Mi petición es: ....

Que Dios nos libre de pensar jamás que Él es como el gordito que viste de color rojo en Navidad, que una vez al año recibe una lista de deseos y caprichos humanos.

En una oportunidad, Dios le dijo al joven Salomón que le concedería lo que le pidiera. El propósito de Dios era probar el corazón del rey novato para saber cuáles eran sus prioridades, qué era lo más importante para él.

Salomón salió aprobado. Su petición se ajustaba perfectamente al plan de Dios para su vida. Salomón le dijo a Dios que Él había tenido gran misericordia con David su padre, y que a él lo había puesto por rey en lugar suyo. Entonces le pidió sabiduría y ciencia para poder gobernar a un pueblo tan grande (ver 2 Crónicas 1:10).

Es muy importante notar que Salomón no pidió sabiduría para prosperar en los negocios o conseguir prestigio y fama. Él quería agradar a Dios, honrarlo y llevar a cabo su tarea con excelencia.

Dios le dio más de lo que le había pedido. No olvidemos que todo lo que tuvo Salomón fue exclusivamente por obra de Dios. El Señor le dijo que por no haber pedido riquezas, bienes o gloria, ni la vida de sus enemigos, ni vivir muchos días, sino que pidió sabiduría y ciencia para gobernar a su pueblo, entonces eso le daría. Además, también tendría riquezas, bienes y gloria como nunca tuvieron los reyes que habían sido antes que él, ni tendrían los que vinieran después de él. ¡Tremendo!

Después de haber leído este devocional te vuelvo a preguntar: ¿Cuál sería tu respuesta si Dios te dijera: "Pídeme lo que quieras que te dé"? Y no vale "copiarse" de Salomón para que Dios te añada riquezas, bienes y gloria… Tu respuesta debe ajustarse al propósito que Dios tiene con tu vida. Si estás dudando en qué responder, lo mejor sería ir a Dios y preguntarle: "Señor, ¿qué es lo que realmente debería pedirte?"

Enséñame a tener tus mismos deseos y a saber pedir según tu plan perfecto.

Vasijas vacías

Ve y pide para ti vasijas prestadas de todos tus vecinos, vasijas vacías, no pocas.
2 Reyes 4:3

La esposa de un profeta de Dios no solo había quedado viuda sino muy endeudada, a tal punto que el acreedor había venido para llevarse a dos de sus hijos como siervos. Esta madre en su desesperación acudió por ayuda al profeta Eliseo quien le dijo algo que en principio parecía absurdo: "Consigue todas las vasijas vacías que puedas".

El segundo paso era entrar en la casa y encerrarse con sus hijos para ir llenando todas las vasijas con aceite y poniendo aparte las que estuvieran llenas. La viuda solo tenía un poquito de aceite, así que le debió parecer raro que Eliseo le dijera que fuera poniendo aparte las vasijas llenas. Pero ella y sus hijos obedecieron y vieron como el aceite corría sin parar, llenando todas las vasijas. ¡Que milagro! El aceite seguía fluyendo… mientras había vasijas vacías.

Aprendemos una gran lección espiritual de esta historia: Dios hace milagros en vasijas completamente vacías. Dios está listo para derramar su poder en nuestras vidas, pero es necesario que nos vaciemos de nosotros mismos. Mientras estemos llenos de autosuficiencia, autocomplacencia, orgullo, egoísmo, egolatría, no queda espacio para que Dios intervenga en nosotros.

Las vasijas también debían estar libres de toda suciedad para que el aceite no se contaminara.

Las vasijas debían estar vacías de pseudo aceites. No había que completar las vasijas con cualquier otro líquido solo para que se vieran llenas.

Si las vasijas estaban vacías el aceite fluía. El milagro se completó cuando ya no había más vasijas.

Nosotros también debemos despojarnos de todo lo que impida que seamos verdaderamente llenos del Espíritu Santo. A Él no le estorba que estemos vacíos sino que estemos llenos de nosotros mismos.

Nuestra necesidad atrae a Dios, y es cuando puede intervenir con su poder y hacer grandes cosas en nuestra vida.

Señor, te entrego mi autosuficiencia y orgullo para depender exclusivamente de ti.
Espíritu Santo, lléname de tu poder para ser útil para tu gloria.

Hay que quemar el arado

Partiendo él de allí, halló a Eliseo hijo de Safat, que araba con doce yuntas delante de sí, y… pasando Elías por delante de él, echó sobre él su manto… Y se volvió, y tomó un par de bueyes y los mató, y con el arado de los bueyes coció la carne, y la dio al pueblo para que comiesen. Después se levantó y fue tras Elías, y le servía.
1 Reyes 19:19-21

Eliseo se encontraba trabajando, haciendo las tareas de siempre, y de pronto se acercó el profeta Elías y le arrojó su manto. Enseguida identificó esta señal como un llamado de Dios y supo que su vida cambiaría para siempre. Por eso le dijo a Elías que le permitiera despedirse de su familia y amigos.

Pero hay algo que nos resulta muy llamativo en esta historia, y es que Eliseo preparó un asado para el pueblo y la fogata la encendió con la madera de su propio arado. Queda claro que no pensó: "Tal vez, si esto del servicio no funciona, tengo el arado guardado en el granero…" "Si fracaso como profeta todavía puedo vender los bueyes…". No, tenía claro que no se abandona un llamado de Dios.

Cada hijo de Dios es convocado a servirle. No todos son llamados al ministerio a tiempo completo, pero a todos el Señor les asigna una o varias tareas. Quizás ayudando a los necesitados, alentando a los abatidos, acompañando al que está solo, dando una palabra de Dios al que necesita dirección… Todos tenemos que responder a ese llamado.

Servir al Señor implicará dejar o entregar algo. Quizás tu tiempo, alguna relación, tus talentos, tus proyectos, asuntos que pueden ser inverosímiles para ti, pero que Dios sabe que pueden transformarse en un estorbo.

Eliseo quemó su arado en señal de compromiso con lo que Dios le estaba pidiendo. Déjame preguntarte: ¿Cuál es tu arado? ¿Te preocupa el cuánto, cómo y cuál será el costo de servir al Señor? ¿Piensas que el servicio es algo reservado para unos pocos? ¿Crees que eres demasiado mayor, demasiado joven, o que estás demasiado ocupado, o demasiado cansado para hacer lo que el Señor te pide? ¿Hay algo que deberías entregarle al Señor para servirle con libertad?

Señor, sé que también me llamas para servirte. Tal vez mis temores, dudas o vergüenza han apagado la voz de tu llamado. Hoy reconozco que servirte es parte del plan que tienes para mi vida y quiero hacerlo con responsabilidad, pasión y fidelidad.

A la manera de Dios

Y el furor de Jehová se encendió contra Uza, y lo hirió, porque había extendido su mano al arca; y murió allí delante de Dios. Y David tuvo pesar...
por lo que llamó aquel lugar Pérez-uza hasta hoy.
1 Crónicas 13:10-11

David quería traer el arca de Dios a Jerusalén. La intención era buena, pero el método no. Dios nunca dijo que el arca se podía trasladar en un carruaje tirado por animales, sino que los sacerdotes eran los responsables. El Señor tuvo que mostrarle a David que las buenas intenciones no eran suficientes, las cosas debía hacerlas a su manera.

Todo marchaba al compás de la música de alabanza y adoración. El ambiente era maravilloso. ¡Nos hubiéramos gozado con el pueblo! Pero Dios no tolera la desobediencia y las consecuencias eran inevitables. Uza murió instantáneamente por tocar el arca.

Cuando David vio lo que le sucedió a Uza, se sintió muy mal. Si lees los pasajes de 1 Crónicas 13:12 y 2 Samuel 6:8-10 verás que pasó por muchos estados de ánimo: "Tuvo pesar", "se entristeció", "temió", "no quiso traer el arca". Tal vez se preguntó: "¿Por qué pasó esto si queríamos agradar a Dios, estábamos adorándole y trayendo su arca?"

Esta situación lo llevó a la ley de Moisés y allí descubrió cómo debía trasladarse el arca. David le dijo al pueblo que el arca de Dios debía ser llevada por los levitas porque solo a ellos había elegido el Señor para transportarla (ver 1 Crónicas 15:2). ¡Ahora sí lo harían de acuerdo a la voluntad de Dios!

Gracias a Dios por el sacrificio de Cristo en la cruz, porque Él logró la propiciación y hoy la ira de Dios no se manifiesta inmediatamente. Si no fuera así, imagínate, sería terrible.

Que esta historia nos ayude a recordar siempre que no podemos relacionarnos con Dios como nosotros creamos conveniente. Él ya definió esa relación a través de su Palabra y nosotros debemos ajustarnos a su voluntad.

Poder acercarnos con libertad al Señor es uno de los más grandes privilegios que tenemos como sus hijos, pero eso no significa que lo hagamos de cualquier manera. No debemos olvidarnos que Él es Dios.

Gracias Señor Jesús por tu sacrificio perfecto en la cruz porque hoy puedo entrar con libertad a tu presencia. Quiero hacerlo en santidad como tú lo demandas.

Jehová-nisi

Y Moisés edificó un altar, y llamó su nombre Jehová-nisi.
Éxodo 17:15

El pueblo hebreo salió de Egipto con mentalidad de esclavo, pero era necesario que cambiaran pronto su manera de pensar para conquistar todo lo que Dios les había prometido. Mientras transitaban por el desierto, el pueblo de Amalec los atacó y debieron decidir rápido si peleaban o sufrían las consecuencias de ese ataque. Aun sin entrenamiento previo, enfrentaron al enemigo y fue evidente que Dios les dio la victoria.

Tal vez recuerdes lo que sucedió en la cima del monte mientras Israel peleaba en el valle. Cuando Moisés alzaba sus brazos, se veía que Israel prevalecía; cuando los bajaba, Amalec avanzaba. Cuando Aarón y Hur se dieron cuenta de esto, le sostuvieron las manos hasta acabar la batalla. Ese día Dios les dio la victoria y en agradecimiento, Moisés construye un altar y lo nombró "Jehová-nisi", que significa Jehová es mi bandera o mi estandarte.

Moisés le dio ese nombre porque sabía que no era la última batalla que librarían y deberían recordar siempre Quién iría delante de Israel: Jehová-nisi. Cada vez que salían a la guerra debían repetirse con mucho ánimo la exhortación de Deuteronomio 20:3-4 y después salir confiados en el nombre del Señor.

Nosotros también enfrentamos batallas espirituales. Luchamos contra el sistema que nos quiere apartar de Dios, contra los malos deseos que reinan en nuestra vieja naturaleza y contra el diablo, el enemigo de Dios y de su pueblo. Pero de la misma manera que el Señor era el estandarte de Israel, lo es para nosotros.

Isaías profetizó que "la raíz de Isaí", Jesús, será la bandera para todos los que le busquen. Dice que el heredero del trono de David será estandarte de salvación para el mundo entero (ver Isaías 11:10). Esta es una profecía de doble referencia, a nivel espiritual se cumple en todos los que reciben a Cristo, y escatológicamente también lo será cuando Él venga a reinar junto con su pueblo. ¡Allí estaremos nosotros!

¡Nadie te podrá hacer frente bajo el amparo del Todopoderoso!

Señor, tú eres mi bandera, mi fortaleza, mi escudo protector y el que me da las fuerzas para avanzar. Solo en ti tengo victorias espirituales.

🙂 27 de septiembre 🙂

Los entusiastas

Después de él Baruc hijo de Zabai con todo fervor restauró otro tramo, desde la esquina hasta la puerta de la casa de Eliasib sumo sacerdote.
Nehemías 3:20

Nehemías había venido desde Susa para dirigir la reconstrucción del muro de Jerusalén. La obra les llevó 52 días de trabajo intenso y culminaron con una fiesta de inauguración extraordinaria en donde dos coros cantaron sobre las murallas.

La construcción la realizó el pueblo porque era una tarea de todos. Cada familia se encargaba de la parte que estaba más cerca de su casa, pero podríamos dividir al pueblo en tres grupos según la actitud que tuvieron frente al trabajo.

El grupo "término medio". La mayoría, tal vez un 80% según los investigadores, hacían la tarea con responsabilidad y cuidado, cumpliendo con la parte que Nehemías les había asignado, pero ni más ni menos.

El grupo perezoso. Los más destacados del pueblo fueron los que menos trabajaron. Nehemías dice que los hombres de Tecoa hicieron su parte, pero sus grandes no se prestaron para ayudar a la obra del Señor (ver Nehemías 3:5). ¡¿Qué pasó con los "grandes"…?! La palabra hebrea para "grande" es *addir*, que significa poderoso, eminente, líder, gobernante y noble. Es increíble que los que tenían cierta posición de autoridad, se creyeran tan grandes que no cumplieron con su parte.

El grupo entusiasta. ¡Aquí está Baruc! Este hombre restauró su parte "con todo fervor". Puedo imaginármelo animando a su familia, trabajando todos con una sonrisa y cantando mientras se construía. Necesitamos gente como ellos, que nos recuerden que cuando trabajamos para el Señor debemos hacerlo con responsabilidad, excelencia y gozo. ¡Con diez Baruc cambiamos el mundo!

¿En qué grupo te encuentras? Los entusiastas son los que hacen la diferencia. Ellos trabajan con motivación y conciencia de dar lo mejor al Señor. Nada les parece demasiado cuando se trata de hacer la obra de Dios. Son los que siguen el consejo del apóstol Pablo: En todo lo que requiere diligencia, debemos dejar la pereza y servirle al Señor con espíritu fervoroso (ver Romanos 12:11).

Señor, quiero servirte con entusiasmo, con un fervor contagioso, y con excelencia. Sé que tú vas a capacitarme para cada tarea.

Hace falta un mensajero

Porque todo aquel que invocare el nombre del Señor, será salvo. ¿Cómo, pues, invocarán a aquel en el cual no han creído? ¿Y cómo creerán en aquel de quien no han oído? ¿Y cómo oirán sin haber quien les predique? ¿Y cómo predicarán si no fueren enviados? Como está escrito: ¡Cuán hermosos son los pies de los que anuncian la paz, de los que anuncian buenas nuevas!
Romanos 10:13-15

Hemos recibido la salvación por gracia de Dios y porque alguien nos habló de Cristo. A mí me predicaron mis padres; a mi esposa, un vecino; a mi padre, un amigo. Y a ti, ¿quién te compartió el evangelio? Si lo recuerdas, dale gracias a Dios por haberlo usado. Sin embargo, no solo debes agradecer, ahora tú también tienes un mensaje para compartir.

El argumento del apóstol Pablo es contundente: para que alguien invoque a Cristo, debe creer en Él; para que crea, necesita escuchar el mensaje; y para escuchar, necesita que alguien se lo predique. Hoy, a través de este devocional, quiero decirte que Dios te ha llamado a ti para anunciar la salvación a todos los que tienes cerca.

Jesús nos dejó el mandato de ir por todo el mundo predicando el evangelio a toda persona (ver Marcos 16:15). Tú y yo estamos incluidos en ese versículo y también en Romanos 10:15.

Hoy, para compartir el Evangelio que el Señor vino a ofrecer a la humanidad, no necesitamos "mover los pies" como antes; quizás debamos mover más las manos en la computadora o los dedos pulgares sobre el teléfono para enviar el mensaje. ¡Cuántos correos sin valor circulan por las redes y qué poco tiempo se invierte en compartir el mensaje que definirá el destino eterno de cada persona!

No es complicado ser un mensajero del evangelio, solo debes haber recibido a Cristo como Salvador. El mensaje está en la Biblia y anunciamos lo que Dios dijo en su Palabra. Cuando el verdadero evangelio es presentado, el Espíritu de Dios es quien convence de pecado y lleva a las personas a Jesucristo.

No olvides que si hemos recibido de gracia, debemos dar de gracia (ver Mateo 10:8). Habla y permite que muchos se beneficien del poder salvador y transformador del evangelio.

Señor, quiero ser un instrumento de salvación a todo aquel que pongas en mi camino. Capacítame para hacerlo con sabiduría y entusiasmo.

Actitud de siervo

Entonces él se sentó y llamó a los doce, y les dijo: Si alguno quiere ser el primero, será el postrero de todos, y el servidor de todos.
Marcos 9:35

Jesús sabía que le quedaba poco tiempo antes de ir a la cruz y se lo dijo a sus seguidores. Sin embargo, sus amigos que debían apoyarlo y ser sensibles a esa situación, estaban pensando solo en ellos mismos al preguntarse quién sería el mayor en el reino de los cielos. Jesús conocía el corazón de sus discípulos y les preguntó abiertamente qué era lo que estaban discutiendo tan acaloradamente en el camino. Nadie respondía. El silencio los delataba. Entonces el Señor les presentó esta paradoja: El que quiera ser el primero, tiene que ser el servidor de todos.

¡Increíble! Cerca de tres años y medio con el Maestro y no habían aprendido humildad y servicio teniéndolo a Él como ejemplo. La Biblia dice que para hacerse semejante a nosotros Jesús se despojó a sí mismo, tomando forma de siervo (ver Filipenses 2:7).

La perspectiva de Jesús es opuesta a la del sistema en que vivimos. Para el Señor, el verdadero éxito es el resultado de una vida entregada, sometida a Dios, obediente a su Palabra y con una actitud de siervo. Incluso antes de ir a la cruz fue el único que tomó el lebrillo, se ciñó la toalla y les lavó los pies a todos sus discípulos, incluyendo a Judas. Después de esto les preguntó si habían entendido los que les había hecho (ver Juan 13:12). Él no estaba instituyendo una nueva ordenanza, el Señor les estaba enseñando una de las lecciones más importantes: el llamado a servir.

Hoy el mensaje sigue siendo el mismo. Los verdaderos discípulos, los grandes en el reino de los cielos, son los que tienen un corazón de siervo. Los grandes líderes son los que sirven, no los servidos. Los que están más cerca de Jesús son los siervos, no los señores. Seguir a Jesús implica servirle y no se trata de una lista de tareas que debemos hacer, sino de una actitud que debe impregnar cada aspecto de nuestra vida.

¿Puedes imaginarte todo lo que el Señor podría hacer a través de nosotros si siguiéramos siempre su ejemplo de servicio?

Comienza tu semana con una actitud diferente, sirviendo a Dios, a tu familia y a quienes lo necesiten. Deja que Él use tu vida para su gloria y que muchos vean a Jesús a través de ti.

Señor Jesús, quiero ser un siervo como tú y estar dispuesto a servirte en lo que me pidas.

Consejos: Debo vs. Quiero

Y el rey respondió al pueblo duramente, dejando el consejo que los ancianos
le habían dado; y les habló conforme al consejo de los jóvenes...
1 Reyes 12:13-14

Todos conocemos la cara del esplendor y la gloria durante el reinado de Salomón, pero no siempre prestamos atención a la otra cara, la del sufrimiento del pueblo por los tributos y el trabajo forzado.

Cuando su hijo Roboam asciende al poder, el pueblo se presentó ante él para pedirle misericordia. Necesitaban que disminuyera algo de la dura servidumbre, del yugo pesado que había puesto sobre ellos (ver 1 Reyes 12:4).

El joven rey dio un buen primer paso diciéndoles que en tres días les daría una respuesta. Tres días para meditar, buscar a Dios y escuchar el consejo de personas sabias que le ayudarían a tomar la decisión correcta. Sin embargo, ignoró el consejo de los ancianos que le recomendaron ser compasivo, y escuchó a sus inmaduros amigos que le decían lo que quería escuchar.

Roboam le respondió al pueblo: "Mi padre agravó vuestro yugo, pero yo añadiré a vuestro yugo; mi padre os castigó con azotes, mas yo os castigaré con escorpiones" (1 Reyes 12:14). ¡Ay Roboam...! El pueblo no lo pudo soportar y se dividió. Desde allí en adelante, diez tribus se separaron formando el Reino del Norte, y él se quedó con el Reino del Sur con solo dos tribus. Mal consejo, mala decisión.

Mi intención no es condenar a Roboam sino tomarlo como ejemplo. Muchas veces pedimos un consejo, pero en realidad ya hemos tomado una decisión en nuestro corazón. En otros casos, buscamos consejeros que nos digan solo lo que queremos oír. En cualquiera de los casos mi pregunta es: ¿para qué buscar consejo entonces?

Si realmente queremos hacer la voluntad de Dios, debemos aprender a seleccionar a nuestros consejeros. El consejo sabio, maduro y espiritual puede mantenernos en la senda correcta.

¿A quién pides consejo? ¿Tienes a alguien que ama a Dios por sobre todas las cosas, que conoce bien su Palabra y actúa dirigido por el Espíritu Santo? Buen consejero, buena decisión.

Señor, dame un corazón humilde para aceptar el consejo de aquellos
que te temen y conocen bien tu Palabra.

No te aísles

Entonces aquellos cinco hombres salieron, y vinieron a Lais; y vieron que el pueblo que habitaba en ella estaba seguro, ocioso y confiado, conforme a la costumbre de los de Sidón... Y estaban lejos de los sidonios, y no tenían negocios con nadie... y los hirieron a filo de espada, y quemaron la ciudad. Y no hubo quien los defendiese.
Jueces 18:7, 27-28

Lais era una ciudad cananea situada al norte de Jerusalén. Estaba separada de los habitantes de Sidón y no había establecido alianzas militares con nadie. Los habitantes de esa ciudad tenían costumbres parecidas a los sidonios, abocados más a la agricultura y al comercio que a los conflictos bélicos.

La principal debilidad de esta ciudad fue estar aislada. Sus habitantes creían que no necesitaban la ayuda de nadie. ¿Cómo llegaron a este punto? Dice el versículo que leímos que "estaban seguros, ociosos y confiados". Ese fue el motivo de su caída.

Puede que en algún momento de nuestra vida nos sintamos como los ciudadanos de Lais, "seguros, ociosos y confiados", a tal punto que dejemos de relacionarnos, de comunicarnos, de animarnos y de orar unos por otros. El diablo sabe que si logra separarnos del Cuerpo de Cristo somos presa fácil.

Hay una vieja ilustración que alguna vez escuché sobre un pastor que fue a visitar a un hermano que hacía tiempo que no veía. Mientras los dos se sentaban frente a una fogata, este hermano comenzó a contarle los motivos que le impedían asistir a la iglesia. El pastor, en medio de la conversación, se inclinó hacia el fuego y separó un trozo de leña de las llamas y poco a poco se fue apagando. Enseguida el hermano entendió el mensaje y a partir de ese día nunca dejó de congregarse. Buen ejemplo para nosotros.

Hebreros 10:25 dice que no debemos dejar de congregarnos, no debemos acostumbrarnos a dejar de compartir con nuestra familia espiritual, porque la venida del Señor está cerca.

Nunca abandones la comunión. Necesitamos hoy más que nunca seguir ayudándonos unos a otros con amor, nutriéndonos espiritualmente, animándonos en tiempos difíciles, y creciendo en unidad para ser de bendición.

Gracias por tu Iglesia, por la comunión, porque somos uno en ti.

El llanto de angustia de Jesús

Y cuando llegó cerca de la ciudad, al verla, lloró sobre ella, diciendo: ¡Oh, si también tú conocieses, a lo menos en este tu día, lo que es para tu paz…! Porque vendrán días sobre ti, cuando tus enemigos te rodearán con vallado, y te sitiarán, y por todas partes te estrecharán, y te derribarán a tierra, y a tus hijos dentro de ti, y no dejarán en ti piedra sobre piedra, por cuanto no conociste el tiempo de tu visitación.
Lucas 19:41-44

Cuando Jesús entró triunfante a Jerusalén montado sobre un pollino de asna, debió haber sido el momento de mayor gozo. ¡Al fin su pueblo lo estaba reconociendo como Rey! Sin embargo, había tristeza, pesar, angustia en su corazón, a tal punto, que entró a la ciudad llorando en medio de una ovación popular. ¿Por qué se conmovió tanto el corazón de Jesús?

Jesús lloró por la indiferencia espiritual. El Señor conocía los corazones y sabía muy bien que los que hoy le decían "Hosanna", mañana le dirían "crucifícale". Muchos le seguían por lo que el Señor podía darles, pero cuando las condiciones cambiaran y ellos tuvieran que mostrar verdadera fidelidad, lo abandonarían.

Jesús lloró por la dureza de corazón. Eran personas que podían ver la obra del Mesías clara y contundentemente, pero no lo querían reconocer (ver Juan 9:40-41).

Jesús lloró por la incredulidad. Grandes multitudes seguían a Jesús aparentando tener fe, pero en realidad eran incrédulos, a tal punto que en algunas ciudades no pudo hacer ningún milagro. Jesús se asombró de la incredulidad que había en su propio pueblo (ver Marcos 6:5-6).

Jesús lloró por las consecuencias del rechazo. Siempre que alguien rehúsa creer en Cristo sufre las consecuencias; pueden ser personales, familiares, laborales y hasta nacionales; pueden ser inmediatas o remotas. Israel lo vivió en carne propia cuando los romanos destruyeron a Jerusalén en el año 70 d.C., hecho que había sido profetizado justamente por Jesús.

Hoy es el día de abrir el corazón a Cristo. Aceptarlo trae salvación, pero rechazarlo graves consecuencias. Hoy es tiempo aceptable (ver 2 Corintios 6:1-2).

Señor, ayúdame a transmitir tu mensaje a los que no te conocen. Dame la sabiduría, paciencia y humildad para ser constante a pesar del rechazo.

¿Quién eres tú?

Yo, yo soy vuestro consolador. ¿Quién eres tú para que tengas temor del hombre que es mortal, y del hijo de hombre que es como heno? Porque yo Jehová, que agito el mar y hago rugir sus ondas, soy tu Dios, cuyo nombre es Jehová de los ejércitos.
Isaías 51:12, 15

¡Cuántas veces tenemos temor de lo que algunas personas nos puedan hacer y olvidamos Quién es nuestro Dios! En este pasaje, el Señor mismo nos dice que está a nuestro lado siempre y que hace justicia a los que le claman constantemente. Nada ni nadie puede contra nuestro Dios Todopoderoso.

El Señor nos confronta con esta pregunta: "¿Quién eres tú?" Según nuestra respuesta será la actitud que tengamos frente a la oposición, la injusticia, la intimidación o prepotencia humana. Si solo miramos nuestras debilidades, entonces seremos intimidados por el enemigo. Pero si nos miramos en Dios, la respuesta es diferente.

Considera a los hombres y a las mujeres de Dios de todas las épocas. Ellos eran iguales que nosotros, frágiles y vulnerables, pero ponían su confianza en el Señor y eso los fortalecía. No confiaban en sí mismos sino en Dios que les daba la victoria.

Un héroe de la fe que tenía muy claro quién era en las manos de Dios fue Nehemías. Él tuvo que enfrentar muchos desafíos, y lo hizo con su confianza puesta en el Señor. ¿Recuerdas su contundente respuesta cuando el enemigo lo intimó a que se escondiera en el templo para salvar su vida? "Entonces dije: ¿Un hombre como yo ha de huir? ¿Y quién, que fuera como yo, entraría al templo para salvar su vida? No entraré" (Nehemías 6:11). ¡Que tremendo hombre de Dios! Nehemías sabía que el Señor le había delegado autoridad divina para cumplir con la tarea que tenía por delante, y quien se atreviera a tocarlo debería enfrentarse con Dios mismo.

¿Quién eres tú? ¿Eres consciente de tu posición espiritual? ¿Usas la autoridad que te delegó el Señor para derrotar toda fuerza del enemigo? El secreto de tus victorias radica en saber quién eres en Cristo y Quién respalda tu vida. "Porque yo Jehová, que agito el mar y hago rugir sus ondas, soy tu Dios, cuyo nombre es Jehová de los ejércitos".

Padre Celestial, soy tu hijo y confío en el poder que me delegaste para enfrentar cada uno de los desafíos que tengo por delante. ¡Tú estás conmigo!

No dejes de orar

También les refirió Jesús una parábola sobre la necesidad de orar siempre, y no desmayar… ¿Y acaso Dios no hará justicia a sus escogidos, que claman a él día y noche? ¿Se tardará en responderles? Os digo que pronto les hará justicia…
Lucas 18:1, 7-8

Jesús nos conoce. Sabe que hay momentos en que comenzamos a descuidar nuestra vida de oración. Por eso nos dejó esta parábola. A través de ella nos cuenta el caso de un juez malo que le hizo justicia a una viuda que le pedía ayuda de manera insistente. Con tal de no escucharla más le concedió su petición. La reflexión de Jesús es: si un juez malo le hizo justicia a esta mujer, ¡cómo Dios, el juez bueno y justo, no responderá la petición de sus hijos amados!

También añadió algo muy importante: no es cuestión de hacer una oración y nada más… Esa actitud no manifiesta compromiso ni interés en lo que Dios puede hacer. El Señor quiere ver que nuestra fe está puesta en Él y que estamos dispuestos a perseverar hasta que llegue su respuesta.

Recordemos que Santiago 1:6-7 nos dice que debemos pedir con fe, no dudando nada; porque si dudamos somos semejantes a las olas del mar, llevadas por el viento de una parte a otra. De esa manera nunca recibiremos nada de parte de Dios. Si somos inconstantes en la oración, no deberíamos esperar respuestas.

Persevera en la oración siempre, mantente firme y creyendo que la respuesta está en camino. A veces hay situaciones espirituales que no conocemos, como le pasó a Daniel. Tres semanas orando sin cesar, sin abandonar su petición y la respuesta que Dios le había enviado en el mismo momento que comenzó a orar, estaba detenida por una lucha espiritual (ver Daniel 10:12-13). Tres semanas después, la respuesta llegó.

¿Cuán perseverante eres en tus tiempos de oración? ¿Has dejado de interceder por tus seres queridos? ¿Piensas que ya no necesitas orar porque Dios sabe todas las cosas? Recuerda que Él mismo nos dice que debemos orar sin desmayar.

Las respuestas pueden estar en camino y a punto de llegar si nos mantenemos de rodillas ante Dios.

Señor, enséñame a perseverar en oración porque tú siempre respondes a tus hijos que claman a ti. Ayúdame a confiar en tus tiempos perfectos.

¿De qué lado estás?

Y acercándose Elías a todo el pueblo, dijo: ¿Hasta cuándo claudicaréis vosotros entre dos pensamientos? Si Jehová es Dios, seguidle; y si Baal, id en pos de él. Y el pueblo no respondió palabra.
1 Reyes 18:21

Elías parecía ser el único hombre de Dios de su época digno de confianza. Los demás israelitas seguían sus propios deseos o se dejaban arrastrar por la presión social. La moda era ser seguidor de Baal, un espantoso dios de los cananitas.

Imagínate comenzar cada semana con compañeros de trabajo "baalistas". Los lunes por la mañana solo hablaban de las fiestas que habían tenido en honor al dios pagano, de los hombres y las mujeres que habían conocido, de los licores que habían probado, de los nuevos juegos que habían inventado. Pero cuando les preguntabas a estos judíos si creían en Dios, te aseguraban que Jehová era su Dios, como lo era también el de sus padres y abuelos. Ah, la tradición había que respetarla... Así que por un lado seguían a Baal y tradicionalmente a Jehová.

Elías fue sensible al Señor y tomó la decisión de hacer algo al respecto. En medio de un país en caos debido a la falta de liderazgo espiritual, se puso de pie y confrontó a sus compatriotas con estas palabras: "¿Hasta cuándo van a estar claudicando entre dos pensamientos? Es decir, decídanse por un solo camino.

Los hombres estaban "claudicando". Esta palabra significa ceder, rendirse o renunciar, generalmente por causa de una presión externa. ¿No es acaso el mismo problema que tenemos hoy? Muchos que han escuchado el evangelio siguen dudando entre rendirse a Dios o continuar bajo la presión de grupo.

Cada día enfrentamos situaciones que nos llevan a decidir entre obedecer a Dios o seguir lo que nos dicen los demás. En el momento en que dudamos, estamos igual que los israelitas en tiempos del profeta Elías, claudicando entre dos pensamientos.

El mundo necesita personas que tengan convicciones firmes a pesar de las presiones. Tú y yo somos los instrumentos de Dios para esta hora. ¿De qué lado estás?

Señor, he decidido rendirme a ti y serte fiel por el resto de mi vida.
¡Tú eres mi Dios!

Jehová Shalom

Pero Jehová le dijo: Paz a ti; no tengas temor, no morirás. Y edificó allí Gedeón altar a Jehová, y lo llamó Jehová-salom; el cual permanece hasta hoy en Ofra de los abiezeritas.
Jueces 6:23-24

Cuando Gedeón fue llamado a libertar a Israel de los madianitas, vio cara a cara a un ángel de Dios y creyó que iba a morir. Los israelitas creían que no podían ver a Dios y seguir vivos de acuerdo con lo que el Señor le había dicho a Moisés (ver Éxodo 33:20). Tal vez Gedeón pensó que también aplicaba con los ángeles. Ese encuentro lo aterró hasta que Dios mismo le dijo: "Paz a ti, no tengas temor, no morirás".

¡Qué alivio habrá sentido Gedeón! Estaba empezando a conocer a un Dios cercano, capaz de relacionarse con él y seguir vivo. Después de esta experiencia, Gedeón levantó un altar y lo llamó "Jehová-Salom" (o Shalom) que significa "Jehová es paz".

La paz a la que hace referencia Gedeón no era simplemente quietud interior o no tener problemas. Este varón levantó ese altar porque había recibido la paz de Dios. Mientras otros creían que para recibir algo de sus dioses debían hacer sacrificios, promesas y ofrendas, Gedeón simplemente recibió paz como un regalo del Señor.

Este juez de Israel se comprometió con el Dador de la verdadera paz. Por mandato de Dios destruyó todos los ídolos de su comunidad ya que nunca habían tenido paz al poner su confianza en ellos. Ahora era diferente. El Dios verdadero, venía a darles paz verdadera.

Los que seguían a otros dioses ¡querían matar al que estaba trayendo paz! Qué paradójico que es el mundo. Gedeón pudo escapar de las manos de los airados idólatras... pero a Jesús lo crucificaron. Sin embargo, por su muerte en la cruz logró la paz con Dios para todo aquel que cree en él.

Jesús sigue siendo el Dador de paz. Si estamos seguros de que Él nos ama incondicionalmente, tiene el control de cada situación, y está determinado a hacer que todo obre para nuestro bien, entonces tendremos la paz que nos ha prometido.

Si el Príncipe de Paz vive en tu corazón y lo controla, celebremos juntos. ¡Shalom!

A pesar de las situaciones difíciles que debamos atravesar, gracias por tu paz.

En armonía con la Palabra de Dios

Simón ha contado cómo Dios visitó por primera vez a los gentiles, para tomar de ellos pueblo para su nombre. Y con esto concuerdan las palabras de los profetas, como está escrito.
Hechos 15:14-15

La Iglesia primitiva se reunió en Jerusalén para acordar que las personas que no eran judías, pero habían recibido a Cristo como Salvador, eran parte del pueblo de Dios en igualdad de condiciones que los judíos. Cuando escucharon el testimonio de Pedro, reconocieron que si el Espíritu se había derramado en todos por igual, nadie podía hacer diferencias.

Jacobo hizo un comentario maravilloso acerca del proceder de Pedro. Lo que había hecho el apóstol al llevar el mensaje de salvación a los gentiles "concordaba" con lo que decían las Sagradas Escrituras acerca de lo que estaba pasando. La palabra concordar en griego es el vocablo *symfoneo*, de donde deriva nuestra palabra castellana "sinfonía" que tiene el significado de sonar al unísono, ser armonioso.

Los hechos de Pedro estaban en armonía con lo que decía la Palabra de Dios, sus acciones no "desafinaban" con las Escrituras, iba al ritmo de lo que Dios decía y su vida estaba respaldada incluso por los profetas de la antigüedad. ¡Qué poética manera de expresar la guía del Espíritu Santo!

Tú y yo tenemos al mismo Espíritu habitando en nuestro corazón desde el día que recibimos a Cristo como Salvador. Él es el Director que nos recuerda constantemente que todas nuestras acciones deben estar de acuerdo con la Palabra de Dios (ver Juan 14:26).

Cada día tenemos la oportunidad de que nuestras vidas "suenen armónicamente" según lo que dice la Biblia. Primero, para nuestro público número uno: Dios. Cuando nuestras decisiones se ajustan a su voluntad, es música para sus oídos.

En segundo lugar, el público que nos rodea cotidianamente se da cuenta enseguida si "desafinamos" en nuestras palabras o en nuestra conducta. Hay que prestar atención. Muchos piensan que cantan muy bien hasta que otro los escucha... Debemos ajustar primero nuestra conducta al consejo de la Palabra, entonces los demás lo notarán también. Necesitamos leer la Biblia. ¡Estudiemos la Partitura!

Que cada día mi vida armonice con tu Palabra.

Creador y Formador

Ahora, así dice Jehová, Creador tuyo, oh Jacob, y Formador tuyo, oh Israel:
No temas, porque yo te redimí; te puse nombre, mío eres tú.
Isaías 43:1

Hubo una profecía antes del nacimiento de Jacob que decía que "el mayor serviría al menor". Además de formarlo en el vientre de su madre, Dios también tenía preparado un plan para su vida.

Jacob, el hijo menor de Isaac, anheló siempre la bendición de Dios, aunque sus métodos para obtenerla dejaban mucho que desear. En cierta ocasión aprovechó el hambre de su hermano para que le vendiera la primogenitura por un plato de lentejas. Años más tarde, cuando Isaac estaba en sus últimos días de vida, llamó a Esaú para darle su bendición y Jacob se hizo pasar por él. Esta situación le llevó a huir a Harán escapando de la ira de su hermano.

A pesar de todo, Dios tuvo misericordia de Jacob. Después de luchar con un ángel en Peniel y salir victorioso, su nombre "suplantador y engañador" (Jacob) es cambiado por Israel, que significa "el que lucha con Dios" (ver Génesis 32:28). Nuevo nombre, nuevo comienzo. Poco tiempo después, él mismo levantó un altar al Señor y lo llamó "El Dios de Israel" (ver Génesis 33:20).

A partir del cambio de nombre, Dios fue el "Formador de Israel", llevándolo por un proceso constante de transformación, dándole una nueva identidad. Israel, el ex Jacob, debía someter su orgullo, su astucia, sus artimañas, sus engaños, para depender de Dios en todo. Así fue transformado en el líder de un pueblo que Dios también estaba formando para su gloria.

El Señor también ha sido el Creador tuyo y es tu Formador. Cada evento en tu vida es parte de su plan. Las cosas buenas y no tan buenas, todo sirve para seguir formándote. Así que no desesperes, Dios aún no ha terminado.

Este día está conectado con los propósitos que Dios espera cumplir en tu vida. Permítele que no solo sea el Creador tuyo, sino también tu Formador.

Señor, tú eres mi Creador y también mi Formador. Te entrego todo mi ser en este día para que tú continúes la obra que has comenzado en mí.

Estar con Jesús

Entonces viendo el denuedo de Pedro y de Juan, y sabiendo que eran hombres sin letras y del vulgo, se maravillaban; y les reconocían que habían estado con Jesús.
Hechos 4:13

Allí estaban dos de los discípulos del Señor frente a los sabios religiosos que los intimidaban para que no hablaran más de Jesús. ¡Imposible! ¡Cómo iban a dejar de decir lo que habían visto y oído! Pedro dio un sermón tan poderoso que esta gente quedó maravillada y solo pudieron balbucear: "Han estado con Jesús…"

Pedro y Juan no sobresalían por su educación secular, por pertenecer a la alta sociedad, o venir de familias de renombre. No, nada que destacar humanamente hablando. Pero la gran diferencia en sus vidas la había hecho la Persona con quien habían estado los últimos tres años y medio. Se habían relacionado tan estrechamente con el Hijo de Dios que habían asimilado sus palabras, su forma de mirar a las personas, su sentir, y tal vez hasta su vocabulario. Pero además fueron llenos del Espíritu Santo para ser sus testigos.

Cuando un discípulo ha estado con Jesús se nota en su manera de hablar. Sus palabras son dichas con autoridad. Después que Pedro y Juan sanaran al paralítico, los religiosos judíos le preguntaron con qué autoridad o en nombre de quién habían actuado… ¡En el nombre de Jesucristo de Nazaret! Ahí radica la autoridad.

Un discípulo que ha estado con Jesús manifiesta convicciones firmes. Tiene una fe inquebrantable porque sabe en Quién ha creído.

Un discípulo que ha estado con Jesús está dispuesto a todo por amor al Señor, incluso a perder su propia vida. Pedro y Juan fueron muy contundentes ante la intimidación de las autoridades religiosas. No había manera de atemorizarlos.

Un discípulo que ha estado con Jesús tiene un mensaje claro que transmitir. ¿Puedes decir como ellos que en ningún otro, excepto Cristo, hay salvación? Jesús es el único camino a Dios. Final de la discusión. Lo aceptas o lo rechazas. El mensaje no se negocia.

Necesitamos la autoridad, las convicciones firmes y la disposición que tenían los primeros discípulos para transmitir lo que Cristo vino a ofrecer al mundo. Jesús cambió sus vidas para siempre. ¿Y la tuya?

Señor Jesús, no puedo quedarme callado ante todo lo que has hecho por mí.

Que Dios conceda tus peticiones

Te dé conforme al deseo de tu corazón, y cumpla todo tu consejo. Nosotros nos alegraremos en tu salvación… conceda Jehová todas tus peticiones.
Salmo 20:4-5

¡Qué buen deseo que expresa el rey David! Que el Señor conceda todas tus peticiones y te dé conforme al deseo de tu corazón.

Sí, Dios concede los deseos de un corazón… contrito y humillado. Eso dice exactamente el Salmo 51:17. ¿Por qué Dios concedería las peticiones de un corazón soberbio, egoísta, orgulloso y rebelde? Si fuera así, estaría en contra de lo que dice su Palabra. Pero donde hay humildad y sometimiento a Dios, hay respuestas a las oraciones. El Señor contestó la petición de un publicano arrepentido, pero no la de un fariseo que oraba consigo mismo (ver Lucas 18:11).

Dios concede las peticiones de un corazón que permanece unido a Jesús y a su Palabra. Jesús dijo que si permanecemos unidos a Él y a su Palabra podemos pedir "lo que queramos" y será hecho (ver Juan 15:7). Si nuestros deseos se ajustan más a la cultura popular que a lo que Cristo dice, entonces estamos en problemas, pero si ajustamos nuestros deseos a lo que Él desea para nosotros, entonces siempre serán respondidas nuestras peticiones.

Dios concede las peticiones de un corazón que pide conforme a su voluntad. Cuando tenemos su mismo corazón, sabemos qué pedir porque conocemos la voluntad de Dios. Nuestra confianza está asegurada al saber que si pedimos alguna cosa "conforme a su voluntad", él siempre nos oye (ver 1 Juan 5:14).

Dios concede las peticiones de un corazón paciente, que sabe esperar en Él (ver Salmo 31:15). No todo es instantáneo. Dios trabaja en asuntos que no conocemos y responde nuestras peticiones en el momento perfecto.

Cuando se trate de los deseos de tu corazón, ora teniendo en cuenta las palabras del salmo y pídele al Señor que armonice tus deseos con los de Él, entonces verás sus respuestas.

Señor, te entrego todos mis anhelos más íntimos para que tú lo evalúes y quites de mi corazón aquellos que no están en concordancia con tu voluntad. Te entrego mis peticiones porque sé que responderás en tu tiempo.

Invoca su Nombre

Y todo aquel que invocare el nombre del Señor, será salvo.
Hechos 2:21

Víctor Polischuk fue un inmigrante ucraniano que vivió en el norte de Argentina. Allí comenzó su historia cristiana.

Mientras trabajaba en el campo fue pateado por un caballo que lo dejó tendido en el suelo sin poder moverse, solo podía tocarse el pecho y notar que varias de sus costillas estaban quebradas. Inmóvil, pudo recordar un versículo que había aprendido en la iglesia ortodoxa de su país cuando era niño, y con toda su alma exclamó: "¡Dios mío, Dios mío, ¿por qué me has desamparado?!" En ese momento, una luz del cielo tocó su cuerpo y sus costillas fueron sanadas. Se levantó maravillado por lo que había experimentado. ¡El Señor respondió a alguien que invocó su Nombre!

Inmediatamente buscó una iglesia y allí entregó su vida a Cristo, se bautizó, fue lleno del Espíritu Santo y Dios comenzó a usarlo. Predicaba el evangelio en todos los pueblos vecinos. Ponía sus manos sobre los enfermos y eran sanados, endemoniados liberados, creyentes eran llenos del Espíritu Santo. ¡Dios se movía con poder!

En cierta ocasión, lo invitaron a compartir el evangelio en un lugar al que solo se podía llegar caminando. Después de andar varias horas, exhausto, se recostó y se quedó dormido. De pronto lo despertó un ángel y recibió fuerzas sobrenaturales para poder seguir hasta el pueblo donde compartiría la Palabra. Al llegar, esa noche Dios hizo cosas tremendas: salvación, sanidad y liberación. ¡El Señor seguía manifestándose a través de un simple hombre que invocaba su Nombre!

Una noche, ya anciano y parapléjico, le pidió a su familia que abrieran las ventanas de su habitación y les dijo que ángeles habían venido a llevarlo a la presencia de Dios. En ese mismo instante falleció. ¡Tal era su intimidad con el Señor!

¿Por qué te conté la historia de mi abuelo? Porque es alguien que conocí, con sus virtudes y defectos. Un hombre sencillo pero lleno de fe que invocó el Nombre del Señor y fue salvo. Su vida me sigue recordando que Jesucristo es el mismo, ayer, hoy y por los siglos. El mismo Dios que estuvo con Moisés, Elías, Juan el Bautista, Víctor y Pablo Polischuk, está con todo aquel que le invoca de corazón.

¡Señor, sé que me escuchas y a ti te invoco como mi Dios Todopoderoso!

Renueva tu armadura

Y en toda la tierra de Israel no se hallaba herrero; porque los filisteos
habían dicho: Para que los hebreos no hagan espada o lanza.
1 Samuel 13:19

Hacía poco tiempo que Saúl había sido coronado rey de Israel y todavía estaban sufriendo las consecuencias del sometimiento de los filisteos, un enemigo constante del pueblo de Dios.

Cuando Saúl comenzó a organizar a su ejército se dio cuenta de que no había ni un solo herrero en todo su territorio. ¿A qué se debía esto? Bueno, sus enemigos se habían encargado de que Israel no tuviera herreros para que no pudieran construir sus espadas y lanzas. Una estrategia que les había funcionado hasta el momento. Sin armas, no hay victorias.

Esta vieja estrategia militar es la más usada en estos días por Satanás contra el pueblo de Dios. Si él nos quita las armas espirituales, no hay manera de vivir en victoria espiritualmente hablando. Los esfuerzos del enemigo están dirigidos a que ningún hijo de Dios tome cartas en el asunto y haga algo para cambiar la situación.

El apóstol Pablo se tomó el tiempo de explicarnos con detalles la armadura del creyente. Por favor, lee el pasaje de Efesios 6:14-18.

El diablo quiere desarmarte. Quiere robarte la verdad con mentiras y "evangelios" extraños para que no vivas en la libertad que trae Jesús. Quiere que dudes de tu posición de justificado en Cristo, haciéndote sentir culpable, con vergüenza y temor después de haberte reconciliado con el Señor. Quiere quitarte la paz. ¿Lo has notado últimamente? Ha enviado todos sus ataques para desenfocarte de Jesús, para que mires solo a las circunstancias, para que tengas miedo del futuro y así desestabilizarte. Quiere quitarte la fe en las promesas de Dios, porque son el escudo contra sus ataques. Sobre todo, no quiere que uses la Palabra de Dios, y hace todo lo posible para alejarte de tus encuentros diarios con el Señor a través de la oración. Si estás desarmado, entonces no habrá victoria.

Analiza dónde están los agujeros en tu armadura espiritual y permítele al Espíritu Santo ser tu "herrero" para restaurarla. Cuando Él toma el control, sientes otra vez que puedes defender lo que el Señor te ha dado. Entonces vas a ver cumplido en tu vida el propósito de esa armadura: estar firmes.

Gracias Señor por haberme vestido con la armadura espiritual. Estoy firme.

Dios hace cosas nuevas

No os acordéis de las cosas pasadas, ni traigáis a memoria las cosas antiguas.
He aquí que yo hago cosa nueva; pronto saldrá a luz; ¿no la conoceréis?
Otra vez abriré camino en el desierto, y ríos en la soledad.
Isaías 43:18-19

Dios mostraría misericordia a su pueblo Israel y lo restauraría, no porque ellos merecieran su gracia, sino por su maravilloso amor. Él jamás deja en el olvido a quien ama.

Las profecías decían que el pueblo sería llevado cautivo por su pecado, pero Dios traería una nueva etapa en donde serían testigos de sus milagros y maravillas. Si Dios había sacado a Israel de Egipto con mano poderosa, ahora los libraría de Babilonia y les daría protección, cuidado, provisión y haría caminos donde no había. El pueblo solo debía dejar atrás el pasado, los tiempos malos, las pérdidas, los fracasos, los recuerdos tristes y mirar hacia adelante.

Cuando el Espíritu Santo inspiró a Isaías a escribir esta profecía, no anunció únicamente lo que el Señor haría con su pueblo Israel, sino que también abarcaba su plan eterno, y no sé si sabías… ¡en él estamos incluidos tú y yo!

Desde el momento en que aceptamos a Cristo como nuestro Salvador, el Espíritu Santo comienza a transformarnos y todas aquellas cosas que nos esclavizaban quedan atrás y podemos disfrutar de una nueva vida. ¡Aleluya!

El apóstol Pablo tenía muy presente todas las promesas de Dios y las aplicaba a su vida constantemente. Él menciona que las cosas pasadas ya estaban en el olvido y ahora miraba hacia adelante, ponía los ojos en la meta (ver Filipenses 3:13-14).

No necesitas un suceso extraordinario ni una fecha especial para comenzar a experimentar el cumplimiento de las promesas de Dios. Solo necesitas creer, poner tu confianza en el Señor que es el dueño absoluto de tu vida, y ver cómo te conduce a través del plan que trazó para ti con mano poderosa.

Definitivamente, hoy es el día. ¡Mira a Jesucristo, pon tu fe en marcha y ve hacia adelante!

¡Aleluya! Tú traes una nueva etapa a mi vida y me moveré en la dirección que me indiques.

293

Renueva un espíritu recto

Crea en mí, oh Dios, un corazón limpio, y renueva
un espíritu recto dentro de mí.
Salmo 51:10

David escribió este salmo después de haber sido confrontado por el profeta Natán, quien le habló de los pecados que estaba ocultando: adulterio y asesinato, pecados que se castigaban con la muerte según la Ley de Moisés. Sin embargo, Dios tuvo misericordia al ver su sincero arrepentimiento.

Cuando el profeta Natán habló con el rey, el niño que había sido concebido en adulterio ya había nacido, y por lo que leemos en la Biblia, durante ese año no hubo en David ninguna señal de arrepentimiento. Su corazón estaba perdiendo sensibilidad, su conciencia estaba adormecida.

Después de haber urdido un plan para que su pecado no saliera a la luz, todo parecía indicar que había funcionado. Pero a Dios no podemos engañarlo. Entonces envió al profeta, quien lo confrontó sabiamente, y al fin David se arrepiente (ver 2 Samuel 12:1-15).

El rey que había tenido un corazón conforme al de Dios ahora se sincera ante Él, clama por misericordia y le pide que renueve un "espíritu recto dentro de él". Dios lo perdona y lo restaura espiritualmente, pero las consecuencias de sus pecados fueron inevitables.

David había perdido la rectitud de espíritu. Se permitió muchas cosas que a Dios no le agradaban. Un desvío aquí, otro desvío allá, y la línea que demarcaba lo que era bueno o malo ya no estaba tan recta. Demasiados borrones en la línea no permitían verla con claridad.

David es un ejemplo para nosotros. Tal vez nos deslicemos en acciones diferentes, pero son pecados al fin. Si en vez de arrepentirnos inmediatamente tratamos de justificarnos, nuestro corazón se endurece.

Siempre habrá misericordia y perdón… pero para el que se arrepiente, confiesa su pecado y somete su corazón a Dios para que obre un cambio. Pero si demoramos en dar este paso podemos volvernos insensibles a la voz del Espíritu Santo.

Pidámosle a Dios cada día que perfeccione continuamente la santidad en nuestras vidas.

Señor, prueba mi corazón. No permitas que justifique ningún pecado.
Gracias por tu perdón restaurador.

Irreprensibles bajo presión

Entonces los gobernadores y sátrapas buscaban ocasión para acusar a Daniel en lo relacionado al reino; mas no podían hallar ocasión alguna o falta, porque él era fiel, y ningún vicio ni falta fue hallado en él. Entonces dijeron aquellos hombres: No hallaremos contra este Daniel ocasión alguna para acusarle, si no la hallamos contra él en relación con la ley de su Dios.
Daniel 6:4-5

Si te has quejado por tus compañeros de trabajo, ¡no querrás saber cómo eran los de Daniel! Ellos no querían que él perdiera su trabajo, no, ¡querían que perdiera la vida! Pero no había manera de encontrarle faltas. Nada. No mentía, no descuidaba su trabajo, no desobedecía las órdenes superiores… Excepto que ponía en primer lugar a Dios. Entonces, sus "amigos-enemigos" pensaron que con esto podían tenderle una trampa.

Toma un tiempo extra y lee la historia completa en Daniel 6. Sé que conoces la historia, pero a veces olvidamos los detalles. Cuando Daniel se enteró del edicto que decía que no podían expresar devoción a ningún dios excepto al rey, él se mantuvo firme en sus convicciones espirituales. No tuvo miedo a las represalias. Como solía hacerlo (v. 10), siguió orando tres veces al día y dando gracias al Señor. Nota que no solo oraba, sino que daba gracias a Dios ¡aun en los momentos más críticos de su vida!

En términos del Nuevo Testamento, Daniel fue "irreprensible". Esta palabra en el original significa que no puede ser tomado. Usualmente se usaba para describir una taza que no tenía aza y que no se sabía por dónde agarrarla cuando estaba caliente. Así era Daniel, y así debe ser nuestra conducta. Nadie debería atraparnos en ninguna falta porque nuestro testimonio es intachable.

En estos días, el diablo intenta probar nuestra fidelidad a Dios. Habrá personas que nos lanzarán preguntas para probar nuestra fe: "Si Dios es bueno, ¿por qué permite el dolor?" "Si Dios es amor, ¿por qué permite el sufrimiento?" "Si el Padre dice que nos cuida, ¿por qué nos enfermamos?" Todas estas preguntas tienen respuesta en la Biblia, pero bajo presión, puede ser que comencemos a dudar.

Daniel fue librado, no *del* foso, sino *en* el foso. Ningún león pudo abrir su boca contra él. Dios se encargó de respaldar su integridad.

Señor, que ninguna presión logre cambiar mis convicciones.
Que mi fidelidad a ti no esté sujeta a las circunstancias.

Determinado a edificar

Yo, por tanto, he determinado ahora edificar casa al nombre de Jehová mi Dios, según lo que Jehová habló a David mi padre, diciendo: Tu hijo, a quien yo pondré en el trono en lugar tuyo, él edificará casa a mi nombre.
1 Reyes 5:5

Salomón determinó edificar una casa para el Señor. La palabra determinar en hebreo significa afirmar, anunciar, dar aviso, contar, declarar y prometer. Este verbo se refiere a lo que se comunica a través de las palabras y de los hechos de una persona. Determinar es manifestar con acciones lo que se ha decidido en el corazón. Este rey dijo a todo el reino lo que había resuelto en su corazón y en los siguientes años se vio reflejado en la construcción del templo más extraordinario de la historia.

Nuestras determinaciones siempre manifiestan las prioridades de nuestro corazón. Si para nosotros lo más importante es que Dios gobierne cada área de nuestra vida, entonces determinaremos construir nuestra vida espiritual continuamente. Cualquiera otra resolución que hagamos deberá estar sujeta a esta determinación.

Hoy, nosotros somos el verdadero templo de Dios (ver 1 Corintios 3:16-17). El Espíritu Santo habita en nosotros. La verdadera santidad comienza en nuestro espíritu, en el corazón, en nuestros pensamientos, para afectar de manera integral todo nuestro ser.

Las determinaciones que hacemos internamente también se expresan públicamente. Ningún verdadero hijo de Dios debe avergonzarse de sus decisiones por Cristo. Por otro lado, cuando hacemos declaraciones públicas nos estamos comprometiendo verdaderamente a llevarlas a cabo. Lo que expresamos externamente es la manifestación de lo que creemos.

Una determinación verdadera permanecerá a través del tiempo. Salomón tardó aproximadamente siete años en terminar el templo, pero nunca hizo una pausa ni se desanimó viendo todo el trabajo que había que hacer. Salomón siempre vio la mano de Dios proveyendo todo lo que necesitaba, incluso ayudantes idóneos. Cuando estamos determinados a que el Señor edifique nuestra vida, Él nos enviará la ayuda necesaria.

Que tu determinación de seguir construyendo tu vida espiritual bajo cualquier circunstancia se mantenga firme. Dios ha comenzado una excelente obra en ti. Permítele completarla.

Señor, gracias por perfeccionar cada día la obra que comenzaste en mí.

Fuego en mis huesos

Y dije: No me acordaré más de él, ni hablaré más en su nombre; no obstante, había en mi corazón como un fuego ardiente metido en mis huesos; traté de sufrirlo, y no pude.
Jeremías 20:9

La situación de un profeta en la época de los últimos reyes de Judá era terrible. Jeremías debió confrontar a prácticamente todo el pueblo. Todos conspiraban contra él.

Jeremías era una persona importante dentro del pueblo debido a su genealogía. Dice la Biblia que era hijo de Hilcías, de los sacerdotes que vivían en Anatot, de la tribu de Benjamín (ver Jeremías 1:1). Si lees la historia de su padre encontrarás que era el sumo sacerdote en tiempos de Josías (ver 2 Reyes 22:8).

Sin embargo, la situación espiritual era tan caótica que el profeta fue metido en la cárcel, inmovilizado con un cepo, tirado a una cisterna, y finalmente prisionero en el patio del rey. Si Dios no lo hubiera protegido habría muerto mucho antes de la caída de Jerusalén.

Jeremías vio el pecado de su pueblo y se quebró interiormente. Ya no sabía qué palabras usar para que se arrepintieran. Hasta que un día entró en un estado de depresión tan fuerte que incluso maldijo el día en que nació.

La verdad es que bajo las condiciones en que se encontraba Jeremías, lo más lógico hubiera sido callarse. Era más fácil dejar que cada uno recibiera las consecuencias de sus propias acciones, pero no pudo.

El profeta menciona que la Palabra de Dios se volvió como un "fuego en sus huesos". Dentro de él había un fervor imposible de apagar. Aunque quiso dejar de proclamar el mensaje, no pudo, necesitaba decir lo que Dios había puesto en su corazón.

Hoy nos hace falta esa misma pasión. Cuando la Palabra se vuelve fuego en nuestros huesos, nos sentimos impulsados a anunciarla porque sabemos que si el mundo no recibe el mensaje, no tiene esperanza.

Dios quiere levantar nuevos Jeremías, que no se callen ante las burlas, menosprecios e intimidación. El Espíritu Santo está buscando hombres y mujeres dispuestos a no ser silenciados. ¿Eres uno de ellos?

Señor, quiero ser un portavoz tuyo. Que pueda guiar al que está perdido, animar al desalentado, fortalecer al débil, y acompañar al que me necesite.

Cansado del camino

Vino, pues, a una ciudad de Samaria llamada Sicar, junto a la heredad que Jacob dio a su hijo José. Y estaba allí el pozo de Jacob. Entonces Jesús, cansado del camino, se sentó junto al pozo. Era como la hora sexta.
Juan 4:5-6

Jesús se cansó. El camino de Judea a Galilea era largo, polvoriento y agotador. Los discípulos fueron solos a la ciudad de Sicar a comprar alimentos mientras el Señor se quedó sentado sobre las piedras que estaban alrededor del conocido pozo de agua que había sido abierto por Jacob. El Señor solo quería descansar y tomar un poco de agua.

Además de ser Dios, Jesús fue tan humano como nosotros. Físicamente también se cansaba y necesitaba parar por un momento. Sentía el polvo en sus pies apenas cubiertos por unas sandalias, los rayos del sol, el viento caliente, y su cuerpo le recordaba las millas que había andado.

Nosotros también experimentamos cansancio. ¡Más de una vez! Quizás arrancamos nuestra jornada con mucho ímpetu y entusiasmo, pero poco a poco los vamos perdiendo. A veces nos desalentamos porque quisiéramos hacer más cosas, pero las fuerzas no nos acompañan. Casi todos podemos recordar momentos en los que nuestras mentes y nuestros cuerpos se han sentido agotados.

Jesús nos entiende. Sabe cuán largo es el camino y las dificultades que enfrentamos mientras avanzamos. Él pasó por todo lo que nosotros pasamos, excepto que nunca pecó en nada. Podemos estar seguros que nuestro Sumo Sacerdote se compadece de nuestras debilidades, porque fue tentado en todo según nuestra semejanza (ver Hebreos 4:15).

No solo nos entiende, sino que sabe cómo socorrernos en los momentos de debilidad. Como Él conoce la tentación, tiene poder para socorrer a los que son tentados (ver Hebreos 2:18). Cuando nos faltan las fuerzas, Él las provee de manera sobrenatural. Cuando el desánimo nos paraliza, nos recuerda sus promesas para seguir adelante. Cuando nos embarga la frustración, renueva nuestras esperanzas. Cuando el camino está cerrado, abre una salida para poder continuar.

El Señor Jesús está a nuestro lado siempre, pase lo que pase, y siempre nos animan a ir a Él para hallar el descanso que necesitamos.

Gracias Señor por el descanso que me das. Sé que me entiendes porque pasaste mis mismas luchas y angustias. Confío en ti.

Dios tiene el control de la historia

Él muda los tiempos y las edades; quita reyes, y pone reyes;
da la sabiduría a los sabios, y la ciencia a los entendidos.
Daniel 2:21

Daniel estaba frente a un desafío humanamente imposible de resolver. El rey babilónico Nabucodonosor olvidó lo que había soñado y creía que ese sueño tenía un significado muy importante.

Como todo rey autoritario, convocó a sus sabios y adivinos para darles una orden insólita: debían recordarle lo que había soñado y darle una interpretación, de lo contrario serían ejecutados. Todos se quedaron atónitos con el pedido, como tú y yo cuando leemos la historia por primera vez. Sabíamos que Nabucodonosor era raro, pero esto...

Daniel, que no había sido convocado, se enteró de la situación y le pidió al rey tiempo para darle una respuesta. No sé si nosotros nos hubiéramos metido en un lío como este, pero él estaba seguro de que Dios le mostraría el sueño y le daría la interpretación. Cuando el rey le preguntó a Daniel por su sueño, le respondió que el misterio que el rey demandaba, ni sabios, ni astrólogos, ni magos, ni adivinos lo podían revelar. Pero hay un Dios en los cielos que revela los misterios y le dio a conocer a Nabucodonosor lo que sucedería en los últimos días.

Daniel le explicó con detalles el plan divino. Mediante una gran estatua construida con diferentes tipos de materiales le reveló los cuatro grandes imperios que iban a venir: babilónico, medo-persa, griego y romano. Hoy sabemos que esa profecía se cumplió al pie de la letra. Incluso los incrédulos y agnósticos dicen que el libro de Daniel se escribió después de que acontecieron estas cosas porque él no las podría saber... ¡Qué poderoso es nuestro Soberano y Sabio Dios!

Al recordar este maravilloso evento, debemos resaltar lo más importante: Dios tiene el control de la historia, se cumplió y se seguirá cumpliendo todo lo que Él ha determinado. No hay manera de que alguien cambie su plan. Esto también te incluye a ti y a tu porvenir.

¿Estás preocupado por tu futuro? ¿Te sientes inseguro porque no sabes lo que pasará en los próximos meses? ¿Crees que una crisis puede descontrolar el plan de Dios? No debes temer porque en Él estamos seguros. Tu vida está en sus manos y tu alma debe descansar tranquila.

Señor, mi pasado, presente y futuro están en tus manos. ¡Qué descanso tengo en ti!

¿Puedes creer?

… Si puedes hacer algo, ten misericordia de nosotros, y ayúdanos.
Jesús le dijo: Si puedes creer, al que cree todo le es posible.
Marcos 9:22-23

Este era un padre realmente desesperado. Su hijo estaba muy enfermo y ya no sabía qué hacer para ayudarlo. Así que decidió ir a donde estaba Jesús con sus discípulos, pero no lo encontró porque había salido con Pedro, Jacobo y Juan. Entonces el padre habló con los discípulos que se habían quedado para que ayudaran a su hijo, pero ellos no pudieron hacer nada. En ese momento llegó Jesús y estoy seguro que varios comenzaron a respirar aliviados…

Este hombre le explicó al Señor la situación de su hijo y le pidió ayuda, pero según la construcción gramatical y la palabra griega *dynei* usada en el original bíblico, lo hace de una forma irónica. Le dice: "*Si puedes*". En otras palabras: "Tus discípulos lo intentaron pero no pudieron, ¿y tú… puedes?" Entendemos la frustración de este hombre, pero decirle a Jesús si realmente tenía la capacidad de sanar…

La respuesta del Señor es interesante. Le contesta con la misma palabra griega *dynei* que el padre había usado, pero ahora le pasa el desafío a él: "*Si tú puedes* creer…" La sanidad de su hijo no dependía de la capacidad de Jesús sino de la fe del padre. ¡El poder de Cristo nunca está en discusión! ¡Él todo lo puede!

En ese momento, el padre se quebrantó y con desesperación y reconocimiento sincero de su poca fe, le dijo a Jesús: "¡Creo! ¡Ayuda mi incredulidad!" Eso era todo lo que quería escuchar el Señor. Este hombre apenas podía creer, pero le pidió que lo ayudara con su incredulidad. En ese mismo momento el Señor obró el milagro.

No necesitamos desafiar al Señor con frases como "si eres Dios entonces…". "Si tienes tanto poder…". "Si realmente me amas…" o "si crees que lo merezco…" Nada de eso toca el corazón de Jesús. Él nos enseñó cómo pedir al Padre de manera personal y directa: orar con sinceridad y en tus palabras, creyendo que te responderá.

Jesús nos confronta con nosotros mismos y nos dice: "Yo todo lo puedo, pero tú ¿realmente puedes creer en mí? Porque al que cree, todo le es posible".

Creo en ti Señor. Sé que nada es imposible para ti. Estoy atento a todo lo que harás.

Todos son importantes para Dios

Y le presentaban niños para que los tocase; y los discípulos reprendían a los que los presentaban. Viéndolo Jesús, se indignó, y les dijo: Dejad a los niños venir a mí, y no se lo impidáis; porque de los tales es el reino de Dios.
Marcos 10:13-14

Tendemos a pensar que el mensaje del evangelio es para los adultos y que los niños solo se dedican a cantar y pintar dibujos de Jonás y el gran pez… Los discípulos tenían esta tendencia. Cuando llegaron los padres con sus hijos para que el Señor hablara con ellos y los bendijera, se pusieron en la puerta para impedirles el paso. Puedo imaginar la escena: "¡Lo sentimos, solo mayores de edad pueden tocar a Jesús! ¡No contamos con guardería! ¡Lleven a los niños a jugar con María Magdalena…!"

Cuando Jesús escuchó lo que estaba pasando, dice la Biblia que se indignó. Esta palabra en griego significa sentir una violenta irritación, enojarse, sentirse disgustado, dolorido y apesadumbrado. Jesús no se enojó solo con los que vendían y compraban en el templo, también se irritó cuando intentaron impedir que los niños se acercaran a Él.

Si el Señor no se hubiera enojado de esa manera, tal vez no hubieran aprendido la lección. Jesús prefería mil veces tener a su lado a niños preguntones, inquietos, sonrientes y divertidos que a gente como los fariseos que solo le cuestionaban y condenaban por hacer el bien.

Jesús aprovechó la situación para poner a un niño como ejemplo al decir que nadie entrará al reino de Dios si no lo recibe como uno de ellos. Debemos ser como niños en el modo de pensar, buscar y creer.

Cuando crecemos, nos volvemos más autosuficientes, críticos, desconfiados. Somos más incrédulos y buscamos un justificativo para cada cosa mala que hacemos. Con esas actitudes no podemos venir a Jesús. Él busca corazones humildes, dependientes y con una fe sincera.

Al final Jesús tomó a los niños en sus brazos, puso sus manos sobre ellos y los bendijo. ¡Qué hermosa imagen! ¿Puedes visualizar a Jesús abrazando a cada niño y extendiendo sus manos para bendecirlos? Todos tienen un lugar especial en su corazón. ¿Acaso no te dan ganas de estar en el lugar de esos niños?

No importa la edad que tengas o la situación en la que hoy te encuentres. No dejes que algo te impida acercarte al Señor.

Señor, ayúdame a ser como un niño en mi fe para creer a todas tus promesas.

Solo yo he quedado

El respondió: He sentido un vivo celo por Jehová Dios de los ejércitos; porque
los hijos de Israel han dejado tu pacto, han derribado tus altares, y
han matado a espada a tus profetas; y sólo yo he quedado,
y me buscan para quitarme la vida.
1 Reyes 19:14

Elías fue uno de los más grandes profetas del Antiguo Testamento, sin embargo, fue un hombre con debilidades como las nuestras. Después de haber conseguido la victoria más importante de su vida al hacer descender fuego del cielo para consumir el sacrificio del altar que había reparado y dar muerte a cuatrocientos cincuenta profetas de Baal, escapó de Jezabel, la esposa del rey, quien había prometido vengarse de él.

Entonces huyó hasta Horeb, el monte de Dios, y allí se metió en una cueva y vino palabra de Dios: ¿Qué haces aquí, Elías? (ver 1 Reyes 19:9). Si parafraseamos la respuesta de Elías podrías ser así: "Cuando tu pueblo te abandonó yo siempre te obedecí y te serví, y mírame ahora, he quedado solo y me buscan para matarme".

Elías pensaba que era el único que amaba a Dios sinceramente en medio de tantos hipócritas, el único que defendía la verdad, el único que estaba dispuesto a dar la vida por Dios… Sin embargo, el Señor le mostró que no era así, ¡había siete mil fieles como él, personas que se mantenían firmes en sus convicciones!

Cuando estamos desesperados y angustiados, nos olvidamos fácilmente que Dios sigue sentado en su trono reinando. Menos mal que el Señor en su bondad nos comprende y se toma el tiempo para hacernos reaccionar y ayudarnos a seguir adelante.

¿Te sientes como Elías? ¿Miras a tu alrededor y a veces piensas que eres el único que ama, teme y sirve a Dios de todo corazón? El Señor quiere recordarte que tiene un remanente fiel, hijos con convicciones que no se ven afectadas por los valores de la sociedad, ideas de moda o amenazas.

Al momento de la venida de Cristo, habrá mucho más que siete mil que se hayan mantenido firmes amando al Señor. Mientras tanto, ¡Levántate y anímate porque todavía hay mucho que hacer para gloria y honra de Dios!

Señor, perdóname si me he encerrado en mis propios problemas cuando
debería haber recurrido a ti. Me dispongo a escuchar tu voz.

Inseparables de su amor

Por lo cual estoy seguro de que ni la muerte, ni la vida, ni ángeles, ni principados,
ni potestades, ni lo presente, ni lo por venir, ni lo alto, ni lo profundo, ni
ninguna otra cosa creada nos podrá separar del amor de Dios,
que es en Cristo Jesús Señor nuestro.
Romanos 8:38-39

Los cristianos romanos de la época de Pablo estaban pasando por situaciones muy difíciles. Tal vez muchos de ellos podrían estar pensando que el Señor los había abandonado. Por eso el apóstol tomó tiempo para escribirles y dejarles saber que no hay nada ni nadie que pueda separarlos de Cristo y de su amor inquebrantable.

Comienza diciéndoles que *ni la muerte, ni la vida* podrían separarlos del amor de Dios. Quería darles la seguridad espiritual de que sin importar cuales fueran las circunstancias por las que estuvieran pasando, podían estar seguros y confiados en el amor del Señor.

Ni ángeles, ni principados, ni potestades. Hay un mundo espiritual invisible que la Palabra de Dios nos ha revelado. Satanás y sus secuaces trabajan sin descanso para arrastrar a las personas hacia la condenación eterna, pero ninguno de ellos puede tocar a un hijo de Dios. El amor del Señor nos cubre y podemos descansar bajo su protección.

Ni lo presente ni lo porvenir. Nuestro presente y nuestro futuro están en las manos del Señor. Él es Sabio, Soberano y en su providencia ha diseñado un plan perfecto para nuestras vidas.

Ni lo alto, ni lo profundo, ni ninguna cosa creada. Imagina cualquier cosa que pudiera ser un problema muy grande, ahora piensa en Dios. Él es más grande, mal alto y más profundo. Él es Todopoderoso.

Cualquier situación que pudiéramos estar pasando encajaría en alguna de estas categorías, pero ninguna puede separarnos de su amor.

¿A qué le temes? ¿A la muerte, al diablo, al futuro, a algunas personas, a perder tu empleo? El apóstol Juan también dice que en el amor no hay temor porque el perfecto amor lo echa fuera (ver 1 Juan 4:18). Si tu prioridad es recibir y disfrutar el amor de Cristo, verás que todos esos temores se desvanecerán, y podrás experimentar la verdad de que en todas las cosas somos más que vencedores por medio de Jesucristo.

Gracias Señor por tu amor que me da seguridad en tiempos inestables,
esperanza frente a un futuro incierto, y fe para continuar.

Cojeras con propósito

Y cuando había pasado Peniel, salió el sol; y cojeaba de su cadera.
Génesis 32:31

La luz del nuevo amanecer permitía ver la silueta de un hombre que caminaba cabizbajo, a paso lento y cojeando. Era el patriarca Jacob que volvía a su familia distinto de como se había ido. Algo había cambiado, no solo en su apariencia sino también en su corazón.

Antes de Peniel, Jacob caminaba siempre erguido, con la cabeza alta, pensando en la próxima estrategia que usaría para salvar su pellejo. Había aprendido a arreglárselas solo, a luchar para sobrevivir usando estrategias dudosas. Pero después de su lucha con el ángel no fue el mismo, nunca más pudo caminar con el orgullo que lo caracterizaba.

Jacob aprendió a depender de Dios. Su autosuficiencia había recibido un golpe mortal. Su cojera llegó a tiempo. Su debilidad humana terminó siendo su fortaleza divina.

Hay "cojeras" que el Señor ha permitido en nuestras vidas con propósito. Sin ellas no estaríamos a su lado, no tendríamos el deseo de buscarle, ni dependeríamos de Él. Tenemos el ejemplo del apóstol Pablo, a quien el Señor le respondió que el aguijón por el que había orado iba a permanecer en él. Debía bastarle su maravillosa gracia porque su poder se perfeccionaría en su debilidad (ver 2 Corintios 12:9).

Tenemos también el ejemplo del pastor con su rebaño de ovejas. La perniquebrada es la que más cerca está del pastor. He sabido de algunos pastores que le quiebran a propósito una pata a una oveja rebelde para que cambien su actitud. Sin embargo, Jesús tiene una bondad y amor indescriptibles. Siempre está listo para sanar a los quebrantados.

Puedes clamar a Dios para que te quite la cojera, ayunar por días, hacer mil promesas al Señor, pero si ha decidido dejarla, no te enojes con Él, agradécele por esa debilidad porque es una muestra de su amor. Sin ella, seguramente, no serías una persona que traiga gloria a su Nombre.

Que esa "cojera" te lleve a depender más del Señor y puedas decir como el apóstol Pablo que te gloriarás más en tus debilidades que en las fortalezas, para que repose sobre ti el poder de Cristo. Entonces por amor a Cristo te gozarás en debilidades, afrentas, necesidades, persecuciones, angustias… ¡Si eres débil, entonces eres fuerte!

Que tu gracia se evidencie en mis debilidades. Mi fortaleza está en Ti.

Maximizar a Dios

También vimos allí gigantes, hijos de Anac, raza de los gigantes, y éramos nosotros, a nuestro parecer, como langostas; y así les parecíamos a ellos.
Números 13:33

Nuestra visión determina nuestras acciones. Dios le hizo grandes promesas al pueblo de Israel; la tierra en donde fluía leche y miel sería suya, pero al ver a los gigantes se olvidaron de todo. Al poner su mirada sobre las circunstancias y no en Dios, comenzaron a comportarse y a hablar como personas derrotadas.

Cada vez que maximizamos las circunstancias desafiantes y minimizamos a Dios, estamos en peligro de no recibir nada de lo que Él nos ha prometido.

Maximizar tiene el significado de llevar al máximo el potencial de algo. Minimizar es empequeñecer, reducir o disminuir a su grado mínimo. Cuando maximizamos a Dios en nuestra vida, podemos ver las cosas como Él las ve.

Las medidas de Dios son diferentes a las medidas humanas. Lo que puede parecernos enorme a nosotros, para Él es como nada (ver Salmo 145:3; 1 Reyes 8:27a).

Para Dios mil años son como un día (ver 2 Pedro 3:8). ¡Qué es un año en la eternidad! Dios tiene el control del tiempo y se mueve con precisión para ejecutar sus planes eternos.

Dios pudo hacer más con un ejército de 300 personas obedientes que con un millón de temerosos. Las dos monedas de una humilde viuda tuvieron más valor para el Señor que las ofrendas de los soberbios y arrogantes que daban para ser vistos. El dinero nunca fue un problema para Dios porque Él dijo que toda la plata y todo el oro le pertenecen.

Cuando nosotros sumamos o restamos, Dios multiplica. Hemos escuchado decir a nuestros abuelos que "donde comen dos, comen tres", pero para Jesús cinco panes y dos peces son suficientes para dar de comer a más de cinco mil. ¡Que Dios grande tenemos! ¡Aleluya!

¿Tienes un desafío que humanamente hablando parece un gigante difícil de vencer? ¿Las circunstancias que enfrentas te superan? ¡Maximiza a Dios! ¡Vencemos las batallas diarias cuando levantamos nuestra mirada al cielo y creemos en el Todopoderoso "Gigante" que obra en nuestra vida!

Mi Dios Todopoderoso. Cualquier prueba será menor que tu poder.

Dios obra en la alabanza

Cuando sonaban, pues, las trompetas, y cantaban todos a una, para alabar y dar gracias a Jehová, y a medida que alzaban la voz con trompetas y címbalos y otros instrumentos de música, y alababan a Jehová, diciendo: Porque él es bueno, porque su misericordia es para siempre; entonces la casa se llenó de una nube, la casa de Jehová. Y no podían los sacerdotes estar allí para ministrar, por causa de la nube; porque la gloria de Jehová había llenado la casa de Dios.
2 Crónicas 5:13-14

El templo de Salomón estaba terminado. Colocaron todo según la ley de Dios. El gozo interior y la satisfacción de tener todo listo eran enormes, pero no había verdadera gloria aún.

Una vez que todos los sacerdotes salieron del templo, comenzaron a alabar a Dios. Los levitas cantores, los hijos de Asaf, los de Hemán y los de Jedutún, sus hermanos, todos vestidos de lino fino, estaban con címbalos, salterios y arpas; además de ciento veinte sacerdotes que tocaban trompetas. ¡Todo un concierto! Pero no se había organizado este evento para vender los discos de Jedutún, ¡era para adorar, alabar y dar gracias a Dios!

De repente, cuando comenzaron a levantar más y más la voz y hacer sonar los instrumentos, ¡la gloria de Dios descendió en ese lugar! Él llenó el templo con su presencia y ningún sacerdote podía entrar. ¡Dios estaba disfrutando la alabanza de su pueblo!

Dios se mueve sobrenaturalmente en medio de la alabanza. Lo vemos en esta ocasión, pero también durante una de las batallas que libró Josafat. Cuando comenzaron a entonar cantos de alabanza, el Señor puso contra los amonitas, moabitas y edomitas las emboscadas de ellos mismos y se mataron los unos a los otros (ver 2 Crónicas 20:22).

También sucedió en la vida de Pablo y Silas. Al encontrarse presos en Filipos, con sus pies asegurados en un cepo, cantaban himnos a Dios, y a la medianoche sobrevino un gran terremoto, sacudió los cimientos de la cárcel, se abrieron todas las puertas, y las cadenas se soltaron (ver Hechos 16:25-26). ¡Aleluya!

Cuando alabamos al Señor, suceden cosas extraordinarias en nuestra vida. ¡Comienza a alabarle por quién es Él y lo que ha hecho en tu vida!

Te alabo Señor, porque tus obras son maravillosas. ¡Grande eres!

Dios permanece fiel

Palabra fiel es esta… si fuéremos infieles, él permanece fiel;
Él no puede negarse a sí mismo.
2 Timoteo 2:11, 13

La palabra fiel en griego es *pistós* que significa ser fiable o digno de confianza. Esta palabra se aplicaba a las personas que se mostraban fieles en la tramitación de negocios, la ejecución de mandatos o el desempeño de funciones oficiales. Todo el mundo podía estar tranquilo cuando una persona que era *pistós* estaba a cargo.

Por la manera en que nos relacionamos cotidianamente, podemos llegar a pensar que Dios es fiel mientras nosotros lo seamos. ¡Tremendo error! El Señor tiene otro corazón. Él entregó a su Hijo para salvarnos aunque no lo merecíamos. Nos dio vida cuando habíamos elegido la perdición. Decidió amarnos cuando nosotros éramos sus enemigos. Nos mostró su amor cuando todavía éramos pecadores y Cristo murió por nosotros. Entonces, si Dios nos reconcilió consigo cuando éramos enemigos, ¡cuánto más va a demostrarnos su amor ahora que somos sus hijos! (ver Romanos 5:8, 10).

También podemos llegar a creer que la fidelidad de Dios tiene límites. Quizás algunas personas se alejaron de nosotros porque no cubrimos sus expectativas o porque les fallamos de alguna manera y podemos pensar que Dios será fiel mientras no nos equivoquemos en algo. Segundo error. El Señor nos ama incondicionalmente y su fidelidad es inalterable.

Hemos visto tristemente cómo algunas personas, más de una vez, faltan a su palabra, e incluso rompen promesas de fidelidad fácilmente, pero el Señor no es así. Él siempre cumple su Palabra. Leemos en la Biblia que nuestro Dios es fiel, que mantiene su pacto y misericordia a los que le aman, obedecen y guardan sus mandamientos, ¡hasta mil generaciones! (ver Deuteronomio 7:9).

Que puedas hacer memoria de las innumerables bendiciones que recibiste del Señor y le des gracias por su tremenda fidelidad. Él merece nuestra mejor alabanza, adoración y agradecimiento por sus maravillosas obras.

Señor, grande es tu fidelidad. Tu amor incondicional llena mi vida.
¡Te amo Jesús!

El control de la ira

El necio da rienda suelta a toda su ira, mas el sabio al fin la sosiega.
Proverbios 29:11

Durante un estudio bíblico alguien me preguntó: "Pastor, cuando veo que alguien conduce sin tener en cuenta a los demás, como si estuviera solo en la carretera, ¿por qué siento ganas de partirle mi auto contra el suyo?" Todos nos reímos por la sinceridad de su pregunta, pero creo que interiormente también nos sentimos identificados con lo que sentía. Todos pasamos del ja-ja-ja al je-je-je.

La palabra hebrea para ira es *af*, que significa furor, indignación, enojo, respiración agitada. Proviene de la raíz *anaf* que tiene el significado de estar enfurecido, con deseos de tomar la justicia en nuestras manos.

La ira es un sentimiento de enojo muy grande y violento. Se expresa a través de la irritabilidad o resentimiento. Cuando nos enojamos siempre creemos tener la razón y nos cuesta considerar la posibilidad de que estemos equivocados. Dicen los expertos que la ira provoca pérdidas en la capacidad de auto-monitorearse y en la observación objetiva. Por eso necesitamos a Alguien que nos haga ver el problema a tiempo.

La ira es mala incluso cuando no haya manifestaciones externas. Provoca manipulación mental, resentimiento, comportamientos obsesivos o nos lleva a evadir la situación. Pero es aún peor cuando se exterioriza a través del abuso físico, lenguaje inapropiado, amenazas, venganza, entre otras cosas.

Sobre este problema, Santiago nos aconseja a ser rápidos para escuchar, pero lentos para hablar y enojarnos (ver Santiago 1:19). Él sabía el daño que puede hacer una persona airada.

Pregúntate: ¿Albergo ira? Podría estar enterrada de tal manera en tu alma que no estés consciente de su presencia, pero está haciendo su trabajo en tu cuerpo, en tu mente, en las personas que te rodean y en tu relación con Dios.

Si nos aferramos al "derecho" de guardar rencor, no podemos vivir en paz, pero si cooperamos con Dios en el proceso de transformación que quiere llevar a cabo en nuestra vida, entonces con cada paso de obediencia, la paz de Cristo aumentará y la ira será controlada por el Espíritu Santo.

Me rindo a ti Señor. Controla siempre mi manera de pensar y actuar.
Guárdame de la ira.

El corazón antes que la oración

Y Jabes fue más ilustre que sus hermanos, al cual su madre llamó Jabes, diciendo: Por cuanto lo di a luz en dolor. E invocó Jabes al Dios de Israel, diciendo: ¡Oh, si me dieras bendición, y ensancharas mi territorio, y si tu mano estuviera conmigo, y me libraras de mal para que no me dañe! Y le otorgó Dios lo que pidió.
1 Crónicas 4:9-10

Por el contexto de estos versículos, Jabes podría haber sido descendiente de los ceneos; sin embargo, aunque no pertenecía al pueblo hebreo, reconoce a Jehová, el Dios de Israel, lo invoca y el Señor hace una diferencia en su vida.

Muchos han tomado la oración de Jabes como el principio de la bendición y la prosperidad, incluso la han mitificado creyendo que es la fórmula para obtener el éxito que desean, pero después de grandes desilusiones han descubierto que ese no es el camino para ser bendecido por Dios. ¿En dónde estuvo el "secreto" de Jabes para ser bendecido?

A través de la Biblia sabemos que Dios mira el corazón; a Él no le impresiona la apariencia de nadie ni las vanas repeticiones en las oraciones. El Señor le concedió la petición a Jabes porque tenía un corazón recto y lleno de fe. Observa que el versículo comienza diciendo que Jabes fue "más ilustre que sus hermanos". No sé cómo eran sus hermanos, pero Jabes fue "ilustre". Esta palabra en hebreo es *kabed* que significa honrado, insigne, noble, renombrado. Era una persona que honraba a Dios con su vida. El Señor había considerado primero su corazón y luego su oración. Sus palabras coincidían con su conducta. Todos sabían que Jabes era íntegro y podían confiar en él.

Muchas personas a menudo quieren las bendiciones que promete Cristo, pero no están dispuestas a someterse a su señorío. Al rehusarse a rendir sus vidas a Dios, no reciben las bendiciones que esperan. Pero hay una diferencia en los que dependen del Padre Celestial, porque confían en que Él tiene lo mejor para sus hijos.

La próxima vez que ores, dile al Señor que sabes que tus oraciones son escuchadas porque tienes una relación real con Él por su infinita gracia, y nunca por tus propios méritos. Luego, presenta tus peticiones al Señor con fe, y confía en su respuesta.

Gracias Señor por escuchar mis oraciones. Tus respuestas son una demostración más de tu amor, nunca de mis méritos.

Vendas mágicas

Por tanto, así ha dicho Jehová el Señor: He aquí yo estoy contra vuestras vendas mágicas con que cazáis las almas; yo las libraré de vuestras manos…
Ezequiel 13:20

Dios se manifestó como el Todopoderoso a su pueblo Israel, sin embargo, ellos muchas veces pusieron su confianza en personas u objetos y no en Él.

Una situación que desagradó terriblemente a Dios fue el uso de "vendas mágicas". Los israelitas habían copiado a los babilonios que hacían brazaletes con juramentos para obligar a las personas a hacer su voluntad o controlar a sus víctimas. ¡Increíble! El pueblo de Dios metido en ocultismo.

Una venda mágica es todo aquello en lo que depositamos nuestra confianza con la esperanza de que nos resuelva una situación. Pueden ser objetos que tienen una representación simbólica de poder, un ídolo que se interpone entre Dios y nosotros produciéndonos esclavitud emocional y espiritual.

Hoy hay muchas formas de "vendas mágicas". Supersticiones y cábalas, como levantarse con el pie derecho, tener miedo a un martes 13, huir de los gatos negros, no pasar por debajo de una escalera. Amuletos como el trébol de cuatro hojas, gatos japoneses de la fortuna, cintas rojas, la red cazadora de sueños. Objetos para atraer "buena energía", como las pulseras de cobre, piedras, pirámides, inciensos. Objetos que "dan suerte" como una herradura, una pata de conejo. Ay…

La Biblia es muy clara con respecto a todo este tipo de cosas. Dios específicamente le dice al pueblo que no debía haber nadie que practicara adivinación, ni que fuera agorero, sortílego, hechicero, encantador, mago, adivino, ni quien consulte a los muertos. Todo esto es abominación para Dios (ver Deuteronomio 18:10-12). ¡Y atentos con esto… ni los signos del zodíaco! (ver 2 Reyes 23:5).

Las vendas mágicas le dan el control de nuestra vida al diablo. Nuestro deber es no involucrarnos con nada que esté relacionado con todas estas cosas. La Biblia dice que no participemos en las obras de las tinieblas, al contrario, debemos reprenderlas (Efesios 5:11).

¡Evita las tinieblas y resplandece con la luz de Jesús siempre!

Señor, úsame como un instrumento de tu luz a los que me rodean.

Cegar las fuentes al enemigo

Viendo, pues, Ezequías la venida de Senaquerib, y su intención de combatir a Jerusalén,
tuvo consejo con sus príncipes y con sus hombres valientes para cegar
las fuentes de agua que estaban fuera de la ciudad; y ellos le apoyaron… ¿Por
qué han de hallar los reyes de Asiria muchas aguas cuando vengan?
2 Crónicas 32:2-4

Cuando Ezequías asumió el reinado de Judá, encontró a la nación en un estado espiritual deplorable. Los anteriores reyes habían despojado la casa de Dios e hicieron alianzas con el enemigo y sus dioses. Entonces Ezequías comenzó a limpiar a Jerusalén de la idolatría, a volver a establecer la ley de Dios en el pueblo, a celebrar la Pascua, a poner a los sacerdotes y levitas en sus posiciones según lo que Dios había dicho.

Creo que ya sabes lo que sucede cuando comenzamos a buscar al Señor para restaurar nuestra relación con Él: el enemigo intentará detenernos con todo tipo de estrategias. A él no le conviene que Dios tenga el primer lugar en nuestra vida, por eso se movilizará para detener nuestra búsqueda espiritual. Pero hay algo que podemos hacer para contrarrestar sus ataques tomando el ejemplo de Ezequías.

Cuando el rey de Judá se enteró de que los asirios habían destruido a Samaria y se estaban acercando a Jerusalén, fue proactivo, se adelantó a la situación: cortó todas las fuentes de agua externas para no darles oportunidad de establecerse allí, evitando así ser sitiados por mucho tiempo. Sin agua no podrían sobrevivir. Nunca hay que satisfacer la sed del enemigo.

La Biblia dice que Satanás no puede tocar a un hijo de Dios porque todo aquel que ha nacido otra vez, no practica el pecado, porque Dios le guarda, y *el maligno no le toca* (ver 1 Juan 5:18). Pero puede enviarnos sus dardos de fuego con dudas, temor, ansiedad para distraernos y apartarnos de lo que Dios nos ha dicho.

Conociendo las estrategias y artimañas del enemigo, ¡no lo alimentes! ¡No satisfagas sus deseos! ¡Cierra todas las puertas por donde pueda meterse!

Si estás sometido a Dios, resistes al diablo, huirá de ti (Santiago 4:7). El Señor Todopoderoso es tu defensa y siempre te ayudará si acudes a Él.

En ti soy más que vencedor, no debo temer. Tú eres mi Poderoso Gigante.
¡Pertenezco al reino de la luz!

El reino, el poder y la gloria

...Porque tuyo es el reino, y el poder, y la gloria, por todos los siglos. Amén.
Mateo 6:13

Jesús nos enseñó a orar y nos dejó una oración modelo, pero no para que la repitamos mecánicamente, sino para que recordemos los temas importantes que debemos compartir con el Padre Celestial a la hora de acercarnos a Él.

La oración registrada en Mateo 6 termina mencionando tres cosas que le pertenecen exclusivamente a Dios: Reino, poder y gloria.

Suyo es el Reino. Cuando aceptamos a Cristo como nuestro Salvador y Señor, también lo hacemos como Rey de nuestras vidas. Esto significa que ya no nos gobernamos a nosotros mismos y mucho menos somos gobernados por el pecado y Satanás. ¡Suyo es el reino en nuestro corazón! Y pronto reinará literalmente en este mundo según lo que dicen las profecías bíblicas. Su reino será universal y eterno.

Suyo es el poder. El poder le pertenece a Dios. Jamás deberíamos creer que nosotros somos los poderosos. David, en el Salmo 68:34, menciona que siempre debemos atribuirle el poder a Dios. El poder que nos capacita para vivir de acuerdo con su voluntad viene del Espíritu Santo. Él es el que lleva a cabo las obras sobrenaturales en y a través de nuestras vidas. Tomemos el ejemplo de los apóstoles, que cuando querían atribuirles a ellos las acciones de Dios, decían: "nosotros somos hombres semejantes a ustedes" (ver Hechos 14:15).

Suya es la gloria. El Señor es quien debe recibir siempre la alabanza, la adoración y la exaltación. Cada vez que alguien quiso apropiarse de la gloria que solo le pertenece al Señor, sufrió terribles consecuencias. Recuerda los casos de Herodes y Nabucodonosor.

Muchas veces llegamos a creer que el mundo gira a nuestro alrededor y que la obra de Dios solo tiene que ver con nuestros deseos y necesidades. Pero la verdad es que la vida gira alrededor del Señor y de su gloria.

El cielo estalla en alabanza y adoración continua a Dios. Lee Apocalipsis 4:9-11 y observa la maravillosa adoración que se da alrededor del trono de Dios. Todos expresan que solo Él es digno de recibir la gloria y la honra y el poder.

¡Señor, tuyo es el reino, el poder y la gloria por siempre!

Útiles al Señor

Así que, si alguno se limpia de estas cosas, será instrumento para honra,
santificado, útil al Señor, y dispuesto para toda buena obra.
2 Timoteo 2:21

El joven Timoteo necesitaba los mejores consejos para crecer espiritualmente. Su padre espiritual, el apóstol Pablo, le animaba siempre a servir al Señor y a estar listo para obedecerle. Para ello era necesario despojarse de todo lo que le impidiera hacer el trabajo de manera eficaz.

Como cristianos podemos ser siervos inútiles o instrumentos útiles. Jesús dijo que si hemos hecho todo lo que se nos ha ordenado, debemos decir que somos siervos inútiles, porque no hemos hecho más que cumplir con nuestro deber (ver Lucas 17:10). Aquí la palabra inútil tiene el significado de "no provechoso". Si solo cumplimos con lo que se nos ordena y nada más, no hemos hecho ninguna diferencia. Tal vez muchos sirven con esta actitud en sus iglesias, porque "les toca", pero deberíamos recordar que un día el Señor nos pedirá cuentas de cómo usamos los talentos y los dones espirituales que nos fueron dados.

Jesús espera mucho más que simplemente hacer lo que se nos pide. Él espera que sus hijos le sirvan con gozo, que sean capaces de hacer "la milla extra", que compartan el evangelio sin temor, con pasión. Estos son los instrumentos "útiles".

La palabra "útil", en griego *eujrestos*, significa susceptible de ser utilizado, provechoso, muy servicial. Útil también significa que sirve para algún fin. Dios tiene maravillosos propósitos con sus hijos y se cumplirán en la medida en que cada uno esté dispuesto a decirle: "Heme aquí".

A Pablo le encantaba compartir su tarea con los que eran útiles y fieles al Señor. En un momento se desilusionó con Marcos porque no había continuado en uno de los viajes misioneros, pero con el paso del tiempo descubrió que había cambiado y ahora tenía todas sus energías puestos en el servicio. En 2 Timoteo 4:11 menciona que le era útil para el ministerio. ¡Necesitamos más personas como Marcos!

Cualquiera sea el trabajo que el Señor nos haya encomendado, debemos recordar que somos responsables ante Él por la diligencia y actitud con la que lo realizamos. Que Dios encuentre en ti un instrumento útil, listo para ser usado.

Señor, quiero ser un instrumento útil y limpio para dar lo que tú me des.

El Dios de los vulnerables

¿Quién enferma, y yo no enfermo? ¿A quién se le hace tropezar, y yo no me indigno?
Si es necesario gloriarse, me gloriaré en lo que es de mi debilidad.
2 Corintios 11:29-30

Cuando leemos sobre las formas poderosas en que Pablo era usado por Dios, podemos llegar a pensar que solo le faltaba una capa roja para ser un superhéroe. Sin embargo, el apóstol siempre se mostró tal cual era, sin esconder sus debilidades.

La palabra debilidad en griego es *astheneia* que significa carencia de fortaleza, falta de fuerza, incapacidad de producir resultados, propenso a sufrimientos físicos, vulnerabilidad, fragilidad. En otras palabras, el apóstol Pablo estaba lleno del Espíritu Santo y de poder, pero seguía siendo un ser humano tan frágil como nosotros.

Pablo nos cuenta que él también se enfermaba. Uy... ¿Alguien que es usado para sanar a otros se puede enfermar? ¿Por qué no oró por él mismo para ser sano? Bueno, aparentemente había orado por lo menos tres veces por una situación en particular (ver 2 Corintios 12:7-10) y la respuesta de Dios fue que le bastara su gracia porque su poder se perfecciona en la debilidad (ver 2 Corintios 12:9). ¡Dios tenía un propósito mayor que la sanidad! Sí, hay propósitos mayores que una sanidad según los planes de Dios.

El Señor puede hacer cosas extraordinarias a través de nosotros, capacitarnos con su poder para trasladar los montes al mar, resucitar muertos, pero nunca dijo que nuestro cuerpo sería inmortal mientras vivamos en este mundo.

¿Dios es poderoso para sanar? ¡Por supuesto! Pero también seguimos siendo vulnerables. La buena noticia es que Dios se mueve en medio de nuestra debilidad. El Señor puede hacer mucho más a través de alguien que depende de Él, que de alguien autosuficiente.

Si te sientes tan frágil como una vasija de barro, bienvenido a las manos del Alfarero. Estás siendo moldeado para los propósitos que Dios espera cumplir en y a través de tu vida. Haz como Frances, agárrate del Señor. Y recuerda que Él no tiene el propósito de transformar el barro en hierro.

¡Dale gloria a Dios también en tu fragilidad!

Señor, que mi fragilidad me lleve a depender de ti. Perfecciona tu poder en mi debilidad.

Enternecer el corazón

Pero al rey de Judá que los ha enviado a consultarme le dirán que yo, el Señor y Dios de Israel, he dicho: Puesto que tú has prestado atención a las palabras del libro, y tu corazón se enterneció... también yo te he oído, dice Jehová.
2 Reyes 22:18-19

Los últimos reyes de Judá, antes de la deportación a Babilonia, fueron desastrosos, excepto Josías. Desde niño buscó a Dios e intentó agradarle según lo que le habían enseñado su madre Jedida y el sacerdote Hilcías. Pero cuando halló el libro de la ley del Señor todo cambió.

Cuando el rey Josías leyó la Palabra de Dios, quedó asombrado. Estaba claro que su pueblo había vivido en pecado por muchos años y nadie había expresado arrepentimiento. Entonces Josías se vistió de luto y comenzó a buscar al Dios de la Palabra. En ese momento la profetisa Hulda le envió un mensaje diciéndole que el Señor había escuchado su oración y visto su arrepentimiento, que no ejecutaría el juicio que había decretado contra su pueblo porque él había *enternecido su corazón* para buscarle.

"Enternecer" en el original hebreo es la palabra *racác* que significa suavizar, conmover o ablandar. Esta palabra se usaba cuando se untaba algo áspero con aceite para que se volviera tierno y suave. En la Biblia, el aceite es símbolo del Espíritu Santo, quien ablanda nuestro corazón y nos convence de pecado.

Un corazón enternecido es obediente a la voz de Dios, desecha el orgullo, reconoce y confiesa sus faltas y decide obedecer al Señor. En cambio, los corazones duros no reconocen nunca sus pecados, siempre responsabilizan a otros, se justifican y están convencidos de que no sufrirán ningún tipo de consecuencia por sus errores.

El arrepentimiento conlleva con frecuencia una acción externa, pero el Señor también quiere que experimentemos un cambio de corazón. Felizmente, el Espíritu Santo nos guía y nos da poder para ser más como Cristo.

Si profundizamos nuestra relación con el Espíritu Santo, Él cambiará dureza por docilidad. Con un corazón humilde Dios puede hacer grandes cosas.

Señor, mira mi corazón y examina mis pensamientos.
Muéstrame si mi conducta no te agrada, y enséñame a vivir según tu voluntad.

Fuerzas agotadas

Ten misericordia de mí, oh Jehová, porque estoy en angustia; se han consumido de tristeza mis ojos, mi alma también y mi cuerpo... se agotan mis fuerzas.
Salmo 31:9-10

En este pasaje, el salmista menciona lo que estaba sintiendo. Dice: "Estoy agotado". ¿Te suena la palabra?

El vocablo agotar en hebreo es *kashal*, que significa tambalear u oscilar debido a debilidad en las piernas o tobillos, trastabillar, tropezar, caer, desfallecer. Todos hemos experimentado en algún momento esta clase de agotamiento.

Una cosa es el cansancio de un largo día de trabajo, pero algo muy diferente es la fatiga física y mental. Esto es algo que no cambiamos con una buena comida y descanso; necesitamos una renovación profunda, un toque que venga directamente del Señor.

En cierta ocasión, Jesús le dijo a sus discípulos que fueran con Él a un lugar apartado para descansar un poco (ver Marcos 6:31). En efecto, el Señor algunas veces nos tiene que guiar a hacer una pausa. Él sabe que somos débiles, pero nuestro problema es que a veces nos olvidamos. Un escritor dijo que el problema de los cristianos es que algunas veces se olvidan que son humanos, y ese único descuido puede debilitar su potencial.

A veces no reconocemos las causas de nuestro agotamiento. Otras veces preferimos ocultarlas para que no nos dañen más todavía. Lo cierto es que podemos permanecer agotados por mucho tiempo o ir al Señor y entregarle todo a Él.

Vivir en agotamiento físico y mental no es lo que Dios desea para nosotros; pero si has llegado a ese punto, el Señor te hace la misma invitación que le hizo a sus discípulos: ir con Él a un lugar tranquilo. El Señor es quien puede renovar tu alma y aquietar tu mente para ser fortalecido.

Disfruta hoy de un momento de quietud delante del Señor. Deja que Él te dé las fuerzas y el descanso que necesitas. Mientras hace esto, pídele sinceramente que te muestre cualquier aspecto de tu vida en el que estés "afanándote" sin necesidad. Él desea darte paz y descanso.

Recuerda que el Señor da esfuerzo al cansado, y multiplica las fuerzas al que no tiene ningunas. En Él está la renovación diaria.

Señor, te entrego las situaciones que me han agotado. ¡Renuévame!

La santidad de Dios

En el año que murió el rey Uzías vi yo al Señor sentado sobre un trono alto y sublime, y sus faldas llenaban el templo. Por encima de él había serafines; cada uno tenía seis alas; con dos cubrían sus rostros, con dos cubrían sus pies, y con dos volaban. Y el uno al otro daba voces, diciendo: Santo, Santo, Santo, Jehová de los ejércitos; toda la tierra está llena de su gloria.
Isaías 6:1-3

Isaías quedó perplejo. Nunca había presenciado algo semejante. Estaba viendo a Dios sentado en su magnífico trono. Sus vestiduras eran tan largas que cubrían todo el templo. Su presencia lo llenaba todo.

También vio serafines, ángeles creados especialmente para la adoración a Dios. A diferencia de los otros ángeles, tienen seis alas; con un par de ellas vuelan y con los otros dos pares cubren sus rostros y sus pies. Tal es la santidad y la gloria de Dios que deben cubrirse.

De todos los atributos de Dios, ellos destacan su santidad. Observa que pronuncian tres veces: "Santo, Santo, Santo". ¿No te parece que esto merece una reflexión?

A nosotros nos encanta hablar del amor de Dios porque nadie nos ama como Él. Hacemos canciones sobre su maravillosa gracia porque nos alcanzó cuando estábamos perdidos. Cantamos sobre su omnipotencia, omnipresencia y omnisciencia. Nos deleitamos en su fidelidad y en su protección. ¡Gloria a Dios por todos sus atributos maravillosos! Pero en el cielo, los que están más cerca del trono destacan… su santidad. Creo que deberíamos poner más atención en la tierra a lo que se dice en el cielo.

Santidad, *qadash* en hebreo y *hagios* en griego, significa separado del pecado, perfección moral, pureza de carácter, perfectamente limpio.

Antes de que fuéramos salvos, éramos enemigos de Dios, pero en el momento que aceptamos al Señor como nuestro Salvador personal, cambió nuestra posición y nos apartó para Él. Ahora el Espíritu Santo mora en nuestras vidas y actúa para hacernos cada día más como Cristo. Ha comenzado su obra santificadora.

Si damos lugar a la obra del Espíritu Santo y no intentamos "ser mejores" en nuestras fuerzas, Él nos ayudará para que nuestras acciones se correspondan con nuestra nueva identidad perfeccionando la santidad en nosotros.

Señor, eres Santo. ¡Espíritu Santo, santifícame! Hazme cada día más como Cristo.

¡Saquen una hoja!

Pero se levantó una gran tempestad de viento, y echaba las olas en la barca,
de tal manera que ya se anegaba. Y él estaba en la popa, durmiendo
sobre un cabezal; y le despertaron, y le dijeron: Maestro,
¿no tienes cuidado que perecemos?
Marcos 4:37-38

Si durante un momento de tranquilidad alguien gritara: "¡Saquen una hoja!", mi mente retrocedería rápidamente a mis años de escuela secundaria cuando algún profesor llegaba y nos informaba que tendríamos un examen sorpresa para saber si habíamos preparado el tema de la clase.

¡Qué manera de orar en mi mente cuando tenía un examen sorpresa! Aprendí a clamar, a reprender, hasta a interceder con gemidos indecibles… Creo que estaba más consagrado y más espiritual en aquellos momentos que en otros.

Jesús hizo algo parecido con sus discípulos. Iban atravesando el Mar de Galilea tranquilamente y de repente llegó la prueba sorpresa: una tempestad que amenaza con hundir el barco. La pregunta del test era: ¿Cómo mantener la paz y confianza en medio de una tormenta? Según el relato, los discípulos no estaban respondiendo de manera correcta. La respuesta fue: "¿No te importa que nos ahoguemos?"

¡Cuántas veces hemos actuado como los discípulos! El Señor nos hace pasar sorpresivamente por alguna prueba y pensamos que no saldremos bien de esa situación. Incluso a veces llegamos a pensar que Dios se ha olvidado de nosotros, como si estuviera dormido.

Sin embargo, las pruebas sorpresa pueden acercarnos más a Dios si somos sensibles y le escuchamos. Una vez que tenemos su Palabra, lo siguiente es la obediencia. Recién después recibiremos la nota final.

El Salmo 121:3-8 nos dice que Él siempre nos cuida y nunca se duerme ni se adormece. El Señor está a nuestro lado como una sombra protectora. El Señor siempre nos protege al entrar y al salir. En las peores tormentas trae bonanza.

Si estás pasando por una prueba, ve a Jesús y dile que vas a confiar en Él. Puedes estar seguro de que te ayudará y te dirigirá hacia la salida mientras te enseña verdades más profundas que te permitan crecer.

Señor, que en cualquier prueba sorpresa me encuentres con mis oídos espirituales
dispuestos a escucharte, y listo para obedecerte.

Firmes en la esperanza

Mantengamos firme, sin fluctuar, la profesión de nuestra esperanza,
porque fiel es el que prometió.
Hebreos 10:23

Vivimos tiempos en donde escuchamos hablar de pérdidas permanentemente. Pero hay algo que no podemos perder, y es nuestra esperanza. Esta palabra, en griego *elpis*, significa esperar con expectativas, esperar de manera favorable y confiada. El autor de Hebreos nos exhorta a mantener nuestra confianza en Dios porque Él cumplirá todo lo que prometió.

El Señor mismo es nuestra esperanza. No son sus bendiciones, no son las personas, no son los recursos con los que contamos; como hijos de Dios anclamos nuestra esperanza en la sólida Roca que es Jesucristo. Como dijo un salmista, el Señor es mi esperanza, seguridad mía desde mi juventud (ver Salmo 71:5).

El Señor nos ha dado preciosas y grandísimas promesas para sustentar la esperanza. Nos ha dado promesas de vida eterna, de fuerzas nuevas, de gozo interior, de paz y consuelo, de sustento y provisión, de amparo y protección. Podemos encontrar siempre el apoyo necesario para afirmar nuestra esperanza en los momentos más difíciles de nuestra vida.

Pero tenemos un enemigo que está esperando actuar en nuestros momentos de debilidad para alejarnos del Señor. Satanás, el "padre de la mentira", trata de mantenernos centrados en nuestras circunstancias difíciles y en los tiempos de espera para que lleguemos a dudar de Dios. Si no estamos alertas recordando que Cristo no miente, muchas situaciones podrían hacernos perder la confianza.

Hoy el Señor quiere renovar tu esperanza. El Espíritu Santo pondrá en tu corazón una fuerza sobrenatural para afirmarte, consolarte, renovarte y darte el descanso que necesitas. En el tiempo que pases con el Señor podrás combatir la desesperanza. Mantén tu mirada en Jesús.

Solo en Dios hallamos descanso para nuestra alma, y solo de Él viene nuestra esperanza (ver Salmo 62:5-6). Nuestro futuro está en sus manos y podemos reposar confiadamente en sus planes eternos.

Que otras personas vean que somos un pueblo que no pierde la esperanza, ¡porque Dios está con nosotros!

Gracias Señor porque pusiste esperanza en mí. Tus planes se cumplirán en mi vida.

Vestidos de alegría

A ordenar que a los afligidos de Sion se les dé gloria en lugar de ceniza, óleo de gozo en lugar de luto, manto de alegría en lugar del espíritu angustiado...
Isaías 61:3

Cuando Jesús inició su ministerio fue a la sinagoga de Nazaret, ciudad donde fue criado. En medio de todos sus conocidos leyó los dos primeros versículos de Isaías 61 y cerró el rollo. ¡Solo dos versículos fueron suficientes para decirles que Él era el Mesías esperado, que venía a traer salvación y restauración a su pueblo!

En el versículo siguiente, Isaías nos revela la obra que Cristo vino a hacer en los corazones afligidos y angustiados por situaciones que son el resultado de un mundo separado de Dios. Cuando los hebreos de la antigüedad se sentían así, lo manifestaban vistiéndose de luto, con ropas rasgadas y echándose cenizas. ¿Pero quién querría vivir así siempre?

Jesucristo vino a traer el cambio. Isaías usa la frase "manto de alegría" que es una figura retórica para referirse al cambio que Jesús trae a nuestro corazón. En hebreo, manto es la palabra *maaté*, que significa prenda, vestimenta exterior. Los hebreos usaban prendas de colores vivos cuando querían manifestar alegría, celebración, fiesta, y ese gozo lo traería el Mesías.

Este mundo será transformado recién cuando Jesús venga por segunda vez a reinar. Mientras tanto, todos los que aceptaron a Jesús como su Salvador reciben su gozo a través del Espíritu Santo.

Tal vez pasaste por situaciones que te han afligido y sumergido en una realidad sombría, pero no tienes que seguir así. Jesús vino a darte esperanza, consuelo y fortaleza. Lo que a nosotros nos parece que es imposible cambiar, Dios nos sigue diciendo que no hay nada imposible para Él.

¡Jesús es tu eterno gozo! No son las circunstancias favorables, sus bendiciones o sus maravillosos planes.

¡El Señor tiene tantas promesas! Él sabe los planes que tiene para nosotros; son planes de bienestar y no de calamidad, porque quiere darnos un futuro y una esperanza (ver Jeremías 29:11). ¡Bendito sea el Dios que nos llena de su gozo y renueva nuestras esperanzas!

Señor, gracias porque cambias aflicción por alegría.
Mi fuente de gozo eres Tú.

La fuerza viene de Dios

Tu Dios ha ordenado tu fuerza; confirma, oh Dios,
lo que has hecho para nosotros.
Salmo 68:28

¿Estás atravesando un tiempo que demanda el 100% de tus fuerzas pero te sientes agotado y humanamente incapaz de enfrentar lo que tienes por delante? El rey David se sintió así. Cuántas batallas debió librar en inferioridad de condiciones, sin fuerzas físicas y emocionales, con un sinnúmero de problemas; sin embargo, Dios siempre llegó a tiempo para darle las fuerzas que necesitaba.

La orden para recibir la fuerza que tú necesitas hoy ya está dada. "Tu Dios ha ordenado tu fuerza". La palabra ordenar en hebreo es *tsavá* que significa designar, encomendar, enviar, establecer, mandar, dar mandamiento. Eso significa que desde el cielo ya fue dada la orden de derramar nuevas fuerzas sobre ti. Todo lo que necesitas hoy, ya ha sido enviado. Recibe por fe lo que el Señor quiere darte.

David pudo experimentar ese poder renovador. Siempre decía que era Dios el que le ceñía de fuerzas (ver 2 Samuel 22:33). Cuando sus reservas se agotaban, recurría a Dios y recibía ayuda sobrenatural. Muchas veces estuvo a punto de morir, acorralado por sus enemigos, sin una escapatoria y sin fuerzas para continuar. Pero de repente, Dios enviaba la ayuda que necesitaba.

También el apóstol Pablo nos exhorta a buscar nuevas fuerzas en el Señor. Debemos fortalecernos en Él, y en el poder de su fuerza (ver Efesios 6:10). En ciertas situaciones el apóstol parecía desmayar, pero Dios lo fortalecía para seguir adelante con la tarea que le había encomendado. Una vez dijo que pudo salir adelante de una circunstancia muy difícil porque el Señor estuvo a su lado y le dio fuerzas para continuar predicando la palabra (ver 2 Timoteo 4:17).

¿Te sientes agotado? ¿Estás sin fuerzas? Recurre a Dios, el da esfuerzo al cansado, y multiplica las fuerzas al que no las tiene (ver Isaías 40:29). El Señor es el que te reviste de poder para hacerte más resistente en la hora difícil. ¡Su fuerza será evidente en ti!

Señor, gracias por haber ordenado la fuerza para mí en este día.
Sin ti nada es posible. Sigo adelante porque tú me renuevas.

Refuerza tu confianza en Dios

Dijo luego el filisteo a David: Ven a mí, y daré tu carne a las aves del cielo y a las bestias del campo. Entonces dijo David al filisteo: Tú vienes a mí con espada, lanza y jabalina; mas yo vengo a ti en el nombre de Jehová de los ejércitos, el Dios de los escuadrones de Israel, a quien tú has provocado.
1 Samuel 17:44-45

¿Qué fue lo que hizo posible que David saliera victorioso de semejante desafío? Piénsalo. ¿Su valentía, su audacia, su juventud, su puntería, su rapidez, saber elegir la piedra correcta? Nada de eso. Según el pasaje bíblico fue su confianza en Dios. La única manera de que un muchacho con una honda pudiera derrotar a un gigante guerrero como Goliat era por medio de la mano del Todopoderoso.

David no dudó en ningún momento de lo que debía hacer porque sabía con Quién saldría a la batalla. Nunca se atemorizó ni se avergonzó de su fe, y se lo dejó saber a Goliat: "¡Yo vengo a ti en el nombre de Jehová de los ejércitos!"

Tú y yo enfrentamos batallas casi a diario. Los "Goliat" de nuestra vida se presentan en todas las formas. Tal vez batallamos con complicadas enfermedades, tentaciones fuertes, una situación laboral difícil, relaciones familiares fuera de control, pero nada es más grande que nuestro Dios. Debemos recordar que el Señor es Soberano sobre todo, en el cielo y en la tierra, y tiene el poder para ayudarnos a vencer.

David había establecido la base de su confianza en Dios desde que cuidaba las ovejas de su padre. En el campo y cuando nadie lo veía, llegó a matar a ¡un león y un oso! (ver 1 Samuel 17:34-35) "Bueno... es simple entrenamiento" diría David.

Este joven reforzaba su confianza en la fidelidad del Señor de manera permanente recordando las victorias que le había dado. Él dijo que si Dios lo había librado de las garras del león y de las garras del oso, también lo libraría de la mano de ese filisteo. Buena enseñanza para nosotros.

Fortalece tu confianza en el Señor recordando las victorias que alcanzaste porque Él estuvo a tu lado. No te enfoques en los obstáculos, fija tu mirada en Dios. No importa lo que venga, recuerda que el Señor pelea por ti. El Todopoderoso está contigo.

Señor, mis gigantes van a caer por tu poder y permaneceré firme para darte la gloria.

El que levanta mi cabeza

Mas tú, Jehová, eres escudo alrededor de mí; mi gloria,
y el que levanta mi cabeza.
Salmo 3:3

Cuando David escribió este salmo estaba pasando por uno de los momentos más difíciles de su vida. Su hijo Absalón se había sublevado y había enviado miles de soldados para matarlo. ¿Puedes imaginarte lo que sentía David al enterarse de que su hijo quería verlo muerto? Una cosa era ser perseguido por los enemigos de siempre, otra cosa por su propio hijo.

Apenas David supo sobre el motín que había levantado Absalón, huyó de la ciudad de Jerusalén para evitar un desastre mayor. Fue muy triste esa salida: David subió la cuesta de los Olivos llorando, llevando la cabeza cubierta y los pies descalzos. El pueblo que estaba con él hizo lo mismo, todos iban llorando mientras subían (ver 2 Samuel 15:30). La apariencia externa de David y de su ejército era de luto.

Si lees todo el salmo verás que David sintió al ejército enemigo muy cerca, pero sabía que Dios era su escudo. Y así fue. Absalón murió en la batalla y David volvió a Jerusalén con una victoria aplastante. Él y su ejército habían salido con la cabeza baja de Jerusalén, pero Dios levantó sus cabezas y regresaron como vencedores. El Rey de justicia sabe dar el pago a cada uno según sus obras.

A menudo pensamos en la justicia desde un punto de vista negativo, como castigo o vindicación, pero también es inmensamente positiva. De hecho, la palabra hebrea *mishpat*, que se traduce como "juicio" o "justicia", transmite el sentido de poner las cosas en su lugar.

Si estás pasando tiempos de angustia por la traición de algún amigo o ser querido, por alguna injusticia, sigue el ejemplo de David, entrégale esa situación al Señor y espera que Él actúe.

Al confiar en el Señor como nuestro abogado defensor, podemos estar tranquilos porque sabemos que estamos en las mejores manos.

Dios sabe cómo cuidar a sus hijos. Si ponemos nuestra confianza en Él, nos respaldará, levantará nuestras cabezas y le daremos la gloria por la obra que habrá hecho a nuestro favor.

Señor, confío en ti y en tu justicia perfecta.
Tú eres el que levantas mi cabeza.

No culpes a Dios

Y Josué dijo: ¡Ah, Señor Jehová! ¿Por qué hiciste pasar a este pueblo el Jordán,
para entregarnos en las manos de los amorreos, para que nos destruyan?
¡Ojalá nos hubiéramos quedado al otro lado del Jordán!
Josué 7:7

Israel venía de una victoria extraordinaria. Dios había derribado los muros de Jericó, la ciudad había sido arrasada y quemada debido a su pecado. Josué condujo al pueblo a la victoria obedeciendo las directivas divinas al pie de la letra. Israel debía seguir el plan como Dios les había dicho, no podían llevarse nada para sí como botín de guerra porque era anatema, maldito.

Josué no sabía que un tal Acán había hecho lo contrario y ese pecado trajo consecuencias ineludibles. Israel salió a conquistar Hai, una ciudad más pequeña que Jericó, y perdieron la batalla. Más de treinta hombres murieron y tuvieron que retroceder avergonzados. Cuando Josué supo esto, estableció una señal de duelo.

Por esta situación, Josué asumió que Dios no les había protegido durante la batalla y se quejó. Dio por sentado que el Señor tenía que cuidarlos, ayudarlos y bendecirlos incondicionalmente. Pero Dios había sido muy claro, si no le obedecían, Él no actuaría. Ahora se dieron cuenta de que no ganarían ninguna batalla sin su ayuda.

La respuesta de Dios a Josué fue sencilla y directa diciéndole que se levantara porque el problema era que Israel había quebrantando el pacto que Él les mandó. En otras palabras: "No me hagas responsable de esto, el pueblo desobedeció lo que le dije y ahí están las consecuencias".

Tremenda lección para nosotros. Nunca culpemos a Dios de las cosas malas que nos puedan suceder. Vivimos en un mundo corrompido por el pecado. El ser humano se ha apartado de Dios y las consecuencias están a la vista. Pero también debemos analizar nuestras decisiones. Si pecamos, no culpemos a Dios por las consecuencias lógicas de actuar fuera de su voluntad. El camino para volver a experimentar victorias espirituales es el arrepentimiento y la obediencia.

Después de esto, Josué quitó el pecado del medio y asunto arreglado. A partir de ese momento, Josué nunca más perdió una batalla. Aprendió algo sumamente importante: Sin obediencia, no hay victorias.

Señor, ayúdame a actuar como tú me has enseñado. Tú respaldas la obediencia.

Nunca contristado

Y no contristéis al Espíritu Santo de Dios, con el cual fuisteis
sellados para el día de la redención.
Efesios 4:30

Antes de ascender al cielo, Jesús les dijo a sus discípulos que les convenía que Él se fuera porque entonces le enviaría al Consolador que estaría con ellos siempre. A partir de Hechos 2, el Espíritu Santo comenzó a habitar dentro de los creyentes para santificarlos, guiarlos, recordarles la Palabra de Dios y capacitarlos con poder.

El Espíritu Santo es una persona, no una influencia, fuerza o energía, y como tal puede ser contristado. La palabra contristar en griego es *lupeo* que significa afligir, angustiar, causar tristeza o dolor. Así como nosotros podemos haber sido entristecidos por alguien, también nosotros podemos provocar situaciones que contristen al Consolador.

Tal vez te preguntes qué es lo que entristece al Espíritu. Si lees el versículo siguiente encontrarás la respuesta. Dice que debemos quitar toda amargura, enojo, ira, gritería, maledicencia y malicia (ver Efesios 4:31).

Cuando vivimos con amargura, lo contristamos. Esta palabra en el original hace referencia a un elemento punzante con el que se puede herir. En las batallas antiguas usaban flechas o dardos envenenados para lograr justamente eso. Alguien nos dijo algo fuera de lugar y comenzamos a molestarnos. Esa molestia crece y se transforma en resentimiento, enojo e ira que empiezan a tomar el control de nuestra vida.

Cuando le damos lugar a la gritería lo estamos contristando. Griterío proviene de la palabra griega *krazo* que significa graznar como cuervo, llamar a gritos, chillar, prorrumpir en alta voz, vocerío. Cuando el enojo nos descontrola comenzamos a subir el tono de voz y nos parecemos a "cuervos peleando". Esta actitud manifiesta que no estamos escuchando la voz de alerta del Espíritu. Somos controlados por nuestros impulsos en vez de dar lugar al dominio propio que viene de Él.

Para evitar que el Espíritu Santo sea contristado, el apóstol Pablo nos deja como último consejo que siempre seamos benignos unos con otros, misericordiosos, y nos perdonemos unos a otros (ver Efesios 4:32).

Espíritu Santo, toma el control de mi carácter,
que pueda escuchar tu voz y obedecerte inmediatamente.

ꙮ 15 de noviembre ꙮ

Oportuno socorro

Acerquémonos, pues, confiadamente al trono de la gracia, para alcanzar misericordia y hallar gracia para el oportuno socorro.
Hebreos 4:16

Hay días en que las pruebas parecen multiplicarse. Un problema de salud, dificultades en el trabajo, situaciones financieras, un problema familiar, el automóvil que no arranca. Cuando nos encontramos en esas situaciones, aunque no lo digamos en voz alta, nuestra alma clama a gritos: ¡Socorro!

Hay situaciones que parecen irremediables, y otras a las que no sabemos darles una solución. Nos sentimos incapaces, confundidos, débiles, desorientados. Necesitamos ayuda urgente y en nuestro espíritu sabemos que Dios está allí para ayudarnos; sin embargo, en nuestra mente comienzan a surgir dudas: ¿Será que el Señor entiende por lo que estoy pasando? ¿Se habrá olvidado de mi problema? ¿Oirá mis oraciones?

Jesús nos escucha y también sabe lo que sentimos. En el versículo anterior, el autor del libro de Hebreos nos recuerda que tenemos un Sumo Sacerdote que puede compadecerse de nuestras debilidades. Él mismo fue tentado en todo según nuestra semejanza, aunque nunca pecó. Sabe lo que significa una tentación, un problema familiar, una pelea entre hermanos, escasez de algún bien material… Ha pasado por todos nuestros problemas.

El Señor es y seguirá siendo nuestro "oportuno socorro". La palabra oportuno en griego es *eukairos* que significa bien calculado o justo a tiempo. Cuando parece que el barco empieza a hundirse, Jesús llega "caminando sobre las aguas" y nos rescata. Él siempre llega a tiempo. Su reloj no sufre retrasos. Aun los tiempos de espera tienen propósito, pero siempre nos socorrerá.

Sin importar las circunstancias a las que te enfrentes, nuestro Dios Omnipotente e incondicionalmente amoroso está ahí para guiarte, protegerte y sustentarte de manera perfecta. Si estás en un tiempo de espera, aprovecha para alabarle como respuesta de tu fe.

Levanta tus ojos al cielo y recuerda que tu socorro viene de Jehová, el Creador de los cielos y la tierra.

Señor, tú eres mi socorro. Siempre llegas a tiempo. Espero en ti porque solo bajo tu presencia me siento seguro.

Punto de resistencia

No os ha sobrevenido ninguna tentación que no sea humana; pero fiel es Dios, que no os dejará ser tentados más de lo que podéis resistir, sino que dará también juntamente con la tentación la salida para que podáis soportar.
1 Corintios 10:13

Pablo sabía muy bien de qué estaba hablando. Él experimentó muchas pruebas y tentaciones, pero de todas ellas lo libró el Señor.

La palabra tentación en griego es *peirasmós* y significa poner a prueba, experimentar, probar o ensayar. Esta palabra se puede traducir como prueba o tentación dependiendo del contexto. En el caso de este pasaje se utiliza para hablar de pruebas con un efecto beneficioso, permitidas por Dios con el fin de ayudarnos a crecer espiritualmente.

Pablo nos recuerda que Dios nunca va a permitir una prueba que sea más fuerte de lo que podamos resistir. Ahí está la clave. La palabra resistir en griego es *anthístemi* y aquí significa enfrentar, permanecer firme o perseverar de pie. Como la palmera, que puede ser flexible hasta casi tocar el suelo en medio de los vientos más fuertes, pero una vez que pasa la tormenta vuelva a estar erguida.

¿Cuánto podemos resistir realmente? Me atrevo a decir que muchos no llegan a descubrir su punto de resistencia porque quieren salir de la prueba lo más rápido posible, incluso antes de que se cumpla el propósito por el que Dios la permitió.

Por supuesto, nadie quiere sufrir, nadie en su sano juicio quiere atravesar situaciones que le provoquen dolor. Sin embargo, al estudiar la Palabra de Dios, comprendemos que en medio de situaciones dolorosas podemos experimentar un gran crecimiento. ¡Cuántos testimonios tenemos para compartir de la obra que el Señor ha llevado a cabo en nuestras vidas en los tiempos más difíciles!

¿Atraviesas por dificultades en este momento? Tal vez estás experimentando una prueba tan intensa que te preguntas si será posible sobrevivir. Quizás te preocupa una dificultad en particular porque se ha prolongado en el tiempo y no puedes ver la salida. Aunque las situaciones que atraviesas no sean favorables, Dios no te ha abandonado. Sigue caminando a tu lado.

Señor, confío que sabes cuál es mi punto de resistencia.
Ayúdame a mantenerme firme en tus promesas.

Estaré tranquilo

Jehová peleará por vosotros, y vosotros estaréis tranquilos.
Éxodo 14:14

El pueblo de Israel por fin había salido de Egipto, pero poco tiempo después, el ejército de Faraón estaba detrás de ellos y el Mar Rojo enfrente. No había forma de escapar, solo podían esperar lo peor. Pero Dios les dijo: "Yo pelearé esta batalla por ustedes". ¡Cuántas veces nosotros hemos leído, creído y aplicado esta promesa a una situación de necesidad!

Si prestas atención al versículo, la primera parte incluye una acción de Dios, que es en la que siempre nos concentramos, pero luego menciona algo que se espera de nosotros. Mientras el Señor pelea nuestras batallas, nosotros debemos estar tranquilos.

La palabra tranquilo en hebreo es *shacat* que significa reposar, cesar, descansar, quietud y sosiego. Hay versiones que traducen esta parte del versículo "vosotros estaréis quietos", y otras dicen "vosotros estaréis callados". Si de verdad permanecemos tranquilos, dejaremos de decirle a Dios cómo debe hacer las cosas. Si creemos que Él peleará por nosotros, entonces debemos descansar confiados.

El autor del libro de Hebreos menciona que Israel vio a Jehová pelear sus batallas, pero nunca pudieron permanecer tranquilos, por lo que no pudieron entrar al reposo prometido por la fe (ver Hebreos 3:16-19). Los israelitas vagaron cuarenta años en el desierto porque la nación permitió que la incredulidad se impusiera a la fe en las promesas de Dios.

Si escuchamos la Palabra y no la acompañamos con fe, entonces viviremos de sobresalto en sobresalto como Israel y seguramente nos apresuremos a tomar decisiones que no estén de acuerdo con la voluntad de Dios. Pero si de verdad creemos que Él se encarga de nuestras batallas, entonces vivamos como si ya hubiésemos vencido. Así es como la fe verdadera se manifiesta.

Mientras Dios pelea la batalla por ti, alábalo por sus proezas, adórale por su fidelidad, agradécele antes de la victoria.

¡Tranquilo, el Señor es experto en ganar batallas que parecen perdidas!

Señor, tú te haces cargo de mis batallas. Estaré quieto, callado,
y a la expectativa de lo que tú harás.

Jehová Jiréh

Y llamó Abraham el nombre de aquel lugar, Jehová proveerá. Por tanto
se dice hoy: En el monte de Jehová será provisto.
Génesis 22:14

Estoy seguro que conoces muy bien la historia de Abraham. ¿Recuerdas el momento en que puso a su hijo en un altar para sacrificarlo? ¡Qué alivio saber que un ángel lo detuvo y le dijo que solo era una prueba! Cuando su hijo le preguntó dónde estaba el cordero para el holocausto, Abraham le respondió: "Jehová Jiréh", que significa "el Señor proveerá". No pensemos que solo fue una respuesta rápida para salir del paso, él estaba creyendo que volvería con su hijo a casa. Dios le había dicho que multiplicaría su descendencia a través de Isaac y cumpliría su promesa.

En cuanto el ángel se fue, Abraham vio un carnero trabado en un zarzal. ¿Cómo llegó allí? Sin duda Dios proveyó milagrosamente el sacrificio. ¡Justo a tiempo!

Abraham no dijo Jehová Jiréh porque se había endeudado al comprar un carro egipcio nuevo y no sabía cómo pagarlo. Tampoco lo dijo después de haber gastado su sueldo en una fiesta con Melquisedec. No, la verdad es que Abraham era un muy buen administrador. Él depositó su confianza en Dios como su proveedor porque no había manera de que algún otro pudiera suplir un cordero en lo alto del monte.

No es lo mismo decir Jehová Jiréh un día antes de cobrar el sueldo que al enfrentar una necesidad urgente sin tener recursos. Decimos que el Señor proveerá cuando sabemos que estamos haciendo la voluntad de Dios y por delante tenemos un desafío que solo Él puede llevar a cabo a través de nosotros. ¡Cuántos testimonios tienen misioneros como Noelia de la provisión oportuna de Dios!

Hoy el Señor sigue siendo Jehová Jiréh. Él es quien provee para nuestras necesidades cuando lo reconocemos como nuestra fuente de todo bien. El Padre Celestial sabe dar buenas dádivas a sus hijos que claman a Él. Cuánto me gustaría contarte testimonios personales de la provisión de Dios, pero no me alcanzarían las páginas.

Cuando ponemos al Señor en primer lugar en nuestra vida tal como lo hizo Abraham, se cumple lo que dijo Jesús, que si buscamos primero el reino de Dios y su justicia, ¡todas las cosas serán añadidas!

¡Jehová-Jiréh! Todo lo que necesito está en ti. Gracias, Señor.

Cuestión de enfoque

Corramos con paciencia la carrera que tenemos por delante,
puestos los ojos en Jesús, el autor y consumador de la fe...
Hebreos 12:1-2

La vida cristiana es una maratón que debe correrse con paciencia. Llegan a la meta los que perseveran, los que mantienen el ritmo y no se desesperan cuando otros parecen ir más rápido o se salen del camino.

En esta carrera hay premios para todos los que cruzan la línea de llegada y la única manera de lograrlo, de acuerdo con el autor de Hebreos, es manteniendo la mirada en Jesús durante todo el trayecto. El que mira a los costados, tropieza.

La frase "puestos los ojos" significa atención no divida, alejar la mirada de todas las distracciones con el fin de contemplar a Cristo. Para correr bien debemos mantener nuestros ojos en el Señor. Vamos a caer si apartamos la mirada de Jesús y nos miramos a nosotros mismos o contemplamos las circunstancias que nos rodean.

Si le preguntaras a Pedro por qué se hundió mientras caminaba sobre el agua te diría que fue cuando se enfocó en las olas y la tormenta en lugar de seguir mirando al Señor.

Si le preguntaras a Moisés por qué la generación que salió de Egipto no entró a la tierra prometida te respondería que fue porque se concentraron en las dificultades, los gigantes y las ciudades amuralladas antes que en Dios.

Cada vez que sufrimos un tropiezo en nuestra carrera es porque cambiamos nuestro enfoque. ¿Sabes cuántos accidentes de tráfico ocurren por día debido a que el conductor dejó de mirar hacia adelante para revisar su celular?

Cuando nos sometemos al Señor y seguimos su dirección, nos mantendremos en el camino correcto. Pero cuando quitamos nuestra mirada de Él, nos extraviamos.

¿Estás corriendo bien la carrera? ¿Cómo estás respondiendo a las presiones a lo largo del camino? Recuerda que Cristo siempre corre con nosotros. Así que no cambies tu enfoque, sigue con los ojos puestos en el Señor, asegúrate de llegar a la meta y recibir tu recompensa.

Sí Señor, pongo mi mirada en ti. Ayúdame a no tomar ninguna desviación
sino a seguir el camino que ya trazaste para mí.

Definidos por Dios

Y no se llamará más tu nombre Abram, sino que será tu nombre Abraham,
porque te he puesto por padre de muchedumbre de gentes.
Génesis 17:5

El plan de Dios para Abram era maravilloso, pero requería de una fe firme y perseverante. La promesa divina decía que por su descendencia serían bendecidas todas las familias de la tierra, pero había un problema: su esposa Sarai era estéril y de edad avanzada. Creer en la promesa en esa situación no era fácil, entonces Dios hizo algo más para confirmar lo que le había dicho: cambió su nombre.

Durante 99 años, cada vez que alguien llamaba a Abram escuchaba "padre enaltecido", ese era el significado de su nombre. Sin embargo, Dios consideró oportuno y necesario darle un nuevo nombre al padre de la fe y lo llamó Abraham, que significa "padre de una multitud".

A partir de ese momento, todo aquel que pronunciara su nombre debía recordar la promesa que Dios le había hecho. Puedo imaginarme al patriarca los primeros días repitiendo: "Ya no me llamo Abram… ¡Me llamo Abrahaaam…!"

Dios también le cambió el nombre a Sarai por Sara, a Jacob por Israel, a Simón por Pedro. Otras veces usó sobrenombres como "los hijos del trueno" o redefinió el nombre de la profesión de sus discípulos llamándolos "pescadores de hombres".

Dicho esto, permíteme darte un consejo que alguien me dio una vez: "No permitas que otros te definan". Debes ser lo que Dios ha querido que seas. Él te creó con ciertas características particulares con un propósito. La respuesta a "¿quién soy?" debes encontrarla en Dios, no en lo que otros dicen de ti o en lo que el sistema intenta imponerte.

Hoy el Señor no necesita cambiar tu nombre para que puedas descubrir lo que planeó para ti. Escúchalo, observa lo que el Espíritu Santo está haciendo en tu vida, presta atención a los dones y talentos que te dio, a la manera en la que te usa para bendecir a otros. Todo eso te permitirá entender lo que Dios espera llevar a cabo en ti y a través de ti.

Que podamos decir como el apóstol Pablo que por la gracia del Señor somos lo que somos y su gracia no ha sido en vano para con nosotros.

Gracias Señor porque tú me has diseñado desde la eternidad
y trazaste planes perfectos para mi vida.

¡Ay, Señor!

Entonces dijo Moisés a Jehová: ¡Ay, Señor! Yo nunca he sido hombre de fácil palabra, ni antes ni ahora que hablas con este siervo tuyo. Y es que soy muy lento para hablar, y mi lengua es muy torpe.
Éxodo 4:10

Moisés había huido de Egipto después de matar a un egipcio que maltrataba a un hebreo. Pasaron cuarenta años desde ese momento hasta su encuentro con Dios. Cuando su vida parecía estar tranquila, desde una zarza ardiendo Dios lo llamó y le asignó la tarea de librar a Israel de la esclavitud y conducirlos hasta la tierra prometida.

"¿Quién, yo? ¿Volver a Egipto? ¿A los 80 años? Creo que no soy la persona indicada. Además, no sé hablar bien. Siempre que hablo se me traba la lengua… ¡Ay Señor!". Moisés intentó eludir el llamado de Dios con diferentes argumentos; esperaba hacerlo cambiar de opinión, pero la respuesta divina fue contundente. El Señor le preguntó quién le dio la boca al hombre ¿Acaso no era el Creador? Las incapacidades humanas nunca fueron un problema para los propósitos de Dios, al contrario, Él se glorifica a través de ellas.

¿Recuerdas cuántas veces exclamaste: ¡Ay, Señor! al ser desafiado con algo que te parecía imposible? ¡Cuántas veces olvidamos que si Dios llama también capacita! Si el Señor decide que somos los instrumentos que Él quiere usar, podemos estar seguros de que contaremos con lo necesario para hacer su voluntad. Nuestra parte es creer y obedecer.

¿El Señor te ha pedido hacer algo y todavía le estás dando vueltas en tu cabeza? ¿Te da miedo emprender algo que parece demasiado grande? ¿Le has respondido: "Ay, Señor" cuando te pidió que te muevas por fe? Si sigues dando vueltas, solo vas a perder tiempo, porque Dios no va a cambiar sus planes.

Moisés creía que sus limitaciones no lo hacían apto para la tarea que el Señor le estaba encomendando, pero Dios le dijo que Él mismo le enseñaría lo que tuviera que decir. En otras palabras: "No se trata de lo que tú puedas hacer, sino de lo que yo, el Señor, haré a través de tu vida".

Mantente enfocado en Dios y depende del Espíritu Santo. Si das el paso que estás retrasando, lo verás hacer cosas que nunca imaginaste.

Señor, no voy a poner más excusas. Doy un primer paso de fe en la dirección que me has indicado. Tú estás conmigo.

Ánimo de corazón

Y se animó su corazón en los caminos de Jehová, y quitó los lugares altos
y las imágenes de Asera de en medio de Judá.
2 Crónicas 17:6

Dios hizo muchas maravillas en Israel por medio del rey Josafat. El Señor confirmó su reino, le proveyó bienes, ganó batallas que parecían imposibles y vio milagros extraordinarios a lo largo de su vida. El secreto de su éxito fue buscar a Dios con todo su corazón y rechazar cualquier vestigio de idolatría en el pueblo. Él fue uno de los pocos reyes que obedeció la ley del Señor y le sirvió con "ánimo de corazón".

La palabra animarse en hebreo es *gabaj* que significa alzar, elevar, enaltecer, encumbrar, levantar y remontar. De aquí vienen las palabras euforia y entusiasmo. Josafat estaba entusiasmado de seguir a Dios y andar bajo sus preceptos.

Su entusiasmo no era meramente emocional. Él quería agradar a Dios y eso lo movilizó a estudiar la Palabra y enseñarla a los demás. Se encargó de enviar príncipes y levitas por todo Judá para que transmitieran la ley de Dios. Imagínate a un grupo de maestros itinerantes dando conferencias bíblicas en cada pueblo y animando a las personas a adorar al único Dios. ¡Yo no me lo hubiera perdido por nada del mundo!

También nombró jueces que supieran aplicar justicia y esto resultó muy favorable para el pueblo. Los había exhortado a actuar con rectitud e imparcialidad. Josafat estaba determinado a agradar al Señor.

¿Qué piensas de Josafat? ¿Crees que fue un fanático religioso o un hombre apasionado por Dios? La verdad es que al Señor le agradó su forma de buscarle y su deseo de obedecerle.

En la Biblia vamos a encontrar consejos como "ser fervientes en espíritu" y "amar al Señor con todo nuestro corazón, alma, mente y fuerzas". Estas cosas son el resultado de conocimiento e intimidad con el Señor. Cuanto más cerca estamos de Él, más oportunidades tenemos de experimentarle y apasionarnos.

¡Cómo no seguir con ánimo de corazón a Aquel que entregó su propia vida por amor a nosotros!

¡Señor, te amo con todo mi corazón! Quiero manifestarlo con fervor
a través de cada uno de mis hechos y palabras.

Complacidos en honrar a Dios

Te ruego, oh Jehová, esté ahora atento tu oído a la oración de tu siervo, y a la oración de tus siervos, quienes desean reverenciar tu nombre...
Nehemías 1:11ª

Nehemías es uno de mis personajes favoritos de la Biblia. Admiro su honestidad, sensibilidad, integridad, diligencia, devoción y entusiasmo por hacer la obra de Dios.

Después de enterarse de la deplorable situación de Jerusalén, lo primero que hizo fue orar. Por favor, lee todo el capítulo uno de su libro y encontrarás detalles que te permitirán descubrir su corazón.

Creo que es cierta la famosa frase que dice "hay de todo en la viña del Señor", y aunque normalmente se menciona cuando tenemos la atención puesta sobre algo negativo, prefiero enfocarme en ese grupo de cristianos sinceros que se destaca por el gozo que experimentan al honrar a Dios en todo tiempo. Son como Nehemías, nada los hace retroceder; pueden enfrentar desafíos, oposición, pruebas, tentaciones y seguirán amando al Señor y determinados a hacer su voluntad. Nehemías los llama los "siervos que desean reverenciar el nombre de Dios".

Esta frase merece profundizarse. En primer lugar, la palabra deseo, *jafets* en hebreo, es mucho más que una simple apetencia o gusto, significa deleitarse, estar complacido, tener contentamiento o placer. La palabra reverenciar en hebreo es *yare* que significa temer, respetar, honrar, tener en alta estima. Nehemías está diciendo que él es parte del grupo que se deleita con gran placer en honrar a Dios con todo lo que hace. ¡Cómo el Señor no va a respaldar a los que tienen tal corazón!

Los que se complacen en honrar al Señor no son los que esperan que Él lo arregle todo, o quienes esperan que alguien más se ocupe de las necesidades. No, son lo que oran: "¡Dios, úsame a mí!"

Nehemías acudió al Señor, le presentó el problema y se puso a su disposición para hacer lo que fuera necesario. Actuó en fe confiando que Dios lo respaldaría y animó a otros a que se unieran a él. La historia dice que en solo 52 días terminaron la reconstrucción del muro de Jerusalén, Dios les dio la victoria sobre sus enemigos y recuperaron su dignidad.

Déjame preguntarte: ¿Eres parte del grupo de los siervos que se deleitan en honrar a Dios?

Señor, deseo reverenciar tu nombre cada día. Aquí estoy, usa mi vida.

Misericordia incomprensible

*Y quitaron de entre sí los dioses ajenos, y sirvieron a Jehová; y él fue
angustiado a causa de la aflicción de Israel.*
Jueces 10:16

La condición espiritual de Israel durante el tiempo de los jueces fue deplorable. Los israelitas eran inconstantes en su amor y servicio a Dios. Habiendo experimentado su gran poder, se volcaron a la idolatría de las naciones cananeas.

Mientras no experimentaban las consecuencias de sus pecados, Israel seguía en la idolatría, pero cuando el Señor permitía que las naciones vecinas los atacaran, los despojaran de sus bienes y los esclavizaran, entonces buscaban a Dios.

¿Era justo que Él los ayudara cuando lo habían rechazado por tantos años? ¿Qué hubieras hecho tú en su lugar? Yo les hubiera respondido lo mismo que les dijo Dios: "Ustedes me dejaron siguiendo a dioses ajenos, ya no los voy a librar más. Vayan y clamen a los dioses que eligieron para que los libren ellos..." (ver Jueces 10:13-14). Y después de decir esto, me hubiera quedado con los brazos cruzados viendo cómo recibían las consecuencias de sus acciones. Pero Dios... no.

Cuando los israelitas escucharon estas palabras, se arrepintieron, quitaron los ídolos y empezaron a buscar al Señor. Y a Dios se le derritió el corazón. Lo siento por los que esperaban su total destrucción, pero la misericordia triunfó sobre el juicio. El autor de Jueces dice que Dios "fue angustiado" a causa de la aflicción de Israel y por eso los rescató otra vez.

La palabra hebrea usada aquí para "angustiado" es la palabra *catsar* que significa cortar, interrumpir, acortar. Dios "interrumpió" o "cortó" su juicio para dar lugar a su misericordia. Vio la aflicción de su pueblo y no quiso que fueran destruidos. Les dio una nueva oportunidad.

Piensa en esto: si Dios actuó con misericordia en el tiempo de la ley, ¿no lo hará ahora que envió a Cristo para salvarnos? La cruz es la demostración más grande de su amor y misericordia.

No importa cuánto nos hayamos alejado del Señor, somos siempre bienvenidos si lo buscamos. Los brazos de Dios están siempre abiertos.

Señor, gracias por tu incomprensible misericordia.
Qué amor tan grande que tienes por tu pueblo.

Vanidades

No os apartéis en pos de vanidades que no aprovechan ni libran, porque son
vanidades. Pues Jehová no desamparará a su pueblo, por su grande nombre;
porque Jehová ha querido haceros pueblo suyo.
1 Samuel 12:21-22

Israel le pidió a Samuel que nombrara un rey que los gobernara como a los demás pueblos. Esta petición no le pareció bien al profeta, quien había sido su sacerdote y juez por muchos años. Entonces oró a Dios y la respuesta fue que no lo habían desechado a él sino al Señor mismo para que no reine sobre ellos (ver 1 Samuel 8:7b). El pueblo quería que los salvara un rey, no Dios.

Después de que Samuel presentara a Saúl como rey, se dirigió al pueblo como si fuera una despedida y les dijo que aunque ya estaba viejo, seguiría intercediendo por ellos y enseñándoles el camino de Dios hasta sus últimos días. Al final les exhortó a no apartarse del camino verdadero yendo tras las "vanidades" que no aprovechan.

Hay varias palabras hebreas para vanidad, pero el vocablo que usa Samuel aquí es *toju*, que significa desolación, desierto, cosa que no vale, vacío, algo vano, asolamiento. El anciano sacerdote les aconsejó que no se ocupen en aquellas cosas que no tiene valor eterno, en cosas vanas que no aprovechan, que parecen satisfacer el alma, pero que solo los dejarán más vacíos y angustiados.

El mundo pondera valores temporales que no satisfacen el alma de manera plena. Si en vez de enfocarnos en Dios para vivir de acuerdo con su voluntad nos centramos en los dioses de este tiempo como son el placer, las riquezas, la popularidad, la aceptación social, entonces vamos a terminar vacíos, desolados, sin valor.

La exhortación de Samuel nos recuerda que el Señor ha querido hacernos pueblo suyo, y que jamás nos desamparará. Somos un pueblo especial, apartados para reflejar a Cristo (ver 1 Pedro 2:9).

Si consideramos las cosas tan grandes que ha hecho el Señor por nosotros, especialmente la gran obra de redención, no nos deberían faltar motivos para rendirnos a Él.

Que los que te rodean se convenzan del gran valor que tiene seguir a Cristo antes que a vanidades ilusorias.

Padre, ayúdame a despojarme de cualquier cosa que sea vanidad.

Deja atrás la vergüenza

No temas, pues no serás confundida; y no te avergüences, porque no serás afrentada, sino que te olvidarás de la vergüenza de tu juventud, y de la afrenta de tu viudez no tendrás más memoria.
Isaías 54:4

Este pasaje es una profecía de doble cumplimiento. En primer lugar, se aplica a Israel y la restauración de Jerusalén en época del rey Darío. Y en segundo lugar, es una promesa vigente para su pueblo: Dios quita la vergüenza desde el mismo momento en que nos rendimos a Él.

La palabra "vergüenza", *boyet* en hebreo, tiene el significado de afrenta, confusión, deshonra, ignominia o sentirse burlado. Muchas veces la vergüenza nos llega a intimidar, nos atemoriza, nos roba valor, y al fin nos paraliza.

En el Salmo 44:15, los hijos de Coré escriben que diariamente su vergüenza estaba delante de ellos, y sentían la confusión en sus rostros. Estaban siendo burlados, oprimidos y hasta habían retrocedido delante de sus enemigos. ¡Qué terrible es vivir avergonzado!

Satanás sabe esclavizar a las personas usando la vergüenza, sin embargo, debemos recordar que Dios es quien nos redime, nos levanta y nos da dignidad al hacernos sus hijos.

¿Te sientes avergonzado por situaciones que nunca hubieras querido pasar? ¿Hay personas que te siguen humillando por decisiones que tomaste en el pasado? Hoy Dios te dice que Él se lleva tu vergüenza y la cambia por dignidad y paz.

Hay grandísimas promesas para ti por ser su hijo: No tendrás nada que temer porque la opresión se alejará de ti y nunca más se volverá a acercar. Dios te adornará con su justicia. Él comenzó a escribir una nueva historia desde el momento en que le entregaste todo aquello que te avergüenza. ¡Dios te restaura!

No temas, el Todopoderoso está contigo. Cuando los sentimientos de vergüenza quieran regresar, recuerda lo que te ha dicho el Señor. No vuelvas atrás, vive el presente con esperanza y sigue por el camino nuevo que trazó para ti.

Somos amados incondicionalmente por Dios. Él no se avergüenza de nosotros aunque nos conoce tal y como somos. ¡Gracias, Señor!

Señor, te entrego lo que me avergüenza. Tú me perdonas y me levantas.

El-Olam

¿No has sabido, no has oído que el Dios eterno es Jehová, el cual creó los confines de la tierra? No desfallece, ni se fatiga con cansancio, y su entendimiento no hay quien lo alcance.
Isaías 40:28

El-Olam es uno de los nombres de Dios. En hebreo, *El* significa Dios, y *Olam* sempiterno, siempre, continuo, perdurable, permanente, eterno, perpetuo.

La eternidad es difícil de entender para nosotros que nacemos y vivimos en un mundo temporal en donde todo tiene un principio y un fin. Sin embargo, el Señor no está sujeto a nuestro tiempo. Él es el Yo Soy siempre presente, que permanece inalterable, que siempre existió, existe y existirá.

No estamos creyendo en alguien que no sabe nada del pasado o que desconoce el futuro. Nada ni nadie toma a Dios por sorpresa. Él sabe exactamente todo lo que sucederá.

Isaías usó el nombre El-Olam para afirmar la fe de su pueblo. Después de tantos años de desolación, desarraigo y esclavitud, llegó la restauración. Los tiempos de prueba no son eternos, los momentos de incertidumbre llegan a su fin, y el Señor cambia la tristeza por gozo y consuelo.

Debemos recordar siempre en Quién estamos creyendo. Muchas veces, al atravesar serias dificultades, nuestra mente finita piensa en Dios como alguien con límites, que necesita un plan B por si algo le sale mal. No, no hay posibilidad de que Él falle o no sepa qué hacer.

Además, su carácter eterno se traslada a todos sus atributos. El Señor es eterno en su amor, misericordia, justicia, santidad, soberanía, fidelidad, en cada una de sus características.

Eso también significa que su cuidado, protección y guía son constantes. Ininterrumpidamente Él está con nosotros. El Señor está pendiente de ti en medio de cualquier circunstancia.

El eterno Dios es nuestro refugio y sus brazos incansablemente nos sostienen. Desde la eternidad, tenemos un refugio asegurado para siempre, y aquí abajo, sujetos a tiempo y espacio, permaneceremos seguros en sus brazos eternos (ver Deuteronomio 33:27).

Señor, me aferro a tus brazos eternos para recibir el amor que necesito.

338

Gracias te damos

Gracias te damos, oh Dios, gracias te damos, pues cercano está tu nombre;
los hombres cuentan tus maravillas. Pero yo siempre anunciaré
y cantaré alabanzas al Dios de Jacob.
Salmo 75:1, 9

Hoy es día de darle gracias a Dios por todo lo que hace. El salmista dice: "Los hombres cuentan tus maravillas". Dejemos de lado las peticiones y concentrémonos en agradecer por lo que ha hecho hasta aquí.

Nuestro primer agradecimiento a Dios es por habernos salvado. Las cosas materiales van y vienen, pero su salvación es eterna. Merecíamos la condenación, pero Él envió a su Hijo para que todo aquel que en Él cree no se pierda, sino que tenga vida eterna (ver Juan 3:16). ¡Qué privilegio tenemos de ser sus hijos! Tenemos acceso directo a su presencia en cualquier momento y bajo cualquier circunstancia.

Demos gracias por nuestra familia. Aunque de vez en cuando puede haber alguna desavenencia, podemos seguir perdonándonos, amándonos y ayudándonos para permanecer unidos. Dios nos da los recursos para seguir creciendo juntos.

Demos gracias por nuestro trabajo, medio a través del cual el Señor nos provee para nuestras necesidades y en donde podemos invertir nuestras capacidades.

Agradezcamos al Señor por habernos dado una familia espiritual a través de la iglesia. No estamos solos en nuestras luchas espirituales. Recibimos apoyo, consejo, amor y cuidado en el Cuerpo de Cristo.

Pongamos atención hoy en lo que tenemos y no en lo que nos falta. A pesar de las situaciones difíciles, ¿no hemos visto el cuidado de Dios?

Si Dios usó a alguien para bendecirnos, démosle gracias también a esa persona. Si nos hemos mantenido saludables, seamos agradecidos; si estuvimos enfermos, démosle gracias a Dios porque ha estado a nuestro lado continuamente. Tal vez hubo momentos en que no lo hayamos sentido cerca, pero la Biblia dice que siempre está con nosotros.

Démosle gracias por todo lo que nos ha dado y enumeremos todas sus obras (ver Salmo 103:2). Que nuestra alma bendiga a Jehová sin olvidar ninguno de sus beneficios

---

Gracias Señor por tantas bendiciones que me has dado este año.
Gracias por haber estado en todo tiempo conmigo.

Obediencia aprendida

Y aunque era Hijo, por lo que padeció aprendió la obediencia.
Hebreos 5:8

Cuando Jesús estaba orando en el huerto de Getsemaní, expresó lo que sentía con total claridad. Sabía lo que implicaba ir a la cruz. En su oración le dijo al Padre que si era posible, pasara de él esa copa tan amarga, pero que no se hiciera su voluntad (ver Mateo 26:39). Por encima del sufrimiento estaba su obediencia.

La palabra obediencia usada en el pasaje de Hebreos es *hypakoé* que significa escuchar con atención, dar oído, acatamiento y sumisión. Es decir, una persona obediente es aquella que hace exactamente lo que se le pide. Si obedeces solo el 99%, se te cuenta como desobediencia. Pregúntale al rey Saúl sobre esto (ver 1 Samuel 15:22).

Jesús fue obediente hasta las últimas consecuencias. Como hombre se humilló a sí mismo, haciéndose obediente hasta la muerte en la cruz (ver Filipenses 2:8). ¿Hasta qué punto nosotros estamos dispuestos a obedecer a Dios?

La obediencia es la evidencia externa de nuestra relación con el Señor. Es fácil decir que le amamos, pero si es así, debemos demostrarlo a través de la obediencia. Jesús mismo dijo que si le amamos debemos cumplir lo que nos dijo (ver Juan 14:15).

Obedecer muchas veces significará tener que hacer lo que no queremos: perdonar, amar, servir, soportar, esperar, perseverar… Para crecer, madurar y dar los frutos que Dios espera de nosotros, debemos decidir hacer su voluntad antes que la nuestra, sometiendo nuestro orgullo, ambiciones, justicia propia, autosuficiencia, entre otras cosas.

La obediencia se aprende, no se hereda ni se recibe como un don. Por eso, cada cristiano fiel deberá pasar por esa "escuela".

¿Qué te ha dicho Dios últimamente que debes hacer? ¿Qué palabra habló a tu corazón y todavía no has puesto en práctica? Obedece al Señor aunque no entiendas todo lo que te está pidiendo. No retrases tu crecimiento y no pierdas las bendiciones que el Señor tiene para tu vida al obedecerle.

Señor, dame un corazón sensible y dispuesto para que pueda ser obediente como tú.
Sé que un discípulo fiel no es el que dice que quiere obedecerte,
sino el que realmente te obedece.

El motivo de gozo más grande

Volvieron los setenta con gozo, diciendo: Señor, aun los demonios se nos sujetan en tu nombre. Y les dijo: Yo veía a Satanás caer del cielo como un rayo. He aquí os doy potestad de hollar serpientes y escorpiones, y sobre toda fuerza del enemigo, y nada os dañará. Pero no os regocijéis de que los espíritus se os sujetan, sino regocijaos de que vuestros nombres están escritos en los cielos.
Lucas 10:17-20

En cierta oportunidad, Jesús convocó a setenta discípulos a los que les asignó tareas específicas y les dijo cómo debían llevar el mensaje del Reino de Dios a ciudades del norte de Israel. Estas personas obedecieron a Jesús en cada detalle y vieron el poder de Dios en acción. ¡Qué gozo sintieron!

El Señor les mostró por qué Dios obraba a través de ellos: sus nombres estaban escritos en los cielos. El día que recibimos a Jesús como Salvador y Señor fuimos anotados en el "Registro Celestial de las Personas", se labró un acta de nacimiento y fuimos adoptados hijos de Dios. El Padre Celestial nos inscribió en el libro de la vida. Observa los motivos por los que podemos gozarnos como hijos de Dios:

Recibimos el amor maravilloso de Dios. Romanos 5:8-10 nos dice que si Dios nos amó cuando éramos pecadores ¡Cómo no nos va a amar ahora que somos sus hijos! El deseo del Señor es que hoy y siempre disfrutemos de su amor.

Dios nos libró de la condenación eterna. La Palabra de Dios menciona claramente que los que no están anotados en el libro de la vida irán al lago de fuego (ver Apocalipsis 20:12-15). Ahora que somos hijos de Dios tenemos la seguridad de que somos librados de la condenación gracias al sacrificio de Cristo en la cruz (ver Juan 5:24). ¡Aleluya!

Cada día tenemos la oportunidad de conocer al Señor más profundamente. Ahora gozamos de libre entrada a su presencia (ver Hebreos 10:19-22).

Tenemos la esperanza de que seremos coherederos con Cristo de todas las cosas. Jesús es el Primogénito entre muchos hermanos, por lo tanto ¡tú y yo tenemos los mismos derechos legales que Jesús! ¡Tremendo!

El que permanece en Él hasta el fin será salvo. Su nombre nunca será borrado del libro de la vida (ver Apocalipsis 3:5). ¡Bendita esperanza!

Señor, que otros lleguen a conocerte a ti a través de mi testimonio y sus nombres también puedan ser escritos en el libro de la vida.

341

Caminando por fe

Por la fe Abraham, siendo llamado, obedeció para salir al lugar que había
de recibir como herencia; y salió sin saber a dónde iba.
Hebreos 11:8

Los que somos inmigrantes podemos entender lo que significa este versículo. Pero para Abraham, era mucho más complicado de lo que nos podamos imaginar. En la actualidad, cuando alguien va a viajar a un lugar desconocido, entra a internet y en segundos encuentra mapas, fotos, y hasta ¡la dirección del supermercado más cercano! Sin embargo, Abraham salió "sin saber a dónde iba". Era un paso hacia lo desconocido.

Además debemos recordar que Abraham era riquísimo en bienes materiales antes de que Dios lo llamara. Vivía con todas las comodidades de esa época. Él no iba a dejar su país para estar mejor, para asegurar el futuro de su familia y su descendencia. No, Abraham abandonó todo por obedecer a Dios.

¿Qué preguntas vendrían a tu mente si escucharas que Dios te dice que te vayas de tu tierra y de tu parentela a una tierra que Él te mostrará? (ver Génesis 12:1). Tal vez pensarías: "¿Tendré paz y seguridad en esa tierra? ¿Y si pierdo todo lo que he ganado hasta aquí? ¿Habrá sido Dios quien me habló…?"

De algo podía estar seguro Abraham, el Señor era quien le había hablado; así que debía dar el primer paso. Abandonar lo conocido para aventurarse a lo desconocido. Apartarse de la comodidad familiar por un nuevo proyecto de fe. Dejar a un lado las opiniones de los amigos y parientes para obedecer a Dios. Y lo hizo.

Dios le había prometido a Abraham una herencia especial, única, celestial, y a través de ella todo el mundo sería bendecido. ¡Esta promesa se cumplió cuando Jesús vino a través de su descendencia! Abraham aprendió que las herencias espirituales se obtienen por la fe. Si no das el primer paso, nunca obtendrás lo prometido.

¿Qué promesas has recibido de parte de Dios? El Señor no hace diferencia con sus hijos; las diferencias las hacemos nosotros. Tú y yo podemos recibir lo prometido si creemos lo que el Señor nos habló como lo hizo Abraham.

Señor, aunque el camino sea incierto, siempre quiero avanzar con fe.
Tú has prometido estar siempre conmigo y guiarme. Confío en ti.

Que Él crezca y yo mengüe

Es necesario que él crezca, pero que yo mengüe.
Juan 3:30

Juan el Bautista fue el precursor de Jesús. Su mensaje era simple y claro: arrepentirse de los pecados y preparar el corazón para recibir al Cordero de Dios que quita el pecado del mundo y además, bautiza con el Espíritu Santo.

El comienzo del ministerio de Juan fue muy fructífero. Mucha gente aceptaba el mensaje de arrepentimiento y era bautizada. Juan empezó a tener muchos discípulos y su fama se extendía por todo Israel. Entonces apareció Jesús y muchos de sus discípulos se fueron tras el Maestro. ¡Jesús en menos tiempo estaba haciendo más discípulos que él! Sus seguidores se preocuparon y fueron a hablar con Juan.

La respuesta de Juan evidenció su admirable humildad y obediencia. Dijo que el que tiene la esposa, es el esposo; el amigo del esposo solo está a su lado para escucharlo y gozarse grandemente de la voz del esposo. Jesús era el esposo y él solo era su amigo en la boda (ver Juan 3:29). Su gozo se debía al privilegio de haber sido enviado para preparar a la gente para el encuentro con el Esposo divino. No había celos, envidia, ni malas intenciones. ¡Qué ejemplo digno de imitar!

Además, termina diciendo algo que los cristianos de todas las épocas hemos sabido tomar como un principio espiritual fundamental: el que debe crecer es Jesús y nosotros debemos "menguar". La palabra menguar en griego es *elatóo*, que significa disminuir en rango, hacerse más pequeño.

Como instrumentos del Señor nunca olvidemos que Él es quien merece todo el crédito, el reconocimiento y la gloria. Nuestro "yo" (vale mencionar que en griego es la palabra *ego*) debe menguar, reducirse a nada, hacerse polvo. Al único que deberían ver en nosotros es a Cristo. El mensaje es de Cristo, la obra espiritual la hace Cristo, los milagros son hechos por Cristo, la restauración y la transformación solo la lleva a cabo Cristo.

¿Hay algunos aspectos de nuestro "yo" que debamos someter al Señor? ¿Nos agrada demasiado la vanagloria del mundo, la popularidad, la fama, el reconocimiento? Es necesario que Él siga creciendo en nuestro carácter, pensamientos, conducta, intenciones, y que nuestro ego mengüe.

Señor, trata con mi orgullo. Me niego a mí mismo para que tú crezcas en mí.

La visión no tardará

Aunque la visión tardará aún por un tiempo, mas se apresura hacia el fin, y no mentirá; aunque tardare, espéralo, porque sin duda vendrá, no tardará.
Habacuc 2:3

En cuanto comienzas a leer el libro de Habacuc te das cuenta que después de las primeras palabras: "La profecía que vio Habacuc", el profeta no pierde tiempo y empieza a hacerle preguntas a Dios. ¿Hasta cuándo debo esperar que llegue la respuesta? ¿Por qué los malvados no reciben el castigo que merecen? ¿Cuándo sucederá lo que has prometido? Entonces Dios le responde con datos específicos acerca de lo que le iba a suceder a Judá.

La palabra visión en hebreo es *kjazón* y significa vista, revelación, profecía o sueño. La visión que recibió Habacuc vino directamente de Dios. Él le dio a conocer algo que sucedería en el futuro, por lo tanto, solo era cuestión de tiempo para que se cumpliera. Sin embargo, toda espera puede resultar difícil y la impaciencia puede tomar el control.

Dios sigue hablando a su pueblo, sigue dándonos su *kjazón* para que avancemos según su plan y de acuerdo a su tiempo.

Muchas veces trabaja en el terreno silenciosamente. Otras veces trabaja completando cambios en los corazones de personas que estarán involucradas en esa visión divina. Pero por sobre todas las cosas, lo que para nosotros es retraso, para Dios son oportunidades. Creo que sabes que el Señor no retarda su promesa, sino que espera con paciencia porque no quiere que ninguno perezca, sino que todos se arrepientan (ver 2 Pedro 3:9).

¿Has recibido una visión de Dios? ¿Te ha dado promesas que todavía no se han cumplido? ¿Quieres honrarle con un proyecto que Él puso en tu corazón? Tal vez estás pensando que ya ha pasado mucho tiempo y seguramente Dios se olvidó del asunto. Quizás la espera provocó dudas y has comenzado a abandonar ese sueño.

El Señor siempre cumple lo que promete, no lo olvides. Si ha dado una palabra, sucederá, solo hay que esperar con paciencia (ver 2 Corintios 1:20). No desesperes, Dios está trabajando en su plan y su visión se cumplirá en su tiempo perfecto.

Señor, debo estar tranquilo sabiendo que todo lo tienes controlado.
Ayúdame a no desesperar porque tus tiempos son perfectos.

El valor de la intercesión

Le dio también la copia del decreto que había sido dado en Susa para que
fuesen destruidos, a fin de que la mostrase a Ester y se lo declarase,
y le encargara que fuese ante el rey a suplicarle y a
interceder delante de él por su pueblo.
Ester 4:8

El pueblo hebreo había sido sentenciado a muerte. El malvado Amán, segundo del rey persa Asuero, había redactado un documento que tenía como finalidad destruir al pueblo que tanto odiaba. Cuando Mardoqueo se enteró, le hizo saber la situación a la reina Ester y le dijo que debía interceder por su pueblo ante el rey.

Interceder en hebreo es *bacash* que significa esforzarse por otro, pedir, solicitar, inquirir, procurar, rogar, suplicar. Se aplica a una persona que hace una petición por otro, que presenta una solicitud a favor de una persona que está a su cargo, que se hace responsable de la situación de un amigo. Mardoqueo le recordó a Ester que su posición como reina le permitía ir al rey y pedirle que ayudara a su pueblo.

Ester sabía que esa solicitud podía costarle la vida ya que nadie debía presentarse ante el monarca sin ser llamado. Aun así lo hizo y Dios la respaldó. Todo Israel fue salvado.

Dios también nos llama a nosotros a interceder por otros. Hay personas que están pasando momentos difíciles, sin fuerzas, sin esperanza y podemos ir a Dios para pedir por ellos. Pablo vivió sucesos muy difíciles, pero siempre acudió a sus hermanos en la fe para que oraran por él.

Recuerdo una ocasión cuando me desperté en la madrugada con el nombre de un amigo en mi mente. Hacía bastante tiempo que no sabía nada de él. Comencé a orar confiando que Dios lo ayudaría en lo que estuviera enfrentando. Un tiempo después nos encontramos y le compartí lo que me había pasado. Me respondió asombrado: "Esa misma noche tuve un ataque al corazón y estuve a punto de morir, pero Dios hizo un milagro y aquí estoy, vivo". ¡Dios hace la diferencia cuando oramos unos por otros!

Tal vez Dios está llamando tu atención para que intercedas por alguien. Que Dios ponga su sentir en tu corazón para ser sensible a las necesidades de los demás. Verás que mientras estás orando a favor de otros, el Señor se ocupa de tus necesidades.

Señor, dame un corazón intercesor para orar por las necesidades de los demás.

Envidia mortal

No como Caín, que era del maligno y mató a su hermano. ¿Y por qué causa le mató? Porque sus obras eran malas, y las de su hermano justas.
1 Juan 3:12

¿Tú crees que existe envidia "de la buena"? Hemos escuchado muchas veces esta frase, pero la escuches como la escuches, la envidia siempre será un pecado.

La envidia es tan vieja como Adán y Eva. Vas a encontrar muchos pasajes bíblicos mencionándola en los principios de la historia humana. Caín mató a su hermano por envidia. Vio que la ofrenda de Abel fue bien recibida por Dios y la suya rechazada, y no pudo soportarlo. Entonces pensó que lo mejor era deshacerse de la persona que era mejor que él. Así siguió funcionando la envidia hasta el día de hoy.

Para empeorar las cosas, la cultura la celebra. Hay comerciales en donde podemos escuchar: "Presume de tu celular nuevo, de esa manera tus amigos te tendrán envidia". "Si tu vecino se compró una cortadora de césped nueva, tú debes salir a comprar una ya". Ostentar y alardear son parte del "negocio cultural". La gente dedicada al marketing sabe que una persona envidiosa es capaz de comprar cualquier cosa.

Según la Palabra de Dios, la envidia es un pecado y hace mucho daño. El que es codicioso está consumido por la envidia (ver Job 5:2). Incluso parece que te carcome los huesos (ver Proverbios 14:30). Es difícil sostenerse frente a una persona iracunda o furiosa, pero es peor soportar a una persona envidiosa (ver Proverbios 27:4). La conclusión bíblica es que los envidiosos no son parte del reino de Dios (ver Gálatas 5:26).

Según la Palabra de Dios, hay que erradicar la envidia, tarea que parece imposible para nosotros, pero que es posible para el Espíritu Santo que habita en nuestro espíritu. Cuando ese sentir comience a tener lugar en tu corazón, reemplázalo con gratitud. Comienza a dar gracias al Señor por esas bendiciones diarias que a veces pasas por alto y celebra las bendiciones que reciben otros.

Dios tiene en mente lo mejor para ti, pero es posible que estés desaprovechando sus bendiciones porque tu mente está atenta a lo que está haciendo en la vida de otros. Si tú te deleitas en Dios, Él te bendecirá de acuerdo con su voluntad y una gran satisfacción inundará tu corazón.

Señor, líbrame de la envidia. Que pueda gozarme cuando otros son bendecidos.

¿Por qué duermes Señor?

Despierta; ¿por qué duermes, Señor? Despierta, no te alejes para siempre.
Salmo 44:23

Dios nunca duerme. Nosotros podemos llegar a creer que está dormido cuando no actúa en el momento que nos parece correcto. Les pasó a los hijos de Coré, quienes expresaron su sentir en este salmo.

Incluso David, cuando era perseguido por su hijo (ver Salmo 7:6), cuando estaba rodeado de amigos traicioneros (ver Salmo 35:23), y cuando los siervos de Saúl lo estaban vigilando en su casa para matarlo (ver Salmo 59:4), le pidió a Dios que se despertara para salvarlo.

El levita Asaf asumió que Dios estaba dormido y cuando se despertara haría justicia. En su oración le dijo a Dios que despierte de su sueño y entre en acción contra sus enemigos (ver Salmo 73:20).

También los discípulos se sintieron así. Quizás recuerdes la historia. Iban cruzando en una barca el lago de Genesaret cuando se desató una tormenta. Jesús estaba tan cansado que se había quedado dormido en la parte de atrás. Pedro y compañía hicieron todo lo posible para mantener el barco a flote, pero sus esfuerzos parecían inútiles. Según sus cálculos, el barco se hundiría en cualquier momento con Jesús incluido... Entonces le preguntaron al Señor si no tendría cuidado de ellos que perecían (ver Marcos 4:38). En otras palabras: "¿Qué te pasa Jesús? Durmiendo... ¿Acaso no vas a cuidarnos? Nos vamos a ahogar... ¡y tú también!"

Increíble lo que podemos llegar a creer cuando tenemos temor o estamos muy angustiados. Sabemos que Dios es Todopoderoso y fiel a sus promesas, pero nuestras emociones nos juegan malas pasadas.

¿Has pensado alguna vez que Dios dormía mientras tú estabas en medio de un problema? ¿Sentías que la noche era larga y que solo iba a responder al amanecer? Puede ser que alguna vez hayamos pensado que necesitaba descansar... ¡de nosotros! Pero el Señor siempre está despierto, velando.

Dios está siempre atento a las necesidades de sus hijos, pero intervendrá según su voluntad, plan y tiempo perfecto (ver Isaías 40:28).

El Señor tiene su mirada puesta en ti y te anima a seguir creyendo a pesar de las dificultades. ¡Pronto le ordenará a la tormenta que se calme!

Gracias Señor por estar pendiente de mi vida, mi familia, mis necesidades.
Soy yo el que no debe dormirse. Ayúdame a velar en todo tiempo.

Prioridad número uno

Mas buscad primeramente el reino de Dios y su justicia,
y todas estas cosas os serán añadidas.
Mateo 6:33

Comer, beber, vestir, según los sociólogos, son tres necesidades básicas que necesitan ser suplidas diariamente. No hay duda de esto, pero Jesús dijo que había algo más: suplir la necesidad espiritual.

El reino de Dios es su gobierno, comienza en el corazón del que ha recibido a Cristo como Salvador de su vida y continúa por la eternidad. De acuerdo al contexto de este pasaje, Jesús dice que el Padre Celestial se ocupará de las necesidades básicas de los que le dan el primer lugar en sus vidas.

Observa la declaración: "Todas estas cosas os serán añadidas". La palabra "añadir" en griego es *prostíthemi* que significa anexar, repetir, colocar adicionalmente, agregar, aumentar. Es decir, Dios adiciona, multiplica y aumenta lo que nos falta cuando Él es nuestra prioridad.

La prioridad número uno es encontrarnos con el Señor cada día y relacionarnos con Él. ¿Tienes mucho trabajo? Lo primera que necesitas hacer es buscar al Señor para que te dé sabiduría y puedas administrar mejor el tiempo. ¿La tarea de hoy te demandará toda tu energía? Necesitas comenzar con el Señor para recibir las fuerzas que necesitas. ¿Tienes un problema que no sabes cómo resolver? Empieza por hablar con el Señor y confiar que su Espíritu Santo te guiará y te ayudará a entender lo que debes hacer.

¿Tienes personas a tu cuidado? Tal vez estés pensando en tus hijos, en sus necesidades, su futuro, su educación. Pero piensa en esto: la prioridad es que tus hijos entren al cielo antes que a Harvard. De nada les serviría recibir la mejor educación, tener el mejor trabajo, conseguir cosas materiales y perder sus almas. Enséñales con tu ejemplo Quién debería ocupar el primer lugar en sus vidas. El Señor es el único que puede garantizarles que tendrán todo lo que necesitan.

Dios siempre cumple sus promesas y si Él dice que añade ¡todo! a los que le ponen en primer lugar, así será. Hay que poner la fe en marcha y los resultados serán evidentes.

Señor Jesús, eres mi Rey y anhelo tu gobierno en todas las áreas de mi vida.
Quiero ocuparme de mis prioridades espirituales.

Nadie impide lo que Dios determina

Porque Jehová de los ejércitos lo ha determinado, ¿y quién lo impedirá?
Y su mano extendida, ¿quién la hará retroceder?
Isaías 14:27

Asiria fue enemigo de Israel. Eran muy crueles, despiadados, sanguinarios. Aun así, Dios les dio oportunidad de arrepentirse. Incluso envió a Jonás a predicarles y por un tiempo rindieron su corazón; pero fue temporal, pronto volvieron a los mismos pecados. Entonces Dios sentenció a su ejército diciéndole que sería destruido y lo confirmó con las palabras de Isaías 14:27.

Esta profecía tuvo su cumplimiento en los días del rey Ezequías (ver Isaías 37:21-38). Un ángel de Dios mató a 185,000 soldados en una noche. La Palabra de Dios se cumplió sin faltar un detalle. Nada que discutir, nada que argumentar. Dios lo dijo y Él lo hizo.

¿Alguien puede contradecir a Dios? ¿Alguien puede osar torcerle el brazo al Creador? ¿Existe algo o alguien que pueda cambiar sus designios? No. Nunca. Nadie puede alterar sus planes y propósitos, sin embargo, el diablo con sus mentiras intentará sembrar dudas acerca de lo que podemos esperar de Dios.

Satanás ha querido convencerte de que el poder del Señor es limitado, que las promesas que creíste fueron producto de tu imaginación, que no puedes esperar que las cosas sucedan como dice la Biblia, que si te hicieras cargo y dejaras de esperar, todo te iría mejor. Solo debería interesarte "vivir la vida"…

Los que conocemos la manera en la que opera el enemigo sabemos que estas son las mentiras que usa para tender lazo a los incautos, pero nosotros tenemos nuestra confianza puesta en Aquel que es la Verdad. Cuando el Señor habla, las cosas suceden, sus promesas se cumplen. Su Palabra no tiene la más mínima posibilidad de fallar. Jamás. La Palabra que sale de su boca no vuelve vacía (ver Isaías 55:11).

No importa cómo se vean las cosas, podemos confiar en que Dios cumplirá todas sus promesas y completará su plan perfecto. Lo que Él ha determinado, nadie lo impedirá

El Señor Jesucristo es el Alfa y la Omega, el principio y el fin (ver Apocalipsis 21:5-6). Y no hay nada más que agregar.

Jesús, tú eres Rey Soberano del universo y de mi vida. ¡Qué descanso al alma!

Detente y sé agradecido

Y volvió al varón de Dios, él y toda su compañía, y se puso delante de él, y dijo: He aquí ahora conozco que no hay Dios en toda la tierra, sino en Israel. Te ruego que recibas algún presente de tu siervo. Mas él dijo: Vive Jehová, en cuya presencia estoy, que no lo aceptaré. Y le instaba que aceptara alguna cosa, pero él no quiso.
2 Reyes 5:15-16

Ya era la séptima vez que Naamán se zambullía en el río Jordán, y al salir del agua vio que su piel leprosa había sido sanada y restaurada como la de un niño. ¡Qué alegría tenía este general del ejército sirio! Después de tantos años de sufrimiento, el Dios de Israel lo había curado. Estaba listo para comenzar una nueva etapa en su vida, libre de todo impedimento físico, emocional y social. Ya podía volver a Siria como un hombre nuevo… Pero no, Naamán sabía que primero tenía que reconocer que había recibido un milagro por gracia y misericordia, y lo menos que podía hacer era ser agradecido.

Naamán y toda su comitiva fueron a donde se encontraba el profeta Eliseo quien le había dado la orden divina de bañarse en el río siete veces para ser sanado. Este extranjero dejó su arrogancia de lado, aparcó su orgullo e hizo lo que pocos hacen: agradecer.

Eliseo abrió la puerta de su casa y vio a un hombre nuevo. Una sonrisa amplia, un gozo incontenible, y una disposición a hacer lo que fuera necesario para reconocer a Dios, el dador del milagro. Las primeras palabras del general fueron: ¡No hay Dios sino en Israel! ¡Aleluya! ¡Soy un hombre nuevo! ¿Cómo puedo compensarte? ¿Diez talentos de plata? ¿Seis mil piezas de oro? ¿Diez mudas de ropa? ¿Qué quieres…? ¡Lo que sea!

Eliseo no aceptó ni un solo regalo de parte del sirio. El profeta sabía muy bien que la obra de Dios no se paga con dinero o bienes materiales. ¡Qué lección para nuestro evangelio contemporáneo! Tal vez Naamán se haya sorprendido. "¿Nada? ¿Aunque sea algo pequeño?" No, nada. Todo es obra de Dios. Más que dar gracias como un acto único, debemos tener un corazón agradecido permanentemente. Ser capaces de reconocer su amor, bondad y misericordia siempre.

¿Estás siendo agradecido a Dios por lo que ha hecho por ti? ¿Recuerdas permanentemente que tus pecados fueron limpiados como la lepra de Naamán? ¡Cuántas bendiciones recibimos a diario!

Gracias Señor por las bendiciones que derramas a diario, no las podría enumerar.

Sobre ti amanecerá el Señor

Porque he aquí que tinieblas cubrirán la tierra, y oscuridad las naciones;
mas sobre ti amanecerá Jehová, y sobre ti será vista su gloria.
Isaías 60:2

Las noticias sobre los últimos tiempos no son las que el mundo quiere escuchar. Las consecuencias de un mundo en tinieblas están a la vista. Sin embargo, la Biblia nos ofrece esperanza. A pesar de lo que podamos estar viviendo, el verdadero pueblo de Dios verá su luz y su gloria.

Isaías expresó a través de una hermosa figura literaria la manera en que Dios obra en la vida de cada uno de sus hijos: "Sobre ti amanecerá Jehová". Hay varias palabras hebreas para amanecer, pero en este versículo se usa la palabra *zarakj* que significa irradiar, levantarse como el sol, esclarecer, brillar, resplandecer. ¡Dios resplandecerá sobre nuestra vida tan cierto como el sol se levanta en la mañana! ¡Aleluya!

Observa que esta promesa se cumplirá "sobre ti". Es individual. Más allá de lo que hagan otros, Dios se levantará poderoso "sobre ti" porque has puesto tu esperanza y tu fe en Él.

Los que rechazan la luz de Dios andarán en oscuridad. Isaías dice que quienes contradicen su Palabra están en completa oscuridad. Van a ir de un lugar a otro, fatigados y hambrientos, siempre tendrán problemas, angustia y una oscura desesperación. Al final, serán lanzados a las tinieblas de afuera (ver Isaías 8:20-22).

Dios quiere que todos sepan que solo en Él hay salvación, gracia, misericordia, perdón y restauración. Él quiere "amanecer" sobre muchos otros, y tú y yo somos portadores del mensaje que cambia vidas.

Tal vez te parezca que no es fácil ser luz en un mundo oscuro, pero Jesús nos prometió que estará con nosotros en todo tiempo. No brillamos con luz propia, sino que reflejamos la suya a través de nuestra conducta, palabras, intenciones, influencia.

Que podamos manifestar a Cristo a través de nuestra vida de tal forma que podamos iluminar los espacios oscuros de quienes nos rodean y sean atraídos a Él.

Señor, en estos últimos tiempos, no solo tú guardarás mi vida sino
que me ayudarás a compartir con otros que tú eres el único
que cambia la oscuridad por luz.

Contagio peligroso

Y la gente extranjera que se mezcló con ellos tuvo un vivo deseo, y los hijos de Israel también volvieron a llorar y dijeron: ¡Quién nos diera a comer carne! Números 11:4

¡Qué fácil puede ser contagiarse de la codicia e ingratitud! Le pasó al pueblo hebreo cuando salió rumbo a Canaán. En un momento, algunos egipcios que se habían unido al pueblo, comenzaron a avivar un deseo desenfrenado por comer carne. Cuando empezaron a recordar los asados de Egipto se les hizo agua la boca... y se les derritió el espíritu. Este deseo los llevó a otros pecados como la murmuración, la queja, el descontento, a tal punto que Moisés escuchó al pueblo que lloraba por sus familias, cada uno a la puerta de su tienda. Increíble, parece que se habían organizado para llorar recordando una comida cuando todos los días tenían pan del cielo.

"Vivo deseo" en hebreo es *avá taavá*, que significa codicioso anhelo, querer algo con vehemencia, incitado por un apetito de la carne. Un grupo minoritario contagió a un pueblo de casi tres millones de personas y sufrieron las consecuencias.

En su misericordia, Dios les envió milagrosamente tantas perdices que el pueblo tuvo comida para ¡un mes entero!, pero se desenfrenaron y quisieron comerlo todo en una cena. Imagínate la indigestión y los problemas que eso acarreó. Además, los codiciosos sufrieron una plaga mortal. El lugar donde sepultaron a todos los que murieron ese día lo llamaron Kibrot-hataava, por cuanto allí sepultaron al pueblo codicioso.

Pablo nos recuerda en 1 Corintios 10:6 que todas estas historias nos sirven de ejemplo para que no codiciemos cosas malas como ellos lo hicieron. Hay muchas personas que pueden despertar en nosotros algún "vivo deseo" para codiciar cosas que no nos edifican o que no están de acuerdo con la voluntad de Dios. Si estás rodeado de ese tipo de personas, recuerda que Dios le dijo a Jeremías que se conviertan ellos a él, y no él a ellos (ver Jeremías 15:19).

¡Contagia el contentamiento, la generosidad y gratitud por las muchas misericordias que el Señor renueva cada día en tu vida!

Gracias Señor por todo lo que recibo de ti cada día. Ayúdame a tener siempre un corazón agradecido. Líbrame de la codicia para que en todo tiempo encuentre mi contentamiento en ti.

Voceros del Rey

Y volvieron los pastores glorificando y alabando a Dios por todas las cosas
que habían oído y visto, como se les había dicho.
Lucas 2:20

Eran "nuevas de gran gozo". El mensaje más importante de la historia estuvo en manos de… ¡unos pastores del campo! ¿No debería haber estado en manos del rey de Judá, de los religiosos o de las personas de la alta sociedad de Jerusalén? Pues no. Dios quiso que este mensaje fuera llevado por unos sencillos y humildes pastores que cuidaban sus ovejas en el campo.

Los ángeles ya estaban listos para la celebración. Último ensayo. Tiene que salir mejor. ¡Vamos…! ¡Gloria a Dios en las alturas, y en la tierra paz, buena voluntad para con los hombres! (ver Lucas 2:14). ¡Excelente! El mensaje era maravilloso y además, comunicado por una multitud de ángeles. Pero no era para todos… ¡solo para los pastores de Belén!

¿Por qué Dios eligió a unos pastores para ser los voceros del Rey? No eran letrados ni grandes comunicadores. Sin embargo, el ángel que se les apareció les dijo que no temieran, que estaba allí para anunciarles que había nacido en la ciudad de David, un Salvador, que es Cristo el Señor. Y agregó que cuando entraran al pueblo, iban a hallar la señal: un niño envuelto en pañales, acostado en un pesebre.

Dios buscaba corazones humildes y obedientes para dar su mensaje: ¡Cristo el Salvador ha nacido, es el Mesías y Señor! Dios podía confiarles las nuevas de gran gozo a estos pastores porque serían fieles en transmitir sus palabras.

La obediencia de ellos fue inmediata, fueron "apresuradamente". ¡Vamos urgentemente a Belén! No había nada más importante que esto. Puedes imaginarte a los pastores tocando a tu puerta y preguntándote: "Disculpe, ¿aquí hay un niño acostado en un pesebre?" Cuando ellos encontraron a Jesús, su gozo fue increíble. Allí estaba el Rey.

Hoy, tú y yo somos los portadores del mensaje eterno: Jesús es el Salvador, el Hijo de Dios, el Mesías que vino para redimir a la humanidad. Comuniquemos lo que hemos experimentado con Jesús. ¡Somos los voceros del Rey!

Señor, quiero ser tu mensajero y compartir las buenas noticias con los que me rodean. El
Salvador del mundo sigue tocando la puerta de cada corazón para traer salvación.

Respuestas diferentes

Y a Aquel que es poderoso para hacer todas las cosas mucho más abundantemente de lo que pedimos o entendemos, según el poder que actúa en nosotros, a él sea gloria en la iglesia en Cristo Jesús por todas las edades, por los siglos de los siglos. Amén.
Efesios 3:20-21

¿Sabes cuántas veces habrá orado el apóstol Pablo por una necesidad esperando que Dios actuara de una manera y lo hizo de otra? Puedo imaginar algunas de sus oraciones: "Señor, que no me apedreen". "Que no se hunda este barco". "Quítame este aguijón de mi carne". "Que no se enferme Epafrodito…" Muchas de sus oraciones no tuvieron las respuestas que humanamente estaba esperando, sin embargo, Pablo sabía que todo ayuda a bien a los que aman a Dios.

Los planes y propósitos del Señor son perfectos. Cuando oramos sujetos a lo que Él quiere hacer, todo lo encamina para bien. Si el barco no hubiera naufragado rumbo a Roma, nadie en la isla de Malta hubiera sido salvo. Si no lo hubieran apresado en Filipos, el carcelero y toda su casa no hubieran aceptado al Señor. Por eso Pablo también les dijo a los de Filipos que todas las cosas que le habían sucedido, redundaron más bien para el progreso del evangelio, incluso que sus prisiones se habían hecho patentes en Cristo en todo el pretorio y en todos los que escuchaban (ver Filipenses 1:12). El Señor sabe cómo sacar cosas buenas de las peores situaciones.

Por todo eso, Pablo llega a la conclusión que al orar debemos confiar que las respuestas del Señor a nuestras oraciones son perfectas. Sólo Él es poderoso para hacer mucho más abundantemente de lo que *pedimos o entendemos*.

Me imagino que habrás escuchado testimonios de personas que se salvaron de un accidente porque esa mañana no sonó el despertador, o perdieron el tren, o no arrancó el automóvil, en fin, cosas que parecían un problema y sin embargo contribuyeron a alejarlos del peligro.

Cuando te suceden cosas inesperadas, ¿cómo reaccionas? Te enojas, te frustras, te quejas… Si es así, te estás olvidando Quién es tu Dios. Si Él tiene el control de tu vida, debes descansar en su infinito poder y conocimiento. El Señor ve más allá de lo que tú puedes ver y conoce tu futuro a la perfección.

Confío en ti Señor. Lo que me suceda hoy, sé que redundará en mi bien según tus planes y propósitos.

Paz que sobrepasa el entendimiento

Y la paz de Dios, que sobrepasa todo entendimiento, guardará vuestros corazones y vuestros pensamientos en Cristo Jesús.
Filipenses 4:7

Cuando una situación que no esperamos irrumpe en nuestra vida comenzamos a hacernos todo tipo de preguntas: ¿Por qué a mí? ¿Qué hice para merecerlo? ¿Por qué Dios lo permitió? ¿Cómo no me di cuenta? ¿En qué estaba pensando cuando sucedió? ¿Cuál fue la causa? Nuestra mente trabaja sin descanso para encontrar respuestas.

La verdad es que probablemente no lleguemos a "entender" todo lo que nos pasa. La palabra "entendimiento" en griego es *nous* que hace referencia al intelecto, la mente, el pensamiento. Pablo usó mucho esta palabra en sus epístolas porque a él le gustaba profundizar. Nunca se conformaba con una respuesta simple; indagaba hasta que sus inquietudes estuvieran satisfechas.

Está muy bien usar el intelecto al máximo para afirmar nuestra fe, escudriñar las Escrituras, presentar argumentos a los que demanden razón de nuestras creencias. Pero en algún momento no tendremos todas las respuestas que queremos y eso no nos debe frustrar ni mucho menos debilitar nuestra fe.

Pablo también aprendió que no siempre iba a lograr entenderlo ni explicarlo todo. Tal vez muchas de nuestras preguntas se vayan con nosotros al hogar celestial; sin embargo, tenemos un regalo divino aquí y ahora que es de mayor valor que algunas respuestas: La paz de Dios.

Poco antes de que el Señor fuera crucificado, tranquilizó a sus discípulos diciéndoles que les dejaba su paz, y que ella no era como la que ofrece el mundo. Esta paz llena tanto el corazón que quita la turbación y los miedos (ver Juan 14:27). No les estaba diciendo que ahora todas sus circunstancias serían fáciles; pero sí que su paz los sostendría y fortalecería en los momentos más difíciles de la vida.

Solo una relación con Jesús nos conduce a una paz verdadera. Cuando vamos a su presencia y le pedimos que nos dé su paz, Él lo hará, a tal punto que será inexplicable para nuestro intelecto. Cuando el Señor toma el control de nuestra mente, voluntad y emociones, podemos tener descanso verdadero.

Gracias Señor por tu paz inexplicable que desborda mi alma.

La guía continua de Dios

Por Jehová son ordenados los pasos del hombre, y él aprueba su camino. Cuando el hombre cayere, no quedará postrado, porque Jehová sostiene su mano.
Salmo 37:23-24

David escribe este salmo cuando ya era anciano. A esa altura de su vida podía presentar muchas pruebas sobre el cumplimiento de esta verdad en él y en el pueblo de Dios. Ya había pasado mucho tiempo desde aquel día que había derribado a Goliat, pero nunca perdió la memoria, sabía quién era Dios para él.

Muchas veces David pasó momentos difíciles en los que no sabía qué hacer, pero en cada uno de ellos buscó a Dios y fue ayudado milagrosamente. Desde el inicio de sus aventuras militares, pasando por los momentos en que fue perseguido por el rey Saúl, siempre buscó la dirección de Dios y le fue concedida. Por eso podía decir: "Por Jehová son ordenados los pasos del hombre."

Dios es el que puede ordenar nuestro caminar, pero debemos permitirle que nos guíe. De nada sirve preguntarle al Señor qué hacer y luego tomar decisiones sin tener en cuento su consejo.

Observa las oraciones de David. Muchas de ellas expresan su deseo de ser guiado por Dios. Le pedía que le enseñara continuamente su camino y que lo guiara por las sendas rectas (ver Salmo 27:11). También le pedía que le enseñara a hacer su voluntad y que su buen Espíritu le guiara a tierra de rectitud (ver Salmo 143:10). En sus oraciones pedía tener siempre un corazón enseñable.

Seguramente, hoy mismo tendrás que tomar algunas decisiones. Trae delante del Señor todo lo que te preocupa, sea grande o pequeño. Él mismo te dice que te hará entender y te enseñará el camino en que debas andar; porque sus ojos están puestos en ti (ver Salmo 32:8). También el Señor te dice que Él es tu Redentor y el Dios tuyo, que te enseñará de modo provechoso, y que te mostrará siempre el camino que debes tomar (Isaías 48:17).

Dios tiene un plan específico para tu vida. Él sabe dónde has estado, dónde estás ahora, y hacia dónde te diriges.

Qué descanso es saber que velas por mí y que en tu providencia
me diriges según el plan que trazaste para mi vida.
Ayúdame a ser dócil y seguir tu dirección.

Conocidos por el Buen Pastor

Mas el que entra por la puerta, el pastor de las ovejas es. A este abre el portero,
y las ovejas oyen su voz; y a sus ovejas llama por nombre, y las saca.
Y cuando ha sacado fuera todas las propias, va delante de ellas;
y las ovejas le siguen, porque conocen su voz.
Juan 10:2-4

¿Puedes creer que Jesús conoce tu nombre, tu historia, tus sueños, tus debilidades, tus talentos, a pesar de que hoy seamos más de ocho mil millones de personas en el mundo? "A sus ovejas llama por su nombre". Así es, en el cielo se escucha tu nombre porque Jesús habla de ti, y aquí en la tierra te llama diariamente para ser pastoreado por Él.

Jesús es tu guía. Ninguna de las ovejas de Jesús estará nunca sola ni abandonada. Con su mirada está atento a cada paso que das. Si te diriges hacia un destino peligroso, llamará tu atención; si sigues sin escucharlo, puede que sientas su callado redirigiéndote hacia el camino correcto, pero nunca te dejará solo.

Jesús es quien te sustenta. Sabe cuáles son tus necesidades y también sabe cómo suplirlas. En los mejores pastos te hará descansar. Si estás por comer una "planta venenosa", lo tendrás a tu lado para enseñarte cuál es el alimento verdadero y cuál es el falso. Presta atención y escucha sus consejos que te ayudan a tomar buenas decisiones.

Jesús te protege. El Buen Pastor sabe que hay un león rugiente que anda buscando ovejas. Hay un enemigo muy real acechándote ahora mismo, pero el Señor promete protegerte de los ataque del diablo. Te ha dado autoridad sobre él con solo mencionar su Nombre. Eres vencedor.

Jesús te da descanso. Él sabe que en las jornadas más duras, las ovejas necesitan un lugar en donde haya sombra y agua fresca. Siempre traerá renovación a tu vida, alimento fresco, nuevas fuerzas, esperanza y una fe renovada.

Jesús te conduce hacia su redil eterno. Tiene un plan perfecto y es eterno. Promete que nadie te arrebatará de su mano porque su cuidado siempre es constante (ver Juan 10:28). Si Él murió en la cruz para darte salvación, ten la seguridad que te guardará eternamente.

Escucha su voz, como una buena oveja que reconoce a su Dueño, y descansa en los brazos tiernos del Buen Pastor.

Señor, tú eres mi Buen Pastor. En ti tengo protección, dirección, provisión y esperanza.

357

Dios se agradó de ti

Jehová tu Dios sea bendito, que se agradó de ti para ponerte en el trono de Israel; porque Jehová ha amado siempre a Israel, te ha puesto por rey, para que hagas derecho y justicia.
1 Reyes 10:9

La reina de Sabá había viajado desde Etiopía para conocer a Israel. Vino con su comitiva trayendo muchos regalos para el rey Salomón. Ella se quedó sin aliento al ver lo que estaba sucediendo en un país que había puesto a Dios en primer lugar. Cuando comprobó la sabiduría con la que actuaba Salomón, la casa que tenía, la comida, las habitaciones de sus oficiales, los vestidos de los sirvientes, los maestresalas y los holocaustos que ofrecía en la casa de Dios, no pudo más que quedarse atónita (ver 1 Reyes 10:4-5).

Ella, que no pertenecía al pueblo de Dios, manifestó la clave de la prosperidad de Salomón: "Jehová se agradó de ti para ponerte en el trono", y añadió: "para que gobiernes con justicia y rectitud". ¡Esta mujer estaba hablando de parte de Dios!

La palabra "agradar" en hebreo es *kjafets* que significa inclinarse hacia algo o alguien, amar, aprobar, deleitarse, estar complacido, ser querido, actuar con favor. Dios tenía su corazón inclinado hacia Salomón porque le había buscado de todo corazón. Apenas heredó el trono de su padre, le pidió un corazón entendido para gobernar al pueblo y al Señor se agradó de su petición. No solo le concedió sabiduría, sino todo lo que no había pedido.

Dios siempre bendice al que le agrada. El mismo Salomón escribió y dijo que al hombre que le agrada a Dios, le da sabiduría, conocimiento y gozo (ver Eclesiastés 2:26). Entonces, el secreto está en agradarle a Dios en todo momento. ¿Cómo hacerlo? Hoy te toca hacer una tarea. Por favor, toma un tiempo para leer algunos pasajes bíblicos y saca tus conclusiones: Salmo 69:30-31; Proverbios 11:1; Romanos 8:8; Hebreos 10:38; Hebreos 11:6.

¿Cómo te fue? ¿Descubriste muchas maneras de agradar a Dios? Si decidimos agradarle de todo corazón, el Padre Celestial se sentirá complacido por nuestra fidelidad, y su mano será notoria.

Señor, quiero agradarte a ti con mis pensamientos, mis palabras y mis acciones. Sigue transformando mi corazón para que sea como el tuyo.

Mi vida pondré por ti

Le dijo Pedro: Señor, ¿por qué no te puedo seguir ahora? Mi vida pondré por ti.
Juan 13:37

¿Qué estás dispuesto a darle a Dios como muestra de tu amor y agradecimiento? ¿Tal vez una hora de tu tiempo en la semana? ¿Una limosna a un necesitado en su nombre? ¿Decirle a tu vecino que de vez en cuando vas a una iglesia cristiana?

Las expectativas de Jesús son más altas de lo que pensamos. Pedro entendió perfectamente lo que había querido decir el Maestro al mencionar que el que no renuncia a su propia vida no puede ser su discípulo. También dijo que si alguno quiere ir tras Él, debe negarse a sí mismo, tomar su cruz cada día, y seguirle. Les enseñó a sus seguidores que si ponen la mano en el arado y luego miran para atrás no serán aptos para el reino de Dios. Ahora había llegado la hora de ponerlo en práctica. Ante el anuncio de la muerte de Jesús, Pedro dijo: "Mi vida pondré por ti". Buena respuesta… teórica.

Todos los que amamos sinceramente a Jesús diríamos lo mismo en situaciones parecidas, y sobre todo si vivimos en un país en donde tenemos libertad religiosa. Pero cuando Pedro fue desafiado por la chusma, negó conocer al Señor tres veces. Gracias a Dios que unos días después fue lleno del Espíritu Santo y al final de su vida no tuvo temor de ser un mártir por Cristo.

Si realmente somos verdaderos discípulos de Jesús deberíamos estar preparados para afrontar cualquier situación difícil por la causa del Señor. No sé cuáles hayan sido tus experiencias, o quizás sea la primera vez que lees que debemos estar dispuestos a dar la vida por el Señor.

Cuando estaba en la escuela primaria sufrí abuso físico y verbal de parte de mis compañeros solo por ser cristiano. Todos los días recibía los comentarios más despiadados que te puedas imaginar. Sin embargo, comparado con las historias de mártires cristianos que había leído en mi infancia, eso no era nada. Desde mi niñez aprendí que debemos poner la vida por el Señor si fuera necesario, aunque claro, nadie quiere sufrir.

Entregarnos completamente al Señor significa transferir el control de nuestra vida a Él de manera definitiva y deliberada. Solo así tendremos los recursos que nos promete para enfrentar cualquier burla, desprecio u oposición, sin renunciar a lo que creemos.

Señor, pongo mi vida en tus manos, y te seguiré a donde me guíes.

Movidos por convicciones

Es, pues, la fe la certeza de lo que se espera, la convicción de lo que no se ve.
Hebreos 11:6

¡Cuántas veces hemos escuchado o leído acerca de la fe! Podemos hablar mucho sobre ella, pero en la práctica, la fe se evidencia por las convicciones espirituales que nos mueven diariamente.

La palabra "convicción" en griego es *élegjos*, que significa prueba, redargüir, refutación, convencimiento. Es la seguridad que tenemos en nuestro espíritu del cumplimiento de las promesas de Dios en nuestra vida.

¿Es posible que esta convicción sea meramente humana, un resultado de nuestra reflexión personal? Necesitamos mucho más que una aseveración intelectual o un convencimiento emocional; necesitamos la seguridad que produce Dios en nuestro espíritu. Esta palabra griega también se aplica a la obra del Espíritu Santo en nuestro corazón cuando lo primero que hace es "convencernos" de pecado (ver Juan 16:8).

Si lees todo el capítulo once de Hebreos verás que cada héroe no fue un teórico de la fe sino que la manifestó de manera práctica. "Abel ofreció", "Noé preparó", "Abraham obedeció", "Moisés rehusó", todos se movieron por esa convicción en sus espíritus. Nadie se movió "por las dudas". No. Había un fuego en sus almas, una fuerza que los movilizaba.

Nada ha cambiado para nosotros, es la misma Palabra, el mismo Dios, y las mismas expectativas divinas: que vivamos de acuerdo con nuestras convicciones espirituales. Lo que hemos aprendido de la Palabra de Dios, debemos ejercitarlo. Lo que nos ha dicho el Espíritu Santo, debemos obedecerlo.

A veces nuestro intelecto puede justificar algunas acciones que Dios condena o podemos encapricharnos con un deseo o emoción disfrazándolo de convicción. Si las decisiones que hacemos no se ajustan a la Palabra de Dios, no podemos decir que sean convicciones espirituales. Necesitamos depender más del Espíritu Santo para saber diferenciar la fe verdadera de los deseos engañosos.

Mira qué gran promesa nos dejó el Señor. Nos dijo que cuando venga el Espíritu de verdad, nos guiará a toda la verdad (ver Juan 16:13). Comienza tu día dependiendo de su guía. Escúchalo y aviva tu fe en la Palabra de Dios.

Señor, quiero crecer en fe y que mis convicciones espirituales definan mis pasos.

El-Elión

Entonces Melquisedec, rey de Salem y sacerdote del Dios Altísimo, sacó pan y vino; y le bendijo diciendo: Bendito sea Abram del Dios Altísimo, creador de los cielos y de la tierra; y bendito sea el Dios Altísimo, que entregó tus enemigos en tu mano.
Génesis 14:18-20

Esta es la primera vez que se usa el término hebreo "El-Elión" para referirse a Dios. Este nombre significa supremo, lo más elevado, alto, de mucha estima, exaltar, excelso, mayor, superior.

Este es uno de los nombres de Dios más importante para los hebreos porque expresa su grandeza, infinitud, eternidad, soberanía y poder ilimitados. Piensa en el universo, en lo que conocemos y en lo desconocido, sobre todo y más allá está el Altísimo. ¡Qué grande es nuestro Dios!

Esta palabra también se aplica directamente a Jesús. La utilizó el ángel Gabriel en el anuncio a María diciendo que Él sería grande, y que sería llamado Hijo del Altísimo porque el Señor le daría el trono de David su descendiente; que reinaría sobre Israel para siempre, y su reino sería eterno (ver Lucas 1:32-33). ¡Bendito sea Jesús, el Hijo de Dios!

Si el Señor Jesús es más grande que cualquier cosa, entonces de qué preocuparnos. Si Él creó todas las cosas y todo está sujeto a Él, imagínate lo que puede hacer. Si el Señor controla el universo, ¿no podrá conducirte por sus caminos hasta el fin?

El amor de Jesús también es altísimo. ¡Quién quisiera comprender la anchura, la longitud, la profundidad y la altura, y conocer más el amor de Cristo que sobrepasa todo conocimiento! (ver Efesios 3:18b-19). No podemos medirlo, nos sobrepasa, no alcanzamos a comprenderlo en plenitud, pero lo podemos recibir y disfrutar. Su amor nos transforma.

Si estamos al abrigo del Altísimo, nada ni nadie nos puede separar de Él. Mira que ni la muerte, ni la vida, ni ángeles, ni principados, ni potestades, ni lo presente, ni lo por venir, ni lo alto, ni lo profundo, ni ninguna otra cosa creada te puede separar del amor de Cristo (ver Romanos 8:38-39). ¡Eternamente seguro!

Si nuestro Dios es El-Elión, merece toda la gloria, honra y alabanza. Comienza tu día adorando al Altísimo y descansa en la seguridad que viene de estar bajo su protección.

Te exalto Altísimo Señor. Eres mi Dios incomparable.

¡Dame una señal!

Y él respondió: Yo te ruego que si he hallado gracia delante de ti, me des
señal de que tú has hablado conmigo.
Jueces 6:17

¿Estás pidiendo más señales que te confirmen lo que Dios te habló? Este devocional es tu señal. Dios existe, está a tu lado, tiene un propósito y lo cumplirá en tu vida. Es su promesa y está dada para todos los que creen en Él y le obedecen. Eres parte de los llamados por Dios para darle gloria. Entonces, toma decisiones que le honren y aprovecha los desafíos para tener más testimonios de su poder.

A veces nos paralizamos después de escuchar una palabra de Dios. Al principio, en su paciencia y misericordia, el Señor movilizará algunas circunstancias para ayudarnos a creer como lo hizo con Gedeón. Pero si ya hemos alcanzado cierta madurez en su camino, debemos dejar de lado las señales y empezar a actuar por fe.

Gedeón tenía al mismo ángel de Jehová enfrente de él y aun así le pidió una señal. ¿En serio? Bueno, el ángel hizo un milagro para ayudarle a creer. Pero Gedeón seguía inseguro, no sabía si debía enfrentar a los madianitas, entonces le pidió la prueba del vellón de lana. (Lee la historia en Jueces 6:36-38). Otro milagro. ¿Cuántos más?

Gedeón tenía ese problema, siempre buscaba señales. Nunca creció su fe en ese aspecto. Fíjate que al final de sus días le pidió al pueblo que le proveyera el material para hacerse un efod y tenerlo en su casa. Este atuendo solo lo usaba el sacerdote para determinar lo que Dios quería hacer. ¡Parecía que esto solucionaba el problema de las señales! Sin embargo, fue de tropiezo para su vida y para todo Israel, porque se prostituyeron tras de ese efod y se olvidaron de relacionarse con el Señor (ver Jueces 8:27). Ay…

Nunca olvides que a Dios le agrada la fe (ver Hebreos 11:6). A partir del descenso del Espíritu Santo, ya no son necesarias las señales para conocer la voluntad de Dios. De hecho, habrá señales, pero "le seguirán" a los que creen (ver Marcos 16:17). No seguimos a las señales, ellas nos siguen a nosotros.

Hoy es día de avanzar por fe en lo que Dios te ha hablado. No dudes, obedece a su Palabra y sus promesas se cumplirán.

Señor, creo que ya me has hablado y ahora me toca obedecer. Confío en ti.

Cuerdas de amor

Con cuerdas humanas los atraje, con cuerdas de amor; y fui para ellos como los que alzan el yugo de sobre su cerviz, y puse delante de ellos la comida.
Oseas 11:4

En este capítulo, el profeta Oseas hace una descripción de las maneras en que el Señor manifestaba su amor a su pueblo al sustentarlos, protegerlos y guiarlos aunque ellos no reconocieran que Él era quien lo estaba haciendo.

Dios mismo dijo que los había atraído hacia Él con "cuerdas" de amor. La palabra cuerda en hebreo es la palabra *kjébel*, que significa lazo, línea para medir, heredad, compañía como si dos personas estuvieran juntas, ligadura. En tiempos antiguos, esta cuerda servía para demarcar el territorio conseguido. En otras palabras, Dios dice que los había marcado como posesión suya, su heredad, su pueblo, y por supuesto siempre motivado por su gracia eterna.

El amor de Dios hacia su pueblo ha sido grande e incomprensible. Tal vez nosotros hubiéramos perdido los estribos ante las primeras murmuraciones. Pero Dios en su presciencia sabía que este pueblo le iba a alabar. Los que buscaban tener un corazón como el suyo pudieron darse cuenta de su misericordia y fidelidad frente al obstinado pueblo de Israel.

¿Cómo has percibido tú el amor de Dios? ¿Sabes que el Padre te trajo a los brazos de Jesús? El Señor dijo que ninguno puede venir a Él, si el Padre que le envió no le trajere (ver Juan 6:44).

Tal vez no tengas buenos recuerdos de tu padre terrenal, pero el Padre Celestial es perfecto. Cuando lees la Biblia, descubres lo que hizo y hace por ti; cuando oras, sientes su presencia a tu lado; cuando necesitas dirección, su Espíritu Santo se encarga de guiarte.

¿Puedes ver las "cuerdas de amor" de Dios sobre tu vida? ¿Sabes que eres propiedad suya? El Señor hasta calla de amor y se goza por ti con cánticos (ver Sofonías 3:17). No sé si puedes imaginar a Dios cantando. El amor de Dios hacia sus hijos es tan grande que el universo le oye entonar cánticos de gozo.

El amor de Dios nunca disminuyó. Su fidelidad fue inalterable. ¡Nunca dudes de cuánto te ama el Señor!

Gracias Señor por tu amor eterno. Qué dicha es entregarme en tus brazos y recibir tu amor. Quiero disfrutarlo por la eternidad.

Sus Nombres

Porque un niño nos es nacido, hijo nos es dado, y el principado sobre su hombro;
y se llamará su nombre Admirable, Consejero, Dios Fuerte, Padre Eterno,
Príncipe de Paz. Lo dilatado de su imperio y la paz no tendrán límite...
Isaías 9:6-7

Después de setecientos años, esta profecía se cumplió en Jesús. En ella se mencionan cinco nombres que describen su carácter y su obra.

1. Admirable. Significa que causa admiración o es digno de ser admirado. En el hebreo, admirar significa estar atónito, maravillarse, estar pasmado. Jesucristo es sublime y al conocerlo quedamos extasiados por sus atributos extraordinarios. Jesús nunca pasaba desapercibido; por donde iba la multitud que le seguía quedaba maravillada por sus obras; pero también escuchando sus enseñanzas llenas de sabiduría y gracia.

2. Consejero. Él es la Palabra viva, el guía infalible, la sabiduría inagotable, la verdad y el camino. Conoce desde la eternidad los designios del Padre Celestial. Jesús siempre invitaba a la gente a recurrir a Él para todo lo que necesitaban. Aunque Jesús ascendió a los cielos y está a la diestra del Padre, envió al Espíritu que nos conduce y aconseja diariamente.

3. Dios Fuerte. Jesucristo es Dios encarnado. La palabra traducida como "fuerte" tiene el significado de héroe o campeón de batallas. ¡Aleluya! Como Jesús es cien por ciento Dios, tiene todos los atributos divinos. El Señor es el héroe infinito de su pueblo, el guerrero divino que ha triunfado sobre el pecado y la muerte.

4. Padre Eterno. Jesús revela al Padre invisible. El que ha visto a Jesús, ha visto al Padre (ver Juan 14:9). Este nombre expresa su cuidado paternal sobre sus hijos. "Eterno" también significa siempre presente. El Señor habita en los corazones de sus redimidos.

5. Príncipe de Paz. Su reino estará caracterizado por el conocido "shalom" hebreo, que incluye sanidad, bienestar, prosperidad, gozo y cese de la enemistad. Su gobierno es de justicia y paz. Él mismo nos invita a recibir su paz verdadera (ver Juan 14:27).

¡Qué maravilloso es nuestro Salvador y Rey! ¡Cómo no alabarlo, adorarlo, exaltarlo y darle gracias eternamente por la obra que ha hecho a nuestro favor!

Te adoro Jesús. Eres el Rey de mi vida, mi consejero permanente, quien me fortalece, me guardas eternamente y me llenas de tu paz.

Saldrá Estrella de Jacob

Lo veré, mas no ahora; lo miraré, mas no de cerca; saldrá ESTRELLA
de Jacob, y se levantará cetro de Israel...
Números 24:17

¿Puedes creer que esta profecía se escribió mil cuatrocientos cincuenta años antes del nacimiento de Jesús? Esta declaración no se cumplió en ninguno de los descendientes de Jacob... hasta que nació el Mesías, descendiente directo de Israel. ¡Qué tremendos son los anuncios de Dios! En el tiempo dispuesto por Él, todo se cumple a la perfección.

Esta profecía fue pronunciada por Balaam cuando fue consultado por el rey de los amorreos que pensó que maldiciendo al pueblo de Israel podía vencerlo. Sin embargo, Dios cambió ese intento de maldición por bendición, ¡hasta cuatro veces! Imposible que una maldición llegue a alguien que pertenece a su pueblo porque es bendito por la eternidad.

Las palabras de Balaam vinieron directamente de Dios para dar un adelanto de su plan eterno. En Israel habría un descendiente que tendría el cetro, y su reino sería eterno. Lo que llama la atención del anuncio es que habría una estrella especial. Muchos comentaristas dicen que les había llegado esta profecía a los magos de oriente y al ver una estrella brillando de una manera diferente, especial y sobrenatural, concluyeron que el "cetro", el rey de Israel, había nacido. Así fue que cargaron sus camellos y hallaron al Rey de reyes.

La manera en que Dios guio a los magos es maravillosa. No solo los condujo a Belén, ¡sino incluso hasta la misma casa donde estaba Jesús! La estrella iba delante de ellos y se detuvo justo allí (ver Mateo 2:9-10).

El Rey, Salvador de la humanidad, nació hace más de dos mil años. El propósito de su venida fue salvarnos de la condenación eterna, perdonar nuestros pecados y adoptarnos como hijos del Padre Celestial. Si Jesús es nuestro Salvador no podemos callar este mensaje.

Ahora nos toca a nosotros hacer el trabajo de la estrella de Belén. Hay muchos que no saben que el Salvador ya ha nacido, y que el propósito de su venida también ha sido salvarlos a ellos. Nuestra tarea es llevarlos a Jesús, que lo conozcan personalmente y lo reciban en su corazón. ¿A cuántas personas puedes iluminarles el camino para que conozcan al Salvador del mundo?

Señor, quiero ser un instrumento en tus manos para que muchos lleguen a conocerte.

Celebremos al Salvador

Que os ha nacido hoy, en la ciudad de David, un Salvador, que es Cristo
el Señor. Esto os servirá de señal: Hallaréis al niño envuelto
en pañales, acostado en un pesebre.
Lucas 2:11-12

Todo lo que hacemos en este tiempo de fiestas nos debería recordar el verdadero motivo de la celebración: ¡Jesús nació para darnos vida eterna! Todos nacimos en pecado y estábamos alejados de Dios, pero Él en su infinito amor envió a su Hijo Amado para salvarnos.

Cuando celebramos Navidad tenemos la imagen de Jesús bebé, acostado en un pesebre, envuelto en pañales, sin embargo, Él no vino para que lo recibamos como un bebé indefenso, sino como el Salvador de la humanidad.

La imagen de Jesús bebé nos recuerda que, siendo Hijo de Dios, Eterno y Todopoderoso, se hizo hombre para ser semejante a nosotros. El Hijo de Dios no se aferró a su deidad sino que se despojó a sí mismo, se hizo semejante a los hombres, se humilló para servir, obedeciendo al Padre hasta la muerte en la cruz (ver Filipenses 2:6-8). Era la única manera de tomar el lugar que nos correspondía a nosotros y que nuestros pecados fueran perdonados.

¡Qué paradoja! El eterno Hijo de Dios se hace hombre mortal, el Infinito Dios se hace finito, el glorioso Señor se despoja a sí mismo para hacerse siervo y morir crucificado. Esta contradicción sorprendió a su propio pueblo que esperaba un Mesías libertador inmortal e invencible. Demasiado vulnerable para el pensamiento hebreo.

Pero para los humildes como Él, para los que reconocen que son pecadores, para los que no se justifican a sí mismos, para los que se rinden a Él, se manifiesta resucitado, con gloria y poder, Soberano, Señor del universo, Dueño de todo.

Hoy, en medio de tanta parafernalia que intenta desviar nuestra atención del Señor, decidamos hacer de Jesús la prioridad en esta Navidad. Celebremos lo que vino a hacer por nosotros. Alegrémonos por ser sus hijos y por el regalo de la vida eterna.

Señor Jesús, gracias por venir a salvarme de la condenación eterna. Gracias por tu
sacrificio perfecto. Yo solo puedo recibir tu salvación por la fe, atribuyéndote
a ti toda la gloria del rescate. Mi alabanza y adoración serán eternas.

Persuadidos

Estando persuadido de esto, que el que comenzó en vosotros la buena obra,
la perfeccionará hasta el día de Jesucristo.
Filipenses 1:6

Hay momentos en que estamos tan seguros de haber recibido una palabra de Dios que hasta lo marcamos en nuestro calendario. Pero un par de días después, volvemos a mirar nuestras anotaciones y comenzamos a preguntarnos si la promesa realmente habrá sido para nosotros o si todo fue producto de nuestra mera imaginación… En momentos así, podemos aprender de otros que pasaron por situaciones muy parecidas pero se mantuvieron creyendo. Gracias a Dios que el apóstol Pablo nos abrió su corazón y nos dejó saber cómo debemos actuar en medio de las dudas.

En el texto de Filipenses, el apóstol usa la palabra "persuadido", en griego *peítho*, que significa convencido mediante un argumento, pensar, descansando mediante una certeza interna, estar seguro, confiar, asentir a la evidencia. En otras palabras, el apóstol Pablo dice que está plenamente convencido de lo que dice y cree porque tiene todas las evidencias que sustentan su seguridad y confianza.

Observemos bien que la persuasión no está basada en nuestros sentimientos e interpretaciones personales de lo que escuchamos, sino en las evidencias ciertísimas de la Palabra de Dios. Tenemos suficientes argumentos para creer que Dios nunca miente, ni cambia de parecer, ni deja de cumplir una promesa.

Además, en la medida que avanzamos en la vida cristiana, nuestras convicciones se afirmarán también en experiencias con Dios. Probaremos que todo lo que dice es verdad. Esto debería fortalecer nuestra fe. Pablo dice que él no se avergonzaba nunca, y su frase es "yo sé en quién he creído" (ver 2 Timoteo 1:12). Ese "yo sé" es como una app, un ícono, que te lleva a los argumentos, evidencias, encuentros personales con Dios, experiencias, visiones, sueños, milagros, por los cuales el apóstol estaba persuadido.

Con esa convicción, Pablo nos asegura que el Señor seguirá perfeccionando su obra en nosotros hasta el último día de nuestras vidas. Aun en tiempos de silencio, Dios sigue trabajando en nosotros.

Esta palabra es para ti. No desesperes. Permanece confiado, Él sigue a cargo de tu vida haciendo que todo ayude para bien.

Amén. Creo que tú estás haciendo tu obra en mí y la perfeccionarás día a día.

Enseñorear nuestro espíritu

Mejor es el que tarda en airarse que el fuerte; y el que se enseñorea de su espíritu, que el que toma una ciudad.
Proverbios 16:32

Podemos hacer alarde de tener poder para controlar a ciertas personas, áreas de trabajo, finanzas, amistades, con el fin de sentirnos fuertes y poderosos, pero el secreto de la fortaleza y el poder no está en controlar a otros sino en controlarnos a nosotros mismos. El rey Salomón dijo que es más fuerte el que puede enseñorear su espíritu que el que toma una ciudad entera.

La palabra enseñorear en hebreo es *mashal* que significa gobernar, apoderarse, dominar, regir, reinar. Se refiere a una persona que puede tomar decisiones sin ser gobernado por sus pasiones, deseos, ambiciones y sentimientos. ¿Es posible? Humanamente no, sobrenaturalmente sí.

Cuando aceptamos a Cristo como Salvador, el Espíritu Santo viene a morar en nosotros para transformarnos, guiarnos y ayudarnos, siempre que nos rindamos a su gobierno. No se trata de cambiar a través del autocontrol, esto no es efectivo. Podemos contar hasta diez y luego explotar. Podemos ser amables, mientras sean amables con nosotros. Podemos tener alegría cuando las circunstancias sean favorables, pero qué pasa cuando las cosas se tornan difíciles... Solo el Espíritu Santo puede equiparnos con dominio propio.

El control del Espíritu es el resultado de una relación estrecha con Él. Fíjate que el dominio propio no es un don. Es el fruto de la templanza. El Consolador nos hablará a nuestro espíritu, nos recordará la Palabra, nos guiará a toda verdad, y nos dará fuerza para vencer.

¿Quién controla tu vida? ¿Tus deseos, los del mundo, los del diablo? ¿Se manifiesta la obra del Espíritu Santo en tus palabras y conducta? Tal vez necesitemos hacer una nueva "rendición", entregando el control al Espíritu Santo para dar lugar a su guía permanente.

Es cierto, el mundo sería muy diferente si todos pudiéramos enseñorear nuestro espíritu, pero el cambio es posible uno a uno. Que empiece por ti y por mí. Que hoy el Espíritu Santo nos controle para que nuestra vida refleje que somos verdaderos hijos de Dios.

Señor, toma el control de mi vida y que te glorifique con mis acciones.

Errores ocultos

¿Quién podrá entender sus propios errores?
Líbrame de los que me son ocultos.
Salmo 19:12

Más de una vez te habrás sentido intranquilo. Tú conciencia está inquieta, se enciende una luz roja en tu corazón pero no tienes en claro la causa. ¿Qué haces? ¿Continúas como si nada hubiera pasado, o te detienes a pensar qué es lo que sucede?

Una vez escuché una noticia sobre un conductor que iba muy tranquilo por una calle pero ¡en sentido contrario sin darse cuenta! Por un momento creyó que el resto del tráfico iba en contramano y no sabía por qué le tocaban bocina, hasta que un policía lo paró justo a tiempo.

¡Qué peligroso es avanzar sin darnos cuenta de nuestras equivocaciones! Puede costarnos la vida. Lo mismo sucede con nuestros errores ocultos.

El Salmo 19 nos muestra la manera de librarnos de ellos: hay que conocer la Palabra de Dios. Nuestra percepción de los hechos, nuestros puntos de vista, nuestras experiencias, no son referencias objetivas, por eso necesitamos acudir a la Biblia. Su Palabra es perfecta, nos transforma el alma, nos hace sabios, nos conducen a la rectitud, nos alegra el corazón, incluso nos alumbra los ojos (ver Salmo 19:7-8). ¡La Biblia tiene que ser nuestro alimento diario!

Si la conciencia nos reprende pero no conocemos lo que Dios dice en su Palabra, será como la luz roja que parpadea pero no sabemos por qué. Al escudriñar las Escrituras, "se alumbran nuestros ojos", "nos hace sabios" y "trae nueva vida al alma".

Necesitamos mucho más que leer solo un devocional, necesitamos leer la Palabra de Dios diariamente. Cuanto más nos alimentamos de ella, más la vamos a desear. Para el salmista, la Palabra de Dios era deseable como el oro, dulce como la miel, y le servía de advertencia (Sal. 19:10-11).

¿Qué es la Biblia para ti? ¿Permites que te hable diariamente? Si se enciende alguna luz roja en tu interior, el Espíritu Santo te llevará a la referencia perfecta, la Palabra, y podrás corregir oportunamente el rumbo de tu vida.

Gracias por tu Palabra. No quiero ser solo un oidor sino un hacedor de todo lo que me enseñas a través de ella diariamente.

Cristo, el Salvador del mundo

Y decían a la mujer: Ya no creemos solamente por tu dicho, porque nosotros mismos hemos oído, y sabemos que verdaderamente éste es el Salvador del mundo, el Cristo.
Juan 4:42

La mujer samaritana iba por agua al pozo de Jacob como todos los días, pero en esta oportunidad se encontró con un judío. En ese tiempo, esas dos nacionalidades no se trataban entre sí, sin embargo el judío Jesús tomó la iniciativa y comenzó a hablar con ella. Parecía una conversación trivial acerca del agua, de la sed, pero el Maestro fue llevando la charla hacia donde Él quería. En pocos minutos, el Señor llegó a su necesidad más profunda, descubriendo todos sus secretos y mostrándole que Él era la fuente de agua viva y eterna.

Cuando la samaritana descubrió al Mesías, no pudo más que dejar su cántaro y correr hacia su pueblo a contarles a todos lo que le había sucedido. Este Jesús le había mostrado todo lo que había hecho y le decía a todos si acaso no sería el Mesías.

De mujer necesitada pasó a ser una gran mensajera. Juan dijo que muchos de los samaritanos de allí creyeron en Él por la palabra de la mujer. ¡Qué evangelista tan fructífera!

La gente de Sicar quedó tan extasiada con el Señor que le rogaron que se quedase con ellos dos días más. ¡Dos días para evangelizar y seguir discipulando! No se quedaron solo con las palabras de la mujer, sino que ahora tenían las palabras directas de Cristo.

La mujer samaritana nos deja un buen ejemplo. Todos debemos dar a conocer lo que el Señor hizo en nuestras vidas. Nuestras palabras deben llevar a las personas a conocer a Jesús, el Hijo de Dios, el Salvador del mundo.

No importa si hace poco o mucho tiempo que recibiste a Cristo como tu Salvador, comienza a compartir lo que Él hizo en ti con los que no tienen esperanza. Tú eres el mensajero que Jesús quiere usar.

Que nuestro anhelo sea que nuestra familia, amigos, vecinos, compañeros de trabajo nos digan: "Ya no creemos solamente por tu dicho, porque nosotros mismos hemos oído, y sabemos que verdaderamente éste es el Salvador del mundo, el Cristo".

Espíritu Santo capacítame con tu poder para ser un fiel testigo de Jesús.

Cristianos

Y se congregaron allí todo un año con la iglesia, y enseñaron a mucha gente; y a los discípulos se les llamó cristianos por primera vez en Antioquía.
Hechos 11:26

Los seguidores de Jesús comenzaron llamándose "discípulos", "los del Camino", "creyentes", "hermanos" y "santos". Fueron las personas fuera de la iglesia que le pusieron el mote de "cristianos". Esta palabra en griego es *jristianós* que significa seguidor de Cristo.

Los eruditos bíblicos dicen que la gente de Antioquía era famosa por poner sobrenombres a las personas en sentido despectivo, pero lo que comenzó como una burla y desprecio hacia los creyentes, terminó siendo una forma maravillosa de llamar a los verdaderos seguidores del Redentor de la humanidad.

¿Cuántos motes has recibido por ser un hijo de Dios? Tal vez hayas escuchado algunas expresiones muy desagradables. En Pehuajó, la querida ciudad donde me crie, la frase más burlona para llamar a los cristianos era "los aleluyas". Ibas por la calle y la gente te gritaba en la cara: "¡Eh, aleluya!". Desde niño aprendí que esa era una palabra para alabar a Dios, así que cada vez que alguien me gritaba ¡Aleluya! yo le contestaba: "¡Gloria a Dios!" Con el tiempo se aburrieron de llamarme así; incluso muchos de los burladores terminaron aceptando a Cristo como Salvador y adorándole.

En nuestro contexto actual, tal vez las expresiones que hagan alusión a los cristianos sean "los de mente cerrada", "los intolerantes", "los irracionales" y otras frases parecidas. Recuerda que la filosofía de este mundo está regida por el "dios de este siglo", el diablo, que influye sobre cada sector de la sociedad. Por eso no debemos olvidar que nuestra lucha no es contra las personas sino contra el diablo y sus principados.

Las burlas y expresiones peyorativas vienen de corazones con conciencia culpable y cargados de resentimiento. Muchos no soportan a quienes viven de acuerdo con altos estándares de moralidad y ética, y manifiestan su oposición ridiculizándonos, pero ¡jamás te avergüences de ser un verdadero cristiano! Pablo dice que nunca se avergonzaba del evangelio porque sabía lo que tenía: poder de Dios para salvación (ver Romanos 1:16). ¡Aleluya, soy cristiano!

Señor, no me importan las burlas de los demás. Yo solo sé que en ti encontré paz, seguridad, fortaleza, esperanza, amor y vida eterna. ¡Aleluya!

Hasta aquí nos ayudó Jehová

*Tomó luego Samuel una piedra y la puso entre Mizpa y Sen, y le puso
por nombre Eben-ezer, diciendo: Hasta aquí nos ayudó Jehová.*
1 Samuel 7:12

En la época de los jueces, Israel se había volcado a la adoración de
los ídolos cananeos quebrantando los mandamientos de Dios.

Cuando Samuel se estableció como juez de Israel, convocó al
pueblo a preparar el corazón para buscar solo a Jehová. Todos se
congregaron en Mizpa para arrepentirse de sus pecados y decidir servir a
Dios.

Cuando la reunión estaba en su mejor momento, ¡aparecieron los
filisteos para pelear contra Israel! Increíble. El enemigo estuvo quieto por
mucho tiempo, pero cuando el pueblo de Dios se reunió para adorarle,
apareció en escena. ¿Por qué justo en ese momento? ¿Por qué Dios
permitiría esta interrupción en el tiempo de mayor devoción del pueblo?

Dios siempre tiene un plan, nada lo toma por sorpresa. La historia
nos dice que mientras Samuel sacrificaba el holocausto y los filisteos
avanzaban para pelear contra los hijos de Israel, Dios tronó con gran
estruendo sobre los filisteos, los llenó de temor y fueron vencidos por Israel
(v. 10). ¡Dios rugió desde los cielos y los enemigos fueron vencidos durante
la reunión de adoración!

Entonces Samuel convocó nuevamente al pueblo, tomó una piedra
y le puso por nombre Eben-ezer, que significa "piedra de ayuda", para que
todos recordaran siempre que allí habían recibido el auxilio de Dios.

Esta historia, con otras personas y en otros lugares, parece repetirse
muchas veces. En los momentos que nos acercamos a Dios, nos
arrepentimos de nuestros pecados y tomamos la decisión de servirle, el
enemigo se levanta para atacarnos. Pero al igual que sucedió con el pueblo
de Israel, Dios quiere que sepas que la pelea es suya, y que hará algo
extraordinario a tu favor. Solo sigue adorándole, confía en su poder y
descansa espiritualmente en sus promesas.

---

*Señor, cada victoria que he celebrado ha sido porque tú has estado conmigo.
Puedo decir que hasta aquí tú me has ayudado. Confío que el año
próximo me alcanzarán tus misericordias cada mañana.*

Apuntes personales

....

....

....

....

....

....

....

....

....

....

....

....

....

....

....

....

....

....

....

Libro del mismo autor

DEVOCIONALES PARA CADA DIA

Reposo para el alma

PABLO GIOVANINI

Reposo *para el* alma

EEDICIONES ICRE

Adquiéralo en Amazon

www.ingramcontent.com/pod-product-compliance
Lightning Source LLC
LaVergne TN
LVHW011320080426
835513LV00006B/131